U0574728

本书为国家社会科学基金重点项目"我国金融'脱实向虚'的形成机理、资源错配效应及其治理研究"（项目编号：19AJL010）结项成果

金融资源"脱实向虚"的
形成机理、经济效应及其治理研究

RESEARCH ON THE FORMATION MECHANISM,
ECONOMIC EFFECT AND GOVERNANCE OF
FINANCIAL RESOURCES "DE-REAL TO VIRTUAL"

徐璋勇　刘蕾蕾　张春鹏　武宵旭　朱　睿
著

社会科学文献出版社
SOCIAL SCIENCES ACADEMIC PRESS (CHINA)

目 录
CONTENTS

第一章

金融资源"脱实向虚"问题研究的
背景与逻辑框架

本章在对金融资源"脱实向虚"问题研究背景与意义、现有研究成果进行系统梳理与评价的基础上,重点对金融资源及金融资源"脱实向虚"的内涵进行界定,阐述本书对该问题的基本研究思路及本书的逻辑框架。

一 金融资源"脱实向虚"问题的研究背景与意义

(一)研究背景

20世纪70年代,西方国家掀起了金融自由化浪潮,推动了全球金融业的快速发展,金融机构、金融市场、金融业务以及金融产品日新月异,全球金融资产规模急速膨胀,经济活动重心由产业部门和其他服务部门向金融部门偏移的趋势日益突出,经济金融化程度不断提高。

经济金融化是一把"双刃剑"。一方面,经济金融化程度的提高意味着金融业的快速发展及金融业产业地位的提升。金融业是社会经济资源配置的重要部门,金融体系中的货币与信用不仅为社会财富积累创造了新形式,而且加速了资本积累,为扩大再生产提供了条件;同时,金融业市场化的资源配置方式提高了资源配置效率,进而有效推动了经济增长。另一方面,经济金融化的过快与过度发展给社会经济运行带来不容忽视的负向效应。一是由于金融业属于虚拟经济系统,其发展的根基在于实体经济,因此其发展一旦脱离实体经济的支撑,就将成为无源之水,从而失去稳定发展的基础；二是金融业的过快发展与过度繁荣，意味着泡沫经济的形成与膨胀，继续发展的终极结果将是金融危机，从而对实体经济产生巨大甚至毁灭性的打击，1997 年泰国泡沫经济严重引发的亚洲金融危机、2007 年美国金融化过度导致的次贷危机并迅速演化成席卷全球的金融危机莫不如此。

与全球经济发展趋势相一致，在改革开放以来的 40 余年中，中国金融业获得了快速发展。一是金融业由以银行为主的传统金融快速发展成为包括银行业以及非银行金融业（保险、证券、信托等）在内的现代金融，并形成了较为完善的金融机构体系、金融市场体系以及金融监管体系。二是金融业机构法人数量大幅增加。2006～2022 年，我国银行业金融机构数量从19.3 万家增加到 22.5 万家，保险公司数量从 98 家增加到 237 家，证券公司数量从 109 家增加到 140 家。① 三是金融资产规模快速扩张。1992～2022 年，年末广义货币供应量（M2）从 2.54 万亿元增加到 266.43 万亿元，净增加了 103.89 倍；全部金融机构本外币存款余额从 2.31 万亿元增加到 264.45万亿元，净增加了 113.48 倍；各项贷款余额从 2.57 万亿元增加到 219.10万亿元，净增加了 84.25 倍。保险机构保费收入从 2000 年的 1598 亿元增加到 2022 年的 46957 亿元，净增加了 28.38 倍；股票市场年末市值由 2000 年的 4.81 万亿元增加到 2022 年的 78.80 万亿元，净增加了 15.38 倍；金融业增加值从 1992 年的 1482.1 亿元增加到 2022 年的 96811.0 亿元，净增加了64.32 倍。② 四是金融监管体系不断完善，特别是由基于分业经营的"一行三会"监管格局转变为基于混业经营发展趋势组建金融稳定委员会形成"一委一行两会"新格局，标志着我国宏观审慎的金融监管框架进入一个新阶段。③ 正是金融业的快速发展，使得金融业对经济增长的贡献率快速提升。其中金融业增加值占 GDP 的比例从 1992 年的 5.5% 提升到 2022 年的8.04%。2022 年金融业对 GDP 增长的贡献率达到了 28.5%。

需要特别注意的是，进入 21 世纪以来，我国金融业超越实体经济部门

---

① 数据来源：中国人民银行货币政策分析小组《中国区域金融运行报告》（2007～2023 年）。
② 数据来源：国家统计局《中国统计年鉴》（1993～2023 年）。
③ 徐璋勇：《金融发展质量及其评价指标体系构建研究》，《武汉科技大学学报》（社会科学版）2018 年第 5 期，第 545～551 页。

的非均衡发展现象日益严重。图 1-1 与图 1-2 分别显示了我国 2000~2022 年金融业增加值与金融业增加值占 GDP 比例的变动情况。可见，金融业增加值从 2000 年的 4842.2 亿元增加到 2022 年的 96811.0 亿元，年均增长率达到 14.59%，高出同期 GDP 增长率 2.63 个百分点；金融业增加值占 GDP 的比例由 2000 年的 4.83% 提升到 2022 年的 8.04%，提升了 3.21 个百分点。

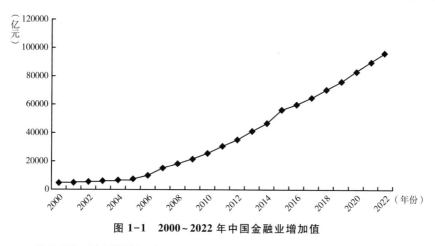

图 1-1　2000~2022 年中国金融业增加值

资料来源：《中国统计年鉴》（2001~2023 年）。

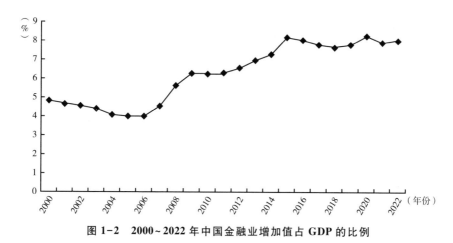

图 1-2　2000~2022 年中国金融业增加值占 GDP 的比例

资料来源：根据《中国统计年鉴》（2001~2023 年）数值计算。

假设以工业增加值的变动情况代表实体经济的发展情况。图 1-3 展示了我国 2001~2022 年金融业增加值指数与工业增加值指数的对比情况。可见，在 2007 年之前，金融业增加值与工业增加值基本保持着同样的增长速度；但从 2007 年开始，金融业增加值表现出明显的加速增长趋势，与工业增加值增速之间呈现"剪刀差"且"剪刀差"逐年扩大。2022 年金融业增加值指数达到 1999.32%，而工业增加值指数仅为 914.50%，金融业增加值指数高出工业增加值指数 1084.82 个百分点。正是金融业的这种快速增长，使得金融业增加值与工业增加值之比由 2000 年的 12.03∶100 提高到了 2022年的 24.10∶100，提升了 12.07。

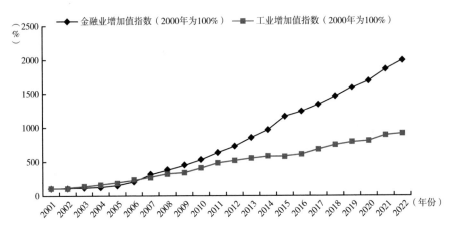

图 1-3 2001~2022 年中国金融业增加值指数与工业增加值指数的对比

资料来源：根据《中国统计年鉴》（2001~2023 年）数值计算。

金融业与实体经济的这种非均衡增长，同样可以从金融业资产总额与工业企业资产总额的动态比较中发现。图 1-4 展示了我国以 2000 年为 100% 的金融业资产①总额增长指数与工业企业资产②总额增长指数的对比情况。可见，金融业资产总额增长快于工业企业资产总额增长也是以 2007 年为分水岭，2007 年金融业资产总额增长指数为 418.3%，工业企业资产总额

① 广义的金融业包括银行业、保险业、证券业、信托业等业态，由于本书分析的需要，此处的金融业资产不是现有统计年鉴中银行业、保险业、证券业、信托业的资产加总（因为统计年鉴中的各类金融资产包含不同行业的实物资产，这些不属于虚拟资产的范畴），而是以下几类资产的加总，即银行机构国内贷款余额、债券发行额（包括国债、企业债）、保费收入、股票市价总值、证券投资基金规模、信托贷款融资额。
② 指的是登记注册的规模以上工业企业资产。

增长指数为 279.72%，金融业资产总额增长指数高出工业企业资产总额增长指数 138.58 个百分点。2008 年由于国际金融危机的影响，金融业资产总额有所下降，但危机过后金融业资产总额快速恢复。直至 2013 年，金融业资产总额增长指数与工业企业资产总额增长指数基本同步，差距并不明显。但从 2014 年开始，金融业资产总额呈现远超出工业企业资产总额的加速增长态势，到 2022 年金融业资产总额增长指数达到 2390.89%，而工业企业资产总额增长指数仅为 1270.03%，金融业资产总额增长指数高出工业企业资产总额增长指数 1120.86 个百分点。

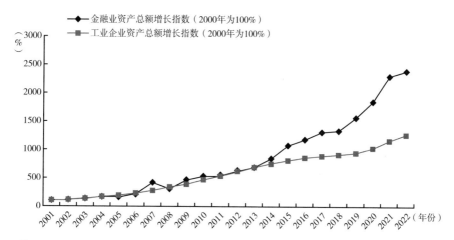

图 1-4　2001~2022 年中国金融业资产总额与工业企业资产总额增长指数对比情况

资料来源：根据《中国统计年鉴》（2001~2023 年）数值计算。

可见，正是从 2007 年开始，我国金融业呈现超过实体经济的快速增长态势；与此同时，经济金融化、虚拟化程度也快速提升，金融资源的"脱实向虚"问题愈演愈烈，这引发了政府决策层和学术界的高度关注。习近平主席在第七十届联合国大会上指出，"2008 年爆发的国际经济金融危机告诉我们，放任资本逐利，其结果将是引发新一轮危机"[①]；2017 年，国务院政府工作报

[①]　习近平：《携手构建合作共赢新伙伴　同心打造人类命运共同体——在第七十届联合国大会一般性辩论时的讲话（2015 年 9 月 28 日，纽约）》，《人民日报》（海外版）2015 年 9 月 29 日，第 2 版。

告也明确提出："实体经济从来都是我国发展的根基"；同年 7 月召开的第五次全国金融工作会议再次强调，金融要回归本源，增强金融服务实体经济能力；金融管理部门相继出台了多项引导资金"脱虚向实"的政策，虽然也产生了一定的效果，但实践表明，政策效果与预期值之间依然存在较大偏差，金融资源"脱实向虚"的趋势并未发生有效逆转。[①] 由此我们不得不对下列问题进行深思：金融资源"脱实向虚"的背景与原因何在？是金融发展的内在规律使然，还是我们在制度与政策设计上出了问题？金融资源"脱实向虚"的短期与长期效应如何？若要对其进行治理，实现金融资源的"脱虚向实"，我们应该选择什么样的路径及采取什么样的政策？显然，对这些问题的回答，无论在理论层面，还是在实践层面，都具有重大意义。本书的研究方向正是基于此背景提出的。

（二）研究意义

第一，厘清金融与实体经济协调发展的内在机理与条件，深刻分析二者发展相背离的诱因，有助于推进对金融与实体经济协调发展机制问题的理论研究。金融业作为虚拟经济系统的主体部分，是实体经济发展到一定阶段的产物，且随着实体经济的不断发展而发展，同样，金融业的发展也促进了实体经济的快速增长。但近年来，金融与实体经济的分离及金融资源的"脱实向虚"成为世界范围内广泛存在的现象，且大有愈演愈烈之势。金融业犹如脱缰的野马，无论是在发展规模上，还是在增长速度上都远远超过了实体经济。这就不得不使我们产生这样的疑问：金融业发展能赶超实体经济并与实体经济发展产生背离的内在原因何在？另外，金融与实体经济发展相背离虽然是一种普遍现象，但该问题在不同国家的发展程度并不相同；即使在同一国家，在不同的发展阶段，金融资源"脱实向虚"的程度及表现特征也存在明显差异。这就使得我们自然会产生这样的假设：金融与实体经济的分离及金融资源的"脱实向虚"与经济发展阶段及某种

---

① 徐璋勇、张春鹏：《我国金融资源"脱实向虚"的治理路径——基于主体行为动机的分析》，《贵州省党校学报》2021 年第 4 期，第 31~38 页。

制度环境有关。显然，只有将金融与实体经济视为复杂的动态演化系统，运用系统演化分析方法及产业协同发展思想，对金融与实体经济协调运行的机理及条件、发展相背离的诱发因素及动态特征进行分析，才能够推进对金融与实体经济协调发展机制问题的理论研究。

第二，深化对金融资源"脱实向虚"效应的实证研究，有助于建立对金融资源"脱实向虚"后果的全面认知。2008 年国际金融危机的爆发，表明金融与实体经济的背离已经到了空前的程度，并引起学术界对金融与实体经济发展相背离问题的高度关注，如 Gorton 和 Metrick[1]、叶祥松和晏宗新[2]、文春晖和任国良[3]、苏治等[4]、文春晖等[5]。金融发展背离实体经济，不仅会增强金融脆弱性，减缓经济增长[6]，同时还会带来过剩的经济产能以及经济运行成本的增加[7]，导致企业内部资源配置行为的金融化[8]，制约企业实物资本投资与研发创新[9]。综观现有的成果，虽然学者们对金融资源"脱实向虚"的效应问题从宏观经济增长、微观企业发展等视角进行了研

---

[1] Gorton, G., Metrick, A., "Securitized Banking and the Runonrepo," *Journal of Financial Economics*, 2012, 104 (3): 425-451.

[2] 叶祥松、晏宗新:《当代虚拟经济与实体经济的互动——基于国际产业转移的视角》,《中国社会科学》2012 年第 9 期, 第 63~81、207 页。

[3] 文春晖、任国良:《虚拟经济与实体经济分离发展研究——来自中国上市公司 2006-2013 年的证据》,《中国工业经济》2015 年第 12 期, 第 115~129 页。

[4] 苏治、方彤、尹力博:《中国虚拟经济与实体经济的关联性——基于规模和周期视角的实证研究》,《中国社会科学》2017 年第 8 期, 第 87~109、205~206 页。

[5] 文春晖、李思龙、郭丽虹、余晶晶:《过度融资、挤出效应与资本脱实向虚——中国实体上市公司 2007—2015 年的证据》,《经济管理》2018 年第 7 期, 第 39~55 页。

[6] 黄宪、黄彤彤:《论中国的"金融超发展"》,《金融研究》2017 年第 2 期, 第 26~41 页;张昭、朱峻萱、李安渝:《企业金融化是否降低了投资效率》,《金融经济学研究》2018 年第 1 期, 第 104~116 页。

[7] Ductor, L., Grechyna, D., "Financial Development, Real Sector, and Economic Growth," *International Review of Economics & Finance*, 2015, 37: 393-405.

[8] 张成思、张步昙:《中国实业投资率下降之谜:经济金融化视角》,《经济研究》2016 年第 12 期, 第 32~46 页。

[9] 谢家智、王文涛、江源:《制造业金融化、政府控制与技术创新》,《经济学动态》2014 年第 11 期, 第 78~88 页;杜勇、张欢、陈建英:《金融化对实体企业未来主业发展的影响:促进还是抑制》,《中国工业经济》2017 年第 12 期, 第 113~131 页;郭甜婷:《制造型企业金融化抑制了技术创新吗?——基于我国制造业上市公司的经验研究》,《金融理论与实践》2018 年第 4 期, 第 36~41 页。

究,但从资源错配及经济效率损失角度进行系统研究的成果并不多见。基于此,本书将从行业特征、企业特征、区域特征等维度出发,在对我国金融资源"脱实向虚"的特征进行归纳分析的基础上,对我国金融资源"脱实向虚"导致的资源错配程度进行估计;从直接与间接两个方面,分析金融资源"脱实向虚"引发的资源错配效应,包括降低资源配置效率的"投资挤出效应"、抑制新企业进入与低效率企业退出的"僵尸效应"、非金融企业金融化抑制创新的间接资源配置效应等,通过实证研究使人们对金融资源"脱实向虚"的负效应有一个全面系统的认知。

第三,探究治理金融资源"脱实向虚"的有效路径与政策,可以为政府制定金融业与实体经济高质量发展的相关政策提供依据。面对日益增大的资源约束与环境压力,加速实现经济结构转型与高质量发展是我国经济社会发展的重大战略与迫切任务,而金融资源的持续有效投入是该战略实施与任务完成的重要条件之一。因此,必须在对我国金融资源"脱实向虚"的内在机理、制度条件、诱发因素等进行分析的基础上,从金融发展与实体经济两个维度,从国家与省域两个层面,提出具有针对性的治理金融资源"脱实向虚"的有效路径与政策组合,为完善与科学制定引导金融资源"脱虚向实"的有关政策提供依据。

二 金融资源"脱实向虚"问题研究文献回顾

从马克思和希法亭论述"虚拟资本"的内涵与特征开始,理论界便出现了关于"虚拟经济"与"实体经济"及其关系的研究。鉴于金融业在虚拟经济系统中占据绝对地位,对"虚拟经济"与"实体经济"关系的研究便具体到了对金融发展与实体经济关系的研究上。金融发展与实体经济的关系成为现代金融发展理论的三大核心命题之一。但 2008 年国际金融危机之后,经济金融化及金融资源"脱实向虚"问题引起了人们的高度关注。本节从传统金融发展对实体经济的影响及其作用机理、数字金融发展对实体经济的影响及其作用机理、经济金融化问题、金融与实体经济分离的性质、金融资源"脱实向虚"的效应及其治理五个方面,对现有研究文献予以梳理。

（一）传统金融发展对实体经济的影响及其作用机理研究

传统金融是指以金融机构与金融产品为主导的金融模式，其突出特征就是金融机构依赖于传统的物理空间传递处理金融业务，实现金融功能。对此，金融发展模式与经济增长关系的较早研究见于 1912 年 Joseph Schumpeter 提出的创新理论；其后，Patrick、Goldsmith、McKinnon 和 Shaw 从不同角度论证了金融发展对实体经济增长的促进作用[1]；部分学者从经济增长动力角度，将金融视为经济增长的一个重要内生变量，解析金融发展对经济增长的作用及其机理，如 King 和 Levine[2]、Levine 和 Zervos[3]、Allen 和 Gale[4]、Morales[5]、Levine[6] 等。20 世纪 90 年代以后，以 Merton 为代表的学者提出的"金融功能论"以及以国内著名学者白钦先教授为代表的学者提出的"金融资源论"，均从金融功能视角阐释了金融发展对实体经济增长的作用及其作用机理。

1. 金融发展与实体经济增长关系的理论研究

纵观金融发展与实体经济增长关系的研究历史，相关研究结论可以归纳为以下三种观点，即"面纱论""引擎论""金融过度发展论"。

一是"面纱论"，即金融对实体经济的发展没有实质影响。"萨伊学说"认为，商品只是被商品购买，货币只充当了瞬时的交换媒介。经济生活中

---

[1] Patrick, H. T., "Financial Development and Economic Growth in Underdeveloped Countries," *Economic Development and Cultural Change*, 1966, 14: 174-189; Goldsmith, R. W., *Financial Structure and Development* (New Haven: Yale University Press, 1969); McKinnon, R., *Money and Capital in Economic Development* (Washington, D.C.: The Brooking Institute, 1973); Shaw, E. S., *Financial Deepening in Economic Development* (New York: Oxford University Press, 1973).

[2] King, R. G., Levine, R., "Finance and Growth: Schumpeter Might Be Rights," *Quarterly Journal of Economies*, 1993, 108 (3): 717-737.

[3] Levine, R., Zervos, S., "Stock Markets, Banks, and Economic Growth," *American Economic Review*, 1998, 88 (3): 537-558.

[4] Allen, F., Gale, D., *Comparing Financial Systems* (MIT Press, 2000).

[5] Morales, M. F., "Financial Intermediation in a Model of Growth through Creative Destruction," *Macroeconomic Dynamics*, 2003, 7 (3): 363-393.

[6] Levine, R., "Finance and Growth: Theory and Evidence," In P. Aghion and S. Durlauf (eds.), *Handbook of Economic Growth* (Amsterdam: Elsevie, 2005), pp.865-934.

的现象分析完全要靠实物和劳动，货币只是依附在实体经济表面的一层"面纱"，对实体经济发展没有太大作用。商品价值和货币价值是两个完全分开的主题。虽然"两分法"因不符合经济发展的现实而被抛弃，但是即使在金融发展理论日益成熟之时，仍然有不少学者保留了金融对实体经济没有实质性影响的看法。例如，Lucas 就认为经济学家过分夸大了金融发展对经济增长的促进作用。[1] Modigliani 和 Miller 指出，在不存在交易成本及信息不对称问题的情况下，实际的经济决策与金融结构之间没有任何关联。[2]

二是"引擎论"，即金融发展促进实体经济增长。魏克赛尔在其《利息与价格》一书中提出了以利率为核心的累积过程理论，阐述了货币对实体经济的影响，为后来 IS-LM 模型的出现以及价值理论与货币理论的融合奠定了基础。至此，货币对经济增长的作用已经不容置疑。后来，格利和肖关于金融可以将储蓄转化为投资进而提升社会生产性投资水平的论断，开创了金融与经济增长关系研究的先河。1969 年，戈德史密斯进一步丰富了金融发展理论，将金融发展定义为金融结构的变化。20 世纪八九十年代，麦金农和肖提出了"金融深化论"，认为金融自由化能够促进经济增长。内生增长理论的出现，为金融与经济增长关系的研究提供了新的视角。Levine 认为金融发展可以降低交易成本，扩大市场交易规模，促进技术创新，推动经济增长。[3]

三是"金融过度发展论"，即认为金融过度发展不利于实体经济增长。进入 21 世纪后，尤其是 2008 年国际金融危机爆发以后，越来越多的学者认同金融发展对经济增长的影响呈现一种有拐点的非线性特征这一观点。[4] 早在 2008 年国际金融危机之前，Rajan 就指出金融体系的过度壮大会危害其自身发展。[5]

---

[1] Lucas, R., "On the Mechanism of Economic Development," *Journal of Monetary Economics*, 1988, 22: 3-42.

[2] Modigliani, F., Miller, M., "The Cost of Capital, Corporation Finance and the Theory of Investment," *American Economic Review*, 1958, 48: 261-297.

[3] Levine, R., "Financial Development and Economic Growth: Views and Agenda," *Journal of Economic Literature*, 1997, 35 (2): 688-726.

[4] Arcand, J.L., Berkes, E., Panizza, U., "Too Much Finance?" *Journal of Economic Growth*, 2015, 20 (2): 105-148.

[5] Rajan, R.G., "Has Finance Made the World Riskier?" *European Financial Management*, 2006, 12 (4): 499-533.

更有学者指出，金融业在发展超过一定程度时，会挤压实体经济部门直接创造价值的资源[1]，带来次优的资源配置以及过剩的经济产能，不仅会增加经济运行的成本[2]，而且会引发金融脆弱性，甚至将脆弱性蔓延至整个经济系统[3]。

2. 金融发展对实体经济增长作用机制的研究

金融发展对实体经济增长作用机制的相关研究，主要存在以下两个研究视角。

一是宏观经济增长视角。宏观经济增长视角的研究，将金融作为一个重要因素引入经济增长模型，研究发现，金融发展对经济增长的影响主要通过技术创新和资本积累两个渠道发挥作用。第一，技术创新渠道。银行作为吸收存款的金融中介，通过规模经济效应，提供大量资金，支持企业技术创新。正如熊彼特的"创新破坏论"认为的那样，银行为创造新产品可能性较高的企业提供资金支持，有利于企业对旧技术进行改进，研发新产品，从而提升技术创新效率和全要素生产率。第二，资本积累渠道。索洛模型表明，资本存量增加有利于提高稳态的人均增长率。而金融发展会改变资本在不同生产技术间的分配，影响资本形成率，进而影响经济增长。正如希克斯认为的那样，金融发展提供了英国工业革命所需的资本，促进了工业革命的发生。[4]此外，金融发展也会吸引国外资本流入，增加资本积累，提升经济效率。

二是金融功能作用视角。金融功能理论是现代金融发展理论的核心内容之一，其最具影响力的当数美国著名学者莫顿和博迪的金融功能理论以及我国学者白钦先教授的金融功能理论。莫顿和博迪在其1995年出版的《全球金融体系：功能观点》一书中，将金融体系的功能分为六个方面，即清算和支付结算的功能、聚集和分配资源的功能、在不同时间空间及行业

---

① Murphy, K. M., Shleifer, A., Vishny, R. W., "The Allocation of Talent: Implications for Growth," *Quarterly Journal of Economics*, 1991, 106 (2): 503-530.

② Ductor, L., Grechyna, D., "Financial Development, Real Sector and Economic Growth," *International Review of Economics & Finance*, 2015, 37: 393-405.

③ Gennaioli, N., Shleifer, A., Vishny, R., "Neglected Risks, Financial Innovation, and Financial Fragility," *Journal of Financial Economics*, 2012, 104 (3): 452-468.

④ 〔英〕约翰·希克斯：《经济史理论》，厉以平译，商务印书馆，1987。

间转移资源的功能、管理风险的功能、提供信息的功能、解决激励不足问题的功能。我国著名学者白钦先教授在其创立的金融可持续发展理论中，将金融体系的功能划分为具有递进关系的四个层次，即基础功能（包括服务功能、中介功能）、核心功能（包括资源配置功能）、扩展功能（包括经济调节功能、风险规避功能）、衍生功能（包括风险交易、信息传递、公司治理、引导消费、区域协调、财富再分配等）。[①] 两种金融功能理论虽然对金融功能的划分与表述存在差异，但对金融在支付结算、资源配置、风险管理和信息传递四个方面功能的认识存在共性。首先，金融体系的支付结算功能，不仅使商品及服务的交易过程变得更为便利，而且大大节约了交易成本，提高了交易效率；其次，金融体系的资源配置功能，使经济主体可以克服资金供求在时间、空间上的不匹配问题，有效缓解融资约束，提高生产效率，进而促进经济增长；再次，金融体系的风险管理功能，可以实现企业运营过程中经济风险的有效分散与化解，保障企业的稳健运行与经济的稳定增长；最后，金融体系的信息传递功能，可以有效缓解信息不对称问题，不仅有助于家庭及企业资产配置效率的提升，而且有助于解决企业运营过程中的激励与约束不足问题，有效降低"逆向选择"与"道德风险"。金融体系各种功能对经济增长的促进作用得到了诸多学者实证研究的支持。如 Schumpeter 的研究就认为良好的金融体系可以缓解企业的融资约束[②]；Levine 认为金融发展可以降低交易成本，扩大交易规模，促进技术创新，提高企业生产效率，进而促进社会生产[③]；吕朝凤的研究证实了金融发展可以通过降低交易成本及扩大市场规模促进经济增长[④]。

3. 金融发展与实体经济增长关系的验证性研究

进入 20 世纪 90 年代以后，随着计量经济科学的发展及模型的不断完善，

① 徐璋勇等：《丝绸之路经济带建设背景下西部地区金融资源配置效率提升研究》，社会科学文献出版社，2020。

② Schumpeter, J., *The Theory of Economic Develpoment* (Published by Harvard University Press, 1912).

③ Levine, R., "Law, Finance, and Economic Growth," *Journal of Financial Intermediation*, 1999, 8 (1-2): 8-35.

④ 吕朝凤：《金融发展、不完全契约与经济增长》，《经济学》（季刊）2018 年第 1 期，第 155~188 页。

学者们更多侧重于对金融发展与实体经济关系相关理论的验证性研究。这些研究又主要从三个层面进行。一是从国家层面对金融发展与实体经济增长关系的研究。以国家为研究对象，研究金融发展对经济增长的影响，如 King 和 Levine 从金融功能角度对金融发展与经济增长关系的研究[①]、Levine 和 Zervos 对股票市场发展与经济增长关系的研究[②]。二是从产业层面对金融发展与产业成长关系的研究。重点分析一国金融发展对其产业成长的作用及影响机制。如 Rajan 和 Zingales 对金融发展与产业规模及产业集中度关系的研究[③]、Neusser 和 Kugler 对经合组织中 13 个国家制造业与金融发展之间关系的研究[④]、Fisman 和 Love 对金融市场发展与产业成长性关系的研究[⑤]等。三是从企业层面对金融发展与企业成长关系的研究。重点通过对企业数据的分析，研究国家法制体系、商业环境等对金融市场的影响以及由此对企业成长的影响。[⑥]

随着中国改革开放的不断深入及金融业的快速发展，国内学者对中国金融发展与实体经济增长的关系进行了大量验证性研究。概括起来，主要有以下几个角度。一是以国家为研究对象，从国家层面研究金融发展水平和金融结构等对宏观经济增长、产业结构变迁、收入分配、农村经济增长、企业改革的影响，如赵志君[⑦]、林毅夫等[⑧]、王定祥等[⑨]、张成

---

① King, R. G., Levine, R., "Finance and Growth: Schumpeter Might Be Right," *Quarterly Journal of Economics*, 1993, 108 (3): 717-737.

② Levine, R., Zervos, S., "Stock Markets, Banks, and Economic Growth," *American Economic Review*, 1998, 88 (3): 537-558.

③ Rajan, R. G., Zingales, L., "Financial Dependence and Growth," *Social Science Electronic Publishing*, 1998, 88 (3): 559-586.

④ Neusser, K., Kugler, M., "Manufacturing Growth and Financial Development: Evidence from OECD Countries," *The Review of Economics and Statistics*, 1998, 80 (4): 638-646.

⑤ Fisman, R., Love, I., "Trade Credit, Financial Intermediary Development, and Industry Growth," *The Journal of Finance*, 2003, 58 (1): 353-374.

⑥ 徐璋勇：《金融发展质量及其评价指标体系构建研究》，《武汉科技大学学报》（社会科学版）2018 年第 5 期，第 545~551 页。

⑦ 赵志君：《金融资产总量、结构与经济增长》，《管理世界》2000 年第 3 期，第 126~136、149 页。

⑧ 林毅夫、章奇、刘明兴：《金融结构与经济增长：以制造业为例》，《世界经济》2003 年第 1 期，第 3~21、80 页。

⑨ 王定祥、李伶俐、冉光和：《金融资本形成与经济增长》，《经济研究》2009 年第 9 期，第 39~51、105 页。

思和刘贯春[1]。二是以经济区域为研究对象，研究区域金融发展与区域经济增长的关系，以及区域间金融发展水平差异与经济发展差异之间的关系，并从金融发展角度对其进行解释，如殷德生[2]、周立[3]、唐松[4]、安强身和姜占英[5]。三是从金融市场、金融行业角度对其与经济增长的关系进行研究，如谈儒勇[6]、郑江淮等[7]、温涛等[8]、王劲屹[9]、刘君[10]。

（二）数字金融发展对实体经济的影响及其作用机理研究

数字金融是将移动互联网、大数据、人工智能、云计算、区块链等各类数字技术与传统金融服务业态深度融合的一种新型金融业态，其中数字是手段、金融是本质，主要特征表现为信息化、网络化和智能化。数字金融以其特有的运营模式对实体经济产生影响，并成为引领社会经济创新发展与产业结构转型升级的重要引擎。

目前国内学者关于数字金融对实体经济影响的研究主要集中在五个方面：对经济增长的影响、对产业升级的影响、对企业发展的影响、对居民收入与消费的影响和对贫困减缓的影响。

---

[1] 张成思、刘贯春：《经济增长进程中金融结构的边际效应演化分析》，《经济研究》2015年第12期，第84~99页。

[2] 殷德生：《我国金融组织空间结构：路径、效率与改革》，《当代财经》2000年第8期，第37~41页。

[3] 周立：《中国各地区金融发展与经济增长（1978—2000）》，清华大学出版社，2004。

[4] 唐松：《中国金融资源配置与区域经济增长差异——基于东、中、西部空间溢出效应的实证研究》，《中国软科学》2014年第8期，第100~110页。

[5] 安强身、姜占英：《金融资源配置效率、TFP变动与经济增长——来自中国的证据（2003~2013）》，《金融经济学研究》2015年第3期，第14~23页。

[6] 谈儒勇：《中国金融发展和经济增长关系的实证研究》，《经济研究》1999年第10期，第53~61页。

[7] 郑江淮、袁国良、胡志乾：《中国转型期股票市场发展与经济增长关系的实证研究》，《管理世界》2000年第6期，第15~24页。

[8] 温涛、冉光和、熊德平：《中国金融发展与农民收入增长》，《经济研究》2005年第9期，第30~43页。

[9] 王劲屹：《农村金融发展、资本存量提升与农村经济增长》，《数量经济技术经济研究》2018年第2期，第64~81页。

[10] 刘君：《保险发展、金融深化与经济增长关系研究——基于时变面板平滑转换回归模型TV-PSTR》，《当代经济科学》2017年第4期，第29~40、125页。

1. 数字金融对经济增长影响的研究

对数字金融与经济增长关系的研究，主要研究数字金融对经济增长的直接影响及传导机制。多数学者认为数字金融低门槛、高效率的特点能有效扩大金融体系的服务范围，为更多企业及居民，尤其是被传统金融忽视的长尾客户提供其所需的金融产品和服务，有效减少和抑制金融排斥，从而直接对经济增长起到显著的推动作用。如钱海章等采用2011~2018年31个省份的面板数据进行实证检验，发现中国数字金融发展促进了经济增长[1]；张勋等将中国数字普惠金融指数和中国家庭追踪调查（CFPS）数据相结合，发现数字金融促进了中国的包容性增长，尤其是显著提升了农村低收入群体的家庭收入[2]；张腾等采用数字普惠金融指数作为数字经济的代理变量，研究指出，数字经济对我国经济高质量发展具有显著的促进作用[3]。

在数字金融影响经济增长的传导渠道方面，已有研究从贫困减缓、创新、居民消费等方面展开研究。在贫困减缓方面，有学者认为数字普惠金融能通过削减贫困提升经济增长质量。[4] 在创新方面，数字普惠金融对包容性增长存在明显的边际促进作用，主要通过数字普惠金融的创新渠道进行传导，且存在明显的部分中介效应[5]；谢绚丽等认为数字普惠金融的发展为大众创新提供了条件，增加了创业机会，最终影响经济发展[6]。在居民消费方面，江红莉和蒋鹏程认为数字普惠金融主要通过缩小城乡收入差距和优

---

① 钱海章、陶云清、曹松威、曹雨阳：《中国数字金融发展与经济增长的理论与实证》，《数量经济技术经济研究》2020年第6期，第26~46页。

② 张勋、万广华、张佳佳、何宗樾：《数字经济、普惠金融与包容性增长》，《经济研究》2019年第8期，第71~86页。

③ 张腾、蒋伏心、韦朕韬：《数字经济能否成为促进我国经济高质量发展的新动能?》，《经济问题探索》2021年第1期，第25~39页。

④ 任碧云、李柳颖：《数字普惠金融是否促进农村包容性增长——基于京津冀2114位农村居民调查数据的研究》，《现代财经（天津财经大学学报）》2019年第4期，第3~14页。

⑤ 傅利福、厉佳妮、方霞、韦宏耀：《数字普惠金融促进包容性增长的机理及有效性检验》，《统计研究》2021年第10期，第62~75页。

⑥ 谢绚丽、沈艳、张皓星、郭峰：《数字金融能促进创业吗? ——来自中国的证据》，《经济学》（季刊）2018年第4期，第1557~1580页。

化产业结构两种机制提升居民消费水平和优化消费结构，从而对经济产生影响。[1]

2. 数字金融对产业升级影响的研究

对数字金融与产业升级关系的研究，大多数学者认为，数字普惠金融显著促进了我国产业结构优化[2]，并对产业结构合理化、高级化和产业内部演化趋势有明显贡献[3]。郭婉丽和陈竞宇发现，数字普惠金融的三个维度对产业结构升级的正向促进作用存在差异，其中覆盖广度的作用最大、使用程度次之、数字化程度最小。[4] 在地区异质性方面，葛和平和张立认为各地区数字普惠金融的产业升级效应存在异质性，其中，中部地区的产业结构升级效应最显著[5]；孙倩和徐璋勇研究发现，数字普惠金融能够促进非贫困县产业结构升级，但对相对贫困县作用不显著[6]。在机制分析方面，李晓龙和冉光和认为资本配置效率是数字金融发展影响产业结构升级的重要传导机制，数字金融发展可以通过提高资本配置效率促进产业结构升级。[7]

3. 数字金融对企业发展影响的研究

大多数研究认为数字金融的发展对企业的融资、创新及社会创业均是有利的，这些影响对于中小企业更为明显。唐松等研究了数字金融发展对企业创新影响的内在机理，发现数字金融能够有效地解决传统金融中存在的"属性错配""领域错配""阶段错配"问题；通过机制分析发现，数字

① 江红莉、蒋鹏程：《数字普惠金融的居民消费水平提升和结构优化效应研究》，《现代财经》（天津财经大学学报）2020年第10期，第18~32页。
② 唐文进、李爽、陶云清：《数字普惠金融发展与产业结构升级——来自283个城市的经验证据》，《广东财经大学学报》2019年第6期，第35~49页。
③ 杜金岷、韦施威、吴文洋：《数字普惠金融促进了产业结构优化吗？》，《经济社会体制比较》2020年第6期，第38~49页。
④ 郭婉丽、陈竞宇：《我国数字普惠金融发展与产业结构升级的效应研究》，《商场现代化》2020年第11期，第146~148页。
⑤ 葛和平、张立：《数字普惠金融发展对产业结构升级的影响》，《财会月刊》2021年第9期，第135~141页。
⑥ 孙倩、徐璋勇：《数字普惠金融、县域禀赋与产业结构升级》，《统计与决策》2021年第18期，第140~144页。
⑦ 李晓龙、冉光和：《数字金融发展、资本配置效率与产业结构升级》，《西南民族大学学报》（人文社会科学版）2021年第7期，第152~162页。

金融的发展能够有效解决企业"融资难、融资贵"问题,并且能够驱动企业创新。[①] 聂秀华和吴青基于中小板上市公司数据,运用两步系统 GMM 模型进行研究,发现数字金融通过影响对中小企业的融资约束进而激励中小企业技术创新,这种激励作用对于经济发展水平高的地区的非国有中小企业较为显著[②];万佳彧等认为,数字金融可以有效缓解企业融资约束问题,帮助企业"去杠杆",并促进企业技术创新[③]。

4. 数字金融对居民收入与消费影响的研究

关于数字金融对居民收入的影响,现有研究成果主要可归为两类。第一,大多数学者认为数字金融的发展对居民收入具有显著的正向影响。如张碧琼和吴琬婷的研究表明,数字普惠金融对居民收入具有显著的正向影响,且对农村居民收入的增长效应更大。[④] 在对农村收入影响的进一步研究中,郑家喜等的研究发现,我国农村普惠金融发展水平整体呈现"V"形的变化趋势,而且农村普惠金融发展对农村经营性收入的影响更为显著。[⑤] 第二,有一些学者认为数字金融发展对收入存在负面的影响。现有研究主要考察数字金融对贫困户与非贫困户、收入不平等、城乡收入差距扩大等方面的影响。如王修华和赵亚雄的研究指出,贫困户可借助数字金融平滑生存型消费和积累发展型要素,但效果并不显著,而非贫困户在有效利用数字金融功能防范风险、平滑消费、积累要素的同时,还能进行休闲娱乐活动,数字金融发展的马太效应明显。[⑥]

关于数字金融对居民消费的影响,现有研究均表明数字金融发展对居

① 唐松、伍旭川、祝佳:《数字金融与企业技术创新——结构特征、机制识别与金融监管下的效应差异》,《管理世界》2020 年第 5 期,第 52~66、9 页。

② 聂秀华、吴青:《数字金融对中小企业技术创新的驱动效应研究》,《华东经济管理》2021年第 3 期,第 42~53 页。

③ 万佳彧、周勤、肖义:《数字金融、融资约束与企业创新》,《经济评论》2020 年第 1 期,第 71~83 页。

④ 张碧琼、吴琬婷:《数字普惠金融、创业与收入分配——基于中国城乡差异视角的实证研究》,《金融评论》2021 年第 2 期,第 31~44、124 页。

⑤ 郑家喜、杨东、刘亦农:《农村普惠金融发展水平测度及其对农户经营性收入的空间效应研究》,《华中师范大学学报》(自然科学版)2020 年第 5 期,第 862~873 页。

⑥ 王修华、赵亚雄:《数字金融发展是否存在马太效应?——贫困户与非贫困户的经验比较》,《金融研究》2020 年第 7 期,第 114~133 页。

民消费有着积极影响，且这一作用在农村家庭、低收入家庭和欠发达地区家庭中更为明显。[①] 易行健和周利构建了数字金融发展影响居民消费的理论模型，并实证检验了数字金融对居民消费的作用机制是通过提升支付便利性和缓解流动性约束两种途径实现的[②]；张勋等将中国数字普惠金融发展指数和中国家庭追踪调查数据相结合，实证研究发现，数字金融的发展促进了金融资源的合理配置，能够通过提升支付的便利性来促进居民消费，从而有助于经济增长[③]。

5. 数字金融对贫困减缓影响的研究

在数字普惠金融的减贫效应方面，世界银行在 2017 年出版的《2016 年世界发展报告：数字红利》中指出，数字技术和互联网通过包容性发展、高效率发展和创新发展为贫困地区的贫困居民和弱势群体提供了新的金融发展机遇。肖懿珊认为数字普惠金融发展总体上有利于居民实现贫困减缓，缩小贫富差距，并且贫困群体、中西部地区能够从数字普惠金融发展中获益更多[④]；王刚贞和陈梦洁利用省份面板数据，通过空间杜宾模型实证分析得出，我国数字普惠金融发展的减贫效应存在空间溢出效应和冷点区域[⑤]；陈慧卿等通过省级面板数据实证检验发现，数字普惠金融具有显著的减贫效应，且减贫效应会随经济发展水平和财政支出比重的提高而减弱，随城镇化水平的提高而增强[⑥]。在数字普惠金融的减贫路径方面，夏玲发现，人均可支配收入在数字普惠金融的减贫效应中具有中介作用。[⑦] 还有一些学者

① 邹新月、王旺：《数字普惠金融对居民消费的影响研究——基于空间计量模型的实证分析》，《金融经济学研究》2020 年第 4 期，第 133~145 页。

② 易行健、周利：《数字普惠金融发展是否显著影响了居民消费——来自中国家庭的微观证据》，《金融研究》2018 年第 11 期，第 47~67 页。

③ 张勋、杨桐、汪晨、万广华：《数字金融发展与居民消费增长：理论与中国实践》，《管理世界》2020 年第 11 期，第 48~63 页。

④ 肖懿珊：《数字普惠金融减贫效应实证研究》，《金融纵横》2020 年第 8 期，第 48~57 页。

⑤ 王刚贞、陈梦洁：《数字普惠金融减贫效应存在空间异质性吗？——基于空间计量模型的实证分析》，《东北农业大学学报》（社会科学版）2020 年第 3 期，第 10~18 页。

⑥ 陈慧卿、陈国生、魏晓博、彭六妍、张星星：《数字普惠金融的增收减贫效应——基于省际面板数据的实证分析》，《经济地理》2021 年第 3 期，第 184~191 页。

⑦ 夏玲：《数字普惠金融的减贫效应研究——基于我国 31 个省份 2011—2018 年的面板数据》，《金融理论探索》2020 年第 6 期，第 43~49 页。

认为，数字普惠金融通过充分运用互联网、大数据等技术，具有很强的可复制特征，其边际成本呈现递减趋势，其提供金融服务和产品的成本相对较低、金融渗透率较高，通过建设农村金融基础设施，数字普惠金融可以有力地促进中国减贫事业的发展。其中，收入增长和收入分配的改善是数字普惠金融促进减贫的重要机制，数字普惠金融发展可以兼顾效率与公平，实现包容性增长。[①]

（三）经济金融化问题研究

20世纪70年代席卷全球的金融自由化浪潮，推动了金融业的快速发展；进入80年代以后，以金融业为代表的虚拟经济总量在整个经济总量中的比例超越了实体经济，经济金融化随之成为经济金融领域研究的重大问题之一，且关注热度至今不减。

1. 关于经济金融化内涵的研究

经济金融化虽然是一种普遍存在的经济现象，但关于如何界定经济金融化的内涵，学术界的认识并不统一。相关研究视角大致可以归纳为数量规模视角和地位作用视角两个。

从数量规模视角出发，相关研究将经济金融化视为金融部门规模的不断扩张及金融活动的不断增多的过程，突出体现在三个方面。一是金融部门的快速增长与资产规模的持续扩张。如漆志平认为，经济金融化就是金融资本在经济、政治以及社会各领域的大规模扩张过程[②]；田新民和武晓婷认为经济金融化具体体现为金融部门膨胀、金融资产规模扩大及债务水平提高三个方面[③]。持有类似观点的还有戚聿东和张任之[④]。二是资本积累中

---

① 黄倩、李政、熊德平：《数字普惠金融的减贫效应及其传导机制》，《改革》2019年第11期，第90~101页；郑美华、刘芃麦、王刚贞：《数字普惠金融减贫机制与区域异质性的实证研究》，《江西科技师范大学学报》2020年第3期，第68~75页。

② 漆志平：《政治经济学视阈下的经济金融化趋向及其解释——以美国经验资料为研究对象》，《求索》2009年第12期，第60~62页。

③ 田新民、武晓婷：《中国经济金融化的测度及路径选择》，《商业研究》2018年第8期，第78~87页。

④ 戚聿东、张任之：《金融资产配置对企业价值影响的实证研究》，《财贸经济》2018年第5期，第38~52页。

金融资本积累日益占据主体地位。如 Krippner 认为，金融化就是金融资本在经济中的比例不断提升，企业从事金融交易的所得是其利润的主要来源，金融资本的积累成为实体企业资本积累的主要模式。[①] 三是金融交易活动日益频繁与持续增多。20 世纪 70 年代以来，随着金融自由化改革的持续深入与经济活动的日益全球化，金融资本在区域内经济主体之间及全球范围内的流动规模空前增大，不仅促使金融业繁荣发展，更是改变了以往的资本结构和产业结构，使得金融部门与股东的话语权提升，"股东价值"日益凸显。金融资本对公司战略决策及投资方向选择的影响越来越大，在利润及投资回报最大化的动机下，非金融公司不断增加对金融领域的投资，并在更大的广度与深度上参与各种金融交易活动。如张成思和张步昙认为，经济金融化意味着金融业、保险业和房地产业（记为"FIRE"）对经济发展的重要性越来越突出，主要体现为非金融企业来自金融渠道的利润越来越多、FIRE 对 GDP 的贡献率越来越大、吸纳的就业越来越多[②]；杜勇等将经济金融化的表现特征概括为：产业资本被大量用于证券投资、委托理财、房地产投资等一系列金融交易活动，资金没有直接流入实体经济，而是在多个金融机构之间"空转"套利[③]。

从地位作用视角出发，相关研究将经济金融化视为金融部门地位提升及支配权扩大的过程。Palley 认为，金融化是金融行业、金融机构和金融业人才对经济政策和经济结果的影响日益深化的过程，主要影响包括经济收益由实体经济部门向金融部门转移、金融部门相对实体经济部门重要程度提升、收入不平等加剧并导致工人工资增长停滞。[④] Hansen 通过对 150 年金融发展历史的分析，认为金融化就是伴随时间的推移，金融资本逐渐从

① Krippner, G. R., "The Financialization of the American Economy," *Socio-Economic Review*, 2005, 3 (2): 173-208.

② 张成思、张步昙：《再论金融与实体经济：经济金融化视角》，《经济学动态》2015 年第 6 期，第 56~66 页。

③ 杜勇、张欢、陈建英：《金融化对实体企业未来主业发展的影响：促进还是抑制》，《中国工业经济》2017 年第 12 期，第 113~131 页。

④ Palley, T. I., "Financialization: What It Is and Why It Matters?" The Levy Economics Institute of Bard College Working Paper, 2007, No. 525.

经济体系中的附属地位跃升至主导地位,这意味着金融在社会中的角色发生了巨大转变。[1]

从以上两个视角出发的相关研究对经济金融化内涵的界定,都对经济金融化现象进行了很好的刻画。客观上讲,这两个视角下的内涵界定其实分别描述了经济金融化的数量特征与质量特征。经济金融化的首要表现就是金融部门的规模扩张与金融活动的持续泛化。这一过程的持续发展,其结果必然是金融部门地位不断提升、支配权日益扩大,直至占据主导地位。正如 Foster 认为的那样,经济金融化就是经济活动重心由产业部门转向金融部门的过程,突出体现为金融部门规模的扩张、金融业重要性程度的提高以及金融在经济社会活动中支配权的不断扩大。[2]

2. 关于经济金融化动因的研究

关于经济金融化的动因,研究者从不同的角度给出了不同的解释。归纳起来主要有新自由主义论、实体经济盈利空间压缩论、企业治理模式变迁论等。

一是新自由主义论。20 世纪 80 年代,主要发达资本主义国家普遍出现了经济滞胀问题,突出表现为供给过剩而有效需求不足,长期受到推崇的凯恩斯主义出现了失灵。为了焕发经济增长活力,以推行"三化"(绝对自由化、彻底私有化和全面市场化)为核心的新自由主义思潮涌现,促使大量产业资本流向金融领域,生产性资本"脱实向虚"现象日益凸显。Kotz认为,新自由主义主张自由化、私有化和市场化,促进竞争、优化资源配置,对国家干预持反对态度。[3] 受此思潮的影响,政府对商业和金融业的管制逐步放松,金融在资本积累中的地位快速提升。迪蒙和莱维认为,新自

---

[1]　Hansen, P. H., "From Finance Capitalism to Financialization: A Cultural and Narrative Perspective on 150 Years of Financial History," *Enterprise and Society*, 2014, 15 (4): 605-642.

[2]　Foster, J. B., "The Financialization of Capitalism," *Monthly Review*, 2007, 58 (11): 1-12.

[3]　Kotz, D. M., "The Financial and Economic Crisis of 2008: A Systemic Crisis of Neoliberal Capitalism," *Review of Radicai Political Economics*, 2009, 41 (3): 205-317.

由主义的宗旨在于恢复"二战"后一度被削弱的金融资本力量。[①] 因此，在一定程度上可以说，金融化就是新自由主义重构的产物。[②] Rolnik 认为，新自由主义思潮推动了住房商品化的快速发展，当把住房当成一种可投资的金融资产时，金融部门就可以通过各种方式对房地产市场进行控制，如将养老基金私有化、运用 IPO 和私募股权投资等，这必然导致住房所有权向金融化的过度发展，从而导致 2008 年国际金融危机的爆发。[③]

二是实体经济盈利空间压缩论。工业化进程的快速推进及工业化水平的提升，大幅提高了实体经济部门的生产率和产品供给能力，但面对市场需求增长有限的现实约束、日益激烈的市场竞争以及持续提高的劳动力成本，实体产业投资的边际回报率呈现持续下降的趋势，盈利空间被挤压，资本的逐利属性驱使其从实体产业转向金融领域以获取更高的投资回报。Arrighi 认为，随着国际贸易的快速发展和生产规模的不断扩大，市场竞争越来越激烈，实体产业利润率持续下降，加快金融业发展就成为实现经济快速增长的重要方式。[④] Krippner 认为，实体产业投资回报的下降使得资本从生产领域转移到金融领域，这是美国经济金融化的重要原因。[⑤] Foster 认为，面对实体产业利润率下降而金融投资收益率提高的现象，资本的理性选择就是流出实体经济部门而进入金融投资领域，以获得更高的投资收益，而实体产业利润率下降的主要原因是资本主义经济发展停滞。[⑥] 邓超和许志勇的研究认为，在传统产业产能过剩与劳动力成本不断提高的双重压力下，缺乏创新意识以及创新动力不足的实体企业，为了摆脱收益率不断下降的

---

① 〔法〕热拉尔·迪蒙、多米尼克·莱维：《新自由主义与第二个金融霸权时期》，丁为民、王熙译，《国外理论动态》2005 年第 10 期，第 30~36 页。

② 宋博：《经济金融化与新自由主义及其悖论初探》，《国外理论动态》2019 年第 9 期，第 32~42 页。

③ Rolnik, R., "Late Neoliberalism: The Financialization of Homeownership and Housing Rights," *International Journal of Urban & Regional Research*, 2013, 37 (3): 1058-1066.

④ Arrighi, G., *The Long Twentieth Century: Money, Power, and the Origins of Our Times* (London: Verso Press, 1994).

⑤ Krippner, G. R., "The Financialization of the American Economy," *Socio-Economic Review*, 2005, 3 (2): 173-208.

⑥ Foster, J. B., "The Financialization of Accumulation," *Monthly Review*, 2010, 62 (5): 1-17.

困境，必然会通过金融化投资行为来破解企业盈利水平持续下降的危局，以求得在市场中生存。[①] 文春晖等认为，虚拟经济具有远高于实体经济的投资回报率是资金"脱实向虚"的主要原因。[②]

三是企业治理模式变迁论。从公司治理的角度看，企业金融化是"股东革命"的结果。公司股东基于价值最大化目标而要求公司进行更多的分红、股票回购等，由此带来公司金融交易活动的大幅增加。[③] 微观主体的行为从生产法则转向金融法则；企业管理目标由"利润最大化"转向"股东价值最大化"，由追求中长期收益转向注重短期收益；管理者的行为也逐渐趋于短视化和金融化。[④] 加之"权益要求"与市场"羊群效应"，投资者更加偏好于金融资产投资，资金脱离实体企业，对实体投资形成挤出效应。机构投资者作为证券市场中的重要参与者，为追求短期财务利润的最大化，大幅提升金融资产投资比例，并在市场上狂热地进行金融投机行为，使得企业金融化水平不断被放大。

3. 关于经济金融化经济增长效应的研究

经济金融化作为经济发展到一定阶段出现的客观经济现象，其对经济增长的效应包括积极效应和消极效应两种。

经济金融化对经济增长的积极效应。从宏观层面来看，适度的经济金融化可以增加实体产业投资，推动经济结构升级，提升经济运行效率，助力经济增长。Rajan 和 Zingales 认为，金融自由化降低了企业外源融资的成本，促进了企业创新，进而影响产业规模与产业集中度，推动产业升级。[⑤]

① 邓超、许志勇：《民营企业金融化发展路径与风险防范》，《理论探讨》2017 年第 5 期，第 109~113 页。

② 文春晖、李思龙、郭丽虹、余晶晶：《过度融资、挤出效应与资本脱实向虚——中国实体上市公司 2007—2015 年的证据》，《经济管理》2018 年第 7 期，第 39~55 页。

③ Froud, J., Haslam, C., Johal, S., Williams, K., "Shareholder Value and Financialization: Consultancy Promises, Management Moves," *Economy & Society*, 2000, 29 (1): 80-110.

④ Crotty, J., "The Neoliberal Paradox: The Impact of Destructive Product Market Competition and 'Modern' Financial Markets on Nonfinancial Corporation Performance in the Neoliberal Era," In G. A. Epstein, *Financialization and the World Economy* (Edward Elgar Publishing, 2005), pp. 77-110.

⑤ Rajan, R. G., Zingales, L., "Financial Dependence and Growth," *Social Science Electronic Publishing*, 1998, 88 (3): 559-586.

Theurillat 等认为,经济金融化有利于经济资源的空间整合,拓宽资本积累渠道,提升资源配置效率,进而助力实体经济繁荣。[1] Hassan 等选取了中等收入国家、低收入国家的数据构建面板模型,研究表明,金融化与经济增长之间存在正向关系,并且将贸易和政府支出等变量引入分析模型之后,金融化对经济增长的促进作用依然显著。[2] 国内部分学者通过构建省际面板数据模型进行实证分析,也得出了经济金融化推动经济增长的研究结论,如李强和徐康宁[3]、李标等[4]、朱喜安和李文静[5]。

从微观层面来看,企业持有适度的金融资产对其运营会产生积极作用。首先,企业持有金融资产可能产生蓄水池效应,即企业在资金比较富裕时买入一定数量的金融资产,以便在运营资金短缺时卖出,从而应对流动性需求。[6] 其次,企业一定量的金融资产配置可以有效缓解融资约束,起到降低融资成本的作用。Aivazian 等研究发现,企业通过持有较高水平的金融资产可以获得更多可支配的资金,进而降低企业所面临的融资约束程度。[7] 最后,企业适度的金融资产配置有助于提升资金配置效率。当企业没有更好的项目进行投资时,它可以将闲置资金配置到具有较高收益的金融资产上,提升资金使用效率,降低资金闲置的机会成本。[8] 杨筝等以中国上市公司为样本,研究

---

[1] Theurillat, T., Corpataux, J., Crevoisier, O., "Property Sector Financialization: The Case of Swiss Pension Fund (1992-2005)," *European Planning Studies*, 2010, 18 (2): 189-212.

[2] Hassan, M. K., Sanchez, B., Yu, J. S., "Financial Development and Economic Growth: New Evidence from Panel Data," *Quarterly Review of Economics & Finance*, 2011, 51 (1): 88-104.

[3] 李强、徐康宁:《金融发展、实体经济与经济增长——基于省级面板数据的经验分析》,《上海经济研究》2013 年第 9 期,第 3~11、57 页。

[4] 李标、宋长旭、吴贾:《创新驱动下金融集聚与区域经济增长》,《财经科学》2016 年第 1 期,第 88~99 页。

[5] 朱喜安、李文静:《金融发展与实体经济区域差异研究——基于夏普利值分解模型》,《经济问题探索》2019 年第 2 期,第 109~117 页。

[6] Gehringer, A., "Growth, Productivity and Capital Accumulation: The Effects of Financial Liberalization in the Case of European Integration, International," *Review of Economics and Finance*, 2013, 25: 291-309.

[7] Aivazian, V. A., Ge, Y., Qiu, J., "The Impact of Leverage on Firm Investment: Canadian Evidence," *Journal of Corporate Finance*, 2005, 11 (1): 277-291.

[8] 张春鹏:《公司金融化行为的制度逻辑与微观效应研究》,博士学位论文,西北大学,2022。

发现，公司持有交易性金融资产可以提升民营企业研发支出的持续性。[①]

经济金融化对经济增长的消极效应。从宏观层面来看，过度的经济金融化对经济持续发展不利。一是经济金融化会拉大居民收入差距。经济金融化程度的加深，意味着金融规模的扩大，这一过程往往与金融领域具有较高收益相关。经济金融化推动居民收入由实体经济部门向金融部门转移，进而拉大了金融部门与实体经济部门就业人员之间的收入差距，影响社会稳定。如张甜迪运用面板回归分析研究发现，经济金融化直接扩大了金融与非金融行业就业人员的收入差距。[②] 而且经济金融化程度越高，其扩大收入差距的作用越强。[③] 但也有学者的研究结论与此相反，如鲁春义通过构建VAR 模型，依据我国的资金流量表，对经济金融化对收入分配的影响进行实证研究，发现我国的经济金融化在一定程度上对收入差距扩大具有抑制效应。[④] 二是经济金融化会加剧金融风险。经济金融化水平的持续提升会导致虚拟经济过度膨胀，推动金融资产价格持续上涨，从而加剧金融风险，冲击宏观经济，严重时甚至会引发金融危机。2008 年国际金融危机爆发，主要原因就是金融化过度、金融空转虚耗及资金"脱实向虚"。[⑤]

从微观层面来看，企业金融化过度不利于企业的长期健康发展。部分研究表明，当实体产业投资利润率普遍下滑，且投资周期长、市场风险大时，企业投资的短视化行为较为严重，企业更加偏好对收益率更高的金融业等进行投资，而不愿意将资金投入主业[⑥]，导致主业经营的衰落。因此，

① 杨筝、刘放、王红建：《企业交易性金融资产配置：资金储备还是投机行为?》，《管理评论》2017 年第 2 期，第 13~25、34 页。

② 张甜迪：《金融化对中国金融、非金融行业收入差距的影响》，《经济问题》2015 年第 11 期，第 40~46 页。

③ 武晓婷：《中国经济金融化对宏观经济影响的计量研究》，博士学位论文，首都经济贸易大学，2018。

④ 鲁春义：《垄断、金融化与中国行业收入分配差距》，《管理评论》2014 年第 11 期，第 48~56 页。

⑤ 朱东波、任力：《"金融化"的马克思主义经济学研究》，《经济学家》2017 年第 12 期，第 17~26 页。

⑥ 杜勇、张欢、陈建英：《金融化对实体企业未来主业发展的影响：促进还是抑制》，《中国工业经济》2017 年第 12 期，第 113~131 页。

企业对金融资产的过度配置必然会对实体产业投资形成挤压，从而阻碍企业的长远发展。具体而言，企业资源配置的"脱实向虚"，会加剧"融资难""融资贵"等问题，进而降低企业价值、抑制技术创新、降低实体产业投资效率等。谢家智等①、郭丽婷②以我国制造业上市公司为样本，对制造业企业金融化对其技术创新的影响进行了实证研究，发现制造业企业的过度金融化抑制了其技术创新，并对其转型升级形成阻碍。张昭等以中国 A 股市场非金融上市公司为样本，证实了微观企业的"脱实向虚"对实业投资的确存在挤出效应，并通过实业投资渠道和技术进步渠道对投资效率产生影响。③

此外，随着研究的不断深入，更多的研究发现经济金融化对经济增长的影响并非简单的积极效应和消极效应，而是存在显著的非线性效应。如 Hung 运用内生增长理论，分析了经济金融化通过影响通货膨胀率进而作用于经济增长的效应，研究发现，金融发展会提高初始通货膨胀率，并对初始通货膨胀率较高国家的经济增长产生抑制作用，只有当初始通货膨胀率相对较低时，金融发展才能对其经济增长起到促进作用。④ Huang 等将通货膨胀率作为门限变量，运用门限回归模型进行实证研究，结果发现，在通货膨胀率低于阈值时，经济金融化与生产率之间存在显著的正向关系；而在通货膨胀率高于阈值时，经济金融化对经济增长的效应并不明显。⑤ Cecchetti 和 Kharroubi 的研究发现，金融规模与生产率之间呈现倒"U"形关系，若金融规模超过一定水平并继续扩大，必然会挤占其他部门的金融资源，从而抑制生产率的提升。⑥

---

① 谢家智、王文涛、江源：《制造业金融化、政府控制与技术创新》，《经济学动态》2014 年第 11 期，第 78~88 页。

② 郭丽婷：《制造型企业金融化抑制了技术创新吗？——基于我国制造业上市公司的经验研究》，《金融理论与实践》2018 年第 4 期，第 36~41 页。

③ 张昭、朱峻萱、李安渝：《企业金融化是否降低了投资效率》，《金融经济学研究》2018 年第 1 期，第 104~116 页。

④ Hung, S., "Inflation, Financial Development and Economic Growth," *International Review of Economics and Finance*, 2003, 12 (1): 45-67.

⑤ Huang, H.C., Lin, S.C., Kim, D.H., Yeh, C.C., "Inflation and the Finance-growth Nexus," *Economic Modelling*, 2010, 27 (1): 229-236.

⑥ Cecchetti, S., Kharroubi, E., "Reassessing the Impact of Finance on Growth," BIS Working Paper, No. 381, 2012.

近年来，支持经济金融化与经济增长之间呈非线性关系观点的国内学者日益增多。如张亦春和王国强通过构建省际双门槛面板模型，研究发现区域金融发展与实体经济发展之间存在非均衡关系，区域金融发展不足或发展过度均对实体经济发展不利。[①] 杜勇等将金融生态环境和货币政策予以量化并纳入模型，利用中国 A 股上市公司数据进行研究，发现金融化对公司主业发展的影响因金融生态环境的不同而不同，当金融生态环境良好时，金融化会促进主业发展；当货币政策宽松时，金融化对公司主业发展的抑制作用会增强。[②] 张同功和刘江薇研究了影响金融支持实体经济发展的主要因素，其中，提高直接融资比重对于金融支持有效性的提升具有积极作用。[③] 潘海英和周敏以金融化指数为门槛变量，通过构建面板门槛模型，对金融化对实体经济增长的非线性效应与阶段特征进行实证检验。研究结果表明，金融化与实体经济增长之间存在一个合理的波动阈值，在合理阈值范围内金融化对实体经济增长具有正外部效应，超出合理阈值则呈现负外部效应。[④] 田新民和武晓婷运用门槛回归模型，研究了金融化对经济增长影响的非线性特征，结果表明，金融化对经济增长存在较为明显的"双门槛"效应，金融化只有处于合理区间时，才能对经济持续稳定增长起到推动作用，而过低或者过高的金融化水平都会对经济增长形成抑制。[⑤] 黎贵才等认为金融化与经济增长之间呈现倒"U"形关系，并发现在 2008 年之前，金融化对中国经济增长效率提升有促进作用，但 2008 年后因存在金融化过度倾向，金融化对中国经济增长效率产生了负向影响。[⑥]

---

① 张亦春、王国强：《金融发展与实体经济增长非均衡关系研究——基于双门槛回归实证分析》，《当代财经》2015 年第 6 期，第 45~54 页。

② 杜勇、张欢、陈建英：《金融化对实体企业未来主业发展的影响：促进还是抑制》，《中国工业经济》2017 年第 12 期，第 113~131 页。

③ 张同功、刘江薇：《新时期中国金融支持实体经济发展的区域差异》，《区域经济评论》2018 年第 3 期，第 84~95 页。

④ 潘海英、周敏：《金融化对实体经济增长的非线性效应及阶段特征》，《金融经济学研究》2019 年第 1 期，第 18~27、42 页。

⑤ 田新民、武晓婷：《我国金融与实体经济的协调发展研究——基于经济金融化视角》，《学习与探索》2019 年第 2 期，第 121~130、195 页。

⑥ 黎贵才、赵峰、卢获：《金融化对经济增长的影响：作用机理与中国经验》，《中国人民大学学报》2021 年第 4 期，第 60~73 页。

（四）金融与实体经济分离性质研究

进入 20 世纪 80 年代以后，金融与实体经济分离的趋势日益显现，突出表现为金融超越实体经济呈现过快增长以及一些发达国家的金融资产规模超过了其实物资产规模。2008 年国际金融危机的爆发，表明金融与实体经济的分离已经到了空前的程度，学术界因此对金融与实体经济分离问题予以高度关注。

关于金融与实体经济分离的性质，理论界存在两种不同的认识。一是认为金融与实体经济分离是金融发展的必然规律。之所以如此，是因为金融市场的内在不稳定性[①]、银行独立的信用扩张能力[②]。依据明斯基的金融脆弱性假说，金融资产价格的波动，使得金融与实体经济分离成为必然；银行独立的信用扩张能力，使得银行信贷资产可以快速膨胀，这必然导致金融与实体经济发生分离。另外，20 世纪 80 年代以来的高利率，使得金融资产比实物资产具有更高的增长率，这在客观上也催化了金融与实体经济的分离。[③] 二是认为金融与实体经济的分离是金融发展过程中的一种伴生现象，这种伴生现象具有一定程度的破坏性，但破坏程度取决于政府的政策选择。对此给出详细分析的有蒂迈耶（Tietmeyer）、斯托特纳（Stottner）等。其中，蒂迈耶认为，由于金融市场上普遍存在"羊群效应""短期主义行为""投机泡沫"等，投资过度成为一种常态，这必然导致金融部门与实体经济相分离，但这种分离多半是由不正常的政策引发的，因为糟糕的经济政策既不能创造适当的制度环境，又遏制了稳定性预期的形成。[④] 斯托特纳将金融与实体经济的分离归结为 4 种情况，即金融部门和实体经济在中立

---

① Strange, S., *Casino Capitalism* (Oxford, New York: Basil Blackwell, 1986).

② Chick, V., "The Evolution of the Banking System and the Theory of Monetary Policy," In S. F. Frowen (ed.), *Monetary Theory and Monetary Policy* (London: Palgrave Macmillan, 1993), pp. 79-92.

③ Schulmeister, S., "Currency Speculation and Dollar Fluctuations," *Banca Nazionale Dellavoro Quarterly Review*, 1988, 41 (167): 343-365.

④ 转引自徐璋勇《金融与实体经济"分离假说"及其政策意义》，《河南金融管理干部学院学报》2006 年第 4 期，第 28~31 页。

意义上的分离、在资源枯竭意义上的分离，处于支配地位的金融部门相对于实体经济的分离以及作为投机价格泡沫存在的分离。[①] 斯托特纳对作为投机价格泡沫存在的分离进行了重点分析。他认为，价格泡沫的存在使投机者感觉自己更为富有，但对实体经济来说不见得是好事，因为引致价格泡沫的金融投机行为破坏了实体经济的运行基础，且缺乏基础价值的纯粹性投机是难以持续存在的，这就使得由价格泡沫导致的金融与实体经济分离不可能无限扩张，而是存在一定的极限。[②]

（五）金融资源"脱实向虚"的效应及其治理研究

1. 金融资源"脱实向虚"的经济增长效应研究

如果说经济金融化对经济增长来说是正向和负向效应兼有，那么金融资源的"脱实向虚"对于经济增长来说则会产生显著的负向效应。这种负向效应突出体现在以下两个方面。

第一，金融资源"脱实向虚"会动摇实体经济发展的根基，削弱实体经济增长的动力。实体经济是国民经济的基础，其稳定增长是经济稳健运行的基本保障。而实体经济的增长又以金融资源的有效投入和持续支持为前提。大量的金融资源脱离实体经济而被配置于虚拟经济系统，对于实体经济而言如同"釜底抽薪"。从金融体系来讲，实体经济部门是资本等核心经济资源配置的重要部门，如果在资源配置过程中将大量的金融资源投向虚拟经济体系，必然导致实体经济部门资本要素的短缺，对实体经济部门的扩张与发展形成直接约束；同时，实体经济部门资本要素的短缺，又会进一步推动资本要素价格的上涨，推动实体经济部门生产成本的上升。其结果是不仅削弱了实体经济部门的市场竞争力，而且通过降低实体企业利润，降低了实体企业的资本积累能力，削弱了其发展动力。从企业层面来讲，企业把更多的金融资源投向虚拟经济系统，必然形成对实体产业投资

---

① Stottner, R., *Zur angeblichen Abkoppelung Zwischen Finanzmarkten and Realwirtschaft* (Hengsbach, Friedhelm and Bernhard Emunds, 1997), pp. 8-23.

② 转引自徐璋勇《金融与实体经济"分离假说"及其政策意义》，《河南金融管理干部学院学报》2006年第4期，第28~31页。

的挤压,产生对实体产业投资的挤压效应。Orhangazi 以美国非金融企业为研究对象,通过分析企业金融化与实体产业投资率的关系后发现,当企业所获利润主要来自金融渠道时,企业管理层在做出投资决策时就会优先考虑向金融领域投资而降低对实体产业的投资[①],即金融资源的"脱实向虚"会对实体产业投资产生明显的挤压效应[②]。得出同样研究结论的还有 Demir 对阿根廷、土耳其和墨西哥的研究[③],以及 Tori 和 Onaran 对英国的研究[④]。从宏观经济层面来讲,大量企业将巨量资金投资于金融领域而大幅减少实体产业投资,必然导致实体产业因投资不足而衰退,最终形成经济"空心化"现象。因此,金融资源的"脱实向虚"必然造成实体产业的持续萎缩和衰落。

第二,金融资源"脱实向虚"会造就经济的虚假繁荣,对经济的持续增长和金融体系的稳定产生冲击。投资与消费是推动经济增长的两大核心力量,但在以金融为主导的经济增长模式下,投资与消费的增长主要依赖于债务扩张,这就导致此种经济增长模式下的经济周期与以工业为主导的经济增长模式下的经济周期有所不同。[⑤] 具体来说,金融化的过程通常伴随整个社会信贷规模的不断扩张与债务率的提升,各经济主体对金融市场有着高度的依赖性。其中,居民家庭通过向银行申请并获得消费信贷来扩大有效需求,工商经营户通过向银行申贷以解决经营中的资金短缺问题,企业通过银行信贷和资本市场融资来扩大再生产,政府通过发债来弥补财政赤字以应对规模庞大的公共支出,中央银行则通过增发货币来缓解流动性。在这种情

---

① Orhangazi, O., "Financialization and Capital Accumulation in the Non-Financial Corporate Sector: A Theoretical and Empirical Investigation on the US Economy: 1973–2003," *Cambridge Journal of Economics*, 2008, 32 (6): 863–886.

② 武晓婷:《中国经济金融化对宏观经济影响的计量研究》,博士学位论文,首都经济贸易大学,2018。

③ Demir, F., "Financial Liberalization, Private Investment and Portfolio Choice: Financialization of Real Sectors in Emerging Markets," *Journal of Development Economics*, 2009, 88 (2): 314–324.

④ Tori, D., Onaran, O., "The Effects of Financialization on Investment: Evidence from Firm-Level Data for the UK," *Cambridge Journal of Economics*, 2018, 42 (5): 1393–1416.

⑤ 张成思、张步昙:《再论金融与实体经济:经济金融化视角》,《经济学动态》2015 年第 6 期,第 56~66 页。

况下，各经济主体与金融市场的关联关系不断得到强化，经济的快速增长与繁荣是金融化的必然结果。但金融资源"脱实向虚"形成的经济繁荣是建立在金融业的自我膨胀基础之上的，是虚假的经济繁荣，并不具备长期持续的经济基础，发展到一定程度后必然形成泡沫经济，甚至爆发经济危机。

以金融市场为例，金融资源的"脱实向虚"必然推高资产价格。一方面，资产价格的上升会增加居民的财产性收入，通过"财富效应"刺激居民消费需求的进一步扩大，进而推动居民家庭债务率的上升；另一方面，资产价格的上升，使得企业的市场价值增加，企业可以用来抵押的资产价值也随之增加，企业融资的便利性提升，因而企业可融资的规模扩大，企业产能快速提升。另外，资产价格的上升，又会诱发更多的金融资源进入市场，推动资产价格的进一步上涨。以上这一切将推动消费、投资和产出的全面扩张，整个社会的债务规模也将不断攀升，当居民与企业债务率增长到极限，越过"明斯基时刻"时，资产价格必然发生逆转，出现不可避免的下跌，这必然会对居民消费以及企业投资产生收缩效应，从而导致经济衰退及市场萧条，加剧经济波动性和金融体系的脆弱性。

金融资源的"脱实向虚"必然导致金融市场的持续膨胀，当其发展到无法与债务相抵消的时候，就会导致金融危机和债务危机的爆发。[①] 马勇等通过对 66 个具有代表性的国家和地区进行研究后发现，信贷规模扩张是金融资产泡沫形成与扩大的催化剂，信贷规模扩张程度与金融危机爆发概率之间存在较为显著的正相关关系。[②] 信贷规模越是扩张，经济体受到金融危机的负面冲击也就越大。不仅如此，金融资源"脱实向虚"引发的金融市场膨胀还会增加全球性金融危机爆发的概率。因为新兴市场国家为了抵御金融风险，往往更加偏好于维持巨额的贸易顺差和保留高额的外汇储备，这势必会加剧全球性贸易失衡。这是因为新兴市场国家的贸易顺差必须以发达经济体存在与其同等规模的贸易逆差为前提。对于发达经济体而言，

---

① 马锦生：《美国资本积累金融化实现机制及发展趋势》，《政治经济学评论》2014 年第 4 期，第 61~85 页。

② 马勇、杨栋、陈雨露：《信贷扩张、监管错配与金融危机：跨国实证》，《经济研究》2009 年第 12 期，第 93~105 页。

巨额贸易逆差的弥补需要借助资本项目下的巨额资金流入，其结果便是外债负担的加重。发达经济体一旦出现流动性紧缩或陷入增长困境，便很容易产生债务危机。在国际经济金融一体化的背景下，发达经济体的债务危机会迅速扩散到其他国家，最终导致全球性金融危机的爆发。[①]

2. 金融资源"脱实向虚"的资源配置效应研究

优化资源配置是金融业的核心职能，但金融资源"脱实向虚"导致的金融业过度繁荣却形成了资源错配。这种错配通常会通过三种机制实现。一是信贷机制。一方面，金融资源"脱实向虚"意味着金融资源过度流入虚拟经济行业或非生产性行业，导致实体经济或者生产性行业投入资本过少，进而导致社会总产量和总效率的损失；另一方面，金融资源"脱实向虚"提高了实体经济融资成本，增加了实体经济获得信贷的难度，加之不同规模、不同行业及不同所有制形式企业间存在融资成本和信贷可获得性的差异，企业借贷利率偏离企业资本边际产出，且企业的借贷利率离散程度越大，资本的错配程度越严重。[②] 二是企业行为决策机制。金融资源"脱实向虚"会影响企业金融行为选择，从而影响企业对其资源的配置决策。一方面，金融资源"脱实向虚"会在一定程度上推高金融资产价格，尤其是当企业持有的金融资产收益大于企业经营收益时，企业会选择将资产更多地配置于金融领域，而较少地用于实体生产与技术创新，即加剧企业金融化；另一方面，金融资源"脱实向虚"主要表现为实体经济获取金融资源的渠道不畅、金融资源流向实体经济的环节过多、金融服务实体经济的价格过高。在此情况下，企业储备更多现金的欲望就更加强烈，其中规模较大的集团企业则会更加偏好于内部融资，使金融部门资本配置功能无法有效发挥。三是风险溢出机制。金融资源"脱实向虚"的重要表现就是影子银行体系膨胀、金融过度创新以及资金在金融体系内的自我循环，其结果必然是加剧金融体系的风险，推高市场的风险溢价。金融机构出于风险

① Newman, S., "Financialization and Changes in the Social Relations along Commodity Chains: The Case of Coffee," *Review of Radical Political Economics*, 2009, 41 (4): 539-559.

② 李欣泽、陈言:《金融摩擦与资源错配研究新进展》,《经济学动态》2018 年第 9 期, 第100~114 页。

管理的需要，必然将风险较高或者是无法提供足额抵质押担保的企业排除在银行信贷之外。这一方面使具有较高风险、轻资产的高新技术企业难以获得充足的资金支持，制约其发展及整个社会的技术创新；另一方面，低风险、低收益的传统行业及企业会获得较多的金融资源，从而形成资源错配。

3. 金融资源"脱实向虚"的治理研究

基于对金融资源"脱实向虚"的原因分析及其负向效应的认知，我们对金融资源"脱实向虚"的行为必须予以治理。综合现有的研究文献，对金融资源"脱实向虚"的治理主要有以下两种主张。

一是强化金融监管，杜绝资金在金融系统"空转"，有序引导金融资源回归实体经济。如陆岷峰和杨亮认为，要避免资金"脱实向虚"现象，政府应加快建设与完善以防范系统性金融风险为核心的多维度金融监管制度，在把握现代金融发展趋势的前提下，充分发挥分业监管和混业监管的协同作用。[①] 要吸取欧美等经济发达国家对于金融衍生品监管的经验教训，构建起针对金融衍生品及其交易的科学的监督管理体系，以保证金融工具创新的积极作用得到有效发挥；另外，还要规范金融市场交易行为，破解资金在金融体系内部循环套利的困局，加大金融业对供给侧结构性改革的支持力度，建立健康有序的服务实体经济的金融环境。杨文溥认为，要调整监管框架，提高监管协调有效性，对于分属于不同监管部门监管权限范围的相同行为，统一基本的监管规则，规范影子银行行为，防止银行等金融机构通过影子银行将资金投向限制性行业。[②] 田新民和武晓婷认为，防止资金"脱实向虚"的当务之急是改革金融监管体制，完善金融监管框架，实现宏观监管与微观监管的相互补充。[③]

二是深化供给侧结构性改革，激发实体经济发展活力，提高实体经济对

---

① 陆岷峰、杨亮：《我国经济金融化的形成逻辑、风险问题与治理路径》，《华侨大学学报》（哲学社会科学版）2019年第2期，第59~67页。

② 杨文溥：《过度金融化及其资源错配效应研究》，《西南金融》2019年第11期，第22~31页。

③ 田新民、武晓婷：《中国经济金融化的测度及路径选择》，《商业研究》2018年第8期，第78~87页。

金融资源的吸纳能力。金融资源"脱实向虚"的一个重要原因在于实体经济增速放缓及投资回报率下降,这对于作为国民经济主体的传统产业来说尤为突出。因此,深化实体经济供给侧结构性改革,加快传统产业转型升级,提高实体经济的投资回报率,是治理金融资源"脱实向虚"的重要方面。如王国刚认为,缓解资金"脱实向虚"的关键在于推动实体面的结构性改革与金融面的结构性改革相互协调、相互促进,具体包括深化"住行学"领域的投资体制机制改革、深化"住行学"领域的金融体制机制改革以及加大"住行学"领域的对外开放力度。[1] 李顺彬认为,要治理经济"脱实向虚",就应该继续推进供给侧结构性改革,通过实施结构性的货币政策和财政政策,积极支持民营企业和中小企业向实体产业投资。[2] 徐璋勇和张春鹏认为,实体经济的供给侧改革,一要减少低端产品供给,缓解并逐步消除低端产品市场的供需失衡,从生产端入手,通过采取前瞻性的产业政策、有效的金融信贷政策、合理的税收政策及科学的环保政策等,对低端产品的生产予以限制,减少其市场供给,有效化解过剩产能;二要支持与鼓励企业科技创新,在推动传统产业优化升级的同时,激发企业对新能源、新材料、信息技术与人工智能、生命和生物工程、节能环保、高端装备制造等领域的投资热情,增加高端产品供给,以更好地适应与满足消费升级的巨大需求。[3]

(六)对现有研究的简要评论

针对金融资源"脱实向虚"这一普遍且日益凸显的经济现象,学者们已经从多个角度进行了较为系统的研究,形成的成果为本书提供了借鉴与启发,并奠定了重要基础。但综合来看,现有研究在以下 4 个方面还有待进一步深化。一是有待进一步对金融背离实体经济而独立发展的原因及机制进行理论阐释。现有研究大都关注了金融与实体经济的背离现象,但这种

---

[1] 王国刚:《金融脱实向虚的内在机理和供给侧结构性改革的深化》,《中国工业经济》2018年第7期,第5~23页。

[2] 李顺彬:《我国经济"脱实向虚"的表现、成因与对策》,《新经济》2020年第Z2期,第74~77页。

[3] 徐璋勇、张春鹏:《我国金融资源"脱实向虚"的治理路径——基于主体行为动机的分析》,《贵州省党校学报》2021年第4期,第31~38页。

背离是经济发展到一定阶段的必然结果，还是因经济环境变迁或某种制度诱发而产生的异变现象？促使二者间发生背离的动因何在？对此问题在理论上并没有解释清楚。二是近年来中国金融资源为何不愿进入实体经济而大量滞留于金融体系内进行"空转循环"？非金融企业为何热衷于将存量金融资源配置于虚拟经济体系中"不务正业"？这与中国的经济发展阶段及现有的金融制度安排有无因果关系？如果有，其因果机制又是什么？显然，现有的研究还没有对这些问题给出完美的回答。三是金融资源"脱实向虚"的日益加剧及可能引发的潜在风险已经引起了政府决策层的高度关注，为此政府也出台了诸多促使金融回归本源的政策措施，但同时也出现了中小企业融资难、融资贵等问题的空前加剧以及投资与消费信心的严重不足。这种现实结果与政策预期目标之间产生偏差的原因何在？亟须对此进行深入系统的分析研究。四是现有研究中，部分学者认为实体经济和虚拟经济的风险回报率差异是资金"脱实向虚"的直接原因，但导致金融与实体经济风险及收益率差异持续扩大的原因是什么？是否与我们的某些政策制度有关？对这些问题还有待进行深入系统的分析。基于此，本书拟在充分参考借鉴现有研究成果的基础上，试图从理论上对以上问题给出阐释，并采用我国宏观及微观层面的数据进行实证分析，以为政府相关决策提供参考。

三　金融资源及其"脱实向虚"的内涵界定

（一）金融资源的内涵界定与特征

1. 金融资源的内涵界定

从现有的文献来看，"金融资源"概念最早是由金融结构创始人——戈德史密斯（R. W. Goldsmith）在其《资本形成与经济增长》① 一书中提出的，但戈德史密斯在该书中并没有对金融资源的概念进行严格界定，因此"金融资源"这一概念也就没有引起西方金融学界的关注。戈德史密斯在

---

① 〔美〕戈德史密斯：《资本形成与经济增长》，国家经济研究局，1955，第113页。

1969 年出版了《金融结构与经济发展》一书，在论述金融结构变迁与经济增长关系时，他仍然没有对"金融资源"给出明确的界定与分析，因此这一概念在其后的几十年中都没有引起理论界的重视。

20 世纪 70 年代，在麦金农与肖的"金融深化论"的影响下，金融自由化浪潮席卷全球，加之现代电子技术的飞速发展及其在金融领域的广泛应用，以金融产品创新、金融市场创新、金融制度创新及金融技术创新为代表的金融创新不断涌现，金融业获得了前所未有的高速发展，经济运行对金融业的依赖程度快速提高。特别是随着社会财富由物质财富向虚拟财富转化进程的加快，金融逐步改变了自身与经济的单纯从属关系和对经济的简单的中介性功能，而成为经济运行的枢纽；金融业不再是一个为经济发展筹划资金、打破资本短缺瓶颈的微观部门，而是成为影响甚至主导经济运行的全局性、宏观性和战略性的核心，金融业能否稳健运行直接关系到整个经济社会发展的可持续性。1997 年的亚洲金融危机在实践层面证明了金融业稳健可持续发展的重要性。在此背景下，著名金融学家白钦先教授于 1998 年提出了"金融资源"概念，此概念一经提出，就获得了理论界的广泛认可，并将金融发展理论推到了一个新的阶段。

白钦先教授认为，金融资源不仅包括资本或资金，而且包括与资本或资金紧密相关的其他金融要素，还包括资本或资金与其他相关金融要素相互作用、相互影响的功能。[①] 他将金融资源概括和抽象为基础性核心金融资源、实体性中间金融资源和整体功能性金融资源三个层次。其中，基础性核心金融资源是金融资源的最基本层次，主要包括广义的货币资本或资金；实体性中间金融资源是金融资源的中间层次，主要包括金融组织体系和金融工具体系；整体功能性金融资源是金融资源的最高层次，是货币资金流动与金融体系、金融体系各组成部分之间相互作用、相互影响的结果。[②]

在白钦先教授"金融资源论"的启发下，多位学者从不同角度对"金融资源"概念进行了补充。如崔满红从金融资源的层次属性角度出发，把

---

① 白钦先等：《金融可持续发展研究导论》，中国金融出版社，2001，第 71 页。
② 白钦先等：《金融可持续发展研究导论》，中国金融出版社，2001，第 72~74 页。

金融资源划分为货币资源、资本资源、体制资源和商品资源四个层次。[①] 陆家骝则在前人研究的基础上，将金融资源系统划分为货币资产和货币制度、金融产业、金融管理组织和管理体制、金融意识四个方面。[②] 何风隽认为，金融资源是金融交易过程中所形成的一系列权利的集合，并将金融资源划分为三类：金融资源 I（金融资金）、金融资源 II（金融机构）、金融资源 III（金融制度）。[③] 田艳芬和邵志高认为，资本是一种最广泛意义上的金融资源，社会融资是狭义的金融资源，金融系统的发展是一种金融资源，金融结构的发展等同于金融资源。[④] 蔡则祥和武学强将金融资源定义为以货币和货币资本为核心，为资金融通、引导资源配置直接服务的各种资源，具体包括四个部分：资金资源、工具资源、组织资源和保障资源。[⑤]

基于现有的研究，本书对"金融资源"从狭义和广义两个方面进行了界定。从狭义上说，金融资源是指以货币计价的、具有生产要素特征的，并对经济社会发展有重要影响的金融资产及金融工具，即广义的货币资产（资金），具体包括金融机构存款、金融机构贷款、保费收入、证券市场筹资、信托资产、基金、实际利用的外资等，类似于现有学者提出的"基础性核心金融资源"。从广义上说，金融资源指一切金融资产及金融体系，具体包括上述所讲的狭义金融资源，以及服务于货币和货币资本交易的金融机构、金融市场、金融制度等。基于研究的主题，本书中的金融资源指的是狭义的金融资源，即一切货币资金或货币资产。

2. 金融资源的特征

金融资源是一种社会资源，与自然资源相对应，它在某些方面具有与

---

① 崔满红：《金融资源理论研究（二）：金融资源》，《城市金融论坛》1999 年第 5 期，第 10~15 页。

② 陆家骝：《金融资源积累与金融可持续发展》，《华南金融研究》2000 年第 4 期，第 3~5 页。

③ 何风隽：《中国转型经济中的金融资源配置研究》，博士学位论文，西北大学，2005。

④ 田艳芬、邵志高：《金融资源的内涵与配置效率》，《长春大学学报》2013 年第 7 期，第 798~800、804 页。

⑤ 蔡则祥、武学强：《金融资源与实体经济优化配置研究》，《经济问题》2016 年第 5 期，第 16~25 页。

自然资源相同或相近的属性，但又有其诸多的独特性。因此，充分认识金融资源的特征是科学开发与高效利用金融资源的前提基础。

一是金融资源的稀缺性。稀缺性是所有资源的首要特征，经济学意义上的稀缺性，并不是指该资源绝对量少，而是指该资源数量相对于人类的需求欲望来讲不足。资源稀缺性使得在一定的技术水平上，经济增长会受到资源约束；同时也要求人们对资源的开发利用，必须遵循可持续原则。金融资源也不例外。金融资源稀缺是所有发展中国家及不发达地区普遍面临的现实问题；而金融资源的不合理开发利用则是发达国家出现的普遍现象，多次金融危机的爆发正是金融资源破坏性利用的客观结果。因此，如何解决发展中国家金融资源的供给不足问题及发达国家金融资源的滥用问题，是当今世界面临的共同问题。

二是金融资源供给的垄断性。金融资源供给的垄断性是金融资源区别于自然资源的显著特征之一。自然资源的供给与特定的区位条件、资源禀赋、气候条件等相关，这就使得对于一个特定区域来说，其自然资源供给具有天然性，如部分地区拥有丰富的煤炭、石油等资源。但金融资源的供给与此不同，它取决于社会条件，其终极供给主体是国家，具有垄断性特征。如货币是由国家所指定的机构（如中央银行）发行的，除此之外的任何机构都不具备货币的发行权，无权向市场提供基础货币；金融机构的设立需要履行一定的审核程序，构建什么样的金融体系，也需要国家金融主管部门的批准；金融制度的建立与演变，更是国家行为，是国家意志的体现。正因如此，国家意志与国家行为往往成为解释金融行为、金融制度变迁的逻辑起点。

三是金融资源的自我增值性。从本质上讲，金融资源表示的是一定时期的价值积累和凝结，但它与一般商品的价值体现不同。一般商品作为物质财富，其价值可以独立存在；而货币作为金融财富，其价值在于交易，必须进入现实的生产过程或资本流动过程才能够体现出来。这一流动过程就是资本的价值增值过程。因此，金融资源的生命在于流动，流动的期望目标是实现价值增值。金融机构、金融体系则是实现金融资源价值增值的主体，金融市场是实现价值增值的载体，而金融制度则是实现价值增值的保障。

四是金融资源的高度流动性。与自然资源和其他资源相比，金融资源具有高度流动性，且这种流动性具有跨越时间与空间的特征。金融资源的跨时间流动是指金融资源基于效用最大化原则的跨期配置，该问题是现代金融理论研究的三大核心问题之一。金融资源的跨空间流动是指金融资源在利润原则主导下的跨区域、跨行业流动。随着经济一体化进程的加快、金融自由化的发展以及现代交易技术的飞速发展，金融资源的跨空间流动空前加剧。但现实表明，金融资源的跨空间流动是一把"双刃剑"，适度合理的流动对经济增长及社会总财富的增加具有积极的推动作用；而过度的流动则会导致金融市场的剧烈动荡，甚至诱发金融危机。因此，如何通过监管使金融资源的流动性保持在合理的范围是目前世界各国面临的共同难题。

五是金融资源的中介性。金融资源具有中介性，即金融资源是一种具有中介功能的社会资源。金融机构与金融体系的基本功能之一就是中介功能，即充当资金盈余方和资金短缺方之间融资沟通的桥梁，通过中介作用，实现资金的转移，既为资金短缺方解决资金不足问题，又为资金盈余方找到资金出路。

六是金融资源的先导性。金融资源的先导性是由金融资源的可流动性、信号传递性及支配作用共同决定的。金融资源的先导性是指金融资源对经济利益的追逐要优先于任何实体经济；同时金融资源对社会生产要素的流动起着引导作用，决定了生产要素的结合方式。如货币资本，其市场价格表现为利率，它的高低变化，不仅引导着资金的流动方向与流动规模，而且对其他生产要素（如劳动力等）的流动也会产生引导作用；资本价格的变化对资源流动与配置的引导作用就更为明显。另外，金融资源价格的变化还引导着公众市场预期的变化及消费者、生产者的行为变化，从而对整个经济社会运行产生影响。

七是金融资源不当利用与开发的破坏性。金融资源与其他资源的另外一个巨大不同之处在于，金融资源在被引入经济系统之后具有自我衍生和自我膨胀性，这种特性使得金融资源会对经济系统的运行产生巨大影响。如果合理利用，则有利于经济运行；若利用不当或滥用，将会给经济系统带来灾难性的后果。比如，基础性金融资源——货币资本供给量的多少由中央银行根据经济运行的实际需求决定，一旦发行量与实际需求量发生脱节，就会带来经济系统的虚假繁荣（由发行过多引起）或经济萧条（由发行过少引起）。另外，基础货币一旦进入市场，由于其具有的派生功能，会产生远大于其原始供给量的货币供给，若引导利用不当（如大量进入股票市场、房地产市场等），则会对经济系统运行产生剧烈破坏作用，甚至引发金融危机。现实中因货币供给失衡、金融市场虚假繁荣而引起金融危机、经济危机的现象不胜枚举。

（二）金融资源"脱实向虚"的内涵界定

2008 年美国次贷危机之后，"金融脱实向虚"的说法在国际社会中不胫而走。[①] 但关于"金融脱实向虚"的说法，并没有获得理论界的完全赞同。有学者认为，金融业本身就是虚拟经济体系的组成部分，且是最具代表性和最重要的部分，因此"金融脱实向虚"的说法并不成立。也有学者认为，金融与实体经济之间的边界越来越模糊且彼此渗透，简单地从"脱实向虚"中寻求"脱虚向实"的回归路径，容易陷入政策选择误区。[②] 还有学者认为，就金融与实体经济的关系而言，金融与实体经济是有机融合的一个整体，二者密不可分，并不存在金融脱离实体经济的内在机理；但金融与实体经济作为经济系统的两个相对独立运行的子系统，金融有着脱离实体经济的可能，并将"金融脱实向虚"区分为货币载体的脱实向虚、金融交易对象的脱实向虚、金融业态的脱实向虚和资金的脱实向虚。[③]

基于前文对虚拟经济与实体经济运行特征的描述分析，本书认为，金融业作为一种业态，其本质特征及功能决定了它隶属于虚拟经济体系，因此"金融脱实向虚"的问题并不存在。人们常说的"金融脱实向虚"的真

---

① 王国刚：《金融脱实向虚的内在机理和供给侧结构性改革的深化》，《中国工业经济》2018年第 7 期，第 5~23 页。
② 李扬：《"金融服务实体经济"辨》，《经济研究》2017 年第 6 期，第 4~16 页。
③ 王国刚：《金融脱实向虚的内在机理和供给侧结构性改革的深化》，《中国工业经济》2018年第 7 期，第 5~23 页。

实含义是金融资源的"脱实向虚"。为此，我们将金融资源的"脱实向虚"界定为社会金融资源脱离实体经济的生产、流通等领域而流向虚拟经济领域，形成社会金融资源在配置中日益向虚拟经济领域集聚与倾斜的现象。另外，此处的金融资源为前文所界定的狭义金融资源，即以货币计价的、具有生产要素特征的，并对经济社会发展有重要影响的金融资产及金融工具，即广义的货币资产（资金）。

四　金融资源"脱实向虚"问题的研究思路与逻辑框架

（一）金融资源"脱实向虚"问题的研究思路

本书遵循"提出问题—理论分析—现实描述—实证研究—现有政策效果评价—提出治理路径与政策"的基本思路。第一，从实体经济与虚拟经济的内涵界定入手，归纳出实体经济与虚拟经济的运行特征；在此基础上，运用系统动力学思想，通过对实体经济与虚拟经济增长动力因素进行分析，梳理出实体经济与虚拟经济的增长规律。第二，运用产业协同发展理论，通过构建理论模型，对虚拟经济与实体经济协调发展的机制条件、金融资源"脱实向虚"的内在机理进行理论阐释。第三，运用现代金融发展理论、资源错配理论、增长经济学理论、社会效应理论等，对金融资源"脱实向虚"的经济效应（包括经济增长效应、资源错配效应、非金融企业金融化的企业财务价值效应、生产率效应及市场价值效应）进行理论分析。第四，结合近年来我国经济运行的现实背景，对我国金融资源"脱实向虚"的表现形式及特征进行描述；依据中国资产负债表及相关数据资料，从国家、金融体系、商业银行、企业四个层面，对我国金融资源"脱实向虚"的程度进行测算，并从国际经济环境变迁、国内经济运行、分税制改革以及地方与中央金融资源控制权博弈等不同视角，分析诱发金融资源"脱实向虚"的主要因素及在此过程中经济主体（中央政府、地方政府、金融机构、企业与企业家）的行为动机。第五，运用实证分析方法，对金融资源"脱实向虚"的经济效应进行实证检验，在此基础上对我国近年来治理金融资源"脱实向虚"

的政策进行梳理，并对其实施效果予以评价，总结出存在的主要问题。第六，提出治理金融资源"脱实向虚"的有效路径及政策建议。

（二）金融资源"脱实向虚"问题研究的逻辑框架

本书的研究目标在于三个方面：一是梳理金融与实体经济的动态演化特征，从理论上阐释金融资源"脱实向虚"的内在机理及诱发性机制，回答金融资源为什么会"脱实向虚"的问题；二是客观评估中国金融资源"脱实向虚"的程度及带来的经济效应，回答金融资源"脱实向虚"的程度如何及会产生什么后果的问题；三是提出治理金融资源"脱实向虚"的有效路径及政策建议，为金融回归本源、促进实体经济发展提供决策参考，回答如何对金融资源"脱实向虚"进行治理的问题。

围绕以上三个目标，本书的逻辑框架主要包括四大部分共十章内容。

第一部分：理论分析（包括第一至四章）。本部分在阐述实体经济与虚拟经济的演化动力及二者协调发展的机制条件的基础上，重点从理论上解释金融资源"脱实向虚"的形成机理及产生的经济效应。第一章，金融资源"脱实向虚"问题研究的背景与逻辑框架。主要内容包括本书的研究背景与意义、现有研究文献及成果的回顾与梳理、金融资源"脱实向虚"的内涵界定及研究思路与逻辑框架。第二章，实体经济与虚拟经济的演化动力及关联机制。在对实体经济与虚拟经济进行内涵界定的基础上，运用系统演化思想，分析实体经济系统与虚拟经济系统演化的动力机制，探究二者发展演化的规律性；运用产业协同发展理论，探究金融与实体经济之间互动发展的动态关系、协调发展的机制条件、金融背离实体经济而自我膨胀的内在性及诱发机制，为探析金融资源"脱实向虚"的内在机理提供理论支撑。第三章，金融资源"脱实向虚"的表现形式与形成机理。在对金融资源"脱实向虚"主要表现形式进行归纳的基础上，重点从市场逻辑与制度诱因两个视角出发分析了金融资源"脱实向虚"的形成机理。第四章，金融资源"脱实向虚"的经济效应。主要从宏观、中观与微观三个层面对金融资源"脱实向虚"的经济效应进行理论分析。其中，宏观层面主要分析了金融资源"脱实向虚"对宏观经济增长率的影响；中观层面主要从资源配置视角，对金融资源"脱实向虚"导致的资源错配及其引致的投资挤出效应、僵尸企业效应与创新抑制效应进行分析；微观层面主要从企业层面分析非金融企业金融化行为对企业财务绩效、全要素生产率和企业市场价值产生的影响。

第二部分：现状分析（包括第五、六章）。本部分重点对我国金融资源"脱实向虚"的程度进行测算，探究金融资源"脱实向虚"的原因，包括国际背景、现实背景、主体行为及"同群效应"。第五章，我国金融资源"脱实向虚"的程度测算与原因分析。基于系统的统计数据，从国家、金融体系、商业银行及企业四个层面，对我国金融资源"脱实向虚"的程度进行测算；其后采用历史与逻辑相一致的分析方法，对我国金融资源"脱实向虚"的背景及原因进行分析，为寻求金融资源"脱实向虚"的诱发因素及提出具有针对性的治理路径与政策提供现实支撑。第六章，我国金融资源"脱实向虚"的主体行为与"同群效应"。主要采用演绎分析的方法，对我国金融资源"脱实向虚"过程中的政府行为、金融机构行为、企业行为及企业家行为进行分析，以便清楚地了解不同经济主体在推动金融资源"脱实向虚"过程中主观或客观的行为动机；同时对不同经济主体金融资源"脱实向虚"的同群行为，包括地方政府经济虚拟化的"同群效应"、金融机构资金空转的"同群效应"以及非金融企业投资金融化的"同群效应"给出理论解释，为有效治理金融资源"脱实向虚"提供依据。

第三部分：实证研究（包括第七、八章）。本部分基于前面的理论分析与现状分析，采用实证分析的研究范式，对我国金融资源"脱实向虚"的经济效应进行实证检验，为提出的理论观点提供经验支撑。第七章，我国金融资源"脱实向虚"的经济增长效应与资源错配效应检验。主要对我国金融资源"脱实向虚"引致的宏观层面的经济增长效应及中观层面的资源错配效应（包括资源错配及其引致的投资挤出效应、僵尸企业效应和创新抑制效应）进行实证检验。第八章，我国非金融企业金融化的微观经济效应及"同群效应"检验。主要从企业微观层面对非金融企业金融化引致的财务效应、生产率效应及市场价值效应进行实证检验；另外，对企业投资金融化过程中的"同群效应"进行实证检验。

　　第四部分：政策评价与治理路径（包括第九、十章）。本部分重点对我国近年来治理金融资源"脱实向虚"的相关政策进行梳理，并予以效果评价，在此基础上提出治理金融资源"脱实向虚"的有效路径与政策。第九章，我国治理金融资源"脱实向虚"的政策梳理及效果评价。在对我国近年来为治理金融资源"脱实向虚"出台的政策进行系统梳理的基础上，对政策实施的效果做出评价，并归纳出政策实施中存在的主要问题，为完善治理金融资源"脱实向虚"的有关政策提供依据。第十章，我国治理金融资源"脱实向虚"的有效路径与政策选择。在前文分析的基础上，提出治理金融资源"脱实向虚"应该遵循的基本原则；从"疏"与"堵"并重的思路，从繁荣发展实体经济与构建高效金融体系两个方面提出治理金融资源"脱实向虚"的有效路径与政策；最后提出治理政策执行中应该注意的问题。

第二章

实体经济与虚拟经济的演化动力及关联机制

实体经济与虚拟经济同属经济系统的组成部分，但其系统演化的动力因素并不相同，具有各自的特殊性。另外，实体经济和虚拟经济在演化过程中又存在相互促进或者抑制的双向效应。基于此，本章在对实体经济与虚拟经济演化动力进行比较分析的基础上，对二者之间的关联机制与关联效应进行分析。

一　实体经济与虚拟经济的界定及运行特征

（一）实体经济的界定及运行特征

2008 年国际金融危机爆发之后，"实体经济"这一概念才被国内外学者及政府机构频繁使用。但直至今日，关于"实体经济"的内涵，学术界的认识还存在较大分歧。

关于实体经济的内涵，目前相关研究主要从三个角度进行界定。一是从经济形态的价值特征角度进行界定，将提供物质财富及为物质财富生产提供增值服务的经济形态界定为实体经济，如宋超英和王宁[1]、刘晓欣[2]，

① 宋超英、王宁：《论虚拟经济与实体经济的关系——由冰岛破产与迪拜债务危机引发的思考》，《金融经济》2010 年第 6 期，第 12~14 页。
② 刘晓欣：《个别风险系统化与金融危机——来自虚拟经济学的解释》，《政治经济学评论》2011 年第 4 期，第 64~80 页。

具体包括农业、工业、商业、建筑业及交通运输业等产业部门。二是从价值确定体系的角度进行界定,将以生产成本为基础来确定自身价值的经济系统界定为实体经济,如刘骏民[1]。三是从产业部门划分的角度进行界定,如将实体经济划分为实体经济 I 和实体经济 II,其中实体经济 I 包括农林牧渔业,采矿业,制造业,电力、热力、燃气及水生产和供应业,建筑业,批发和零售业,交通运输、仓储和邮政业共 7 个部门大类;实体经济 II 包括住宿和餐饮业,信息产业,租赁和商业服务业,科学研究和技术服务业,水利、环境和公共设施管理业,教育,卫生和社会工作,文化、体育和娱乐业,公共管理和社会组织及其他服务业共 10 个部门大类。[2]

综合现有关于实体经济的内涵界定,我们可以将实体经济(Real Economy)界定为以实体资本运动为基础形成的社会再生产活动。从生产的环节来讲,它包括生产、流通、消费等经济活动;从产品形态来讲,它既包括直接的物质产品生产,也包括为物质产品生产提供的服务,同时包括精神产品的生产;从产业构成来讲,它不仅包括第一、第二产业,也包括第三产业中除金融业和房地产业之外的其他产业。实体经济是财富创造和人类社会向前发展的源泉,是其他经济活动赖以存在的基础。[3]

基于以上对实体经济的界定,我们可以把实体经济的运行特征归纳为如下几个方面。

第一,实体经济增长是以生产要素投入的持续增加为前提。实体经济增长的成果呈现为社会物质财富及精神财富的数量增加及质量提升。因此,从某种程度上讲,物质财富及精神财富的数量增加及质量提升是实体经济增长的全部内容。

第二,实体经济的增长过程体现为 $G-W\cdots P\cdots W'-G'$ 过程。在这一过程中,$G-W$ 过程是生产要素聚集于生产过程进行物质财富生产的过程;$W'-G'$

---

① 刘骏民:《虚拟经济的经济学》,《开放导报》2008 年第 6 期,第 5~11 页。

② 刘晓欣、刘骏民:《虚拟经济的运行方式、本质及其理论的政策含义——马克思逻辑的历史延伸》,《学术月刊》2020 年第 12 期,第 42~56 页。

③ 徐璋勇:《虚拟资本积累与经济增长——理论分析及中国的实证研究》,中国经济出版社,2006,第 8 页。

过程是经过生产过程（P）生产出的物质财富通过满足人们消费需求而实现其价值的过程，这一过程被马克思称为"惊险的一跃"。正是此过程的存在，使得实体经济增长中可能存在"天花板"，即由消费需求不足导致实体经济增长速度下滑甚至增长停滞。

第三，实体经济增长过程中的价值确定遵循成本加价原则，即在 $W'-G'$ 商品价值实现过程中，新商品的价值取决于生产过程耗费的社会劳动加上一定的价值增值，商品价值是其市场定价的基础。

第四，货币在实体经济增长过程中作为价值尺度与支付手段，是实现实体经济增长的一种重要工具。换句话说，货币供给的增加是实现实体经济增长的重要因素，但不是实体经济增长的关键因素。如果将货币的大幅度增发作为刺激实体经济增长的手段，其结果往往会给实体经济增长带来伤害。

第五，实体经济增长过程中技术进步起着十分重要的作用。实体经济运行的核心问题是如何增加社会物质财富，解决这一问题的基本前提则是生产要素投入的持续增加，但这同时离不开技术的支持。因为物质财富是各种生产要素以一定的技术水平进行组合的产物。在投入要素数量一定的前提下，技术水平的高低直接决定着物质产品产出的多少。因此，技术关系是实体经济增长中最为基本的关系。

（二）虚拟经济的概念界定及运行特征

"虚拟经济"（Fictitious Economy）一词源于马克思《资本论》中的"虚拟资本"。尽管马克思在《资本论》中并未明确提及"虚拟资本"这一概念，但他对虚拟资本属性及其运动方式的分析，成为学者们对虚拟经济这一概念进行界定与研究的理论基础。

学界对于虚拟经济的概念界定还未统一，但归纳起来，主要有如下三种。一是按照马克思对虚拟资本及其运动方式的分析思路，认为虚拟经济主要是指虚拟资本（包括证券、期货、期权等）等以金融市场为依托所进行的经济活动。[①] 二是从与实体经济相区别的定价方式出发进行界定，认为

---

① 鲁育宗：《虚拟经济"双刃剑"》，《上海经济》2008 年第 5 期，第 58~59 页。

虚拟经济是以资本化定价为基础的一套特定的价值体系[1]，这与实体经济以成本定价为基础不同。三是将虚拟经济划分为狭义的虚拟经济和广义的虚拟经济。其中，狭义的虚拟经济以虚拟资本及其发展为基础，主要指金融活动和房地产业（不包含建筑业），如郑千千[2]。广义的虚拟经济则以价值形态为基础，将价值表现为虚拟价值的所有经济活动均归为虚拟经济，如林左鸣[3]、袁潮清等[4]。

综合现有的研究，我们可以将"虚拟经济"界定为：以现代信用制度为基础，以虚拟资本及其运营系统（包括金融工具、金融机构和金融市场）为依托，以虚拟价值为价值表现形态，以资本化定价为基础的一种经济运行方式。[5] 从活动领域来讲，虚拟经济主要包括金融业、房地产业、企业商誉和品牌交易、体育和娱乐等经济活动领域[6]，其中金融业和房地产业是主要领域。本书对虚拟经济的研究也仅以金融业和房地产业作为研究对象，除此之外的交易活动不在本书研究范围内。

基于以上对虚拟经济的界定，我们可以将虚拟经济的运行特征归纳为如下几个方面。

第一，虚拟经济增长以货币投入的持续增加为前提。由于虚拟经济的增长表现为虚拟资产价值的膨胀，而虚拟资产价值的膨胀又主要表现为两种形式：一是虚拟资产数量的增多；二是虚拟资产价格的上升。无论是虚拟资产数量的增多，还是虚拟资产价格的上升，都要依赖于货币投入的持续增加。比如，股票、债券等虚拟资产发行数量的增加，必须通过相应的货币购买才能实现；股

---

① 刘晓欣、刘骏民：《虚拟经济的运行方式、本质及其理论的政策含义——马克思逻辑的历史延伸》，《学术月刊》2020 年第 12 期，第 42~56 页。

② 郑千千：《马克思虚拟资本理论视阈下当代资本主义的新发展》，《黑河学刊》2014 年第 7 期，第 1~3 页。

③ 林左鸣：《广义虚拟经济论要》，《上海大学学报》（社会科学版）2011 年第 5 期，第 1~15 页。

④ 袁潮清、刘思峰、方志耕、郭本海：《实体经济、虚拟经济和广义虚拟经济的金字塔模型》，《广义虚拟经济研究》2014 年第 1 期，第 38~42 页。

⑤ 徐璋勇：《虚拟资本积累与经济增长——理论分析及中国的实证研究》，中国经济出版社，2006，第 9 页。

⑥ 刘晓欣、刘骏民：《虚拟经济的运行方式、本质及其理论的政策含义——马克思逻辑的历史延伸》，《学术月刊》2020 年第 12 期，第 42~56 页。

票及债券市场价格的上涨，也必须依赖货币资金源源不断的投入。

第二，虚拟经济的运行基础是资本化定价。与实体经济的成本加价方式不同，虚拟经济的基础是虚拟资产，而虚拟资产的市场价格是根据收入预期确定的，即资本化定价。换句话说，虚拟经济就是以资本化定价为运行基础的价值体系。

第三，虚拟经济的运行对心理预期因素存在高度的依赖性。采用资本化定价方式的资产，其价格主要受人们的预期、利息率、宏观政策等不确定性因素的影响[①]。当人们预期资产价格上涨时，大量的买入行为会助推资产价格上涨的预期得以实现，从而带来虚拟经济的繁荣；反之，当人们预期资产价格下跌时，大量的卖出行为会使资产价格下跌的预期得以实现，从而带来虚拟经济的衰退。

第四，边际报酬递增是虚拟经济领域投资的普遍规律。在实体经济中，商品价格的上升一方面会刺激供给，另一方面会抑制需求，从而导致投资利润率的下降，投资的边际报酬递减成为一种客观规律。但在虚拟经济中，投资的边际报酬却呈现递增现象。因为虚拟资产价格的上升依赖乐观预期下货币投入的增加，当人们对未来预期看好的时候，随着资产价格的上升，人们预期价格会进一步上升，从而促使买入行为的进一步增加，此时投资的边际报酬往往呈现递增现象。只有到了虚拟资产市场因过度狂热而进入价格由升转跌的阶段时，投资的边际报酬才会呈现递减现象。

第五，虚拟经济具有较大的波动性和不稳定性。虚拟经济的波动性和不稳定性主要来自虚拟资产价格的大幅度波动和不稳定性，而虚拟资产价格的波动性和不稳定性是由资本化定价方式内在决定的。因为在资本化定价方式中，预期因素、心理因素、政策因素以及市场噪声因素等，均会对资产价格产生巨大影响；加之虚拟资产价格变动存在强烈的正反馈效应，即越涨越会涨、越跌越会跌，从而使虚拟价格的波动不断加剧，出现暴涨暴跌现象，由此导致虚拟经济系统呈现巨大的不稳定性。

---

① 刘晓欣：《虚拟经济运行的行为基础——资本化定价》，《南开经济研究》2003 年第 4 期，第 42~45 页。

二 实体经济与虚拟经济增长的动力因素

依据演化经济学的思想，我们可以将推动经济系统演化与增长的动力因素归纳为内部动力、政策推力和外部环境影响力三个方面（见图2-1）。具体到实体经济与虚拟经济，由于其运行机制存在差异，所以推动其演化与增长的具体动力因素并不完全相同。

图2-1 经济系统演化动力

（一）实体经济增长的动力因素

实体经济是社会财富的主要提供者，对其增长动力的研究一直是经济理论研究的核心。随着经济理论研究从亚当·斯密的《国富论》发展到现代经济增长理论，学界对实体经济增长动力的认识也在不断深入。

1. 内部动力

实体经济增长的内部动力是指实体经济增长的原始动力，它不以人的主观意志为转移，体现着实体财富增长的规律性。从对实体经济增长的作用来看，实体经济增长的内部动力主要来自供求的动态均衡、要素投入的增加、社会分工的深化以及技术进步等。

第一，供求的动态均衡是实体经济增长的第一动力。实体经济系统的主体是人，增长的直接目标是满足人的需求。人的需求的变化及其不断被满足的过程，即供求的动态均衡过程，是实体经济增长的第一动力。人类社会发展的历史，就是一部人们需求不断被满足、供给不断增加以及供求趋于均衡的历史。在人类发展早期阶段，生产力水平极低，实现饱腹就是人们的基本需求，为此人们不得不发明与采用可以提高食物获取能力的石器工具，采用相互合作的集体狩猎方式，以增加供给、求得生存。此阶段经济增长的动力源自饱腹这个最原始的需求。随着生产力水平的提升，饱腹的需求得到了满足，人们又开始思考怎么御寒（穿衣），解决温暖的问题，生产方式也就围绕着如何实现温暖的目标而进化。而后则求安，即有自己的住所，饱暖安而后求乐。饱暖安阶段的需求实际上相对容易满足，但是非常迫切和必要。而后的求乐需求却很宽泛且不容易被满足，因为饱暖有其生理极限，而享乐则因人的不同而不同，且随着社会的发展变化，享乐的范围、形式都在不断演进升级，无生理极限约束，发展空间广阔。正如马斯洛的需求层次理论揭示的那样，人的需求从低到高可划分为 5 个层次，且需求是无止境的。正是人类需求的层次递进，推动着人类生产、生活方式的不断变革，是实体经济不断增长的原始动力。另外，1998 年诺贝尔经济学奖获得者阿马蒂亚·森认为，人类社会发展的终极目标是实现人的自由，因此对自由的追求就是社会发展的根本动力。但人类所追求的自由，在不同的发展阶段，其具体表现形式并不相同，如在温饱阶段，实现温饱就是自由；在温饱解决之后，追求健康、教育、不受他人压迫、自由迁徙、自我表达与自我实现等就是自由。显然，这也从另一个角度阐述了供求的动态均衡是实体经济增长的第一动力。这一过程可以用图 2-2 简单说明。

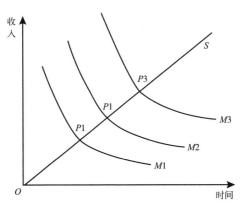

图 2-2　供求的动态均衡

在图 2-2 中，M1、M2、M3 为不同经济发展阶段下的需求，S 为供给，P1、P2、P3 为各发展阶段需求与供给的均衡点。经济发展的过程就是需求从 M1 到 M2 再到 M3 及其不断被满足的过程，这一过程也是实体经济不断增长的动态过程。

第二，要素投入的增加。实体经济增长的直观体现就是物质财富的不断增多，体现为 G-G′ 的转换过程。因此，资源要素投入的增加是实体经济增长的基本前提。伴随人们对经济增长认识的不断深入，可推动经济增长的资源要素的内涵也在不断演化。人们对可推动经济增长的资源要素的认识经历了"土地（自然力）—劳动力—物质资本—人力资本"的变化过程，且认识还在持续深化，资源要素的范围还在不断扩展。

重农学派的代表人物魁奈认为，财富的代表形态是具有使用价值的谷物，而农业部门是实现谷物增产的唯一部门，因此土地就是财富增长的唯一源泉。古典经济学的杰出代表亚当·斯密认为，国民财富就是一个国家所生产的商品总量，而劳动是财富的源泉。因此，财富增加之源在于资本积累与劳动分工。法国经济学家萨伊在其 1803 年出版的《政治经济学概论》中提出了效用财富论的思想。他认为财富就是满足人类需要或具有效用的物品，而效用就是物品满足人类需要的内在力量，创造效用就是创造财富；商品效用是劳动、资本和自然力（如土地）协作的结果。因此，劳动、资本和自然力就是财富增长的源泉。但由于土地等自然资源的绝对数量是不能增长的，因此，随后的经济增长理论将经济增长的动力更多地归为资本与劳动力的增长，其中最具代表性的就是哈罗德—多马经济增长模型。

哈罗德以储蓄分析为起点，把有关经济增长的因素归纳为三个变量：一是储蓄率（s），用公式表示就是 $s = S/Y$，其中 S 为储蓄量，Y 为国民收入；二是资本产出率，即投资系数，指资本（K）占产量（Q）的比例，用 k 表示，即 $k = K/Q$；三是经济增长率（G），用 $G = \Delta Y/Y$ 表示。哈罗德在分析时提出了两个假定：一是消费倾向不变，即储蓄率不变；二是生产技术不变，从而投资系数不变，即单位产量所需投入的资本量不变。在此条件下，要保持经济的均衡增长，三个经济变量之间必须保持这样的关系：$G=s/k$。其经济含义是：在 s 和 k 每年保持不变的条件下，要保持经济的稳定增长，储蓄率（s）和投资系数（k）必须每年按照 G 的速度增长。

多马从投资分析入手，认为均衡增长率等于投资增长率，如果投资和投资增量分别用 I 和 ΔI 表示，那么投资增长率（$\Delta I/I$）可以代表经济增长率；以 $\S$ 代表资本生产率，即资本产出率的倒数（$\S=1/K$），多马模型就是：$\Delta I/I=\S s$。如果把哈罗德与多马关于经济增长条件的模型进行统一，就得到哈罗德—多马模型，用公式表示就是：$G=s/k=\S s$。其含义就是一国要实现经济的长期稳定增长，必须将储蓄全部转化为投资。

进入 20 世纪 80 年代以来，以罗默、卢卡斯等为代表的学者提出内生增长理论，更多地强调了人力资本和知识积累对经济增长的重要作用。罗默在其建立的以技术进步为基础的内生增长模型中，认为企业的研发投资决策过程是企业对研发成本与收益进行比较的过程，研发收益体现为新产品出售后企业获得的利润，研发成本则取决于劳动力成本以及企业获取的知识，且与企业获取的知识呈负相关关系。另外，企业研发也会不断增加公共知识存量，由于公共知识存量可以被其他企业免费使用，即存在外溢效应，因此，特殊的知识和专业化的人力资本是促进经济增长的主要因素。[1] 卢卡斯进一步说明了导致不同国家经济增长和收入差异的主要因素是人力资本差异，而实现人力资本积累的主要途径是正规教育、培训、在职学习以及工作经验等，在此方面，政府采取何种政策十分重要。

第三，社会分工的深化。从社会分工角度解释经济增长，在经济学领域占有重要地位，具有代表性的思想贡献者有古典经济学时期的亚当·斯密、新古典经济学时期的马歇尔以及新兴古典经济学时期的杨格、杨小凯、贝克尔等。[2]

亚当·斯密认为，财富增加是劳动生产率提高的结果，而劳动生产率

① 白钦先、杨涤：《21 世纪新资源理论——关于国民财富源泉的最新研究》，中国金融出版社，2006，第 113 页。

② 苏建军：《金融发展、分工与经济增长——理论分析及中国的实证研究》，博士学位论文，西北大学，2014。

因分工的深化而提高。一方面,分工使劳动专业化,从而提高了工人的熟练程度;另一方面,分工可以发现更为有效的生产方式,有利于机器的发明与利用以及推动技术进步,从而节约劳动力。另外,由于资本是通过分工提高劳动生产率的重要物质条件,因此,资本积累也是实现财富增长的重要条件。

马歇尔在继承亚当·斯密分工思想的基础上,在其《经济学原理》中引入了"组织"[①]这一概念,并将"组织"作为除传统的生产三要素之外的第四生产要素,认为"组织"作为一个生产要素,其形式对分工进而对经济增长具有重要作用。因为自然因素对生产的影响作用表现为报酬递减趋势,只有通过对"组织"不断改进,才能使劳动与资本的生产率提高,从而实现经济增长。

杨格在"斯密定理"的基础上,提出了著名的"杨格定理",认为劳动分工与专业化是经济进步的重要源泉,分工与市场范围之间呈现相互制约的关系,报酬递增过程就是分工自我繁殖、自我积累的过程,并论证了市场规模与分工之间的累进循环机制以及产业间分工的网络效应。但由于其分工的思想无法数学化,所以没有得到主流经济学家的重视。

随着库恩—塔克尔定理等数学分析工具的发展,杨小凯在继承亚当·斯密和杨格分工思想的基础上,利用超边际分析方法,引入了科斯的交易费用概念,将生产者、消费者、专业化经济和交易费用结合起来,指出劳动分工是一个自我演进的过程,交易效率是交易规模的增函数;社会分工模式、产权安排和社会经济结构等均会直接影响交易效率,进而影响社会分工的最终绩效[②];产业集聚的出现与发展,可以使企业之间减少交易次数,节约交易费用,进一步提高企业的分工水平。虽然杨小凯将空间因素纳入分析框架,并引入分工、交易费用与效率等因素,增强了对现实经济增长的解释力,但其分析以完全市场或契约精神的存在

---

① 马歇尔的"组织"在内容上包括分工发展、改良的机器、相对集中的有关产业、企业管理、大规模的生产等。

② 苏建军:《金融发展、分工与经济增长——理论分析及中国的实证研究》,博士学位论文,西北大学,2014。

为前提，因此对于不完全市场或强权政治主导的经济增长难以给出较为合理的解释。

针对杨小凯分工理论存在的问题，贝克尔和墨菲在经济增长模型中加入了协调成本和知识积累等内生变量，以分工水平（L）和知识水平（H）为基础建立生产函数：

$$Y = B(L,H) = AL^{\alpha}H^{\beta}$$

其中，B 为人均收益，A 为技术进步。$\alpha>0$，α 为专业化技能学习实际生产率；$\beta>0$，β 为人均资本的产出效率。该模型表明，人均收益随着分工水平和知识积累的提高而提高。知识存量的增加与积累，会降低分工的协调成本，从而提高人均收益。

第四，技术进步。实体经济的增长过程表现为实体经济生产能力的不断提升及实体经济所生产的物质产品数量不断增多的过程。这一过程同时也是需求不断产生并在更高水平上得到满足的过程。在这一过程中，技术进步起着巨大的推动作用。这种作用的发挥是科技通过提升人的认知能力与技能水平、影响生产要素的组合方式、改进经济运行的基础结构等来实现的。首先，人是经济系统的主体，人的技能直接关系到经济系统的运行效率。科技可以使人的肢体、感觉器官、大脑在体外得到进化，放大其原有功能。如现代交通工具提升了人的行走能力，扩大了人的活动空间；显微镜、望远镜等扩展了人的视力，改变了人们通过眼睛观察世界的能力；计算机技术、神经网络技术、区块链技术等扩展了人的脑力，大大提升了人们认知世界的能力。技术发明及其应用，通过物化成为先进的生产手段，直接提升了现实生产力。其次，科技通过优化生产要素组合方式，不仅提升了经济运行效率，而且也影响着经济系统的演化方向。科技及其在生产中的应用，改变了生产系统中各种投入要素的组合比例，特别是现代控制技术的发展，通过运用更为科学的算法，实现了生产过程的最优化。另外，技术创新的一个重要结果就是大量新材料、新品种、新市场的出现，改变了各种要素的资源禀赋及稀缺程度，从而推动了现代生产体系由劳动密集型向资本密集型，并进一步向技术密集型转变。最后，科技通过改变经济系统的运行基础，影响着经济系统的运行效率。经济系统的运行包括生产、流通、交换、消费等环节，同时又依赖广泛的人流、物流、资金流、信息流等，从而对交通运输系统、能源动力系统、金融系统、网络通信系统等具有很强的依赖性。科技进步不仅使这些基础结构的功能更加强大，而且使其运行效率更高。因此，技术进步是经济系统演化的重要助推力。

技术进步是经济增长的内生变量是 20 世纪 80 年代新增长理论的核心观点。基于传统经济理论将经济增长要素局限于自然资源、资本和劳动，进而推导出的经济增长有限论与现实经济增长无限的矛盾，新增长理论认为经济增长的主要动力来自技术进步，技术进步是同自然资源、资本、劳动并列的第四大生产要素。以知识积累为基础的技术进步是推动经济持续增长的内生力量。知识这种生产要素在使用过程中，其价值不仅不会减少反而会增加，且可以重复使用，这就使其在使用中的边际效益不会递减，反而会递增，从而对传统经济理论无法解释的在资源存量与增量均有限的条件下经济持续增长问题给出了科学的回答。另外，近年来国内外大量的实证研究也表明，技术进步越来越成为推动经济增长的重要因素。根据科技部数据，中国科技进步贡献率从 2013 年的 51.7% 升至 2019 年的 59.5%，而美国、日本等主要发达国家的科技贡献率已达到 80% 左右。

2. 政策推力

政策推力指政府为实现期望目标而采取的各种政策，包括经济发展战略、经济制度以及经济政策等。政策虽然是经济增长的外生变量，但政府是经济系统的一个重要组成部分，其行为决策属于上层建筑的范畴，因此政策对于经济系统的演化来说，依然是重要的影响力量。科学正确的政策会加速经济增长，推动经济系统向更高层次演化；而错误的政策则会延缓经济增长，使经济系统的正常运行遭到破坏，甚至导致其功能退化。

一是经济发展战略。经济发展战略是指一个国家从全局出发制定的较长时期内经济社会发展的总目标及实现目标的决策体系，其内容包括战略目标、战略手段、战略重点、战略措施等。其中，战略目标就是在发展战略实施期间所要达到的经济、社会发展目标；战略手段就是为实现战略目标而采取的政策工具；战略重点是战略规划期内资源配置的主要方向；战略措施是为实现战略目标而采取的政策措施。国家经济发展战略通常具有全局性、长期性、稳定性的典型特点，是一个国家在中长期内发展的基本蓝图与框架。针对国家经济发展战略在经济增长中的作用这一命题，虽然以自由主义为主导的西方主流经济学认为是无效的，但发展中国家的实践表明，国家经济发展战略对一个国家中长期的经济增长起着至关重要的作用。以中国为例，党的十一届三中全会之后，以邓小平同志为核心的党的第二代中央领导集体从中国的国情出发，提出了中国现代化"三步走"的战略构想，真正拉开了中国现代化发展的序幕；党的十四大报告正式提出建立社会主义市场经济体制的目标，使中国经济实现了向市场化的转型；其后党的各次代表大会，把建成富强、民主、文明、和谐、美丽的社会主义现代化国家作为发展的战略目标。历史表明，改革开放以来党中央关于中国经济社会发展的每一次战略部署，都带来了中国经济的高速增长。党的二十大报告又进一步明确提出了以中国式现代化全面推进中华民族伟大复兴的使命任务，并对中国经济未来发展的重点任务提出了新的要求和部署，推动中国经济发展站在新的起点上。

　　二是经济制度。经济制度有广义与狭义之分。其中，广义的经济制度是指一定阶段占主要地位的生产关系的总和；狭义的经济制度则是指社会各个经济部门和领域的各种具体的规章制度。经济制度属于社会经济基础的范畴，它对社会政治制度、法律制度以及人们的社会意识等上层建筑具有决定作用。当经济制度与生产力发展要求严重不适应时，必然会爆发社会革命。新的经济制度建立后，原先被禁锢的生产要素得到释放，社会生产力得到快速发展。因此，经济制度的任何一次革命性进步，都会对社会经济发展起到巨大的推动作用。如我国 20 世纪 80 年代初实行的家庭联产承包责任制，极大地解放了长期被禁锢的农村生产力，调动了广大农民的生产积极性，很快解决了广大农民的温饱问题，为我国随后实施的一系列改革奠定了基础。

三是经济政策。经济政策有宏观经济政策和微观经济政策之分。宏观经济政策包括财政政策、货币政策、汇率政策等，其通过改变与调整宏观经济变量，如货币供给量、利率、税率、汇率等，影响经济运行；微观经济政策则以企业、居民家庭为对象，通过立法、环保政策、条例、准则等对市场主体行为进行影响与约束，以维护市场运行的公平高效。实践证明，正确的经济政策可以推动社会经济的巨大进步，而错误的经济政策则会严重阻碍社会经济的发展，甚至带来巨大灾难。

从系统演化的角度来看，政策作为一种外部可调控因素，在促使经济系统由无序向有序转化的过程中起着不可低估的作用，且在经济系统演化的不同阶段，所起的作用也不相同。[①] 比如，在经济系统处于非稳定状态时，经济系统的内部结构已遭到严重破坏，此时政策作为外力，对经济系统的演化方向起着关键性的作用。正确的政策会使经济系统向着有序的方向发展，有助于经济系统实现内部的结构均衡，进入更高的发展状态；而不适当的经济政策将会使经济系统更加远离均衡状态，产生更大的不稳定性。如"文革"时期，我国社会经济遭到严重破坏，国民经济陷入崩溃的边缘，党的十一届三中全会确定了以经济建设为中心的发展方针与路线，并实施了一系列拨乱反正的经济政策，国民经济进入了正确的发展轨道，加之其后采取的一系列发展政策，促使国民经济获得了快速发展。

3. 外部环境影响力

经济系统虽然在内部动力和政策推力的作用下，按照自己固有的规律向前演化，但外部环境变化往往会对其演化进程起到延缓或者加速的作用，甚至能改变其演化的方向。这种外部环境影响力主要体现在生态与资源约束、国际环境（包括经济环境、技术环境、政策环境等）变化方面。

一是生态与资源约束。经济产出规模的扩大是经济系统演化发展的核心内容，但产出增加的重要前提就是资源投入的持续性增多。伴随20世纪

---

① 卢奇、顾培亮、郝海：《经济系统的演化与政策作用》，《北京林业大学学报》（社会科学版）2003年第2期，第62~64页。

50 年代以来世界经济的高速增长及社会财富的增加，人口增长过快、资源枯竭、环境恶化等生态与资源约束问题日益凸显，引起了 70 年代末和 80 年代初人类对于自身未来发展前途的担忧。长期的争论使人们日益清醒地认识到，经济系统的演化发展不能以牺牲子孙后代的生存发展权益为代价，必须兼顾经济、社会和生态效益。因此，改变经济增长方式，实现绿色可持续发展，走高质量发展之路逐渐成为共识，并成为新的发展理念。保护生态，缓解资源约束，控制环境成本，就成为当代谋求经济增长的基本前提，这对经济增长理念、投入要素、增长方式、增长路径等提出了更高的要求。

二是国际环境变化。任何国家的经济发展都离不开一定的国际环境，这是由国际经济的相互依存关系客观决定的。经济系统是一个开放系统，它通过商品贸易、资本流动等不断地使国际社会产生物质、资金及信息的交流。特别是在一个开放的经济系统中，良好的国际环境会为一国经济社会发展带来巨大的发展机遇，但糟糕的国际环境会成为一个国家经济社会发展的严重桎梏，这已被国际经济社会发展的现实证实。比如，中国加入世界贸易组织（WTO）之后，积极参与国际分工并主动融入国际市场，使得出口贸易成为拉动中国经济高速增长的引擎之一。也正是对国际市场的高度融入，使得中国实现了改革开放 40 多年来的高速增长，中国经济无论在经济总量还是经济结构上，都迈入了一个历史新阶段。但 2018 年的中美贸易战，使得中国经济发展的国际环境急剧恶化，加之以美国为代表的西方国家的贸易保护主义行为，使得以往的国际分工格局发生较大改变，这不仅使中国经济长期高速增长的动力快速减弱，经济增速快速下滑，同时也使得全球产业链、价值链发生重构，中国经济发展的变数和不确定性增加。另外，国际技术环境的变化，也使得一国经济发展发生巨大的变化。如为缓解环境压力而快速推进的能源革命，使得新能源替代传统化石能源的步伐日益加快，加速了能源产业结构的转型与升级；电子信息技术的飞速发展及其在金融领域的应用，不仅提高了金融交易的效率，同时也为各种金融衍生品市场的出现提供了条件；加之金融自由化政策的推行，进一步催生了新的金融交易形式及业态，以金融衍生品为典型特征的金融虚拟交易快速膨胀，其结果是经济系统的"脱实向虚"倾向日益严重。

（二）虚拟经济增长的动力因素[①]

以金融业为代表的虚拟经济是建立在现代信用制度基础上，以虚拟资本及其运营系统（包括金融工具、金融机构和金融市场）为依托的一种经济运行体系。虚拟经济的增长主要体现在两个方面：一是虚拟资产数量的增多；二是虚拟资产价格的上升。换句话说，虚拟经济增长是由虚拟资产数量增多与虚拟资产价格上涨共同推动的。基于此，我们可以将虚拟经济增长的动力因素归纳为如下几个方面。

1. 虚拟资本供给与需求的增加

虚拟资本是虚拟经济的基本要素，犹如实体经济中的投入要素。因此，虚拟资本供给与需求规模的不断扩大，是虚拟经济增长的最基本动力。但由于虚拟资本的特殊性，虚拟资本的供给与需求具有不同的特点。

第一，虚拟资本供给分析。如同要素投入增加是实体经济增长的基础一样，虚拟资本的增加（即各种金融工具与金融产品的增加）也是虚拟经济增长的基础性条件。虚拟资本的最早期形式就是债券与股票等，随后基于债券、股票等形成的各种金融衍生工具层出不穷，使金融业得到了快速发展。

首先，公司股票及债券发行的行为分析。企业发展的直观表现就是做大规模，为此需要增加投资。通常来说，企业投资主要来源于内源融资和外源融资两个渠道。在经济发展的初级阶段，资本市场发展落后，融资手段缺乏，内源融资是企业实现资本积累，进而扩大生产规模的主要途径。随着工业化大生产的出现，单纯依靠企业内部积累难以满足巨额的资金投入需要，此时企业要实现规模的快速扩张，就必须引入外部资本，银行信贷、股权融资、债权融资等应运而生。虽然股权融资与债权融资具有不同的性质，但它们同

[①] 从活动领域来讲，虚拟经济主要包括金融业、房地产业、企业商誉和品牌交易、体育和娱乐等经济活动领域，而不同领域的增长动力存在差异，此处仅以金融业为例，对其增长动力进行分析。

为外源融资形式，都可以缓解企业的资金问题，对企业提高资本能力均具有重大作用。[①] 与债权融资相比，股权融资还具有两个基本功能：一是可以实现资本的快速集中；二是可以有效分散风险。企业通过发行股票，按照同股同权、责任有限、风险共担、利益分享的原则，将众多的投资者集中起来，在解决企业发展资金短缺问题的同时，实现了企业经营风险的有效分散。

其次，国债发行的行为分析。政府是国债发行的主体，国债发行所筹资金主要用于公共基础设施建设。由于公共物品具有非竞争性和非排他性特点，公共物品供给不足和消费过度成为一种经济常态。为解决公共物品供给不足与消费需求增大的矛盾，政府财政支出会持续增加，从而形成财政赤字，而发行国债就是弥补财政赤字的最有效方式。

最后，金融衍生品产生的行为分析。金融衍生品自 20 世纪 70 年代初产生之后便飞速发展，主要与下面几个因素有关：一是信息技术和网络技术的飞速发展，大幅节约了交易成本，拓展了交易范围，对金融衍生品的快速发展起到催化作用；二是金融衍生品的风险规避机制可以有效地降低经济交易中的不确定性，满足实体经济发展对降低交易成本、提高交易效率的客观要求；三是金融创新的不断出现及金融业竞争的加剧，使得传统银行在业务空间上受到了挤压，迫使各商业银行纷纷开展金融衍生品交易业务，从而推动了金融衍生品交易市场的扩大。[②]

第二，虚拟资本需求分析。对虚拟资本的需求体现在对股票、债券、金融衍生品等虚拟资产的持有方面，其持有主体既有居民，也有企业团体，还有政府机构。由于政府持有证券形式的虚拟资产主要是为了调控市场货币量及稳定市场价格等，其持有动机相对单纯，此处仅对居民及企业持有虚拟资产的行为动机进行分析。

首先，居民持有虚拟资产的行为动机。居民持有虚拟资产就是居民的金融投资行为，其首要动机是获取收益实现资产增值。这种收益主要来自

---

① 徐璋勇：《虚拟资本积累与经济增长——理论分析与中国的实证研究》，中国经济出版社，2006，第 68 页。

② 徐璋勇：《虚拟资本积累与经济增长——理论分析与中国的实证研究》，中国经济出版社，2006，第 71 页。

两个方面：一是虚拟资产发行者分配的收益，表现为股息、红利或利息等；二是虚拟资产的市场溢价。在成熟的市场中，居民持有虚拟资产更多的是看重第一种收益，而在不太发达成熟的市场中，居民持有虚拟资产更多是谋求市场溢价。当然，不同居民对风险的接受程度与偏好不同，其持有的虚拟资产的类别及比例存在较大差异。

其次，企业持有虚拟资产的行为动机。企业对虚拟资产的持有就是企业的金融化倾向。现有研究认为，实体经济低迷、虚拟经济与实体经济投资回报率存在显著差异是导致实体企业金融化的最主要动因，具体可概括为"投资替代"和"蓄水池"两类动机。"投资替代"具体指金融投资和实业投资之间的可替代关系，传统制造业利润率的下降使企业将目光转移到收益更高、回报更快的金融投资上，导致企业金融化行为。[1] 在商品生产和流通的过程中，商品向货币的转换可能存在转换周期长甚至无法转换的风险，而金融投资不存在"生产—留存—收益"这一等待过程，因而当金融投资和实业投资收益水平接近时，企业可能会舍弃主业转向金融投资。"蓄水池"具体指企业在面临经济环境不确定性和存在闲置资金的情况下，进行变现成本低、变现能力强的短期金融投资能够盘活闲置资金，规避流动性风险对未来主业经营的不利影响，弥补实业投资机会短缺的问题。融资约束较强的企业为了避免经济政策波动性对其流动性的影响，很可能会采取持币观望的态度，或是持有一定比例的金融资产，这对于企业缓解融资约束和促进未来固定资产投资具有积极作用。[2] 现有的部分研究认为当前国内实体企业持有金融资产的行为动机是"投资替代"，而非"预防

[1] Krippner, G. R., "The Financialization of the American Economy," *Socio-Economic Review*, 2005, 3 (2): 173-208; Orhangazi, O., "Financialization and Capital Accumulation in the Non-Financial Corporate Sector: A Theoretical and Empirical Investigation on the US Economy: 1973-2003," *Cambridge Journal of Economics*, 2008, 32 (6): 863-886.

[2] Almeida, H., Campello, M., Weisbach, M. S., "The Cash Flow Sensitivity of Cash," *The Journal of Finance*, 2004, 59 (4): 1777-1804; Demir, F., "Capital Market Imperfections and Financialization of Real Sectors in Emerging Markets: Private Investment and Cash Flow Relationship Revisited," *World Development*, 2009, 37 (5): 953-964; Theurillat, T., Corpataux, J., Crevoisier, O., "Property Sector Financialization: The Case of Swiss Pension Funds (1992-2005)," *European Planning Studies*, 2010, 18 (2): 189-212.

性储蓄"。[1]

2. 货币供给量的增加

货币供给量的增加是推动虚拟资产价格上涨的重要力量，也是虚拟经济增长的重要推动力。此处我们以货币供给量对股票价格的影响为例，进行简要分析。

根据凯恩斯主义的货币供求理论，货币供给是一个由中央银行控制的政策变量，而货币需求则可以划分为交易性需求与投机性需求两个部分。投机性需求是利息率的函数，即在现有市场利息率高时，股票价格就低，在预期的作用下，人们就会在此时买入股票，流入股票市场的货币量将会增加，从而推动股票价格的上升。我们以图 2-3 与图 2-4 对此进行说明。

在图 2-3 中，假设货币供给量为 $M1$，其中用于产品和劳务交易的货币量为 Mdt，用于投机性交易的货币量为 $Mdr1$，则有：

$$Mdr1 = M1 - Mdt$$

用于投机性交易的货币量即可流向股票市场的货币量为 $Mdr1$，这一货币量形成了对股票的需求，并影响股票价格。当货币供给量由 $M1$ 增加到 $M2$ 时，假设用于产品和劳务交易的货币量不变，仍为 Mdt，则增加的货币量（$M2-M1$）将全部流向股票市场，此时股票市场的货币量将由 $Mdr1$ 增加到 $Mdr2 = M2 - Mdt$，对股票的需求量将由 $Sd1$ 增加到 $Sd2$，并在 $E2$ 点达到新的均衡，此时股票价格将由 $Sp1$ 上升到 $Sp2$，股票交易量将由 $Sq1$ 增加到 $Sq2$。可见，货币供给量的增加，不仅推动了股票价格的上升，同时也推动了股票交易量的增加。另外，随着资产价格的上涨，虚拟资产的名义价值随之增大，导致可抵押的资产规模扩张，交易活跃，并进一步使更多的货币进入虚拟经济领域，导致虚拟资产价格的进一步上涨，甚至虚拟资产供给数量的增加。从增长的角度来看，此过程实现

---

[1]　胡奕明、王雪婷、张瑾：《金融资产配置动机："蓄水池"或"替代"？——来自中国上市公司的证据》，《经济研究》2017 年第 1 期，第 181~194 页；彭俞超、韩珣、李建军：《经济政策不确定性与企业金融化》，《中国工业经济》2018 年第 1 期，第 137~155 页。

了虚拟经济的增长。这种货币供给量与虚拟资产价格上涨的内在关系构成了虚拟经济自我膨胀的基本机制。

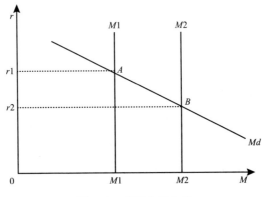

图 2-3　货币市场均衡

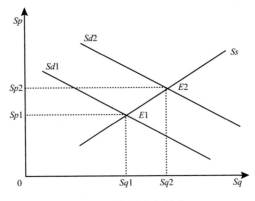

图 2-4　股票市场均衡

3. 市场投机的推动

投机与投资是一组相对应的概念。其中，投资是为了获得更多的货币而使用资本，其最终目的是获取资本收益；而投机是指在商业或金融交易中，人们甘愿承担风险以获得特殊利润的行为。① 可见，投资行为期望获得

---

① 〔美〕约翰·道恩斯、乔丹·艾略特·古特曼：《金融与投资辞典》（第 6 版），于研、郑英豪译，上海财经大学出版社，2008。

较为稳定的未来收益，而投机行为则期望从价格波动中获得收益。虽然理论界对于投机的功能存在"投机有害论"与"投机有功论"①两种完全不同的观点，但投机行为对虚拟经济增长的推动或抑制作用是显而易见的。在以虚拟资产为交易对象的市场上，由于虚拟资产的价格走势取决于交易者中多数或买或卖的行为，因此要想投机成功并获利，就必须在买或卖的方向选择上与大多数交易者保持一致，即在大多数交易者选择抛出时跟着抛出，而在大多数交易者选择买进时跟着买进，结果必然导致市场价格出现非正常波动。②当市场出现一致性的上涨预期时，交易者的大量买入必然推动虚拟资产价格的快速上涨，进而导致虚拟经济总量规模的大幅扩张。

4. 金融创新的推动

金融创新是 20 世纪 70 年代以来重要的金融现象，突出体现在金融工具创新、金融市场创新、金融机构创新及金融交易技术创新等方面。金融创新极大地推动了虚拟资本积累的过程，并使虚拟资本以远快于实体资本积累的速度在发展。

第一，金融工具创新增加了可供交易的虚拟资产品种，为虚拟经济扩张提供了基础条件。以金融衍生工具的产生为例，金融衍生工具以期货、期权等为代表，它是在传统金融工具（如货币、外汇、股票、债券等）基础上，通过对其收益、风险、流动性进行组合，派生演化而形成的新的金融工具。与传统金融工具和实体资本之间还存在一定的直接关系不同，金融衍生工具就是一种纯粹的价值符号，与实体资本几乎完全没有关系。③因此，它作为虚拟资产的新形式，虚拟性更强，而且其扩张速度远超实体资

---

① "投机有害论"认为，市场投机者的目的在于获取超过正常利润的超额利润，而这种利润大多来自市场投机者对市场价格的预期，当预期看涨时就会大量买入，推动市场价格的进一步上升；反之会大量卖出，推动市场价格的进一步下跌。投机的这种买涨卖跌行为会导致市场价格波动加剧。"投机有功论"认为，在有效率的金融市场上，没有风险的投机行为是不存在的，这就使得任何投机行为都会因风险的存在而受到抑制，市场价格会向均衡价格回归，市场的波动会受到一定程度的抑制。

② 徐璋勇：《虚拟资本积累与经济增长——理论分析与中国的实证研究》，中国经济出版社，2006，第83页。

③ 徐璋勇：《虚拟资本积累与经济增长——理论分析与中国的实证研究》，中国经济出版社，2006，第88页。

本，这无疑极大地增加了虚拟资产的供给数量，推动了虚拟经济的增长。

第二，金融市场创新催生了许多新的虚拟资产交易平台，推动了虚拟经济增长。伴随金融衍生工具的产生，以其为交易标的物的交易市场也随之出现，如货币期货市场、股指期货市场、利率期货市场、货币期权市场、利率互换市场等，使虚拟资产交易规模以前所未有的速度扩张。据国际清算银行数据，1986~2000年，全球金融期货与期权交易额年均增长率达到25.2%，其中外汇期货增加了6.3倍，利率期货增加了20.3倍，股指期货增加了26.1倍。

第三，金融机构创新增加了虚拟资产的供给与需求主体，推动了虚拟经济的快速发展。金融机构创新的突出表现就是非银行金融机构的大量涌现与迅猛发展。在金融自由化思潮下，非银行金融机构获得了前所未有的快速发展，它们中的一部分主要以投资者身份出现在市场中，成为金融市场中虚拟资产购买的重要力量，如保险公司、养老基金、住宅金融机构、金融公司、信用合作社、互助基金等；另外一些如信托公司、投资银行等，则借助现代信息技术的发展，通过金融产品的不断设计与创新，向市场提供收益与风险各异的金融衍生品，从而成为金融市场中虚拟资产的重要提供者。这无疑从需求端与供给端两个方面推动了虚拟经济的快速发展。

第四，金融交易技术创新大幅提高了交易效率，增强了市场流动性，实现了虚拟资产交易规模的成倍扩张。金融衍生品在交易技术上的创新突出体现在两个方面：一是可以将本身没有真实价值的符号作为商品进行交易，提高了交易效率；二是金融衍生品交易的保证金制度设计，使得金融衍生品交易具有杠杆性，可以"以小博大"，使得虚拟资产的交易规模呈现扩大趋势。假如有1万元的货币资本，若进行传统的金融交易，其实现的资本价值也就只有1万元，而在保证金5%的期货或期权交易中，其实现的交易规模可以达到20万元，从而使虚拟资产的交易量扩大了19倍。2007年底美国房地产贷款中次级贷款约有2万亿美元，但在投资银行根据这些次级信贷资产不同的违约可能性、不同的现金流进行分拆、打包，做成CDS（信用违约互换）等金融衍生品后，其市场价值扩大到50万亿美元以上。

5. 金融制度变革的推动

任何一次虚拟经济的快速扩张，都与金融制度的变革紧密相关。这种金融制度变革突出体现在两个方面：一是金融自由化的推进；二是金融市场交易制度变革。

第一，金融自由化为虚拟经济的快速膨胀提供了条件。金融自由化是 20 世纪 70 年代以来国际金融领域的重大制度性变革。虽然金融自由化制度在发达国家与发展中国家产生的背景不同[1]，但金融自由化制度实施的结果都是推动和加速了金融业的发展。金融自由化的实施，一是为金融工具创新提供了宽松环境，增加了虚拟资本的种类；二是在推动虚拟资本交易的同时，推动了虚拟资本交易的全球化；三是推动了以虚拟资本交易为主要活动内容的金融业的发展，使金融业增加值占 GDP 的比例快速提升。

第二，金融市场交易制度变革对虚拟经济总量起着重要的影响作用。金融市场交易制度是金融市场交易的基本规则，其变革会显著影响金融市场交易规模，从而对虚拟经济的规模起到显著的促进或抑制作用。如以提高市场流动性为目的的交易制度变革（如股市的 T+0 交易制度），会显著扩大市场交易规模；电子化交易技术（如电子化报价制度）的引进，在节约交易报价时间与提升报价效率的同时，还会大幅降低交易成本，从而促进市场交易规模的扩张；交易税率的调整（如交易印花税的升降），也会显著影响市场交易规模。

6. 市场预期的影响

市场预期就是经济主体基于自身所掌握的信息，对市场未来走势的估计与判断。预期具有自我实现和自我强化两个基本特征，正是这两个特征

---

[1]　发达国家金融自由化主要源于 20 世纪 70 年代以后经济滞胀以及在严格银行管制下的金融"脱媒"威胁到金融体系的稳定与安全，为此各国货币当局不得不考虑放松金融管制，推行金融自由化。发展中国家金融自由化主要源于以金融抑制为特征的政府过度干预难以聚集金融资源，由此造成金融体系与实体经济长期落后并存，各国为聚集与调动金融资源，激发经济增长潜力，推进金融自由化，包括取消利率管制、放松信贷控制、促进金融机构间竞争、减少对资本流动的控制、增强汇率的灵活性等。

的存在，使得预期会对金融市场价格起到助涨助跌的作用，从而放大价格波动的效应。当金融资产价格上涨时，投资者会认为价格上涨符合大多数人的价格预期，从而对该项资产给出较高的估值，增加买入行为，其结果必然是推动市场价格的进一步上涨，导致虚拟经济的繁荣。一旦投资者对市场的预期由乐观转为悲观，其行为便会由买入转为卖出，由此市场价格就会由上涨转为下跌，而且由于预期的放大效应，市场价格下跌的幅度会更大更猛，其结果必然是虚拟经济的衰退。因此，市场预期对于虚拟经济的繁荣或衰退具有重要的助推作用。

三　实体经济与虚拟经济的内在关联及动态发展

（一）实体经济与虚拟经济的自我循环与内在关联

实体经济与虚拟经济作为整个经济系统的两个子系统，一方面，二者之间存在紧密的关联关系，这种关联在实质上体现为两个子系统之间相互需求和相互供给、技术依赖和资源依赖、相互促进又彼此约束的关系；另一方面，因为两个子系统由更小的系统组成，所以在两个子系统内部还存在自我循环。根据前文对实体经济的界定，根据其提供的是物质产品还是服务，可以将实体经济具体划分为以制造业为主的第Ⅰ类实体经济和以服务业为主的第Ⅱ类实体经济，分别简称实体经济Ⅰ和实体经济Ⅱ。[①] 这样，实体经济、虚拟经济的自我循环以及实体经济与虚拟经济之间的内在关联可用图2-5予以反映。

1. 实体经济的自我循环

实体经济是以生产物质产品和提供生产性服务为主的经济体系，其内部又可以划分为众多的行业部门，它们之间以相互提供产品、服务为纽带，通过产品的售卖及服务提供，实现价值创造。由于资源供给、市场需求以

---

① 刘晓欣、张艺鹏：《虚拟经济的自我循环及其与实体经济的关联的理论分析和实证检验——基于美国1947—2015年投入产出数据》，《政治经济学评论》2018年第6期，第158~180页。

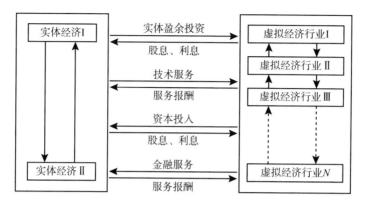

图 2-5　实体经济与虚拟经济的自我循环与内在关联

及技术等客观因素的限制，实体经济的自我循环及其总体增长能力有限。当实体经济的资金回报率低于虚拟经济的资金回报率时，金融资源将会从实体经济流向虚拟经济，形成金融资源的"脱实向虚"。

2. 虚拟经济的自我循环

根据前文对虚拟经济的界定，虚拟经济体系主要包括金融业和房地产业两大部分，其中，金融业内部也包括银行业、保险业、证券业、信托业、租赁业等行业部门。虚拟经济的自我循环就是虚拟经济体系内部各行业部门之间以自行增值为目的的独立化运行，即"资金空转"，其外在表现就是各行业部门之间相互提供服务并获得费用补偿。① 由于虚拟经济部门并不创造价值，其收入以及用于补偿的费用来源于两个渠道：一是向实体经济投资及提供服务获得的报酬；二是虚拟资产价格上涨产生的市场价值溢价。其中，来自实体经济的投资回报与实体经济的景气度及运行周期有关，而虚拟资产市场价值溢价的影响因素较多，但从根本上取决于货币数量的扩张程度。

3. 实体经济与虚拟经济之间的内在关联

实体经济与虚拟经济之间的关联机制可以归纳为四条，其中两条由实

---

① 刘晓欣、张艺鹏：《虚拟经济的自我循环及其与实体经济的关联的理论分析和实证检验——基于美国 1947—2015 年投入产出数据》，《政治经济学评论》2018 年第 6 期，第 158~180 页。

体经济作为供给方，而虚拟经济作为需求方；另外两条则由虚拟经济作为供给方，实体经济作为需求方（见图2-5）。

关联机制1：实体经济的盈余为虚拟经济的发展提供了重要的资金来源。实体经济的盈余一般有两个去向：一是转化为实体经济的投资，以追加投资的方式投入实体经济的再生产过程；二是以购买金融企业股票、债券以及存款的方式流入虚拟经济系统，构成了虚拟经济发展的基础性资源。这一过程就是实体经济中金融资源的"脱实向虚"。另外，实体经济越是发展，对虚拟经济发展的需求越大，为虚拟经济提供的基础性资源也就越多。从这个角度上讲，实体经济是虚拟经济发展的前提基础。

关联机制2：实体经济向虚拟经济提供技术服务，并从虚拟经济部门获得服务报酬。前文已经分析过，技术支持与创新是虚拟经济实现快速发展的重要条件，20世纪70年代以来虚拟经济的高速增长，就是以现代电子信息技术迅猛发展及其在金融领域的广泛应用为物质基础的，而实体经济是技术研发与产出的源头。因此，从这个角度上讲，实体经济为虚拟经济的发展提供了强有力的技术支撑。

关联机制3：虚拟经济为实体经济提供资本要素，同时虚拟经济获得相应的要素报酬。资本要素投入的持续有效增加是实体经济稳健增长的必要条件。而实体经济资本要素增加的来源主要有两个方面：一是实体经济自身盈余的转化，即实体经济将其所获盈余的一部分作为追加投资投入再生产过程，即马克思所讲的"剩余价值的资本化"；二是来自虚拟经济系统的资本投入，该投入通常表现为直接投资与间接投资两种形式。直接投资体现为实体经济通过发行股票、债券等形式募集资本，间接投资则体现为虚拟经济部门向实体经济部门提供贷款。在这一过程中，虚拟经济部门获得来自实体经济部门投资的股息和提供贷款的利息。

关联机制4：虚拟经济向实体经济提供金融服务，同时获得相应的服务报酬。根据金融功能理论，金融系统可以为实体经济提供清算和支付结算、风险管理、信息提供等服务，金融部门据此获得相应的服务性收入，这部分收入体现为商业银行的表外收入。随着现代银行业的发展，商业银行表外收入占其营业收入的比例越来越高。如 2010 年中国银行表外收入占其营业收入的比例为 12%，到 2019 年则达到 18% 左右，其中 7 家股份制银行（民生银行、兴业银行、平安银行、招商银行、中信银行、华夏银行、浦发银行）的表外收入占比达到 20% 以上。[①]

（二）虚拟经济与实体经济的动态发展

虚拟经济与实体经济的动态发展表现出协调发展与失衡发展两种状态，其中失衡发展又可以划分为虚拟经济发展滞后或超前于实体经济发展两种情形。

1. 虚拟经济与实体经济的协调发展

（1）虚拟经济与实体经济协调发展的含义

虚拟经济与实体经济的协调发展就是虚拟经济与实体经济发展之间维持着相互协调的比例关系。其内涵包括三个方面：一是总量协调，即虚拟经济发展与实体经济发展在经济总量上的协调，换句话说就是在一国的 GDP 构成中，虚拟经济与实体经济所占比例基本相当；二是速度协调，即虚拟经济与实体经济在发展速度上的协调，换句话说就是二者之间在增长率上基本保持同步；三是效率协调，即同样的资源投入在虚拟经济与实体经济中的产出基本相当，也就是投入产出比大致相等。如果说总量协调是虚拟经济与实体经济在静态意义上的协调，那么速度协调则是虚拟经济与实体经济在动态意义上的协调，效率协调则是虚拟经济与实体经济在本质上的协调。只有效率协调，才能使社会经济资源在虚拟经济与实体经济之间的配置达到均衡，才能实现社会经济资源在虚拟经济与实体经济之间配置的最优状态。但无论是哪种协调状态，虚拟经济与实体经济协调发展的直观结果就是二者之间保持正向的溢出效应，即两部门之间保持相互促进的正向作用。

（2）虚拟经济与实体经济协调发展的条件分析

假设整个经济系统由实体经济与虚拟经济两部门构成，实体经济中投入的资本为 K_r（简称实体资本），虚拟经济中投入的资本为 K_f（简称金融资

[①] 数据来源：Wind 数据库。

本），Y 为社会总产出，A 为全要素生产率。另外，依据新古典经济增长模型，假设：①经济社会只生产一种产品；②产品生产过程中只使用劳动和资本两种要素，且劳动和资本之间能够相互替代，但是又不能完全替代，每种要素的边际产出服从递减规律；③生产过程中规模收益不变；④国民收入中，储蓄所占的份额保持不变；⑤劳动生产率一定；⑥不存在技术进步和资本折旧。那么，社会总产出可以表示为：

$$Y = AF(K_r, K_f) \tag{2-1}$$

如果用 $k = K_f/K_r$ 表示金融资本与实体资本的比值，用 $m = \dot{K_r}/K_r$ 表示实体资本增速，用 $l = \dot{K_f}/K_f$ 表示金融资本增速，用 $\alpha = \dot{A}/A$ 表示生产率增长，$\lambda(k)$ 为金融资本产出弹性，$(1-\lambda)(k)$ 为实体资本产出弹性，θ 为金融资本的转化率，则产出增长率为：

$$\frac{\dot{Y}}{Y} = \lambda(k)l + (1-\lambda)(k)m + \alpha \tag{2-2}$$

$$\dot{k} = A\theta f(k) - mk \tag{2-3}$$

稳态增长的基本条件是：产出增长率＝金融资本增长率＝实体资本增长率。由于实体经济的增长需要金融部门的一定支持，同样金融部门的增长也需要实体经济的支持。

第一种情况：当投入实体经济的金融资本数量较少，难以满足实体经济增长对金融资本的需求时，要保证实体经济的增长率，就必须增加金融资本投入，k 逐渐上升，直至趋近于 k^*（均衡值）。

第二种情况：当投入实体经济的金融资本数量过多，超过实体经济增长对金融资本的需求时，要保证健康的实体经济增长率，就必须减少金融资本投入，即 k 值逐渐下降，直至趋近于 k^*。

可见，当 $k>k^*$ 时，金融资本过多，超过了实体经济部门对金融资本的需求，继续增加金融资本会危害实体经济增长；当 $k<k^*$ 时，金融资本过少，不能满足实体经济部门对金融资本的需求，此时继续增加金融资本将有利于实体经济增长。该模型表明：投资于实体经济的金融资本必须适度，过

多或过少均不利于实体经济增长。

经典生产函数符合新古典模型的基本假设，但忽略了技术进步的影响。学者们对柯布-道格拉斯（C-D）生产函数的形式进行了改进，将技术要素引入模型。另外，考虑到 C-D 生产函数中假定要素替代弹性为 1 并不符合经济现实，而要素替代弹性不变的生产函数（CES）更符合经济运行的实际。用 A 来反映技术进步，a 和 b 为分配系数，且 $a+b=1$，$0 \leqslant a$，$b \leqslant 1$，ρ 为替代参数，$\rho > -1$，表达式为：

$$Y = A \left(aK^{-\rho} + bL^{-\rho} \right)^{-\frac{1}{\rho}} \tag{2-4}$$

C-D 生产函数是要素替代弹性不变的生产函数的特殊形式（$\rho=0$）。当投入要素扩展到不止两个，且依然假定要素间的替代弹性相同时，Sato[①] 提出了一个包含三要素的二级 CES 生产函数：

$$Y_{KE} = \left(a_1 K^{-\rho_1} + b_1 E^{-\rho_1} \right)^{-\frac{1}{\rho_1}} \tag{2-5}$$

$$Y = A \left(a_2 Y_{KE}^{-\rho} + b_2 L^{-\rho} \right)^{-\frac{m}{\rho}} \tag{2-6}$$

将劳动、资本、金融三要素引入上述二级 CES 生产函数，可建立如下包含金融资本的 CES 生产函数：

$$Y_K = \left[aK_f^{-\rho_1} + (1-a)K_r^{-\rho_1} \right]^{-\frac{1}{\rho_1}} \tag{2-7}$$

$$Y = A \left[\beta Y_K^{-\rho} + (1-\beta)L^{-\rho} \right]^{-\frac{m}{\rho}} \tag{2-8}$$

对上述包含金融资本的 CES 生产函数进行线性化处理，得到下列简化模型：

$$\begin{aligned} \ln Y = {} & \ln A + \alpha\beta m \ln K_f + (1-\alpha)\beta m \ln K_r + (1-\beta) m \ln L - \\ & 0.5\alpha(1-\alpha)\beta m \rho_1 \left[\ln\left(\frac{K_f}{K_r}\right) \right]^2 - 0.5\beta(1-\beta)m\rho \left[\ln\left(\frac{K_f}{L}\right) \right]^2 + \varepsilon \end{aligned} \tag{2-9}$$

令 $\lambda = K_f/K_r$，$\theta = K_f/L$，λ 和 θ 均随时间而改变，式（2-9）可以转化为

① Sato, K. A., "Two-level Constant-Elasticity-of-Substitution Production Function," *Review of Economic Studies*, 1967, 34 (2): 201-208.

关于时间 t 的函数，对 t 求导，可得产出与 λ 的函数关系式为：

$$Y = a + \alpha\beta m K_f + (1 - \alpha)m K_r + (1 - \beta)m L - \alpha(1 - \alpha)\beta m\rho_1 \times$$
$$\ln\lambda(K_f - K_r) - \beta(1 - \beta)m\rho\ln\theta(K_f - L) \tag{2-10}$$

产出增长率函数 Y 分别对 λ 和 θ 求偏导，可得式（2-11）和式（2-12）。

$$\frac{\partial f(\lambda,\theta)}{\partial\lambda} = \alpha(1 - \alpha)\beta m\rho_1\frac{(K_r - K_f)}{\lambda} \tag{2-11}$$

$$\frac{\partial f(\lambda,\theta)}{\partial\theta} = \beta(1 - \beta)m\rho\frac{(L - K_f)}{\theta} \tag{2-12}$$

由式（2-11）可知，当 $K_f < K_r$ 时，提高 λ，有利于产出增长率的提升；反之，当 $K_f > K_r$ 时，提高 λ，会阻碍产出增长率的提升。也就是说，当金融资本增速小于实体资本增速时，提高投入的金融资本要素比重，将促进产出增长率的提升；反之，当金融资本增速大于实体资本增速时，提高投入的金融资本要素比重，会阻碍产出增长率的提升。

由式（2-12）可知，当 $K_f < L$ 时，提高 θ，有利于产出增长率的提升；反之，当 $K_f > L$ 时，提高 θ，会阻碍产出增长率的提升。也就是说，当金融资本增速小于劳动要素增速时，提高投入的金融资本要素比重，将促进产出增长率的提升；反之，当金融资本增速大于劳动要素增速时，提高投入的金融资本要素比重，会阻碍产出增长率的提升。

综合以上分析可知，当投入的实体资本增速高于金融资本增速时，增加金融资本就能够促进经济发展；当投入的实体资本增速低于金融资本增速时，继续增加金融资本反而会阻碍经济发展。[①] 虚拟经济与实体经济协调发展的机制条件就是：投入金融部门的资本数量增长与投入实体经济的资本数量增长应该保持基本相当的比例关系。

2. 虚拟经济与实体经济的失衡发展

（1）虚拟经济与实体经济失衡发展的含义

与协调发展的界定相对应，我们可以将虚拟经济与实体经济的失衡发展

---

① 张春鹏：《公司金融化行为的制度逻辑与微观效应研究》，博士学位论文，西北大学，2022。

界定为二者之间存在不恰当或不相适应的关系。这种失衡可以归纳为三个方面：一是总量失衡，即虚拟经济与实体经济在经济总量上的不均衡，即在一国 GDP 中，虚拟经济总量与实体经济总量在比例上处于较为严重的不对等状态；二是速度失衡，即虚拟经济与实体经济在发展速度上的失衡，换句话说就是二者之间在增长率上严重不同步；三是效率失衡，即同样的资源投入在虚拟经济与实体经济中的产出存在较大差异，也就是投入产出比极不均等。如果说总量失衡是虚拟经济与实体经济在静态意义上的失衡，那么速度失衡则是虚拟经济与实体经济在动态意义上的失衡，效率失衡则是虚拟经济与实体经济在本质上的失衡。效率失衡是引起社会经济资源在虚拟经济与实体经济之间流动并进行重新配置的重要力量。换句话说，效率失衡是导致虚拟经济与实体经济失衡的动因，而总量失衡与速度失衡则是二者之间失衡的结果。

（2）虚拟经济与实体经济失衡发展的机制分析

从失衡的状态来看，虚拟经济与实体经济之间的失衡存在虚拟经济发展滞后于实体经济发展与虚拟经济发展超前于实体经济发展两种状态。金融业作为虚拟经济的主体，其发展滞后于实体经济发展就是金融抑制。对于虚拟经济发展滞后于实体经济发展的产生机理及其带来的约束效应，麦金农在"金融抑制理论"以及格里和肖在"金融深化理论"中都给予了系统的分析，此处不再赘述。下文仅对虚拟经济发展超前于实体经济发展的形成机制进行分析。

虚拟经济发展的基础是实体经济，但自 20 世纪 80 年代初以来，虚拟经济的发展呈现超前于实体经济发展的状态，这种超前不仅体现在经济总量上，还体现在发展速度上，且这种状态还在进一步加剧。依据前文对虚拟经济与实体经济协调发展机制的分析，虚拟经济发展超前于实体经济发展是金融资源过多流入金融体系的结果，原因：一是来自虚拟经济的内在运行特征；二是来自外部发展环境的催化；三是来自虚拟经济与实体经济投资收益率的差别。

首先，虚拟经济的内在运行特征使其具有超越实体经济快速发展的内在动因，具体表现在以下方面。一是虚拟经济的运行基础是资本化定价。虚拟经济的基础是虚拟资产，而虚拟资产的市场价格取决于投资者预期，即资本化定价。换句话说，虚拟经济就是以资本化定价为运行基础的价值体系，这种定价体系与实体经济之间并没有直接的关联关系。二是心理预期因素对虚拟经济的运行起着重要作用。采取资本化定价方式的资产，其价格主要受人们的预期、利息率、宏观政策等不确定性因素的影响[①]。当人们预期资产价格上涨时，大量的买入行为会助推资产价格上涨的预期得以实现，从而带来虚拟经济的繁荣；加之预期具有自我强化特征，因此每一次的资产价格上涨又会催生资产价格的进一步上涨，导致以虚拟资产为基础的虚拟经济快速膨胀，这种趋势直到达到由繁荣到衰退的转折点为止。三是虚拟经济的繁荣增长离不开货币投入的持续增加，而货币投入作为经济系统的外生变量，经常存在超额的现象，为虚拟经济的快速增长提供了强大推力。四是边际报酬递增是虚拟经济领域投资的普遍规律。在实体经济中，商品价格的上升一方面会刺激供给，另一方面会抑制需求，从而导致投资利润率的下降，投资的边际报酬递减成为一种常态。但在虚拟经济中，投资的边际报酬却呈现递增现象。因为虚拟资产价格的上升依赖于乐观预期下货币投入的增加，人们对未来预期看好的时候，会增加买入行为，此时投资的边际报酬往往呈现递增现象。只有到了虚拟资产市场因过度狂热而进入价格由升转跌的阶段时，投资的边际报酬才会呈现递减现象。虚拟经济内在的这些运行特征，使得虚拟经济的增长速度往往高于实体经济的增长速度，导致虚拟经济发展超越实体经济发展。

其次，以放松管制为核心特征的金融自由化浪潮，为虚拟经济超越实体经济发展提供了政策环境。20 世纪 70 年代以来的金融自由化浪潮，核心在于放松金融管制，不仅为金融工具创新提供了宽松环境，增加了虚拟资本的种类；而且在推动虚拟资本交易的同时，推动了虚拟资本交易的全球化。另外，以提高交易效率为核心的金融市场交易制度变革，不仅增强了金融市场的吸引力，同时也大大提升了市场流动性；加之电子化交易技术（如电子化报价制度）的引进，在节约交易报价时间与提升报价效率的同

---

① 刘晓欣：《虚拟经济运行的行为基础——资本化定价》，《南开经济研究》2003 年第 4 期，第 42~45 页。

时，大幅降低了交易成本，从而刺激了金融市场交易规模的扩大。

最后，虚拟经济与实体经济投资回报率的差异吸引经济资源由实体经济向虚拟经济流动与聚集，进一步推动了虚拟经济的发展。虚拟经济繁荣发展的突出体现就是虚拟资产价格飙升，虚拟经济的投资回报率远超实体经济的投资回报率。在这种情况下，虚拟经济对配置于实体经济中的存量资源具有巨大的吸引力，经济资源由实体经济向虚拟经济流动与聚集，虚拟经济获得进一步发展。

（三）虚拟经济与实体经济的关联效应

基于上述对虚拟经济与实体经济内在关联机制及动态发展的分析，我们不难看出，虚拟经济对实体经济增长存在促进与抑制的双向效应。

1. 虚拟经济对实体经济增长的促进效应

当虚拟经济与实体经济的发展处于协调状态时，虚拟经济对实体经济增长会产生正向的促进作用，具体表现为如下几个方面。

第一，虚拟经济通过向实体经济提供资本赋予了实体经济强大的扩张能力。虚拟经济产生与存在的前提基础是信用的建立与发展，而信用的出现与发展，使得实体经济可以突破资本数量约束，实现生产规模的快速有效扩张。其中，银行信用通过发挥银行的中介功能，以吸收储蓄的形式将暂时游离于生产过程之外的闲置资本聚集起来，通过发放贷款的形式将货币资金重新投入实体经济中，推动实体企业的发展；商业信用则以票据形式贷出商品资本，直接媒介商品生产和流通，从而加速企业资本循环与周转，实现再生产过程的顺利进行。资本市场则通过股票、债券等的发行，直接为实体企业筹集发展所需的资本，有效突破企业自有资本短缺对企业发展的约束，为企业规模扩张提供了条件。可见，虚拟经济使实体经济在自有资本有限或不足的条件下进行生产规模的扩张成为可能。

第二，虚拟经济通过其中介功能的发挥优化实体经济的资源配置。虚拟经济运行中最基本的主体就是各类金融机构，各项功能发挥的载体是各类金融市场。金融机构的首要职能是中介职能，即金融机构利用储蓄动员功能，将社会闲散资金聚集起来，然后发挥自身所拥有的信息收集、财务管理、风险评估等专业技术优势，在众多的实体投资项目中进行优化筛选，通过贷款的方式将吸收的储蓄资金配置于实体经济之中，从而实现资源配置的最优化；资本市场则通过其信息披露、价格发现等功能，引导社会资源流向投资回报更高的行业、企业与项目，从而调节社会各生产部门的比例关系，实现资源配置的高效率。另外，近年来金融市场上开展得如火如荼的企业兼并重组活动，都离不开各类金融机构的参与。金融机构充分发挥自身资产评估、财务管理及市场运作的优势，除提供资金支持之外，还为企业间的兼并重组提供顾问服务，更是直接加速了社会资源在实体经济各行业间的流动与重新配置，优化了实体经济的资源配置结构，提高了现实资本的运行效率。

第三，虚拟经济具有的风险分散及激励约束机制对实体经济的稳健发展起着重要的推动作用。由于不确定性及不可预见因素的客观存在，实体经济在发展中会遇到各种各样的风险，其中财务风险是首要风险，突出体现为资产与负债在期限上的不匹配，如负债的短期化与资产收益的长期化之间的不对等。这种财务风险的存在，使得实体企业在债务环境恶化时存在规模收缩甚至破产清算的可能。而金融市场的高流动性，使得这种风险发生的概率大大降低。因为金融市场上存在多种融资工具，而不同的投资者风险偏好、期望收益率存在差异，通过不同投资者及不同期限投资的动态组合，企业短期负债可以实现首尾衔接，实现负债与资产在期限上的匹配，消除期限错配现象。另外，金融市场的股权激励机制通过市场信息披露、价格涨跌、管理者股权变现以及投资者"用脚投票"等制度，对实体企业管理者行为进行有效的激励与约束，抑制其机会主义行为，从而有利于实体企业的稳定与健康发展。

第四，虚拟经济的发展可以通过提高居民收入推动消费，拓展实体经济的发展空间，从而拉动实体经济的增长。消费需求的扩张是实体经济增长的重要动力，消费需求扩张的前提基础是消费能力的提升，而决定消费能力的因素包括居民收入的增长、消费约束的消除以及消费便利性的提升等。一是虚拟经济的繁荣发展，可以增加居民的名义收入。如资本市场的繁荣，可以直接增加居民的财产性收入，在"财富效应"的作用下，推动消费水平的提升。二是虚拟经济中消费信贷的出现及发展，有效消除了消费过程中的现实资金约束，提升了居民的消费能力。三是金融创新中金融新业态的不断涌现，如互联网金融、普惠金融、数字金融等，大大降低了居民获得金融服务的门槛，提高了金融服务的可得性与便利性，刺激了居民消费的升级，这已被大量的实证研究证实。如张勋等通过构建一般均衡理论框架，认为数字金融中移动支付的便捷性可以缩短居民购物时间，从而增加消费[①]；易行健和周利利用来自中国家庭的微观数据，也证明了数字金融的支付便利性和流动性缓解作用均能促进居民消费[②]。

第五，虚拟经济新业态的出现与发展，对实体经济增长具有显著的推动作用。近年来，随着科技创新的飞速发展及其在金融领域的不断应用，诸多金融新业态不断涌现，如互联网金融、数字金融等，它们克服了传统金融在服务实体经济过程中的信息不对称、交易成本高等缺陷，推动了实体经济的快速增长。以数字金融的发展为例，其对实体经济的推动作用直接体现在三个方面。一是数字金融有效降低了金融机构的运营成本，提升了金融机构服务实体经济的能力。金融机构借助大数据，能够获取全面细致的用户画像，并由此获知真实有效的用户偏好、未来购买意向以及购买动机，从而实现金融产品供给与用户需求的最佳匹配，大大降低金融服务的成本，提升金融机构的服务能力。二是数字金融可以有效扩大金融服务的供给。数字金融以大数据和信息挖掘为技术支撑，具有服务门槛低、效率高的特点，使金融服务不再受地域限制，扩大了金融服务的覆盖面和辐射范围，使金融服务能够更好地满足小微企业、创新创业主体、偏远地区居民等一些长尾客户的融资需求，从而扩大了金融供给。[③] 三是数字金融能够有效规避运营环境中的流动性风险。大数据、人工智能、区块链等技术具有处理速度快的特征，依赖这些技术进行数据挖掘、统计分析及海量信息处

---

① 张勋、杨桐、汪晨、万广华：《数字金融发展与居民消费增长：理论与中国实践》，《管理世界》2020 年第 11 期，第 48~63 页。

② 易行健、周利：《数字普惠金融发展是否显著影响了居民消费——来自中国家庭的微观证据》，《金融研究》2018 年第 11 期，第 47~67 页。

③ 张勋、万广华、张佳佳、何宗樾：《数字经济、普惠金融与包容性增长》，《经济研究》2019 年第 8 期，第 71~86 页。

理，能够使风险预警模型即时识别流动性风险，发出预警信号，提示金融机构规避风险，降低损失。另外，建立在海量数据信息挖掘和人工智能分析基础上的风险与收益匹配技术，能够使资金配置过程中的风险管理更有效率，从而引导资金更好地流入实体经济，优化资源配置，促进经济增长。

2. 虚拟经济对实体经济增长的抑制效应

当虚拟经济与实体经济的发展处于非协调状态时，虚拟经济将对实体经济的增长产生抑制作用，具体可归结为如下几个方面。

首先，虚拟经济的内在不稳定性会给实体经济的稳定发展带来冲击。虚拟经济系统的重要特征之一就是其发展的不稳定性，发展的不稳定性也是虚拟经济的内在特征。导致其内在不稳定性的因素主要是虚拟资产的资本化定价方式。因为在资本化定价方式中，预期因素、心理因素、政策因素以及市场噪声因素等，均会对虚拟资产价格产生巨大影响；加之虚拟资产价格变动存在强烈的正反馈效应，即越涨越会涨，越跌越会跌，从而使其价格的波动进一步加剧，出现暴涨暴跌现象。资产价格的大幅波动，必然使实体企业的资产负债表呈现极不稳定的状态。当资产价格大幅下跌时，实体企业的资产价值大幅缩水，市值萎缩，资产负债表恶化，严重时迫使实体企业变卖资产甚至清算破产，从而给实体经济稳定发展带来严重冲击。

其次，虚拟经济超越实体经济的非均衡发展，诱发社会经济资源的"脱实向虚"，削弱实体经济增长的动力。社会经济资源投入的持续稳定增加是实体经济增长的基础性条件。而资源配置的基本导向是其投资收益率的大小。当虚拟经济的发展超越实体经济发展时，通常表现为虚拟经济在繁荣程度上超越实体经济，此时社会经济资源投入虚拟经济领域会获得更高的投资回报，在趋利动机驱使下，社会经济资源会流出实体经济而流入虚拟经济，即出现社会经济资源的"脱实向虚"。其结果，一方面是虚拟经济因社会经济资源的持续流入而进一步膨胀；另一方面则是实体经济因资源流出及供给短缺而出现衰退，从而导致虚拟经济与实体经济发展的非均衡性进一步加剧。

最后，虚拟经济发展的极态是泡沫经济，其破灭将会给实体经济带来致命性冲击。随着虚拟经济与实体经济发展的非均衡性不断加剧，经济运行中的泡沫化程度也会不断提升，这种状态发展到极态，就演变成了泡沫经济。泡沫经济形成的市场推动因素包括虚拟资产市场的不确定性、信息不对称性、市场不完全有效性以及市场的投机性等。其中，市场的不确定性是虚拟资产泡沫形成的根本原因之一；信息不对称性以及市场不完全有效性使得市场有效性大大降低，造成资产价值经常偏离其基础价值，为投机行为提供了操作空间；市场投机是泡沫形成及破灭的重要力量。在泡沫经济的形成及膨胀过程中，投资虚拟资产会获得较高的投资收益率，从而驱使资金从银行甚至实体经济领域流向虚拟经济领域，对实体经济投资产生挤出效应。人们对市场的预期一旦发生逆转，即由乐观预期转向悲观预期，必然会导致市场泡沫破裂，资产价格迅速下降，实体企业、金融机构和投资者个人的资产迅速缩水，破产企业数量增多，银行不良债务迅速增加，严重时会导致金融危机甚至经济危机。

本章小结

本章在对实体经济与虚拟经济进行内涵界定的基础上，以系统动力学思想对实体经济与虚拟经济演化的动力因素、实体经济与虚拟经济的内在关联机制以及关联效应进行了分析，主要结论归纳如下。

实体经济可以界定为以实体资本运动为基础形成的社会再生产活动，它具有 5 个基本的运行特征：一是实体经济增长以生产要素投入的持续增加为前提；二是实体经济的增长过程体现为 $G-W\cdots P\cdots W'-G'$ 过程；三是实体经济增长过程中的价值确定遵循成本加价原则；四是货币是实现实体经济增长的一种重要工具；五是实体经济增长过程中技术进步起着十分重要的作用。

虚拟经济可以界定为以现代信用制度为基础，以虚拟资本及其运营系统（包括金融工具、金融机构和金融市场）为依托，以虚拟价值为其价值表现形态，以资本化定价为基础的一种经济运行方式。其运行的基本特征可以归纳为：一是虚拟经济增长以货币投入的持续增加为前提；二是虚拟经济的运行基础是资本化定价；三是虚拟经济的运行对心理预期因素存在高度的依赖性；四是边际报酬递增是虚拟经济领域投资的普遍规律；五是虚拟经济具有较大的波动性和不稳定性。

实体经济与虚拟经济作为经济系统的两个组成部分，其演化增长的动力均可归结为内部动力、政策推力以及外部环境影响力三个方面，但二者之间具体的动力因素存在较大差异。在实体经济增长的动力因素中，其内部动力因素体现为供求的动态均衡、要素投入的增加、社会分工的深化、技术进步；政策推力因素体现为经济发展战略、经济制度、经济政策；外部环境影响力因素体现在生态与资源约束、国际环境变化方面。虚拟经济的增长主要体现在虚拟资产数量的增多以及虚拟资产价格的上升两个方面。虚拟经济增长的动力因素有：虚拟资本供给与需求的增加、货币供给量的增加、市场投机的推动、金融创新的推动、金融制度变革的推动以及市场预期的影响等。

实体经济与虚拟经济不仅存在各自的内部循环，而且二者之间存在紧密的内在关联关系。关联机制主要体现为：一是实体经济的盈余为虚拟经济的发展提供重要的资金来源；二是实体经济向虚拟经济提供技术服务，并从虚拟经济部门获得服务报酬；三是虚拟经济为实体经济提供资本要素，同时获得相应的要素报酬；四是虚拟经济部门向实体经济部门提供支付结算、风险管理等服务，同时获得相应的服务报酬。

实体经济与虚拟经济的动态发展体现为协调发展与失衡发展两种基本状态。其中，虚拟经济与实体经济的协调发展就是虚拟经济与实体经济发展之间维持着相互协调的比例关系，具体包括总量协调、速度协调以及效率协调三个方面。协调发展的机制条件是：投入金融部门的资本数量增长与投入实体经济的资本数量增长应该保持基本相当的比例关系。虚拟经济与实体经济的失衡发展就是二者之间存在不恰当或不相适应的关系，包括总量失衡、速度失衡和效率失衡三个方面。失衡发展的原因：一是来自虚拟经济的内在运行特征；二是来自外部发展环境的催化；三是来自虚拟经济与实体经济投资收益率的差别。

虚拟经济对实体经济增长存在促进与抑制的双向效应。在虚拟经济与实体经济发展处于协调状态时，虚拟经济会对实体经济产生促进效应，表现：一是虚拟经济通过向实体经济提供资本赋予了实体经济强大的扩张能力；二是虚拟经济通过其中介功能的发挥优化实体经济的资源配置；三是虚拟经济具有的风险分散及激励约束机制对实体经济的稳健发展起着重要的推动作用；四是虚拟经济的发展可以通过提高居民收入推动消费，拓展实体经济的发展空间，从而拉动实体经济的增长；五是虚拟经济新业态的出现与发展，对实体经济增长具有显著的推动作用。在虚拟经济与实体经济发展不相协调时，虚拟经济会对实体经济产生抑制效应，表现：虚拟经济的内在不稳定性会给实体经济的稳定发展带来冲击；虚拟经济超越实体经济的非均衡发展，诱发社会经济资源的"脱实向虚"，削弱实体经济增长的动力；虚拟经济发展的极态是泡沫经济，泡沫破灭将会给实体经济带来致命性冲击。

第三章

金融资源"脱实向虚"的表现形式与形成机理

本章依据第一章对金融资源"脱实向虚"的内涵界定，对现实经济生活中金融资源"脱实向虚"的表现形式进行了归纳描述，并重点从市场逻辑与制度诱因两个方面对金融资源"脱实向虚"的形成机理进行阐释。

一 金融资源"脱实向虚"的表现形式

金融资源"脱实向虚"主要表现为三种形式：一是在宏观层面，增量金融资源在配置过程中日益向虚拟经济领域倾斜的现象，如新增 M2 更多流向了虚拟经济系统，使实体经济获得的新增金融资源占比呈现下降趋势，其直观表现就是经济的金融化倾向，即金融活动在整个经济体系中所占比例日益提升的现象；二是在微观层面，实体经济中原有的存量金融资源在诸多因素驱动下流向虚拟经济，体现为实体企业投资的金融化现象；三是银行业金融机构通过多种业务使金融资源在金融体系内各细分行业间流动而未流向实体经济或在流向实体经济之前通过拉长融资链条来获取收益的套利行为，即金融资源的"空转套利"现象。

在现实的经济活动中，金融资源的"空转套利"主要有信贷空转、票据空转、同业空转与理财空转四种模式。

（一）信贷空转

"信贷空转"就是银行与企业间建立信贷关系以后，信贷资金依然在银行体系中循环而没有进入实体经济的现象。"信贷空转"主要表现为三种形式。一是贷款置换，常出现在企业借新债还旧债的情形下，信贷资金并未真正用于实体生产运营，具体表现为用银行表内自营贷款置换他行表内贷款，或者用银行表内贷款置换他行表外融资等形式。二是贷款被挪用，即企业没有遵循专款专用原则，为获得投资收益而将从银行获得的信贷资金挪用于委托贷款、理财信托投资或者股票市场。贷款被挪用现象常出现在多家银行同时向一家集团企业或个人授信及过度授信的贷款中。三是违规放贷，即信贷行为违反金融监管机构的相关规定，如违规放大杠杆、超比例向小贷公司融资、几家公司合作进行"过桥贷款"、个别银行人员内外勾结以虚假信息贷款、套取银行资金后向其他企业贷款等。

（二）票据空转

"票据空转"就是在无真实贸易背景循环情形下违规开票，虚增存款或中间业务收入。在票据开出后，为了将其从资产负债表内转移出去，往往通过票据卖断、买入返售或买断转贴同批票据等方式，以达到逃避信贷规模管控、赚取买卖差价的目的。另外，借助跨业合作通道，通过信托、券商等"通道"模式，运用理财资金投资票据资产，违规出表。[①] 票据空转模式下的循环票据并无真实的交易做支撑，虽然银行在其中可以获得短期收益，但一旦其中某个环节出现问题，便会使现金流中断，银行面临高风险。

（三）同业空转

同业空转即银行通过金融嵌套规避监管以赚取收益，其典型的方式有两种：一是同业通道，即银行利用同业通道隐匿非标资产，将资产在不同科目间进行转换，调整监管指标以规避监管；二是银行同业直融直投，即银行通过发行同业存单融入资金，转而投向同业理财、资管产品等，放大杠杆，赚取收益。由于同业空转的运行特征是运用期限错配，以短期套长

---

① 柴茂：《银行资金空转的几种"表情"》，《人民日报》2017年2月13日，第18版。

期来获取收益，这必然会增加银行的流动性风险。另外，同业业务增强了金融机构之间业务上的关联性，某个金融机构在出现流动性风险时，很容易导致系统性金融风险的发生。

（四）理财空转

"理财空转"有三种典型模式：一是银行借通道投资于信贷资产、票据资产等非标资产，其实质上与银行表内放贷没有太大差别，但是延长了资金流转链条，膨胀了资产负债表，增大了银行风险；二是银行将资金投放于同业理财或者委外理财；三是银行将理财资金投资于二级市场，主要是银行间债券市场发行和流通的各类债券，其投资的结果往往是推高资产价格。

二　金融资源"脱实向虚"的市场逻辑

金融资源"脱实向虚"的动因是复杂的，是多种因素共同作用的结果。但从市场驱动力来看，其动因主要包括以下几个方面。

（一）虚拟经济具有高于实体经济的投资收益率

评判资源配置是否达到最优状态以其是否获得了最佳的投资收益率为标准。因此，虚拟经济具有高于实体经济的投资收益率就成为金融资源脱离实体经济而流入虚拟经济的首要动力。当实体经济的投资收益率高于虚拟经济的投资收益率时，无论是实体企业，还是市场上其他投资者都会增加向实体经济的投资，金融资源自然会向实体经济流动与聚集；反之，金融资源则会脱离实体经济而流向虚拟经济。虚拟经济之所以常常会有高于实体经济的投资收益率，其原因主要包括以下几个方面。

1. 虚拟经济具有与实体经济不同的定价机制与约束条件

首先，定价机制不同。虚拟经济是以"心理预期"为基础，采用资本化定价方式。资本化定价是根据资产未来预期可获得的收入来确定资产的市场意愿价格，心理预期在价格形成中起着十分重要的作用。而心理预期的形成，是投资者基于宏观经济环境、政策取向、交易者心理等多种市场因素综合考虑的结果。由于预期具有强烈的自我实现性，当预期某种资产价格上涨时，市场会疯狂买入，从而推动资产价格进一步上升，相应的投资也将获得可观的回报。而实体经济以生产成本为基础，遵循成本加成的定价方式，商品的市场价格受到生产成本及其真实价值的约束，当投资趋于饱和、商品供过于求时，投资的回报率不仅不会上升，反而会下降，从而降低对金融资源的吸引力。

其次，约束条件不同。虚拟经济增长体现为货币数量推动下的资产数量增多或资产价格上升，只要货币供给量始终处于高发状态，虚拟资产的市场价格就会被推高，虚拟经济就会持续地处于繁荣状态；而实体经济增长的决定因素，不仅取决于供给端，还受制于需求端。从供给端来看，实体经济增长需要要素投入的持续增加与技术进步；从需求端来看，则需要市场需求的扩大。由于生产要素的稀缺性、技术进步的周期性以及市场需求的有限性，实体经济的增长受到一定限制，加之边际报酬递减规律的作用，实体经济在资源投入超过一定的临界值后，其投资回报率将会趋于下降甚至为负。

2. 虚拟经济与实体经济具有不同的利润来源

货币资本无论是投入实体经济还是虚拟经济，都是为了获得一定的投资回报，因此，获得较高的投资回报率是资本流动的根本动力，但流入实体经济与虚拟经济的货币资本的投资回报的来源方式截然不同。

流入实体经济的货币资本，其投资回报体现为投资利润，但利润的形成必须通过产业资本与劳动的结合，经历 $G-W\cdots P\cdots W'-G'$，即社会再生产过程才能实现。在这一过程中，货币资本投资回报的形成，必须首先将一部分货币资本转化为产业资本，用于购买生产必需的设备、厂房、原料等生产资料，并与劳动相结合，经过生产过程，才可将其中固化在生产资料上的价值部分转移到新的商品（W'）中；另一部分货币资本则以劳动报酬形式支付给劳动者，同时将劳动者新创造的价值，即剩余价值部分隐含在新的商品之中，形成货币资本投资回报的来源。但货币资本投资回报能否实现，则需要承担一定的风险。因为隐含在新的商品中的剩余价值能否最终实现，需要以商品能否顺利销售出去为前提，即当货币资本流向实体经济时，通过资本与劳动的结合产生剩余价值，实现了价值的增值，但价值的实现需要以商品顺利销售出去为前提，即要经历 $W'-G'$ 过程，而这一过程被称为"惊险的一跃"。只有当生产的商品获得社会认可，被销售出去后，投入实体经济的货币资本才可以获得投资回报。另外，投资回报率也会趋于社会平均利润率水平，因为资本的行业流动及企业间的竞争，必然形成资本在行业间和企业间利润率的平均化。只有少部分依靠科技发展、技术进步获得更高劳动生产率或者通过政策垄断、自然垄断保持较高利润率的企业，才会获得超额利润，但这种超额利润在市场经济的不断完善与发展中，也会趋于消失。

与流入实体经济中的货币资本不同，流入虚拟经济的货币资本，其投资回报具有自身特点。一是由于虚拟经济并不直接创造价值，流入虚拟经济中的货币资本只是参与价值分配，其投资回报从根本上来源于实体经济创造的价值，是实体经济创造价值的一部分；二是虚拟经济投资回报率更多取决于金融市场因素，如货币供求、金融市场价格、市场预期、投机等，具有较大的不稳定性；三是虚拟经济投资回报率具有较大的波动性，波动幅度远远超过社会平均利润率，这为资本逐利提供了无穷的想象空间，也构成了金融资源"脱实向虚"的动力之源。

3. 实体经济的盈利空间受到挤压使得投资回报率呈现下降趋势

科学技术的不断进步与工业化的快速推进，使得实体经济的生产率获得大幅提高，市场供求态势逐渐由供给不足演变为供给过剩，导致实体产业投资的边际收益率持续下降；但与此同时，激烈的市场竞争及各种要素成本的持续上升，推动了实体企业综合生产成本的持续上升，这就从供给端与需求端两个方面挤压了实体经济的盈利空间，使其投资回报率呈现下降趋势，在逐利性的驱使下，金融资源竞相脱离实体经济而流入虚拟经济体系。

进入 20 世纪 70 年代以后，世界经济告别了二战以后的高速增长时代而呈现明显的衰退迹象，投资者对实体产业投资的热情大幅减弱，而将投资目标聚焦金融、房地产等虚拟经济领域，不仅推高了虚拟资产价格，推动了虚拟经济的繁荣，同时也加速了金融资源从实体产业的流出。Demir[1] 和 Foster[2] 对资本主义国家的研究、杨筝[3]对我国非金融企业金融化动因的研究均证明了这点。

（二）虚拟经济具有快速的财富集聚效应

实现财富的快速增值与积累是所有投资者的共同愿望，但与实体经济相比，投资于虚拟经济具有更为快速的财富集聚效应，这主要缘于实体经济与虚拟经济财富积累机制不同。

社会财富可以划分为以物质形态表现的物质财富与以价值形态表现的虚拟财富两种形式，其分别来自以物质生产为载体的实体经济和以价值增值为载体的虚拟经济。物质财富的增长以生产要素投入的持续增加为前提，其过程体现为 $G-W\cdots P\cdots W'-G'$ 过程。在这一过程中，$G-W$ 过程是生产要素聚集于生产过程进行物质财富生产的过程；$W'-G'$ 过程是经过生产过程（P）生产出的物质财富通过满足人们消费需求而实现其价值的过程，这一过程被马克思称为"惊险的一跃"。可见，物质财富的积累过程不仅周期较长，而且存在较高的市场风险。虚拟财富的增长以虚拟经济的繁荣为前提，而虚拟经济的繁荣又以货币投入的持续增加为前提，以市场的乐观预期为推力，其财富积累过程体现为 $G-G'$ 过程，其间不需要漫长的过程，加之金融市场的高流动性使市场风险可以得到快速化解。特别是 20 世纪 70 年代以来的金融创新，不仅使金融市场上可交易的金融品种大幅增多，可投资空间扩大，而且还产生了诸如期货、期权等带有杠杆的交易形式，这使得虚拟财富存在以几何级数增长的可能。正是这种"快而捷"的财富积累模式，吸引了投资者的极大兴趣，引致金融资源持续流入虚拟经济。

---

① Demir, F., "Financial Liberalization, Private Investment and Portfolio Choice: Financialization of Real Section in Emerging Markets," *Journal of Development Economics*, 2009, 88 (2): 314-324.

② Foster, J. B., "The Financialization of Accumulation," *Monthly Review*, 2010, 62 (5): 1-17.

③ 杨筝：《实体企业金融化与全要素生产率：资源优化还是资源错配?》，《贵州社会科学》2019 年第 8 期，第 145~153 页。

（三）为刺激经济而超发货币产生的流动性过剩推高了虚拟资产价格

面对经济增长速度的下滑，超发货币以增强流动性已经成为各国政府的共性选择，且经济衰退迹象越是明显，超发的货币量就会越多。但 20 世纪 70 年代以来的历次经济衰退产生的主要原因不是市场流动性短缺，而是市场需求萎缩，且这种需求萎缩更多时候具有结构性特征，这就使得大水漫灌式的货币超发对实体经济的刺激作用非常有限，反而形成了严重的流动性过剩，推高了虚拟资产价格，加速了金融资源的"脱实向虚"。例如，为应对 2008 年国际金融危机带来的经济衰退，美联储于 2008～2014 年先后实施了三轮量化宽松政策（QE），使美联储总资产规模从 9000 亿美元左右扩张至 4.5 万亿美元左右。伴随每一轮量化宽松政策的实施，虚拟资产价格都出现了快速飙升。其中，第一轮 QE（2008～2010 年）实施后，名义 GDP 增长率为 1.72%，但道琼斯指数上涨了 28.15%；第二轮 QE（2010～2011 年）实施后，名义 GDP 增长率为 3.7%，但道琼斯指数上涨了 15.43%；第三轮 QE（2012～2014 年）实施后，名义 GDP 增长率为 7.64%，但道琼斯指数上涨了 43.76%。[①] 货币供给增加虽然为缓解经济下行压力起到了积极作用，但同时也带来了产能过剩，使实体经济的投资回报率降低。因此，在市场需求约束日益强化与产能过剩的双重挤压下，以刺激经济增长为初衷而超发的货币并未进入实体经济领域，反而滞留于虚拟经济领域，并成为推高虚拟资产价格的重要力量。虚拟经济与实体经济投资回报率的巨大差异，既是超发货币大量流入虚拟经济体系的结果，同时也是金融资源"脱实向虚"的诱因，它使越来越多的产业资本退出实体经济，从而对实体经济的投资产生"挤出效应"。

（四）实体企业金融资源"脱实向虚"的其他动因

实体企业中金融资源"脱实向虚"的原因除实体经济与虚拟经济之间

---

① 数据来源：Wind 数据库。

存在显著的投资收益率差异之外，还存在一些其他原因。目前主要存在两种解释，即"蓄水池"假说和"实体中介"假说。

"蓄水池"假说认为，企业持有金融资产的目的是进行流动性储备，规避未来现金流冲击可能产生的资金链断裂风险。[①] 相比企业固定资产来说，金融资产的流动性更强，企业一旦出现财务困境，便可以将持有的金融资产快速售出，及时补充流动性，缓解资金压力，从而消除流动性危机。"实体中介"假说认为，由于存在银行信贷歧视现象，一些企业易于从银行获得资金，但其生产效率却较低。这些企业基于收益最大化的理性选择，将从银行获得的信贷资金转手贷给别的企业，扮演了类似金融中介的角色，被称为"实体中介"。"实体中介"企业的大量存在，不仅加剧了企业金融化趋势，同时也推高了其他实体企业的融资成本。[②] 但部分学者对我国近年来实体企业金融化动机进行实证分析，发现"蓄水池"假说难以对我国企业的金融化行为做出解释[③]，而"实体中介"假说却获得了经验支持[④]。大量事实也表明，我国的国有企业因拥有丰富的资源、政策优势以及政府的隐性担保而成为银行贷款的优先支持者，但其自身并不缺少资金，这部分国有企业将从银行获得的低成本资金转手通过委托贷款的形式贷给资金极度缺乏的民营中小型企业，成了事实上的资金"掮客"，推高了民营中小型企业的融资成本。[⑤] 当企业来自金融投资领域的盈利占总利润的比重越来越高时，实体企业金融资源的"脱实向虚"会进一步加剧，从而加剧企业金融化。

---

① Smith, C. W., Stulz, R. M., "The Determinants of Firms' Hedging Policies," *Journal of Financial and Quantitative Analysis*, 1985, 20（4）: 391-405.

② 徐璋勇、张春鹏：《我国金融资源"脱实向虚"的治理路径——基于主体行为动机的分析》，《贵州省党校学报》2021年第4期，第31~38页。

③ 张成思、张步昙：《中国实业投资率下降之谜：经济金融化视角》，《经济研究》2016年第12期，第32~46页。

④ 杜勇、张欢、陈建英：《金融化对实体企业未来主业发展的影响：促进还是抑制》，《中国工业经济》2017年第12期，第113~131页。

⑤ 徐璋勇、张春鹏：《我国金融资源"脱实向虚"的治理路径——基于主体行为动机的分析》，《贵州省党校学报》2021年第4期，第31~38页。

三　金融资源"脱实向虚"的制度诱因

金融资源"脱实向虚"除因虚拟经济与实体经济存在收益率差别之外，还存在一系列制度诱因。

（一）信用制度的建立与发展为虚拟经济的繁荣提供了基础条件

信用制度的建立是金融业产生与发展的基础，同时也是金融业发展的重要标志。信用制度的建立催生了以信用为基础的纸币，使得货币的定义不断拓展，由流通中的现金拓展到了活期存款、定期存款、其他存款、证券公司客户保证金、非存款类金融机构的存款等，使得货币的符号化和虚拟化倾向得到进一步加强，与实际资产的偏离幅度越来越大，为虚拟经济的繁荣与发展提供了基础条件。

信用制度推动了金融工具的不断产生与金融资产的持续增加。随着信用制度从商业领域扩展到金融领域，以信用为基础的金融工具也在不断演化与发展，如从商业信用中的汇票和期票发展到银行信用中的票据贴现、抵押贷款以及长期投资，从传统的债权类、股权类金融工具演化发展到现代的期货、期权等金融衍生工具。这些金融工具的流动性强且形式多样，很好地满足了经济活动中的投资融资、转账结算、风险管理以及信息传递等需要；这些金融工具数量及交易量的不断增加使得金融资产的规模迅速膨胀，同时其高度的流动性也为金融投机行为的产生提供了条件。

信用制度促成了不同类型金融中介机构的产生及数量的快速增加。进入20世纪80年代以来，除以存款、贷款为主要业务的传统金融机构之外，我国还涌现出了与证券发行、交易、财富管理等业务紧密联系的各类金融机构，如投资银行、财务公司、信托公司、金融控股公司、各类基金公司等，使得金融机构之间的业务分工逐渐被打破，银行信贷、证券交易、委托理财等的边界日益模糊；特别是银行可以为证券交易提供融资服务，或直接参与证券投资，导致银行信贷资金大量流向证券市场，不仅为虚拟资本的扩大提供了条件，同时也推高了资产价格，并进一步吸引实体经济中金融资源的大量流入。

建立在信用制度基础上的现代银行制度，使虚拟资本数量快速增加。现代银行制度中的重要制度之一是商业银行的存款创造机制，它可以使同一笔货币资金多次作为资本发挥作用，其结果是一笔资本可以多次以利息形式分割实物财富，使虚拟的生息资本远远超过现实的货币量，对虚拟经济体系的膨胀起到了巨大的推动作用。

以信用制度为基础的现代支付结算系统，使得货币的价值已不再寄托在某些实际资产上。特别是电子货币及各种虚拟货币不仅增加了媒介与交易手段，加速了经济价值的流转，而且其作为虚拟资产家族的新成员也为虚拟经济的发展拓展了空间。

（二）金融自由化解除了金融资源"脱实向虚"的制度约束

金融自由化是 20 世纪 70 年代以来国际金融领域的重大制度性变革。虽然金融自由化制度在发达国家与发展中国家产生的背景不同[①]，但金融自由化制度实施的结果都是推动和加速了金融业的发展。金融自由化的实施，一是解除了政府部门长期以来对金融业的严格管制，使得货币资本具有更大的流动空间，特别是金融监管制度逐步由分业监管向混业监管的演化，更是为货币资本及金融机构提供了更大的舞台，金融资源可以在货币市场、外汇市场以及资本市场间随意流动；二是为金融工具创新提供了宽松环境，增加了虚拟资本的种类，丰富了可投资品种，吸引了金融资源的不断流入；三是在推动虚拟资本交易的同时，推动了金融资源的跨国界流动，实现了金融资源配置的全球化。另外，在金融自由化背景下，以提高市场流动性为目的的交易制度变革（如股市的 T+0 交易制度），显著扩大了市场交易规模；电子化交易技术（如电子化报价制度）的引进，不仅大大降低了金融

[①]　发达国家金融自由化主要源于 20 世纪 70 年代以后经济滞胀以及在严格银行管制下的金融"脱媒"威胁到金融体系的稳定与安全，为此各国货币当局不得不考虑放松金融管制，推行金融自由化。发展中国家金融自由化主要源于以金融抑制为特征的政府过度干预难以聚集金融资源，由此造成金融体系与实体经济长期落后并存，各国为聚集与调动金融资源，激发经济增长潜力，推进金融自由化，包括取消利率管制、放松信贷控制、促进金融机构间竞争、减少对资本流动的控制、增强汇率的灵活性等。

交易的成本，而且极大地提高了金融交易的效率。因此，金融自由化制度的实施，无论在广度上还是在深度上都推动了虚拟经济体系的发展，对金融资源进入虚拟经济产生了强大的吸引力。

（三）资产证券化为加速金融资源"脱实向虚"提供了工具

资产证券化自 20 世纪 70 年代初在美国出现以后，因具有提升资产流动性、降低融资成本、减少风险资产、灵活资产负债管理等优势而获得实体企业的青睐，同时因其是一种多元化的投资组合，具有较高的收益率、较低的投资门槛以及信用风险较低等，其自诞生以来就得到了快速发展。

广义的资产证券化大致分为实体资产证券化、信贷资产证券化、证券资产证券化、现金资产证券化四类。[①] 其中，实体资产证券化是以实物资产和无形资产为基础发行证券并上市交易的过程；信贷资产证券化，就是将流动性较差的信贷资产，如银行的贷款、企业的应收账款，根据其风险状况进行重新组合，形成预期现金流收益较为稳定的资产池，借助一定的信用担保，将该资产池未来现金流的收益权转变为具有较高信用等级，且可在金融市场上交易的债券型证券的过程；证券资产证券化，就是以已经证券化的资产或资产组合为基础，以其未来可能产生的现金流或与现金流相关的变量为依据再发行证券的过程；现金资产证券化，就是通过引导现金的持有者投资证券类资产，从而将现金转化为证券类资产的过程。可见，无论哪种类型的资产证券化，其结果都是资本从实体经济流向虚拟经济。其中，以实体资产为基础进行的证券化所产生的虚拟资本，直接导致资本从实体经济流向虚拟经济。不仅如此，其产生的虚拟资本还可以继续通过资产证券化工具，衍生为更加虚拟化的证券化资产，这进一步提升了资本"脱实向虚"的程度。以信贷资产为基础的证券化以及证券资产的证券化，都是对虚拟资本进行的再次证券化，从其所形成的证券化产品上完全看不到实体经济的影子，其整个交易完全是资本在虚拟经济领域的自我循环。

[①] 李赐犁：《资本虚实结构形成机理及其"阈值效应"研究》，博士学位论文，中共中央党校，2020。

在现金资产证券化过程中，如果用现金直接购买的是实体资产证券化产品，则产生了对应的有价证券，但货币资本流入了实体经济；但如果用现金购买的证券化产品是基于信贷资产或证券资产的证券化产品，那么货币资本并没有直接进入实体经济，而是在虚拟经济领域进行流动与周转，加剧了货币资本虚拟化的程度。可见，资产证券化工具的出现对于实体经济而言是一把"双刃剑"，一方面可以将货币资本引入实体经济，扩大实体经济的资金供给；但另一方面可以开辟将货币资金流向虚拟经济的通道，不仅加快了资本"脱实向虚"的速度，同时也扩大了资本"脱实向虚"的规模，提高了整个社会经济的虚拟化程度。

（四）监管制度不够健全为金融资源"空转套利"提供了空间

一是面对金融自由化的全球趋势，放松金融监管成为全球金融市场的主基调；尤其是一些金融监管机构与金融管理者推崇"法无禁忌即可为"的理念与认识，使得金融市场中的监管套利屡禁不止，交叉性金融产品层出不穷。二是在金融创新的名义下，涌现出了多种诸如互联网金融的金融新模式与金融新产品，它们的交易对象虽然也是货币资金，但其运营模式与传统金融却大不相同，使得传统的金融监管制度失去效力。各种新的金融模式与金融产品，为了能够在市场立足并获得消费者的青睐，在设计中往往具有"高风险、高收益"特征，从而吸引了大量金融资源。三是包括银行在内，越来越多的金融机构为留住客户，不仅不断推出各种理财产品，同时也将自营或表内、表外的理财资金委托给非银行机构管理，通过新推计划、资管计划等方式投向非标、股权、房地产等受限领域，实现规避监管限定投资范围、降低风险资本计提、绕过存贷比等监管指标的效果，谋求更高的收益。这必然导致大量金融资源滞留于金融领域而进行"空转套利"。

本章小结

本章简要描述了现实经济生活中金融资源"脱实向虚"的主要表现形

式；重点从市场逻辑与制度诱因两个方面对金融资源"脱实向虚"的形成机理进行阐释。本章主要结论与观点可归纳如下。

金融资源"脱实向虚"在现实经济生活中主要表现为三种形式：一是在宏观层面，增量金融资源在配置过程中日益向虚拟经济领域倾斜的现象，其直观表现就是经济的金融化倾向；二是在微观层面，实体经济中原有的存量金融资源在诸多因素驱动下流向虚拟经济，体现为实体企业投资的金融化现象；三是金融资源在金融体系中的"空转套利"现象，主要有信贷空转、票据空转、同业空转与理财空转四种模式。

从市场逻辑来看，金融资源"脱实向虚"的动因主要源于如下几个方面。一是虚拟经济具有高于实体经济的投资收益率；二是虚拟经济具有快速的财富集聚效应；三是为刺激经济而超发货币产生的流动性过剩推高了虚拟资产价格。另外，关于实体企业金融资源"脱实向虚"的动因，除实体经济与虚拟经济之间存在显著投资收益率差异之外，还存在"蓄水池"假说和"实体中介"假说两种解释。

从金融制度来看，金融资源"脱实向虚"的制度诱因主要在于：一是信用制度的建立与发展为虚拟经济的繁荣提供了基础条件；二是金融自由化解除了金融资源"脱实向虚"的制度约束；三是资产证券化为加速金融资源"脱实向虚"提供了工具；四是监管制度不够健全为金融资源"空转套利"提供了空间。

第四章

金融资源"脱实向虚"的经济效应

金融资源"脱实向虚"是金融资源从实体经济部门向虚拟经济部门的流动与聚集，是金融资源配置结构的变化，必然会对经济增长、资源配置效率以及企业发展产生重大影响。本章将对这些影响效应予以理论分析。

一 金融资源"脱实向虚"的宏观经济效应

金融资源"脱实向虚"体现为金融资源日益向虚拟经济领域流动与积累，这是社会经济资源的重新分配。从资本形态看，最主要的表现即为虚拟资本的增加，而由于虚拟资本在生产力、生产关系和经济运行维度上具有虚拟性、泡沫性、独立性、隐蔽性、介稳性和复归性特征，这使得金融资源的"脱实向虚"必然会对宏观经济运行产生一系列效应，这些效应可以归结为经济虚拟化程度提高、经济增长非线性效应和经济运行稳定性降低。

（一）经济虚拟化程度提高

前文已经指出，金融资源的"脱实向虚"主要表现为三种形式：一是在宏观层面，增量金融资源在配置过程中日益向虚拟经济领域倾斜的现象；二是在微观层面，实体企业投资的金融化现象；三是金融资源的"空转套利"现象。而无论哪一种形式，都推动了虚拟资本积累，其结果都是推动了经济虚拟化程度的提高。

首先，增量金融资源在配置过程中日益向虚拟经济领域的倾斜，具体体现为新增 M2 更多流向了虚拟经济系统。其结果是，一方面，实体经济获得的新增金融资源占比下降，直接弱化了实体经济增长的动力，制约了实体经济的进一步发展；另一方面，虚拟经济领域金融资源规模的日益扩大，不仅增加了虚拟资产数量，也推高了虚拟资产价格，引致虚拟经济的繁荣，从而使得虚拟经济在整个经济体系中所占比例不断增加，经济的虚拟化程度不断提升。如我国 M2 供应量由 2000 年的 13.46 万亿元增加到 2022 年的 266.43 万亿元，年均增长率为 14.53%；金融业增加值占 GDP 的比例由 2000 年的 4.83% 提升到 2022 年的 8.04%，提升了 3.21 个百分点，经济虚拟化程度提升明显。

其次，当金融资源"脱实向虚"表现为实体经济部门企业的金融化时，用于扩大再生产的资金再度流入虚拟经济，以虚拟资本形式进行的财富占有和积累方式与资本现实增值过程实际上是脱离的，这势必带来经济虚拟化程度的提高。如 2016 年，我国上市企业再融资金额大约是首次 IPO 的 12.5 倍，而其中一定规模的资金并非流入主业，而是流入金融和房地产领域，全年上市公司合计发布了 27938 条理财公告①，部分上市公司购买理财产品的金额甚至超过百亿元，通过各种投资理财获得的收益占到了公司营业收入相当大的部分，在部分非金融公司中理财收入已经成为其营业收入的主要来源。

最后，当金融资源"脱实向虚"表现为资金在金融体系内部"空转"和资金从金融部门流入实体经济部门的链条拉长时，金融资源每"空转"一次或者进入实体经济的环节每拉长一次，虚拟资本就会呈现成倍的增长。如在信托贷款业务模式下，虚拟资本通过银行参与方形成多层嵌套模式，一笔业务所带来的虚拟资本增加更多。中国信托业协会数据显示，2012 年以前事务管理类信托规模不足 1 万亿元，到 2017 年第三季度末，事务管理类信托规模已达 13.58 万亿元，占信托总规模的比例达到了 55.66%。可以估算，仅信托通道业务一项所增加的虚拟资本规模就在 10 万亿元以上。与一般资本不同，虚拟资本的虚拟性意味着，以金融资源形式呈现的虚拟资本只是预期收益按照一定利息率进行贴现的虚幻的资本，其价值完全全是虚拟的，金融资源的自我循环运动并未进入生产领域与劳动者和劳动资料结合，从而创造价值。随着金融资源"脱实向虚"程度的加深，虚拟资本以金融系统为主要依托的

---

① 数据来源：Wind 数据库。

循环运动等相关经济活动显著增加,即经济的虚拟化程度提高。

当金融资源"脱实向虚"表现为资金过度流入房地产等领域时,房地产行业等部门的增长速度势必超过实体经济的增长速度,由此加剧经济虚拟化程度。如 2003 年国家提出完善住房信贷市场,之后的 11 年间,房地产开发投资增速远高于国内生产总值增速,从而带来了房地产业的高速增长,提高了我国经济的虚拟化程度。历年《中国统计年鉴》数据显示,2003 年房地产业和金融业增加值之和占 GDP 的比例仅为 8.88%,到 2022 年达到了13.87%,20 年间提升了 4.99 个百分点。

(二)经济增长非线性效应

金融资源在一国经济体系中的作用毋庸置疑,金融发展能够显著促进经济增长也在近年来的理论和实践中得到一致认可。但金融发展与经济增长之间不是简单的线性关系,而是一种存在拐点的非线性关系。[①] 因为金融发展对经济增长的促进作用主要是通过影响资本稳态形成速度和技术创新速度两条途径来实现的。[②] 当金融资源严重"脱实向虚"时,金融业必然超过实体经济而呈现过快发展态势,此时资本在逐利动机下,会进一步流入金融领域,从而对实体经济中的金融资源供给形成挤压,弱化实体经济增长动力。另外,从社会物质财富的创造来看,实体经济部门是物质财富和价值的直接生产和创造部门,金融部门则是通过制度的安排进行财富的再分配,并不直接创造价值。若金融部门超过实体经济部门而过度发展,则会挤压实体经济部门进行价值创造的金融资源投入,从而阻碍经济的增长。对此,我们以 Pagano 提出的 AK 模型[③]为基础,并进行适当修正,对金融资

---

① Arcand, J. L., Berkes, E., Panizza, U., "Too Much Finance?" *Journal of Economic Growth*, 2015, 20 (2): 105-148; Law, S. H., Singh, N., "Does too Much Finance Harm Economic Growth?" *Journal of Banking & Finance*, 2014 (41): 36-44.

② Levine, R., "Foreign Banks, Financial Development, and Economic Growth," In C. Barfield (ed.), *International Financial Markets: Harmonization versus Competition* (Washington: AEI Press, 1996), pp. 224-254.

③ Pagano, M., "Financial Markets and Growth: An Overview," *European Economic Review*, 1993, 37: 613-622.

源"脱实向虚"对经济增长的影响予以简要分析。

假设经济体是封闭的,仅包括虚拟经济部门和实体经济部门,规模报酬和经济结构不变;假定技术进步是中性的,人口增长处于稳态且不存在资本折旧。资本可以在虚拟经济部门和实体经济部门间自由流动。基于此,总产出 Y 由投入实体经济部门和虚拟经济部门的资本来实现。生产函数可以设定为:

$$Y = F(K_1, K_2) \tag{4-1}$$

$$K = K_1 + K_2 \tag{4-2}$$

$$\frac{K}{K} = \frac{K_1}{K} + \frac{K_2}{K} = 1 \tag{4-3}$$

其中,K_1 和 K_2 分别代表实体经济部门和虚拟经济部门的资本存量(即金融资源占有量);K 代表总资本(即金融资源总量)。$\frac{K_1}{K}$ 和 $\frac{K_2}{K}$ 分别代表实体经济部门和虚拟经济部门占有金融资源的比重。

$$k = \frac{K_2}{K_1} = \frac{\dfrac{K_2}{K}}{\dfrac{K_1}{K}} \tag{4-4}$$

k 为虚拟经济部门与实体经济部门金融资源占有量之比,用来表示金融资源在实体经济部门和虚拟经济部门之间的分配情况,即金融资源"脱实向虚"程度,k 越大,金融资源"脱实向虚"的程度越严重。

假定规模报酬不变,则产出函数为一次齐次函数,则:

$$y = \frac{Y}{K_1} = f\left(\frac{K_2}{K_1}\right) = f\left(\frac{\dfrac{K_2}{K}}{\dfrac{K_1}{K}}\right) = f(k) \tag{4-5}$$

其中,y 表示单位实体资本存量带来的产出。

$$Y = K_1 f(k) \tag{4-6}$$

对式(4-6)求偏导,假定资本的边际效应递减,则实际产出函数具有如下四个特征。

当$f'(k) > 0$时，实际产出是虚拟资本存量的增函数；

当$f''(k) < 0$时，虚拟资本存量边际产出递减；

当$f'(0) = \infty$时，虚拟资本存量的边际产出很大，即此时金融资源主要存在于实体经济领域，不存在金融资源的"脱实向虚"；

当$f'(\infty) = 0$时，虚拟资本存量的边际产出很小，金融资源的"脱实向虚"程度较深。

此生产函数适用于索洛新古典经济增长理论模型，符合以上假设条件的产出函数为：

$$k' = \frac{K'_2}{K_2} - \frac{K'_1}{K_1} \qquad (4-7)$$

$$\frac{Y'}{y} - n = \delta(k)\left(\frac{K'_2}{K_2} - n\right) \qquad (4-8)$$

$$k' = k\left(\frac{bY}{K_2} - n\right) = b\left(\frac{Y}{K_2}\right)\left(\frac{K_2}{K_1}\right) - nk = bf(k) - nk \qquad (4-9)$$

其中，$\delta(k) = kf'(k)/f(k)$是虚拟资本存量的产出弹性，$\frac{K'_1}{K_1} = n$是实体资本存量增长率，b为金融资本增量占实际产出的比例，即$K'_2 = bY$。

式（4-8）表明，如果实体资本存量与虚拟资本存量以同样的速度增长，则产出也会与二者保持同样的速度增长。

式（4-9）表明，假设n、b二者未发生变化，虚拟经济部门与实体经济部门金融资源占有量的比例稳定为k^*，此时经济保持平稳增长，实体经济部门资本占比与虚拟经济部门金融资源占比处于最优水平。

当$k < k^*$时，虚拟经济部门与实体经济部门金融资源占有量的比例低于稳定水平，虚拟经济部门发展不足，虚拟资本对实体经济增长的支持不足，抑制经济增长。

当$k > k^*$时，虚拟经济部门与实体经济部门金融资源占有量的比例高于稳定水平，即金融资源严重地脱离虚拟经济而流入实体经济，存在严重的金融资源"脱实向虚"问题，经济增长的稳定性降低，脆弱性提高，此时，$k' < 0$，k 将下降，直至稳定在最优比例 k^*。

当 $k = k^*$ 或 $k' < 0$，虚拟经济部门和实体经济部门金融资源占有量达到最优的比例时，虚拟经济部门、实体经济部门占有的金融资源存量和实际产出将以相同的速度增长。实体经济部门资本占比与虚拟经济部门资本占比的最优水平取决于 n 和 b 的大小，是动态变化的。

基于以上理论分析，我们可以得出如下结论：金融资源适度"脱实向虚"有利于推动经济增长，金融资源过度"脱实向虚"将会抑制经济增长，即存在一个最为合适的金融资源"脱实向虚"区间。

金融资源"脱实向虚"过度致使经济增长减弱最为典型的例子就是日本 20 世纪 90 年代出现的经济衰退。20 世纪 80 年代中后期，日本采取自由的汇率政策、扩张性的货币政策和财政政策，实行主银行制度、法人相互持股制度等，最终导致日本大量金融资源脱离实体经济进入股市和房地产市场。1985~1989 年日经指数从 13000 点左右上涨到 39000 点左右；1987~1991 年，日本土地价格快速上涨，年均上涨率达到 8% 以上；1989 年末，日本房地产的市值是美国房地产总价值的 5 倍左右。[①] 此后，由于日本股市泡沫和房地产泡沫破灭，许多企业资产估值下降，有的甚至倒闭，为了避免不良贷款激增，日本金融业通过追加贷款暂时缓解不良债权问题，并为大量僵尸企业提供利率补贴，使得大量缺乏创新活力的僵尸企业存活下来，但生产效率不高，导致日本经济增长严重放缓。20 世纪 90 年代以来，除 1991 年、1995 年和 1996 年日本实际 GDP 增长率为 2.5% 外，其他年份 GDP 增长率均在 2% 以下，1998 年甚至出现了 1.1% 的负增长。Hosono 和 Takizawa 研究表明，若日本取消对僵尸企业的利率补贴，则其全要素生产率（TFP）可以上升 6.2%。[②]

---

① 刘方瑶：《二十世纪八十年代日本的泡沫经济与失去的二十年》，硕士学位论文，山东财经大学，2018。

② Hosono, K., Takizawa, M., "Misallocation and Establishment Dynamics," Discussion Papers 15011, Research Institute of Economy, Trade and Industry, 2015.

（三）经济运行稳定性降低

金融体系对于宏观经济稳定运行具有决定性的影响。稳健且有效率的金融体系是保障宏观经济稳定运行的必要条件。一方面，历次全球性的经济衰退，都与不稳健的金融体系有关。比如，1997 年爆发于泰国的东南亚货币危机导致了全球性经济衰退，此次货币危机与 1994~1996 年泰国泡沫严重的股市与房地产市场导致的泰国极其脆弱的金融体系有关；2008 年爆发于美国华尔街的次贷危机引致国际金融危机，此次金融危机与美国次贷业务的飞速发展导致的美国高度脆弱的金融体系有关。另一方面，稳健的金融体系是经济持续增长的保障。这在中国历次应对全球性金融危机的实践经验中可以得到证明。因此，如果金融体系运行良好，资源配置的效率就高，经济就会获得较快增长，同时也能实现良好的就业和规避通货膨胀，从而实现宏观经济良性循环；而当金融体系过度发展，诱发通胀与资产价格泡沫时，经济稳定性就势必会降低。

金融资源"脱实向虚"的直接结果是社会虚拟资本的增加，而虚拟资本具有介稳性、泡沫性、隐蔽性特征，其持续增加势必带来经济运行稳定性的降低。

首先，虚拟资本的介稳性特征是指从经济运行维度看，虚拟经济本身是不稳定系统，只有在与外界有充分资金和信息交换的情况下，才能维持相对稳定。[①] 而当金融资源脱离实体经济过度投入虚拟经济时，虚拟经济规模就会迅速膨胀，在与实体经济的资金和信息缺乏充分交换的情况下，稳定性就会失衡。而虚拟经济的失衡会进一步通过资金和信息的交换来影响实体经济，最终造成整体经济失衡，甚至引发经济危机。

其次，虚拟资本的泡沫性特征是从生产力维度看，虚拟资本参与经济运行过程时，完全不涉及劳动者的实际生产劳动，劳动者与生产资料并没有事实性的结合，从而呈现纯粹虚幻的泡沫性。随着金融资源"脱实向虚"程度的加深，以虚拟资本形式存在的未进入生产领域与劳动者和劳动资料

---

① 成思危：《虚拟经济与实体经济的关系》，《金融世界》2013 年第 1 期，第 38~39 页。

结合创造剩余价值的金融资源不断增多,加之投机和杠杆作用,经济泡沫不断膨胀。

最后,虚拟资本的隐蔽性特征是从生产关系维度看,虚拟资本具有自我增殖能力,不需要再生产过程作为中介,其增殖所蕴含的生产关系无法说清。尤其是金融衍生品,其隐蔽性特征更为明显。巴菲特曾说要弄懂一个债务抵押债券要阅读的材料至少在 75 万页。可见,当金融资源"脱实向虚",经济运行的稳定性更多地依赖于复杂的金融产品时,经济运行的稳定性显著降低。虚拟资本在其自我循环运动的某一环节出现问题时,其隐藏的风险将会给经济运行带来危机。

国际清算银行(BIS)数据显示,从 2005 年开始,美国以金融衍生品大规模增加为主要表现的金融资源"脱实向虚"现象愈演愈烈,信用衍生品市场规模从 2005 年的 5.55 万亿美元上涨到最高值 14.14 万亿美元,在 2008 年国际金融危机前,美国大型券商等金融机构的杠杆率在 30 倍以上。以股票和债券等为初始标的的金融资产经过层层嵌套在金融体系内自我循环,流动性虚增。由于虚拟资本的隐蔽性和介稳性,从表面上看,经济似乎在稳定运行,但实际上经济运行的脆弱性正在加剧,并使得泡沫不断膨胀。随着美国为抑制经济过热而不断提高短期利率,特别是次贷利率,购房者的还贷负担急剧加重,并超出了其自身的还贷能力,由此带来住房市场降温;另外,住房市场的持续降温也使通过抵押住房再融资变得更加困难,原有的大批次借款者不能按期偿还贷款,不仅次贷市场难以为继,而且当银行收回房屋时,因房子难以售出而形成大量不良资产,金融体系稳定性丧失,引发金融危机。而金融危机又通过金融与实体经济间资金和信息的交换影响了实体经济,最终造成全球经济危机。

二 金融资源"脱实向虚"的资源错配效应

从金融功能看,金融部门的核心职能是实现资本要素的最优配置。[1] 金

---

[1] Levine, R., "Financial Development and Economic Growth: Views and Agenda," *Journal of Economic Literature*, 1997, 35 (2): 688-726.

融中介和金融市场通过帮助投资者获取有关投资机会的信息并节省信息获取成本,从而改善资源分配。[①] 而在金融资源"脱实向虚"过程中,金融中介和金融市场通过为投资者提供信息来有效改善资源分配的功能无法有效发挥,因此,从资源配置视角看,金融资源"脱实向虚"所带来的直接影响就是资源错配。

(一)资源错配的内涵界定与类型

在经济学中,资源的有效配置是指市场在竞争均衡状态时,生产要素投入和产出的配置达到帕累托最优,在此配置状态下,有限的资源能够实现最大的产出。而"错配"是相对于"有效配置"这一理想状态的偏离,在此状态下,会产生社会总产出和总效率的损失。进一步,现有文献认为资源错配可以界定为"内涵型资源错配"和"外延型资源错配"两种。[②]"内涵型资源错配"是指假设企业生产技术都是凸的且不考虑潜在进入企业,资源配置因没有实现相等的边际产出[③],总产量仍存在提升空间的资源配置状态;而"外延型资源错配"是指即使现有企业资源配置实现了边际产出相等,但由于企业生产技术非凸,或者潜在进入企业的生产效率更高,总产量和总效率仍存在提升空间的资源配置状态。相较于"内涵型资源错配","外延型资源错配"更少见且更难以刻画和测度。因此,本书所讨论的资源错配主要指"内涵型资源错配"。

资源错配有诸多表现形式,根据错配的生产要素不同,可以分为劳动力错配、资本错配、土地错配、技术错配等。[④] 金融资源"脱实向虚"所导致的错配以资本错配为主。而根据配置范围由大至小,资本错配又

① Greenwood, J., Jovanovic, B., "Financial Development, Growth, and the Distribution of Income," *Journal of Political Economy*, 1990, 98 (5): 1076-1107.

② Banerjee, A.V., Moll, B., "Why Does Misallocation Persist?" *American Economic Journal Macroeconomics*, 2010, 2 (1): 189-206.

③ Hsieh, C.T., Klenow, P.J., "Misallocation and Manufacturing TFP in China and India," *The Quarterly Journal of Economics*, 2009, 124 (4): 1403-1448.

④ 唐志军、苏丽:《资源错配与我国经济发展研究述评》,《湖北经济学院学报》2019年第2期,第16~28、126~127页。

可以分为行业间错配、行业内企业间错配和企业内错配三类（见图 4-1）。

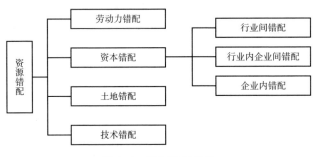

图 4-1　资源错配分类

1. 行业间错配（Between-industry）

行业间错配主要指部分行业资本投入过多，而另一部分行业资本投入不足，由于不同行业间边际产出存在差异，资本在各行业间配置未能实现帕累托最优，最终导致总产出效率的损失。由于存在行业政策和产业政策差异、要素供求不均衡和资源价格扭曲等，行业间错配现象在我国普遍存在。相关研究表明，1998~2013 年，我国制造业行业间资本错配引致 TFP 潜在损失占比平均达到 24.92%，其中资本错配占总要素错配的比例高达 93.46%。[1] 行业间错配主要表现为重点支持产业存在明显的资本投入过度现象，但医药制造业等高新技术产业资本投入明显不足。[2] 但随着近年来产业政策和金融政策的调整，资本在行业间流动得更为顺畅，我国制造业行业间配置效率显著提高，行业间错配有所改善。[3]

2. 行业内企业间错配（Within-industry）

行业内企业间错配主要指同一行业内部，某些企业可获取的金融资源充裕，某些企业可获取的金融资源不足，由于企业间边际产出存在差异，

① 傲日格乐：《中国工业部门的要素错配——效率损失、影响机制与修正路径》，博士学位论文，东北财经大学，2019。
② 张伯超、靳来群、胡善成：《我国制造业行业间资源错配、行业要素投入效率与全要素生产率》，《南京财经大学学报》2019 年第 1 期，第 1~13 页。
③ 张佩：《中国工业部门的行业间资源错配研究》，《投资研究》2013 年第 6 期，第 15~27 页。

资本在行业内各企业间配置未能实现帕累托最优，最终导致某一企业整体产出效率的损失。Hsieh 和 Klenow 通过引入垄断竞争模型，对制造业内各企业间资源错配程度进行研究，结果表明，中国的资源配置效率如果可以达到美国的水平，将可以获得 25%~40% 的 TFP 或 GDP 增长。[①] 在我国，所有制是造成行业内企业间错配的最重要原因之一。李子秦对烟草、汽车制造和纺织业行业内企业间错配进行分析表明，三个行业中，国有企业都获得了最多的要素资源、政策支持。即使在市场化程度最高的纺织业中，民营企业依然处于要素配置最不利的地位。[②] 因此，在考察我国 37 个工业行业资本错配时可看到，石油和天然气开采业等垄断性行业的资本配置效率最高[③]，或者说行业内错配造成的行业产出效率损失最少。

3. 企业内错配（Within-enterprise）

企业内错配主要指企业内部各生产过程或者各业务板块间的资本配置未能实现帕累托最优，企业产出效率存在损失。相较于行业间错配和行业内企业间错配，企业内错配受外部约束的影响更小，错配程度主要与企业自身财务情况相关。相关研究表明，企业的杠杆率越高，错配程度越高；企业盈利能力越强，企业规模越大，错配程度越低。[④]

（二）金融资源错配的形成机理

为了降低交易和信息成本，金融系统发挥了一项主要功能：它促进了在不确定的环境中跨空间和跨时间的资源分配。[⑤] 金融资源的"脱实向虚"

[①] Hsieh, C. T., Klenow, P. J., "Misallocation and Manufacturing TFP in China and India," *The Quarterly Journal of Economics*, 2009, 124 (4): 1403-1448.

[②] 李子秦：《中国行业内要素错配：测算、成因及对策研究——基于市场化程度差异视角》，博士学位论文，华东师范大学，2019。

[③] 刘成杰、范闯：《中国资本配置效率行业差异及其影响因素研究——基于金融危机前后数据的实证》，《中央财经大学学报》2015 年第 12 期，第 123~129 页。

[④] 赵玉龙、祝树金：《融资约束与资源错配：基于中国工业企业数据的实证研究》，《商业研究》2017 年第 7 期，第 163~172 页。

[⑤] Merton, R. C., Bodie, Z., "A Conceptual Framework for Analyzing the Financial Environment," In D. B. Crane, et al. (eds.), *The Global Financial System: A Functional Perspective* (Harvard Business School Press, 1995), pp. 3-31.

通过加剧金融摩擦、推高金融资产价格、提升金融风险水平等阻碍金融降低信息和交易成本功能的有效发挥，而由于企业信贷约束异质性、预期异质性和风险水平异质性，这种阻碍是非对称的，进而造成金融资源无法实现有效的跨空间和跨时间分配（见图4-2）。

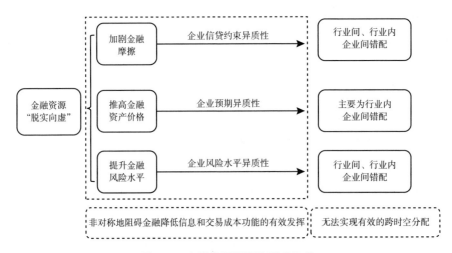

图4-2　金融资源错配的形成机理

1. 信贷约束视角

首先，从广义的行业划分看，金融资源"脱实向虚"意味着金融资源过度流入虚拟经济行业或非生产性行业，导致实体经济或者生产性行业投入资本过少，势必导致社会总产量和总效率的损失。如Chen和Irarrazabal通过对1982年智利发生的金融危机进行分析后发现，导致智利金融危机的一个重要原因在于智利的银行系统为其附属公司提供大量廉价信贷，即自我贷款（Self-credit）。[①] 但在金融危机发生后，智利对银行系统实行了改革，下降或取消了对非生产性企业的信贷补贴，从而使资源错配程度下降，资源配置得到了优化。其次，金融资源"脱实向虚"加剧了金融摩擦，提高了实体经济融资成本，增加了企业获得信贷的难度，而且由于企业间融资

---

① Chen, K., Irarrazabal, A., "The Role of Allocative Efficiency in a Decade of Recovery," *Review of Economic Dynamics*, 2015, 18 (3): 523-550.

成本和信贷可获得性的差异，对于不同规模、不同行业、不同所有制形式的企业而言，金融资源“脱实向虚”所提高的融资成本和信贷获取难度是非对称的，企业借贷利率偏离企业资本边际产出，且企业的借贷利率离散程度越大，资本的错配程度越严重。①

2. 行为金融视角

金融资源“脱实向虚”会影响企业金融行为选择，并加剧资源错配。从资源错配的类型看，企业金融行为选择差异主要引致的是企业内资源错配和行业内资源错配，资源错配程度与企业预期异质性高度相关。具体而言，一方面，金融资源“脱实向虚”会在一定程度上推高金融资产价格，尤其是当企业持有的金融资产收益大于企业经营收益时，企业有动机选择配置更多金融资产，而非将资本用于投资决策和技术创新，企业的过度金融化加剧了资产错配。另一方面，金融资源“脱实向虚”主要表现为实体经济获取金融资源的渠道不畅、金融资源流向实体经济的环节过多、金融服务实体经济的价格过高。因此，金融资源“脱实向虚”使企业预期获得信贷的难度加大或者预期获得信贷的成本增加，在此情况下，企业会选择储备更多的现金，而规模较大的集团企业会选择以内部融资替代金融市场融资，以“用脚投票”的方式放弃参与金融市场活动，以致金融部门资本配置功能无法有效发挥，进而造成资源错配。

3. 金融风险视角

影子银行体系膨胀、金融过度创新、自我循环所引致的金融风险一方面会加剧金融体系的脆弱性，另一方面会推高市场的风险溢价。对于金融机构而言，其对风险管理会更加审慎，风险较高的企业或者是无法提供足额抵质押或担保的企业会被排除在银行信贷之外，而一部分高新技术企业恰恰是高风险、轻资产企业，金融资源投入不足会在一定程度上影响技术创新，势必会造成社会总产出和总效率的损失。另外，由于企业风险水平的异质性，金融资源“脱实向虚”所引致的风险溢价提高是非对称的，且

---

① 李欣泽、陈言：《金融摩擦与资源错配研究新进展》，《经济学动态》2018 年第 9 期，第 100~114 页。

企业所能接受的风险溢价提升水平也不尽相同，部分企业因无法承担提升的风险溢价水平而无法获得金融资源。总而言之，金融资源"脱实向虚"会进一步加剧因异质性风险水平而产生的企业间资源错配，使得金融资源过度流向低风险企业，而部分存在较高风险的企业和无法接受风险溢价提升的企业获取金融资源的难度就会进一步增大，从而使得低风险、低收益的传统行业及企业获得较多的金融资源，而具有较高风险与较高产出的高科技成长型企业获得的金融资源严重不足，社会资源在行业间错配程度进一步加剧。

（三）金融资源错配的经济效应

金融资源错配会带来一系列的经济效应，归纳起来主要有投资挤出效应、僵尸企业效应以及创新抑制效应。

1. 投资挤出效应

实体经济是一个国家繁荣和发展的本源，也是在国际经济竞争中赢得主动的根基。[1] 对于企业而言，其行为遵循利润最大化原则，做出向实业投资还是向金融投资的决策选择，取决于投资的边际收益率及其比较。[2] 如果金融投资的边际收益率相对较高，企业必然会将更多的资源用于金融投资，导致资源流出实体经济而投向虚拟经济领域，对实体经济投资产生挤压。另外，从中国的现实情况来看，金融市场上同时存在价格管制与数量管制，这扭曲了资源配置的市场化机制，使得这种投资挤出效应更为明显。其中，价格管制导致了资金的供需失衡，扭曲了市场利率和资源配置；数量管制使得在正规金融市场上产生了普遍的信贷配给与信贷歧视，部分企业凭借其融资的优先权或特权可以很便利且以极低的成本融到资金，而其他企业却很难融到资金，甚至被挤出正规金融市场。另外，部分具有融资优先权的企业还将其低价融来的资金贷给其他资金短缺企业，直接充当了"实质

---

① 张成思、郑宁：《中国实业部门金融化的异质性》，《金融研究》2019 年第 7 期，第 1~18 页。
② 王国刚：《金融脱实向虚的内在机理和供给侧结构性改革的深化》，《中国工业经济》2018 年第 7 期，第 5~23 页。

性信用中介",间接成了影子银行市场的参与主体。[1] 信贷的价格管制及数量管制所形成的资源配置扭曲,进一步加剧了资本报酬对边际产出的趋势性偏离,不仅使得金融资源在地区、行业、企业之间难以得到有效配置,而且对实业投资产生了挤出效应。[2] 下面我们以行业内不同企业的投资行为为例进行分析。

为方便讨论,我们假设市场中 S 行业存在两类企业,即高效率企业（H）和低效率企业（L）,其中,H 企业使用资本的成本为 HR,L 企业使用资本的成本为 LR,市场出清时的资本均衡价格为 R;由于市场存在资本错配,即低效率企业（L）容易获得资本,而高效率企业（H）很难获得资本,因此 HR>R,而 LR<R。

金融市场扭曲的存在改变了资本要素的相对边际收益,我们以资本的边际收益与市场出清时使用资本的成本之差代表资本扭曲（τ_{ksi}）。在市场资本供给总量一定的前提下,企业 H 只能以高于 R 的使用成本才能获得所需资本,其理性的选择就是在生产中尽可能少地使用资本,从而具有较高的资本边际生产率,并形成了正向的资本扭曲（$\tau_{ksH} > 0$）;与此同时,企业 L 可以以低于 R 的使用成本得到信贷资金,其理性的选择就是在生产中更多地使用资本,从而导致偏低的资本边际生产率,并形成了负向的资本扭曲（$\tau_{ksL} < 0$）。显然,当 S 行业内高效率企业 H 和低效率企业 L 两类企业的资本边际报酬差越大,金融资源在 S 行业内企业间的错配问题就越严重。

在这种情形下,企业 L 使用的资本成本较低,因而会使用更多的资本,但由于其投资的低效率,其进行实体投资获取利润的能力很差,其理性的选择就是将低价融来的资本投向具有较高收益率的金融和房地产行业,利用融资的较低成本与投资的较高收益进行金融套利。另外,通过实体投资获得利润需要将生产的商品转化为货币,而这一过程是"惊险的一跃",其

---

① 李建军、韩珣:《非金融企业影子银行化与经营风险》,《经济研究》2019 年第 8 期,第 21~35 页。

② 武宵旭:《资本错配对中国上市企业行为的影响研究》,博士学位论文,西北大学,2020。

能否成功存在巨大的不确定性，这使企业更愿意将资本配置于收益较高、见效更快的金融领域以获取投资收益。不仅如此，L 企业还可以凭借金融资源错配赋予自己的融资优势，借助影子银行信贷体系，通过委托贷款，购买诸如理财、信托或结构性存款等"类金融产品"加入体制内影子银行信用链条[1]，获取理财产品收益；也可以充当资金"掮客"将低价获得的资本转贷给 H 企业，以获取远高于实体投资收益的利息收入；或者直接对 H 企业进行股权投资，获得股权投资收益。

在金融资源有限的情况下，对于具有高效率但受到融资歧视的 H 企业来说，金融资源错配使其融资成本远高于 L 企业，其理性的选择就是将有限的资金投入生产研发活动中。因为 H 企业若采取和 L 企业一样的投资策略，即进行金融化投资，由于其获得资本的成本远高于 L 企业，其金融投资的获利将远低于 L 企业，从而使其在金融投资市场上并不占有优势。而且金融市场扭曲程度越大，资本错配程度越深，H 企业获得资本的成本就会越高。另外，激烈的产品市场竞争，使得实体经营面临的风险不断增大，为应对可能出现的财务风险与流动性危机，H 企业必须在有限的资金中预留出一定量资金作为储备，从而对实业投资形成挤压。[2]

可见，在微观企业层面，金融资源错配强化了低效率企业的金融化投资动机，进一步加剧了投资的非效率性；在宏观层面，金融投资的收益是对实体经济领域劳动者创造价值的分割，只是实体经济价值转移的结果，因此，企业的金融化行为并没有增加社会的物质财富。[3] 另外，金融资源错配使得大量资金配置于低效率企业，并通过其金融化投资行为流向金融领

---

① 韩珣、田光宁、李建军：《非金融企业影子银行化与融资结构——中国上市公司的经验证据》，《国际金融研究》2017 年第 10 期，第 44~54 页；戴赜、彭俞超、马思超：《从微观视角理解经济"脱实向虚"——企业金融化相关研究述评》，《外国经济与管理》2018 年第 11 期，第 31~43 页。

② Almeida, H., Campello, M., Cunha, I., Weisbach, M. S., "Corporate Liquidity Management: A Conceptual Framework and Survey," *Annual Review of Financial Economics*, 2014, 6 (1): 135-162；刘贯春：《金融资产配置与企业研发创新："挤出"还是"挤入"》，《统计研究》2017 年第 7 期，第 49~61 页。

③ 王国刚：《金融脱实向虚的内在机理和供给侧结构性改革的深化》，《中国工业经济》2018 年第 7 期，第 5~23 页。

域，导致实体领域投资不足，这不仅弱化了实体经济创造财富的能力[1]，形成"制造业空心化"现象，而且因对金融资产的市场追逐而导致其价格的快速上涨，增大经济泡沫，使得整个社会陷入虚拟投资过热和实业投资不足的双重困境。

2. 僵尸企业效应

"僵尸企业"指已经丧失了自我发展能力，但依赖非市场因素，如政府补贴或银行续贷依然维持生存的企业。尽管这些企业不产生效益，却依然占有土地、资本、劳动力等要素资源，严重妨碍了新技术、新产业等新动能的成长。[2] 有效进行资本配置是金融体系最基本和重要的功能之一，但现阶段我国金融制度尚不完备，还存在一系列制度性约束，使得资本等生产要素的流动和优化配置依然存在诸多障碍，尤其是跨部门和跨行业的资本配置失调严重，呈现典型的金融资源错配现象。[3] 突出表现为，生产效率较低的企业不仅资金使用成本低，而且占用了过多的资本资源；而生产效率较高的企业不仅资金使用成本高，而且占用了较少的资本资源。[4] 最为典型的现象就是，尽管国有企业的平均资本回报率比民营企业和外资企业低11%~54%[5]，但其却占有着更多的资本，且享受着更低的融资成本。Johansson 和 Feng 的研究认为，中国国有部门的发展是以私营部门为代价的，优惠的债务融资并没有提高国有企业绩效，反而使其表现更差。[6] 另外，中国银行业的规模结构与由产业结构决定的企业结构之间存在较为明

① 武宵旭：《资本错配对中国上市企业行为的影响研究》，博士学位论文，西北大学，2020。
② 陆娅楠：《处置"僵尸企业"要戒拖延症》，《人民日报》2018 年 12 月 17 日，第 13 版。
③ 刘贯春、张晓云、邓光耀：《要素重置、经济增长与区域非平衡发展》，《数量经济技术经济研究》2017 年第 7 期，第 35~56 页；文东伟：《资源错配、全要素生产率与中国制造业的增长潜力》，《经济学》（季刊）2019 年第 2 期，第 617~638 页。
④ 简泽、徐扬、吕大国、卢任、李ബ萍：《中国跨企业的资本配置扭曲：金融摩擦还是信贷配置的制度偏向》，《中国工业经济》2018 年第 11 期，第 24~41 页。
⑤ 武宵旭、任保平、葛鹏飞：《资本要素市场化与制造业企业僵尸化》，《财贸研究》2023 年第 5 期，第 1~13 页。
⑥ Johansson, A. C., Feng, X., "The State Advances, the Private Sector Retreats? Firm Effects of China's Great Stimulus Programme," *Cambridge Journal of Economics*, 2016, 40 (6): 1635-1668.

显的不匹配现象，即"规模歧视"，规模较小的高效率企业因融资约束强而难以发展与具有较大规模的低效率企业因融资便利而过度发展并存。[①]

在不存在金融资源错配的环境下，资本的逐利避险特性使得具有较高生产效率和良好发展潜力的企业对资本具有更大的吸引力，资本的流入会助力其做大做强；而生产率较低和发展前景渺茫的企业，则会因融资难或融资贵而发展受阻，不断萎缩，甚至退出市场，从而避免其成为僵尸企业。但在金融资源错配的环境下，扭曲的资源配置机制不仅为大量低效率企业的滋生和存活提供了"温床"，而且在一定程度上挤压和恶化了高效率企业的生存环境，不仅使效率较差企业成为僵尸企业，而且增大了正常企业沦为僵尸企业的可能性。因为金融资源错配使得本应该退出市场的低效率企业能够以低于市场出清时的价格获得银行资金支持，从而在市场中"苟延残喘"。在资本资源有限且稀缺的情形下，低效率企业对金融资源的大量占有和使用，不仅破坏了市场自发的"优胜劣汰"法则，延迟了其退出市场的时间；而且在一定意义上变相提高了具有较高效率和良好发展前景的企业市场融资的难度和成本，导致企业资本结构扭曲和非效率投资的发生。[②] 因此，金融资源错配所引致的企业资本使用成本与生产效率间的错位，会通过恶化企业间要素禀赋结构，加剧行业内正常企业的僵尸化。

3. 创新抑制效应

创新是一个民族进步的灵魂，也是一个国家经济持续增长的动力。创新的实现离不开资本的驱动与引领，而资本市场具有的集聚资金、优化资源配置、分散与管理风险等功能对于支持与激励创新具有不可替代的重要作用。

为分析金融资源错配对企业创新行为的影响，我们将市场分为不存在金融资源错配和存在金融资源错配两种情况分别进行讨论；另外，此处的

[①] 李旭超、罗德明、金祥荣：《资源错置与中国企业规模分布特征》，《中国社会科学》2017年第2期，第25~43、205~206页。

[②] 张庆君、李萌：《金融错配、企业资本结构与非效率投资》，《金融论坛》2018年第12期，第21~36页。

分析以 Hsieh 和 Klenow[1] 的垄断竞争市场模型[2]为基础。

　　市场不存在金融资源错配的情形：市场不存在金融资源错配意味着所有企业具有同等的资源获取权。由于创新具有一定的风险，其结果具有成功或失败的不确定性。创新成功可以大幅提高企业的生产率，增强其市场竞争力，提升其市场地位；若创新失败则会给企业带来较大损失，影响企业发展。因此，企业在做出是否进行创新的决策时比较慎重，理性的企业只有在满足现实发展需要之后才会将多余的金融资源投入创新活动中。因此，在一定程度上可以认为，创新是企业生产经营过程中的"奢侈品"，企业只有在自身基本的生存需求得到满足以后，才会去追逐创新这一"奢侈品"。

　　另外，当市场不存在金融资源错配时，企业之间具有相同的资本生产率，资本使用成本也相同。如果市场处于均衡状态，企业资本投入的边际收益就等于资本使用的边际成本，且每个企业创新成功的概率也相同。此时，企业为了提高自身的竞争力，会竞相进行创新活动。

　　企业创新动力的强弱与资本生产率的高低有着直接关系。企业的收益 R 等于其商品价格 P 和商品数量 Q 的乘积，即 $R = P \times Q$。假设企业的反需求函数为 $P = P(Q)$，生产函数为 $Q = Q(K)$，K 为企业投入的资本，则企业的收益函数可表示为：

$$R = P \times Q = P[Q(K)] \times Q(K) \qquad (4-10)$$

　　其中，$P[Q(K)]$ 为商品价格，是投入要素 K 的复合函数。商品价格 P 是商品数量 Q 的函数，商品数量 Q 又是投入要素 K 的函数。

　　根据式（4-10），投入要素 K 边际增加对企业收益 R 的效应被称为资本的边际收益产品（$MRPK$），即增加 1 单位资本生产要素投入形成的产出增

① Hsieh, C.T., Klenow, P.J., "Misallocation and Manufacturing TFP in China and India," *The Quarterly Journal of Economics*, 2009, 124 (4): 1403-1448.

② 该模型的基本假设为：垄断竞争市场中的所有企业都面临一条同样的需求曲线，该曲线预示着每个企业在每一个价格水平上都对应着实际的销售额。如果垄断竞争市场中有 N 个企业，不管全体 N 个企业将市场价格调整到何种水平，每个企业的实际市场需求份额为市场总需求份额的 $1/N$。

加量。由此可知：

$$MRPK = \frac{\mathrm{d}R}{\mathrm{d}K} = \frac{\mathrm{d}R}{\mathrm{d}Q} \times \frac{\mathrm{d}Q}{\mathrm{d}K} = MR \times MP \qquad (4-11)$$

此时，为了求解 $MRPK$，需要求解 MR 和 MP。

一方面，$MR = [Q \times P(Q)]' = P(Q) + Q\left[\frac{\mathrm{d}P(Q)}{\mathrm{d}Q}\right]$，产品价格为常数，即 $P(Q) = p$，从而 $\frac{\mathrm{d}P(Q)}{\mathrm{d}Q} = 0$，于是 $MR = p$。

另一方面，由利润最大化可知：

$$\pi(K) = p \times Q(K) - r \times K \qquad (4-12)$$

为达到利润最大化，必须使 $\frac{\mathrm{d}\pi(K)}{\mathrm{d}K} = p \times \left[\frac{\mathrm{d}Q(K)}{\mathrm{d}K}\right] - r = 0$，即 $p \times \left[\frac{\mathrm{d}Q(K)}{\mathrm{d}K}\right] = r$。而 $\frac{\mathrm{d}Q(K)}{\mathrm{d}K}$ 就是资本要素 K 的边际产品，即 $MP = \frac{\mathrm{d}Q(K)}{\mathrm{d}K}$，即 $p \times MP = r$。

因此，$MRPK = r$，即资本的边际收益产品等于资本价格，也就是资本的利率 r。

由于短期内市场中的资本总量与需求总量一定，在不存在资源错配时，每个企业均拥有 $1/N$ 的资本与占有 $1/N$ 的市场份额，因此，每个企业都会竭尽全力地提升资本生产率，以便在生产出满足市场需求份额的商品后有更多的剩余资本，从而增加创新活动的资本投入，此时资本生产率与企业创新动力呈正相关关系。另外，企业创新投入与创新成功的概率之间、创新成功概率与创新动力之间均呈正相关关系。因此，企业资本生产率、企业创新动力、企业创新成功概率之间呈现相互强化的促进作用。

市场存在金融资源错配的情形：为了使问题的分析简单直观，我们假定市场中只有 A 和 B 两个企业，且 A 和 B 属于同一行业，并生产同种商品。在市场存在金融资源错配时，资本在 A 和 B 之间的配置不取决于（或者不完全取决于）其资本生产率，而是由某种特殊因素（比如政策偏好）决定的。假设企业 A 能享受到有利的政策，而 B 不能，那么在市场资本数量一定的情况下，A 获得更多的资本资源是以 B 获得的资本资源减少为前提，即资本错配的结果对 A 有利，而对 B 不利。

由于企业 A 因有利政策而获得了更多的资本资源，其资本使用成本与资本生产率均会显著低于企业 B。基于此，我们分别从创新数量和创新质量两个方面对金融资源错配对企业创新的影响进行讨论。

第一，金融资源错配对企业创新数量的影响。企业是创新活动的主体，其创新动力主要来源于两个方面。一是激烈市场竞争环境下的生存压力。成功的创新可以增强企业的技术优势，从而提高企业在竞争市场中生存与发展的能力。一般来讲，市场竞争越激烈，企业创新的意愿与动力就越强。[①] 二是企业追逐高额利润的动力。创新成功可以使企业获得高于市场平均利润水平的超额利润，从而获得丰厚的资本投资回报。

但在存在金融资源错配的市场环境中，企业 A 凭借有利政策可以以较低的成本获取过多的资本资源，从而获得较高的资本回报率，因而既缺乏竞争的压力，也缺乏创新的动力；但对企业 B 来说，金融资源错配使其获得的资本资源数量少且成本高，在已知的市场需求下，其创新能力必然受到影响。

如图 4-3 所示，横轴是资本 K，纵轴是创新水平 $INNO$，F 曲线向右上方倾斜，表示资本 K 与创新水平 $INNO$ 呈正相关关系。当市场不存在金融资源错配时，如果企业的资本为 K_0，则创新水平为 I_0。此时，如果企业的资本从 K_0 增加到 K_A，则企业的创新水平上升到 I'_A；如果企业的资本从 K_0 减少到 K_B，则企业的创新水平下降到 I'_B［见图 4-3（1）］。但当市场存在金融资源错配时，企业 A 在有利的资源错配影响下，其获得的资本从 K_0 增加到 K_A，但因其既缺乏创新压力，也缺乏创新动力，其创新水平不会上升到 I'_A，而是上升到比 I'_A 较低的 I_A，$I'_A I_A$ 可以看成金融资源错配给企业 A 带来的创新损失［见图 4-3（2）］。此时，对于企业 B 来说，由于资源错配给其带来的影响是不利的，其获得的资本会从 K_0 减少到 K_B，

[①] 刘晓昳、梁大鹏：《北京市属国有企业创新发展现状、问题与对策》，《新视野》2019 年第 3 期，第 102~107 页。

同时获得资本的成本还在增加。这样，企业 B 的创新水平不会下降到
I'_B ，而是会下降到 I_B ， $I'_B I_B$ 可以看成金融资源错配给企业 B 带来的创新
损失 [见图 4-3（3）]。可见，金融资源错配使企业 A 和企业 B 的创新
水平同时下降，导致整个创新活动受到了抑制，创新总损失为 $I'_A I_A$ 和
$I'_B I_B$ 之和。

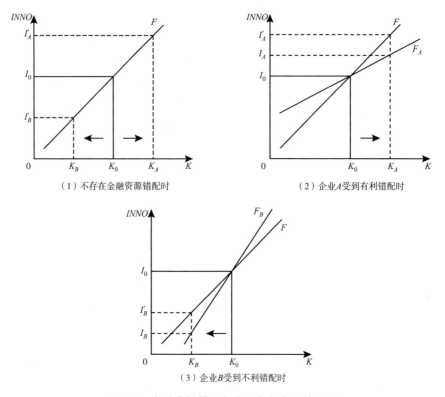

图 4-3　金融资源错配与企业创新水平的关系

　　当然，市场中可能还存在一种情形，那就是对于企业 A 来说，如果它
以低成本获得更多资本资源后，解决了创新动力不足的问题，就可将较多
的资本投入创新活动之中，其创新效率就不会下降。而对于企业 B 来说，
虽然金融资源错配导致其获得的资本资源不仅数量少，且使用成本高，但
若能通过提升资本生产率抵消资本成本上升的不利影响，其创新水平下降
的程度也许会小一点。此时，与不存在金融资源错配相比，企业 A 和企业 B

的总体创新水平是否会不变或者出现上升？结论依然是否定的。[①] 因为，一方面，金融资源错配的存在会增加市场中企业的寻租行为[②]，市场中可用的资本总量因此而减少，企业 A 获得的资本不会从 K_0 增加到 K_A，企业 B 获得的资本却要小于 K_B，由此导致创新总水平依然会下降；另一方面，F 曲线表示的是企业达到最优化生产状态时资本与创新的关系曲线，短期内企业 B 的资本生产率很难大幅度提升（即短期内 F 曲线斜率不变），另外企业 B 的资本使用成本高意味着其遇到的融资约束更强，由此降低了企业 B 的创新意愿和动力，造成企业创新不足。综合现实中企业 A 和企业 B 的表现，不难得出：在存在金融资源错配的市场环境中，企业的创新水平必然会下降。

综合以上分析，金融资源错配导致了市场上资本资源的供求失衡，使得资本难以按照效率原则进行配置，弱化了企业创新意愿与动力，降低了创新活动的资本投入，减少了企业创新数量。

第二，金融资源错配对企业创新质量的影响。创新质量是指创新所提供的技术、产品、服务、过程以及管理组织、方法等的特征满足顾客要求的程度及所含不良的免除程度。[③] 创新质量的高低主要取决于创新的颠覆程度，而创新的颠覆程度又与企业创新的意愿及动力紧密相关。创新意愿与创新动力越强的企业，其攻克关键技术的决心就越大，创新一旦成功，其创新的质量就越高。

对于在金融资源错配市场中获益的企业 A 来说，政策因素使其能以较低的成本获得较多的资本，并具有较高的资本回报率，而创新是一项资本投入大且风险高、周期长的活动，这就使得企业 A 的创新意愿与创新动力不强，其研发部门难以有效成长，从而企业对创新资本的规划能力、基础研发的培养能力以及创新资源的整合能力将逐渐减弱甚至消失，创新质量必然受到影响。另外，由于企业 A 的资本生产率低，其技术水平低，即使

① 武宵旭：《资本错配对中国上市企业行为的影响研究》，博士学位论文，西北大学，2020。
② 张璐、刘贝贝、汪婷、李春涛：《信贷寻租、融资约束与企业创新》，《经济研究》2017 年第 5 期，第 161~174 页。
③ 袁胜军、俞立平、钟昌标、陈钰芬：《创新政策促进了创新数量还是创新质量？——以高技术产业为例》，《中国软科学》2020 年第 3 期，第 32~45 页。

其进行创新且获得成功，其创新的颠覆性也不会太大，创新质量也不会太高。而对在金融资源错配市场中处于不利地位的企业 B 来说，虽然其存在较强的创新意愿与创新动力，但因其面临着较强的资本约束，不仅创新数量不足，而且创新质量也难以保证。因此，金融资源错配会降低企业的创新质量。

三 金融资源"脱实向虚"的企业经济效应

微观层面的金融资源"脱实向虚"突出表现为企业投资的金融化行为，即非金融企业将大量资本从实体产业流出而投向金融领域，将生产性资本转变为金融资产以获取投资收益的过程。企业投资的金融化行为，必然会对其财务绩效、全要素生产率以及市场价值产生诸多影响。

（一）企业金融化的财务效应

1. 金融资产的适量配置能够提升企业财务绩效

充裕的资金是企业生存与良性发展的必要条件，而配置适度的金融资产对企业的抗风险能力、运营能力以及盈余管理能力等均会产生积极的影响。一是从现金流风险管理角度看，配置适度的金融资产能够平滑企业现金流，提升非金融企业的抗风险能力。金融资产具有较强的变现能力和较低的调整成本，因此适度的金融资产持有能够拓宽企业投资的资金来源，减少对外部融资的依赖，缓解融资约束；还能够作为规避未来不确定性的"前瞻性"策略，利用衍生金融产品的套期保值功能以及相关金融工具协调企业各经营部门的收入，降低现金流风险，实现稳定、持续的经营性投资，提升财务绩效。[①] 二是从企业运营能力角度看，配置适度的金融资产有利于企业资源配置的优化，提升企业的运营能力。企业运营的目标是实现其市场价值的最大化，而合理的资本结构是实现这一目标的重要途径。为此，需要将企业资本按照合意的比例配置于不同形态的资本中。其中，金

---

① 张春鹏：《公司金融化行为的制度逻辑与微观效应研究》，博士学位论文，西北大学，2022。

融资产的适度配置，不仅可以加快产业资本的循环，提高资金周转速度，实现更快的价值增值；同时还能使公司在财务管理、资本运作等方面拥有更多更大的选择空间，有助于企业多元化布局与经营战略的实现。① 三是从利润获取与分配角度看，配置适度的金融资产可以在提高企业运营能力的基础上增加企业的利润来源，提升企业的盈余管理能力。由于金融资产具有相对于实体产业较高的投资收益率，企业对金融资产的适度配置可以为企业带来较高的利润。另外，金融资产的高流动性与可变现性，使企业持有适度的金融资产可以维护其经营现金流的相对稳定，降低企业的现金流风险。此外，企业经营者可以根据企业现金流情况在盈余管理和收益平滑中发挥"蓄水池"作用，提升企业运营效率、增强盈余管理能力，从而提升企业短期的财务绩效。

2. 配置过大规模的金融资产会降低企业财务绩效

具有较强的核心竞争力是企业长期稳健发展的关键，也是企业实现稳定盈利的重要保证。而企业核心竞争力往往与企业的研发投入、设备状况、人力资本积累、管理创新等因素紧密相关，是诸多因素彼此融合共同作用的结果。在企业可用资本数量有限的情况下，如果企业将产业资本过量配置于金融资产上，则必然对提升企业竞争力方面的投入形成挤压。一方面，因金融市场价格具有较大的波动性，过量的金融资产配置必然加剧企业短期资产负债的不稳定性，从而带来财务风险；另一方面，因竞争力培育不足，企业发展的动力较弱，过量的金融资产配置给企业的长期稳定发展带来不利影响。因此，实体企业在缺乏资金支持的情况下，无法进行市场开拓和产品创新，其主营业务创造收益的能力锐减，其经营绩效不再具有可预测性和稳定性。② 另外，从企业治理角度看，产业资本过量投资于金融资产，为大股东和管理层操纵利润提供了便利，增加了企业经营的机会主义行为，进而降低了企业竞争力。当企业将过量产业资本配置于金融资产时，

① 马红、侯贵生、王元月：《产融结合与我国企业投融资期限错配——基于上市公司经验数据的实证研究》，《南开管理评论》2018 年第 3 期，第 46~53 页。
② 张春鹏：《公司金融化行为的制度逻辑与微观效应研究》，博士学位论文，西北大学，2022。

其来自金融投资的收益将会在总收益中占据举足轻重的地位。由于信息不对称，加之金融投资收益在会计账户处理上具有艺术性特征，管理层可以选择对自己有利的会计计量方式，将金融资产持有期间的公允价值变动计入当期损益或资本公积，实现企业当年利润的人为调节。因此，金融化为管理层进行利润操纵提供了便利。[①] 此外，由于金融资产的转换成本和处理成本远低于实物资本，大股东和管理层对金融资产处置与管理的自由裁量权更大[②]，这就增强了大股东和管理层的机会主义行为动机，使其具有更大的偏好将更多资金投资于一些与主业无关，但能在短期快速提升公司财务指标水平的项目。一旦企业在这些金融投资中获利明显，它们便会加大投资力度，占有更多资源，从而对企业的主营业务形成严重挤压，增强企业经营的脆弱性。因此，企业将产业资本过量配置于金融资产会增大企业的现金流风险、弱化治理、恶化企业长期财务绩效，降低企业市场竞争力。

综合以上两方面的分析，我们不难得出：企业金融化与财务绩效之间存在倒"U"形关系。

（二）企业金融化的生产率效应

生产率是衡量一个企业运营与发展能力的综合指标，对企业金融化与企业生产率的关系进行分析很有必要，此处我们用企业的全要素生产率来反映企业生产率指标。所谓企业全要素生产率是指在既定的生产要素投入水平下，企业所能达到的综合产出效率。企业的全要素生产率越高，标志着企业生产组织与运营能力越强，越有可能实现长期可持续发展。

借鉴胡海峰等[③]的研究，本章构建以下分析模型。假定一个企业生产函数为：

---

① 曹丰、谷孝颖：《非国有股东治理能够抑制国有企业金融化吗?》，《经济管理》2021 年第 1 期，第 54~71 页。

② 朱杰：《企业金融化的阴暗面——来自上市公司信息披露违规的证据》，《金融经济学研究》2020 年第 1 期，第 146~160 页。

③ 胡海峰、窦斌、王爱萍：《企业金融化与生产效率》，《世界经济》2020 年第 1 期，第 70~96 页。

$$Y = AK^{\alpha}L^{\beta} \tag{4-13}$$

其中，Y 为总产出，A 为全要素生产率，K 为资本要素投入，L 为劳动要素投入。设 W 为劳动力成本，则企业面临的未来现金流 $Cash$ 为：

$$Cash = MaxY - WL \tag{4-14}$$

假定企业的资本折旧率为 δ，投资额为 I，投资调整成本为 $\lambda \times I^2/2K$，则企业价值与总资本存量之比 $P(X)$ 为：

$$P(X) = 1 + \lambda \times \frac{I}{K} \tag{4-15}$$

其中，X 为 A（全要素生产率）的自然对数。

假定 r 为研发投资（R）占总资本（K）的比重，全要素生产率的提升主要靠研发投资来拉动。因此，可以得到：

$$X' = X + g(r) \tag{4-16}$$

其中，X' 为下一期全要素生产率的对数，$g(r)$ 为全要素生产率的变化。

企业资本存量为：

$$K' = K \times (1 - \delta) + I \tag{4-17}$$

企业现金流最大化 $Q(K, X)$ 的动态规划方程为：

$$Q(K,X) = MaxCash - I - \lambda \times \frac{I^2}{2K} - R - \frac{E[Q(K',X')]}{1+r} \tag{4-18}$$

根据一阶条件，可以确定最优投资。

式（4-15）两边同时对 R 求偏导，可得：

$$\frac{\lambda}{K} \times \frac{\partial I}{\partial R} = \frac{\partial P(X)}{\partial R} \tag{4-19}$$

进而可知：

$$\frac{\partial I}{\partial R} > 0 \tag{4-20}$$

因此，可推导出：

$$\frac{\partial E^2(X'-X)}{\partial I^2} = E\left[\frac{\partial R}{\partial I} \times \frac{\partial S}{\partial I} \times \frac{\partial^2 g(S/K)}{\partial S^2}\right] \qquad (4-21)$$

由于式（4-21）等号右边为负数（因为方括号内第一项与第二项均大于0，而第三项小于0），所以公式左边二阶导数也小于0，表明企业金融化投资与全要素生产率之间存在倒"U"形关系，即企业金融化存在一个"适度值"。当企业金融化低于"适度值"时，金融化对生产率提升具有促进作用；当企业金融化高于"适度值"时，金融化对生产率提升会产生抑制作用。[1]

（三）企业金融化的市场价值效应

实现股价稳定是上市企业长期价值的集中体现，更是上市企业对广大投资者与股东所应承担的基本责任。从理论上讲，企业股价能否稳定及其市场表现主要取决于企业的经营绩效及发展前景，其中经营绩效集中表现为各种现实的财务指标水平，而发展前景则主要取决于企业的行业背景及创新发展能力。

当企业基于长期可持续发展考虑而需要持有一定的金融资产时，其投资行为必然会对股价产生稳定效应。一是充裕的资金支持是企业可持续发展的关键。企业生产经营过程中资金需求与供给之间存在缺口是一种常态现象，而金融市场的不完善及普遍存在的信贷歧视，使这一资金缺口未得到及时有效填补。相较于固定资产，金融资产具有较强的变现能力，企业持有一定数量的金融资产就可以在遇到现金流不足问题时及时将其抛售变现，实现资金回笼，有效规避因资金链断裂可能给企业运营带来的不利冲击，从而对股价起到稳定作用。二是企业持有适量规模的金融资产可以增加投资收益，虽然这种收入属于企业的非主营收入，但对于降低企业因实体投资回报率下滑而产生的债务违约风险依然具有积极作用，从而可以防止因市场投资者情绪恶化而引发的股价急剧下跌。[2] 因此，企业适度的金融

---

[1] 张春鹏：《公司金融化行为的制度逻辑与微观效应研究》，博士学位论文，西北大学，2022。

[2] Chang, X., Chen, Y., Zolotoy, L., "Stock Liquidity and Stock Price Crash Risk," *Journal of Financial & Quantitative Analysis*, 2017, 52（4）：1605-1637.

投资能够降低财务风险，抑制因主营业绩下滑而产生的股价波动。

当企业出于"短期投机"动机而持有过量的金融资产时，企业股价会发生"崩盘"效应。其主要原因在于以下四个方面。一是在实体经济表现不佳时，金融投资往往具有较高的收益率。对利润的追逐使得企业会压缩实体产业投资规模，而将更多的资金投向金融领域以获取短期收益，由此导致企业研发、市场开拓和产品创新的能力下降，削弱企业的可持续发展能力，从而对投资者长期持股的信心产生负面影响，导致投资者"用脚投票"。其结果必然是企业股价的大幅下跌，市场价值严重缩水。二是金融资产具有高风险特征，其市场价格受多种因素的影响而呈现大幅波动。当企业持有大量金融资产时，其资产负债表必然会随着资产价格的波动而呈现极大的不稳定性。资产价格大幅下跌，不仅会直接影响企业经营业绩，而且会恶化企业资产负债表，从而增大其股价"崩盘"的风险。三是企业金融化提高了大股东和管理层操纵利润的便利性，增加了企业股价"崩盘"的可能性。由于信息不对称，管理层可能选择对自己有利的金融资产会计计量方式，通过虚增当期利润或做假账的方式操控利润以谋求私利，针对不利于企业股价的信息采取隐瞒或延迟披露的举措。在当今自媒体非常发达、市场信息透明度越来越高的时代背景下，企业的任何负面信息都可能被挖掘出来并公之于众。企业负面信息的积累超过临界点，就会造成负面信息的集中释放，股价"崩盘"风险骤升。四是由于金融资产的转换成本和处理成本低于实物资产，大股东的金融资产自由裁量权更大。[1] 当企业持有的金融资产比例较高时，大股东和管理层"掏空"企业的动机较强，这种"掏空"行为弱化了投资者对企业的信任，增加了企业股价"崩盘"的风险。[2]

综上所述，我们不难发现，企业金融化与其价值效应之间存在倒"U"形关系。

---

[1]　朱杰：《企业金融化的阴暗面——来自上市公司信息披露违规的证据》，《金融经济学研究》2020 年第 1 期，第 146~160 页。

[2]　邓超、夏文珂、陈升萌：《非金融企业金融化："股价稳定器"还是"崩盘助推器"》，《金融经济学研究》2019 年第 3 期，第 120~136 页。

本章小结

本章重点对金融资源"脱实向虚"引致的宏观经济效应、资源错配效应及企业层面的经济效应进行了理论分析，主要结论与观点总结如下。

从宏观层面来看，金融资源"脱实向虚"会提升整个经济的虚拟化程度，加剧经济运行的不稳定性。但金融体系作为现代化经济体系中资源配置的重要枢纽，在实现经济增长与社会进步方面发挥着极为重要的战略性作用。因此，金融资源"脱实向虚"是一把"双刃剑"，适度范围内的"脱实向虚"对于经济增长具有积极的推动作用，但过度的"脱实向虚"会给经济增长带来不利影响，换句话说，金融资源"脱实向虚"与经济增长之间存在倒"U"形关系。

从资源配置视角看，金融资源"脱实向虚"会导致金融资源在配置过程中脱离市场效率原则而发生扭曲现象，即金融资源错配。金融资源错配必然导致对实体产业投资的挤出效应、僵尸企业效应以及对企业创新的抑制效应。

从微观层面来看，金融资源"脱实向虚"的表现就是企业的金融化现象，而企业金融化程度与企业财务绩效、企业全要素生产率以及企业市场价值之间存在倒"U"形关系，即企业对金融资产的适度持有可以提升企业财务绩效、提升企业生产率、增加企业市场价值；但企业对金融资产的过度持有则会降低企业财务绩效、降低企业生产率以及降低企业市场价值。

第五章

我国金融资源"脱实向虚"的程度测算与原因分析

金融资源"脱实向虚"的主要形式有三种：一是新增金融资源（特别是M2）分配过程中向虚拟经济领域的倾斜；二是金融资源在金融体系内的"空转套利"；三是非金融企业的金融化倾向。本章将对这三种形式金融资源"脱实向虚"的程度进行测算，并对我国近年来金融资源"脱实向虚"的背景原因进行分析。

一 我国金融资源"脱实向虚"的程度测算

（一）国家层面金融资源"脱实向虚"的程度测算

从宏观层面对金融资源"脱实向虚"的程度进行测算，可以从两个视角进行：一是从金融资源配置视角，通过分析金融资源在实体经济与虚拟经济中的配置比例，对金融资源"脱实向虚"的程度进行测算；二是从金融资源配置的结果，即经济货币化视角，通过对经济货币化程度变化的分析，对金融资源"脱实向虚"的程度予以佐证。

1. 金融资源配置视角的测算

（1）测算依据

从金融资源配置视角，在国家层面对金融资源"脱实向虚"的程度进行测算，其基本依据是：在任意时间点，可用于配置的金融资源总量是有限的，且金融资源要么被配置于实体经济部门，要么被配置于虚拟经济部门。在此前提下，本章提出如下假设：一是金融资源仅在实体经济部门与虚拟经济部门间进行流动；二是当年流入实体经济部门的金融资源转化为生产资本后，即处于凝固状态，而流入虚拟经济部门的金融资源因具有较高的流动性，可以进行再配置；三是虚拟经济部门包含金融部门和房地产部门，除虚拟经济部门外的其他部门均归入实体经济部门；四是虚拟经济与实体经济作为整个经济体系的两个组成部分，其最优的协调发展比例是同步增长，由此决定了金融资源在两部门的配置比例为 1：1 时，方可实现实体经济与虚拟经济两部门的协调。

（2）测算方法

在国家层面，任意时间点上全社会金融资源无非配置于两个部门，即实体经济部门和虚拟经济部门，以 W 表示全社会金融资源数量，$W1$ 表示配置于实体经济部门的金融数量，$W2$ 表示配置于虚拟经济部门的金融资源数量。从统计的口径来看，全社会的金融资源数量（W）由社会融资规模存量（Sf）和金融部门占有的金融资源（Wf）两部分构成。其中，金融部门占有的金融资源（Wf）为金融部门总资产（FA）中剔除金融部门投入实体经济部门的金融资源（Fe）和投入房地产部门的金融资源（Fr）。实体经济部门占有的金融资源（$W1$）为社会融资规模存量（Sf）剔除房地产占有的金融资源（Rsi）；虚拟经济部门占有的金融资源（$W2$）由金融部门占有的金融资源（Wf）和房地产部门占有的金融资源（Rsi）构成。由于房地产部门占有金融资源的目的在于进行房地产开发投资，因此房地产部门占有的金融资源数量可以用全社会固定资产投资中的房地产开发投资额替代。另外，用 FA 代表金融部门总资产，FD 代表金融部门资产中的贷款余额，FB 代表金融部门资产中的债券余额，RD 代表房地产部门资产中的贷款余额，RB 代表房地产部门资产中的债券余额。则有下列公式成立。

$$W = W1 + W2 = Sf + Wf \tag{5-1}$$

$$W1 = Sf - Rsi \tag{5-2}$$

$$W2 = Wf + Rsi \tag{5-3}$$

$$Wf = FA - Fe - Fr \tag{5-4}$$

$$Fe = (FD - RD) + (FB - RB) \qquad (5-5)$$

$$Fr = RD - RB \qquad (5-6)$$

将式（5-4）至式（5-6）代入式（5-3），得到：

$$W2 = FA - FD - (FB - 2RB) + Rsi \qquad (5-7)$$

用 ΔW 表示金融资源"脱实向虚"程度，则有：

$$\Delta W = \left(\frac{W2}{W1} - 1\right) \times 100\% \qquad (5-8)$$

若 $\Delta W > 0$，表明存在金融资源"脱实向虚"现象；若 $\Delta W < 0$，表明不存在金融资源"脱实向虚"现象；若 $\Delta W = 0$，表明金融资源在实体经济部门与虚拟经济部门的配置比例协调。

（3）数据来源

社会融资规模数据来源于 Wind 数据库，固定资产投资中的房地产开发投资数据来源于国家统计局，2003~2019 年金融部门资产总额、贷款和债券数据均来源于李扬等的《中国国家资产负债表 2020》。2020~2022 年金融部门资产总额、贷款和债券数据根据《中国国家资产负债表 2020》提供的方法估算获取。

（4）测算结果与分析

采用以上数据，根据式（5-1）至式（5-8），本章从国家层面对金融资源"脱实向虚"的程度进行测算，测算结果见表 5-1 与图 5-1。

表 5-1 2003~2022 年国家层面金融资源"脱实向虚"程度的测算结果

单位：%

年份	实体经济占有金融资源比例（$W1/W$）	虚拟经济占有金融资源比例（$W2/W$）	虚拟经济占有金融资源（$W2$）/实体经济占有金融资源（$W1$）	金融资源"脱实向虚"程度（ΔW）
2003	53.83	46.17	85.77	-14.23
2004	50.94	49.06	96.31	-3.69
2005	48.29	51.71	107.08	7.08
2006	48.45	51.55	106.40	6.40

续表

年份	实体经济占有金融 资源比例($W1/W$)	虚拟经济占有 金融资源比例 ($W2/W$)	虚拟经济占有金融 资源($W2$)/实体经济 占有金融资源($W1$)	金融资源"脱实向虚" 程度(ΔW)
2007	45.56	54.44	119.49	19.49
2008	44.17	55.83	126.40	26.40
2009	47.88	52.12	108.86	8.86
2010	48.87	51.13	104.62	4.62
2011	46.15	53.85	116.68	16.68
2012	45.80	54.20	118.34	18.34
2013	45.70	54.30	118.82	18.82
2014	44.50	55.50	124.72	24.72
2015	43.01	56.99	132.50	32.50
2016	42.37	57.63	136.02	36.02
2017	48.75	51.25	105.13	5.13
2018	52.56	47.44	90.26	-9.74
2019	55.00	45.00	81.82	-18.18
2020	56.59	43.41	76.71	-23.29
2021	56.36	43.64	77.43	-22.57
2022	58.19	41.81	71.85	-28.15
平均值	49.15	50.85	103.46	3.46

资料来源：笔者测算得到。

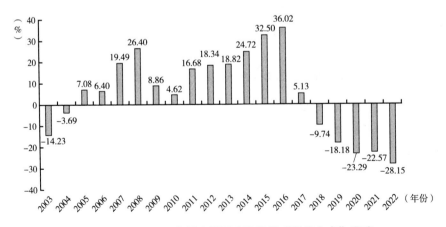

图 5-1　2003~2022 年国家层面金融资源"脱实向虚"程度

资料来源：笔者测算得到。

由表 5-1 可见，2003~2022 年，我国虚拟经济部门配置的金融资源比例超过实体经济部门配置的金融资源比例 1.70 个百分点，金融资源"脱实向虚"程度为 3.46%，总体来看，金融资源在实体经济部门与虚拟经济部门的比例基本协调。但从动态变化来看，金融资源在虚拟经济部门的超配现象从 2005 年就开始了，到 2008 年达到一个小高峰，其后的 2009 年、2010 年超配问题有所缓解；随后又快速加剧，直到 2017 年这种趋势才有所好转，其后情况不断改善。考察期间金融资源"脱实向虚"程度最为严重的年份为 2016 年，虚拟经济占有的金融资源达到了社会金融资源总量的 57.63%，超过实体经济占有金融资源比例 15.26 个百分点，金融资源"脱实向虚"程度达到了 36.02%。从 2018 年开始，金融资源"脱实向虚"问题得到了有效改善。

我国金融资源"脱实向虚"程度的这种变化与此期间我国宏观经济的运行及政策背景紧密相关。

一是 1998 年 7 月国务院发布了《关于进一步深化城镇住房制度改革加快住房建设的通知》，推动了住房交易市场和住房金融的发展。2003 年 8 月国务院又发布了《关于促进房地产市场持续健康发展的通知》，指出房地产业已经成为国民经济的支柱产业，要不断完善房地产市场体系和发展住房信贷。两次房地产市场领域的重要改革，改变了住房市场的供求关系，尤其是住房市场需求的释放和住房金融的发展，给予资金进入房地产市场巨大的原动力。自 2003 年开始，房地产开发投资增长率连续三年超过 20%，2003~2008 年，房地产部门占有金融资源的年均增速达到了 25.71%。房地产市场的繁荣吸引着金融资源的快速流入，加剧了金融资源"脱实向虚"的程度。

二是 2001 年 12 月我国正式加入 WTO 后，金融业开始从政策性开放转向制度性开放，金融改革和金融创新的步伐明显加快，伴随金融体系的逐步完善和金融规模的扩大，金融部门占有金融资源的增速显著提高，2007 年金融部门占有的金融资源占到了社会金融资源总量的 35.50%。金融业的快速发展，叠加房地产市场的繁荣，使得 2008 年虚拟经济领域占有的金融资源比例达到了 55.83%，金融资源"脱实向虚"程度达到了 26.40%。2008 年美国次贷危机的爆发，引发了全球范围内的金融动荡，我国实体经济与虚拟经济均受到较大冲击，但金融业与房地产市场受到的冲击更为显著，我国 2008 年 GDP 增长率相较 2007 年下降了 4.4 个百分点，其中第二产业增加值增长率下降了 5.4 个百分点，金融业增加值增长率下降了 14.3 个百分点，房地产业增加值增长率下降了 13.4 个百分点。这使得 2009 年虚拟经济占有的金融资源比例快速下降，从 2008 年的 55.83% 下降到 2009 年的 52.12%，金融资源"脱实向虚"程度也由 2008 年的 26.40% 快速下降到 2009 年的 8.86%，2010 年进一步下降到 4.62%。但从 2008 年 11 月开始，为应对金融危机带来的经济冲击，我国采取了进一步扩大内需、促进经济平稳较快增长的十项措施，经济下滑趋势得到抑制。伴随各项刺激政策的逐步落实，经济活力逐步显现，其中金融业与房地产业的反弹更为明显；与此同时，金融创新推动监管套利和逐利资本增加，金融资源过度流入虚拟经济，使得金融资源"脱实向虚"的程度再次加剧，直到 2016 年达到峰值 36.02%。

三是面对金融资源"脱实向虚"程度的不断加深，以及我国产业结构转型升级带来的经济增速下滑，2015 年 12 月中央经济工作会议确定将"三去一降一补"作为我国经济供给侧结构性改革的五大重点任务，将"去杠杆"作为供给侧结构性改革的重要任务；2017 年 7 月在第五次全国金融工作会议上，习近平总书记明确提出金融要回归本源，以服务于实体经济为目的；在此指导思想下，中国人民银行、银保监会等金融管理部门先后出台了多项对金融领域各种资金乱象、影子银行进行治理的政策措施，使得金融资源过快流入虚拟经济领域的势头得到遏制。虚拟经济部门占有的金融资源从 2016 年的 57.63% 下降到 2017 年的 51.25%，金融资源"脱实向虚"程度也由 36.02% 下降到 5.13%；到 2018 年实体经济部门占有金融资源比例超过了虚拟经济部门，国家层面上金融资源"脱实向虚"现象得到消除，但伴随资本市场"熊市"的出现及国家对房地产市场的降温，配置于虚拟经济部门的金融资源大幅度减少，到 2022 年虚拟经济部门占有的金融资源比例仅为 41.81%。

2. 经济货币化视角的佐证

宏观层面反映金融资源配置结构变化的另一个指标是经济货币化程度，即经济活动中以货币及金融工具为交易对象的交易份额占社会经济总量的比例。国际著名经济学家戈德史密斯（Raymond W. Goldsmith）、高斯

（S. Ghosh）、弗里德曼（Milton Friedman）和施瓦茨（Anna J. Schwartz）等的研究均表明，货币化比率与一国的经济发达程度呈现明显的正相关关系，经济货币化率的差异不仅反映了不同国家经济发展水平的差异，同时也反映了一个国家虚拟经济发展的程度。对此，本章将从静态（经济货币化程度）及动态（金融业与实体经济增长率比较）两个角度予以考察。

（1）经济货币化程度

经济货币化程度通常用广义货币 M2 占 GDP 的比例来表示。图5-2、图5-3分别是我国 2003~2022 年 M2 供应量及经济货币化率（M2/GDP）的变动情况。可见，我国 M2 供应量由 2003 年的 221223 亿元增加到 2022 年的 2664321 亿元，年均增长率高达 13.99%，超出同期 GDP 年均增长率（11.47%）2.52 个百分点；经济货币化率由 2003 年的 161% 提升到 2022 年的 221%，提升了 60 个百分点。经济货币化率的快速提升，一方面反映了我国经济市场化程度及发展水平的提高，另一方面也表明了货币经济的快速发展及经济虚拟化程度的快速提升。

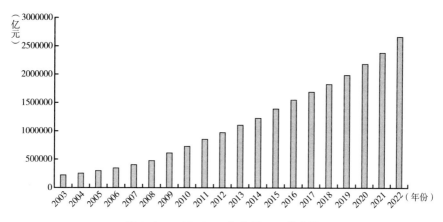

图5-2 2003~2022 年中国 M2 供应量

资料来源：《中国统计年鉴》（2004~2023 年）。

（2）金融业与实体经济增长率比较

金融资源"脱实向虚"必然体现为金融等虚拟经济部门的快速发展，但当金融发展超前于实体经济发展而呈现非均衡状态时，表现为金

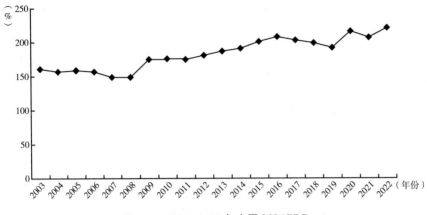

图 5-3 2003~2022 年中国 M2/GDP

资料来源:《中国统计年鉴》(2004~2023 年)。

融发展过度。① 图 5-4 与图 5-5 分别是我国 2003~2022 年金融业增加值与金融业增加值占 GDP 比例的变动情况。可见,金融业增加值从 2003 年的 6045.7 亿元增加到 2022 年的 93285.3 亿元,年均增长率达到 15.49%,高出同期 GDP 年均增长率(11.47%)4.02 个百分点;金融业增加值占 GDP 的比例由 2003 年的 4.40% 提升到 2022 年的 8.04%,提升了 3.64 个百分点。

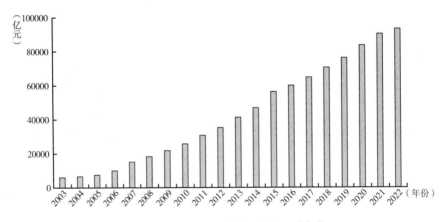

图 5-4 2003~2022 年中国金融业增加值

资料来源:《中国统计年鉴》(2004~2023 年)。

---

① 金融发展过度并不意味着金融发展的绝对水平过高,而是指相对于某一时期的实体经济发展对金融服务的需要来讲,金融发展处于超前状态。

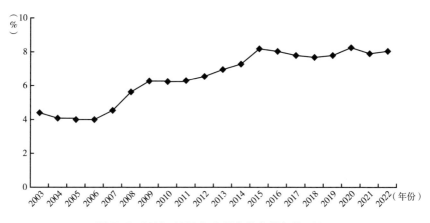

图 5-5　2003～2022 年中国金融业增加值/GDP

资料来源：根据《中国统计年鉴》（2004～2023 年）数据计算。

本节以工业增加值的变动代表实体经济的发展情况，图 5-6 是我国 2003～2022 年金融业增加值指数与工业增加值指数的变动情况。可见，在 2007 年之前，金融业增加值与工业增加值基本保持同样的增长速度；但从 2007 年开始，金融业增加值表现出明显的加速增长趋势，与工业增加值增速之间呈现"剪刀差"状态且逐年扩大。2022 年金融业增加值指数达到 1999.32%，而工业增加值指数仅为 914.50%，金融业增加值指数高出工业增加值指数 1084.82 个百分点。正是金融业的这种快速增长，使得金融业增加值与工业增加值之比由 2003 年的 10.92∶100 提高到 2022 年的 24.10∶100，提升了 13.18。

金融业与实体经济的这种非均衡增长，同样可以从金融业资产总额与工业企业资产总额的动态比较中发现。图 5-7 是我国以 2000 年为 100%的金融业资产总额[①]增长指数与工业企业资产总额[②]增长指数的对比情况。可见，金融业资产总额增长快于工业企业资产总额增长也是以 2007 年为分水

[①]　广义的金融业包括银行业、保险业、证券业、信托业等业态，由于本章分析的需要，此处的金融业资产没有采用现有统计年鉴中关于银行业、保险业、证券业、信托业的资产进行加总（因为统计年鉴中的各类金融资产包含不同行业的实物资产，这些不属于虚拟资产的范畴），而是将以下几类资产加求总和所得：银行机构国内贷款余额、债券发行额（包括国债、企业债）、保费收入、股票市场市价总值、证券投资基金规模、信托贷款融资额。

[②]　此处采用登记注册的规模以上工业企业资产总额。

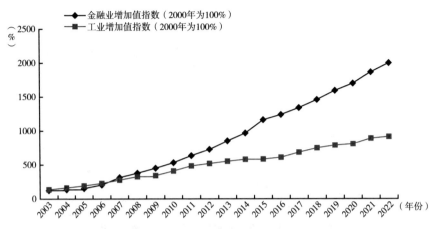

图 5-6 2003~2022 年金融业增加值指数与工业增加值指数的对比

资料来源：根据《中国统计年鉴》（2004~2023 年）数据计算。

岭，2007 年金融业资产总额增长指数为 418.3%，工业企业资产总额增长指数为 279.72%，金融业资产总额增长指数高出工业企业资产总额增长指数 138.58 个百分点。2008 年由于国际金融危机的影响，金融业资产总额有所下降，但危机过后金融业资产总额快速恢复。直至 2013 年，金融业资产总额增长指数与工业企业资产总额增长指数基本同步，差距并不明显。但从 2014 年开始，金融业资产总额呈现远超出工业企业资产总额增长的加速态

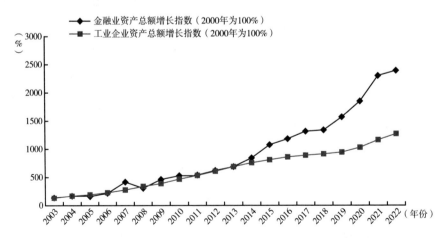

图 5-7 2003~2022 年金融业资产总额与工业企业资产总额增长指数对比情况

资料来源：根据《中国统计年鉴》（2004~2023 年）数据计算。

势，到 2022 年金融业资产总额增长指数达到 2390.89%，而工业企业资产总额增长指数仅为 1270.03%，金融业资产总额增长指数高出工业企业资产总额增长指数 1120.86 个百分点。

综合以上从金融资源配置视角的测算和从经济货币化程度视角的佐证，本节得出以下结论。一是我国金融资源"脱实向虚"从 2005 年左右就开始出现，到 2008 年达到了一个小高峰，其后我国实施了扩大内需以稳定经济增长的刺激政策，金融资源"脱实向虚"问题加剧，到 2016 年"脱实向虚"程度达到了 36.02% 的历史峰值。二是 2017 年供给侧结构性改革及"去杠杆"各项政策实施后，金融资源"脱实向虚"的趋势得到扭转，更多的金融资源开始"脱虚向实"，这表明我国在此期间出台的相关治理政策产生了积极的效果。

（二）金融体系层面金融资源"脱实向虚"的程度测算

从金融体系层面测算金融资源"脱实向虚"的程度，主要是测算金融资源在金融体系内的空转率，即金融体系在配置资源时，其中的多少并未用来支持实体经济，而是滞留于金融体系内部进行套利活动。

1. 测算方法

从金融体系层面看，可用金融体系对实体经济的支持率（$H1$）、金融体系内部资金空转率（$K1$）、影子银行体系的金融资源占有率（Y）来衡量金融资源"脱实向虚"程度。在任意时间点，金融体系可进行配置的金融资源总量主要为金融部门的总资产（FA）；金融体系投入实体经济的金融资源（Fe）即为金融体系贷款（FD）减去房地产业贷款（RD），再加上金融体系持有的实体经济债券（Db）；而金融机构之间的往来（Ff）则为金融资源在金融体系内部空转的部分；用 YA 代表影子银行体系总资产。则有：

$$Fe = FD - RD + Db \qquad (5-9)$$

$$H1 = \frac{Fe}{FA} \qquad (5-10)$$

$$K1 = \frac{Ff}{FA} \qquad (5-11)$$

$$Y = \frac{YA}{FA} \tag{5-12}$$

2. 数据来源

此处测算所用的金融部门资产总额、贷款、债券和金融机构往来数据均来源于李扬等的《中国国家资产负债表2020》；房地产行业贷款数据来源于 Wind 数据库。影子银行体系总资产的计算参考中国人民银行西安分行课题组在《基于影子银行视角的我国系统性金融风险测度及预警研究》一文中采用的测度方法。[①] 李扬等的《中国国家资产负债表2020》是截至2022年最为系统全面的金融体系资产负债表，因此，此处测算的样本区间确定为 2003~2022 年。

3. 测算结果与分析

采用以上数据，根据式（5-9）至式（5-12），从金融体系层面对金融资源"脱实向虚"程度进行测算的结果见表5-2、图5-8至图5-10。

表 5-2　2003~2022 年金融体系对实体经济支持率、金融体系内部资金空转率
和影子银行体系金融资源占有率

单位：%

年份	金融体系对实体经济支持率（H1）	金融体系内部资金空转率（K1）	影子银行体系金融资源占有率（Y）
2003	58.83	5.43	5.72
2004	58.26	5.05	5.55
2005	57.84	4.63	4.99
2006	58.36	4.87	5.08
2007	55.81	5.89	6.62
2008	54.43	6.24	7.41
2009	56.99	6.38	8.40
2010	55.82	6.65	12.35
2011	52.17	6.03	13.87
2012	51.62	6.07	16.36

---

① 影子银行被界定为银行信贷业务之外，具有"类银行信贷"特点，发挥债务融资功能的业务活动和信用中介机构。具体包括三类：一是存在于银行系统内的"影子银行"业务，常见于银行理财、未贴现的银行承兑汇票、委托贷款等表外业务；二是具备"类银行"特点的非银行金融机构业务，主要包括证券、保险、信托、金融租赁、消费金融、汽车金融、小贷、典当等；三是非正规金融活动，包括私募基金和民间借贷等。

续表

年份	金融体系对实体经济支持率（H1）	金融体系内部资金空转率（K1）	影子银行体系金融资源占有率（Y）
2013	51. 11	5. 32	20. 55
2014	49. 87	4. 50	22. 88
2015	49. 39	4. 35	25. 49
2016	50. 00	4. 04	24. 65
2017	51. 63	3. 28	24. 79
2018	55. 19	2. 74	21. 26
2019	57. 57	2. 71	19. 74
2020	57. 69	2. 58	16. 86
2021	61. 79	2. 58	14. 93
2022	63. 36	2. 57	14. 14
平均值	55. 39	4. 60	14. 58

资料来源：笔者测算得到。

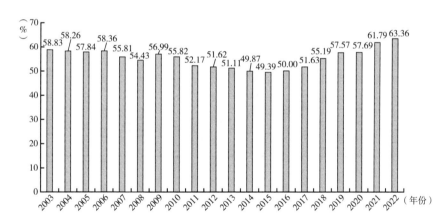

图 5-8　2003~2022 年金融体系对实体经济支持率

资料来源：笔者测算得到。

由表 5-2 可知，从金融体系层面看，2003~2022 年，金融资源"脱实向虚"程度呈现如下特点。

从金融体系对实体经济支持率来看，样本期间，我国金融体系对实体经济的支持力度整体较大，除 2014 年和 2015 年外，金融体系对实体经济的支持率均保持在 50% 及以上。2010~2017 年，金融资源"脱实向虚"问题比较突

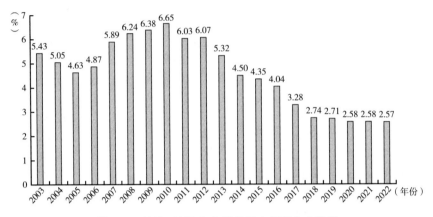

图 5-9　2003~2022 年金融体系内部资金空转率

资料来源：笔者测算得到。

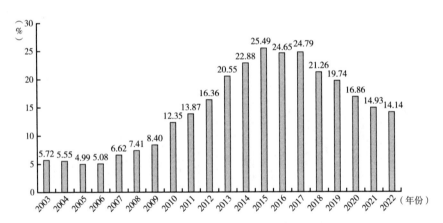

图 5-10　2003~2022 年影子银行体系金融资源占有率

资料来源：笔者测算得到。

出，体现为金融体系对实体经济的支持率较低，2015 年仅为 49.39%。但随着
金融供给侧结构性改革的深入推进，从 2016 年起支持率持续上升，到 2022 年
达到了 63.36%，表明金融资源"脱实向虚"问题得到有效治理。

　　从金融体系内部资金空转率来看，2005~2010 年，金融体系内部的资金
空转率持续上升，从 4.63% 上升到 6.65%，其后 2011 年和 2012 年稍有下
降，但依然在 6% 以上，直到 2015 年以后才出现持续性下降，到 2022 年降

到了 2.57%。这显然是 2015 年开始对银行体系内的各种监管套利行为进行治理所产生的效果。

从影子银行体系金融资源占有率来看,金融创新的加快和影子银行体系的发展是造成金融资源"脱实向虚"的主要原因。2003~2004 年,影子银行体系金融资源占有率基本稳定在 5.5% 左右,2005 年稍有下降,但从 2006 年开始快速上升,并从 2009 年开始呈现加速上升态势,金融资源占有率从 2007 年的 6.62% 快速上升到 2015 年的 25.49%,其后的 2016 年和 2017 年略有下降但依然维持在 24.5% 左右。自 2017 年开始,中国人民银行及银保监会先后出台多项政策措施,对加通道、加杠杆和加嵌套等高风险业务进行重点治理,影子银行规模从历史高位大幅下降,2022 年影子银行体系金融资源占有率降低至 14.14%,比历史高位 2015 年的 25.49% 降低了 11.35 个百分点。但需要指出的是,经过治理后的影子银行规模虽然有所缩小,但总体比例依然偏高,对金融体系稳定性的潜在威胁依然较大。但影子银行在我国的出现原因比较复杂,可能与我国金融体系改革不到位及各种改革政策不配套有关。因此,如何对影子银行进行有效治理依然是值得研究的重大现实问题。

(三)商业银行层面金融资源"脱实向虚"的程度测算

从商业银行层面测算金融资源"脱实向虚"的程度,主要是测算商业银行的资金空转率,即在商业银行拥有的金融资源中,有多少并未用于对实体经济的金融支持,而是滞留于商业银行内部进行套利活动。

1. 测算方法

从商业银行层面看,可用商业银行对实体经济的支持率($H2$)、商业银行内部资金空转率($K2$)来衡量金融资源"脱实向虚"程度。在任意时间点,商业银行体系可进行配置的金融资源总量主要为商业银行的总资产,商业银行体系投入实体经济的金融资源即为对实体经济的贷款和其持有的实体经济债券融资,而商业银行对银行的债权和对非银行金融机构的债权则为金融资源在商业银行体系内部空转的部分。

$$H2 = \frac{对企业及政府债权+对居民贷款-对房地产债权}{商业银行总资产} \qquad (5-13)$$

$$K2 = \frac{对银行债权+对非银行金融机构债权}{商业银行总资产} \qquad (5-14)$$

2. 数据来源

考虑到数据的可得性，本章所选择的样本区间为 2003~2022 年，其中 2003~2020 年金融部门资产总额、贷款、债券和金融机构往来数据均来源于李扬等的《中国国家资产负债表 2020》；2021~2022 年相关数据根据《中国国家资产负债表 2020》的统计口径计算所得；房地产行业贷款数据来源于 Wind 数据库。

3. 测算结果与分析

采用以上数据，根据式（5-13）、式（5-14），从商业银行层面对金融资源"脱实向虚"程度进行测算的结果见表 5-3、图 5-11 和图 5-12。

表 5-3 2003~2022 年商业银行对实体经济支持率与商业银行资金空转率

单位：%

年份	商业银行对实体经济支持率(H2)	商业银行资金空转率(K2)
2003	67.61	10.85
2004	64.96	8.42
2005	55.51	12.94
2006	53.78	12.79
2007	52.20	13.47
2008	50.80	14.63
2009	53.47	15.05
2010	53.59	16.85
2011	52.21	19.73
2012	51.36	22.52
2013	52.02	23.08
2014	51.53	23.87
2015	51.35	25.57
2016	49.40	26.22
2017	50.38	24.10
2018	52.54	21.26
2019	54.60	19.52
2020	58.87	19.05

续表

年份	商业银行对实体经济支持率($H2$)	商业银行资金空转率($K2$)
2021	61.49	17.69
2022	63.30	16.71
平均值	55.05	18.22

资料来源：笔者测算得到。

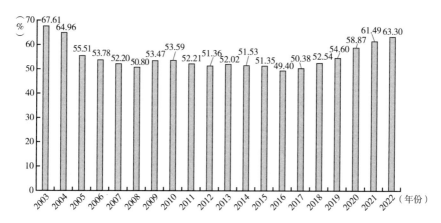

图 5-11　2003~2022 年商业银行对实体经济支持率

资料来源：笔者测算得到。

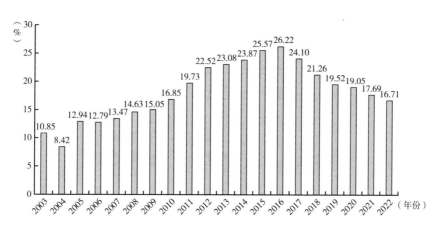

图 5-12　2003~2022 年商业银行资金空转率

资料来源：笔者测算得到。

由表5-3及图5-11、图5-12可以看出，从商业银行层面看，2003~2022年，我国金融资源"脱实向虚"的程度及其变化呈现如下特点。

从商业银行对实体经济支持率来看，由于我国实体经济以银行信贷间接融资为主，因此，商业银行对实体经济的支持率与金融体系对实体经济的支持率波动趋势基本一致。2003~2022年商业银行对实体经济支持率均值为55.05%，但其动态变化表现出2003~2016年下降，即从67.61%下降至49.40%，随后支持率虽然有所上升，但截至2022年的支持率还未达到2003年的区间最高水平。

从商业银行的资金空转率来看，商业银行资金的空转经历了从以对银行债权为主的商业银行内部空转，到以对非银行债权为主的金融体系内部空转的变化。从2005年开始，随着银证合作和银信合作规模的扩大，商业银行对非银行债权的规模扩大，尤其是2011年开始商业银行对非银行债权的增速大幅提高。2011~2016年，商业银行对非银行债权规模的增速始终保持在40%，商业银行对非银行债权规模的占比也从2005年的24.94%提高至2016年的45.65%。受此影响，商业银行资金空转率从2003年的10.85%升至2016年的26.22%。从2017年开始，随着通道业务的叫停，以及"资管新规"的出台，商业银行对非银行债权规模和对银行债权规模的增速均显著下降，2017年和2018年商业银行对银行债权规模的增速分别为-6.28%和-2.97%，2018年和2019年商业银行对非银行债权规模的增速分别为-7.81%和-4.72%。与此同时，商业银行资金空转率也从2016年的最高点降至2022年的16.71%。根据申万宏源研究所研究员孟祥娟、龚芳的测算，2016年12月我国银行资金空转的规模在23万亿元左右，最高点在2015年，达到25万亿元左右。[①]

（四）企业层面金融资源"脱实向虚"的程度测算

企业层面金融资源"脱实向虚"主要体现为企业投资的金融化现象，即实体企业偏离主营业务，将原本用于经营性业务的资金投资于交易性金融资产、买入返售金融资产、可供出售金融资产、衍生金融资产、金融机

---

① 孟祥娟、龚芳：《2009年以来的资金空转演变路线图》，申万宏源研究所，2017年6月3日。

构的长期股权、房地产和信托委托贷款及理财产品等金融资产,以获取金融投资收益。以沪深 A 股上市公司为例,2011~2022 年非金融上市公司平均金融投资比例为 7.71%。虽然从平均意义上看这一比例并不高,但该比例的上升趋势十分明显。2012 年企业金融投资比例仅为 5.75%,到 2022 年这一比例上升至 9.07%。在制造业上市公司中,持有金融资产的上市公司数量所占比例由 2012 年的 57.64%增加到 2022 年的 89.15%,持有的账面金融资产总额由 4470.12 亿元增加到 43089.72 亿元。① 因此,企业层面金融资源"脱实向虚"呈现加速趋势。

1. 测算方法

从企业层面对金融资源"脱实向虚"程度进行测算,可以从两个维度进行:一是金融化深度;二是金融化广度。其中,金融化深度主要体现为单个公司的金融化水平,用单个公司持有的金融资产占其总资产的比例来反映;金融化广度指从事金融化投资行为的公司的普遍程度,用从事金融化行为的公司数量占公司总数量的比例来衡量。

$$公司持有的金融资产额 = 交易性金融资产 + 衍生金融资产 + 可供出售金融资产 +$$
$$持有至到期投资 + 长期股权投资 + 投资性房地产 +$$
$$应收股利 + 应收利息$$
$$金融化深度(P1) = 公司持有金融资产额 / 公司总资产额$$
$$金融化广度(P2) = 从事金融化行为公司数量 / 公司总数量$$

2. 数据来源

以 2007~2022 年中国沪深 A 股上市公司为原始样本,并按以下要求筛选样本:一是剔除金融业、保险业的上市公司样本;二是剔除处于 ST、PT、*ST 和退市整理期等非正常交易状态的样本;三是剔除数据缺失的样本。经上述处理后,共剩余 3119 家公司。公司财务数据均来源于国泰安(CSMAR)数据库。

3. 测算结果与分析

(1)企业金融化深度分析

依据上述公式计算出的非金融非房地产行业上市公司金融化深度的变

---

① 资料来源:Wind 数据库。

化情况如图 5-13 所示。可以看出，我国公司金融化深度呈现明显的"先下降后上升"的趋势。

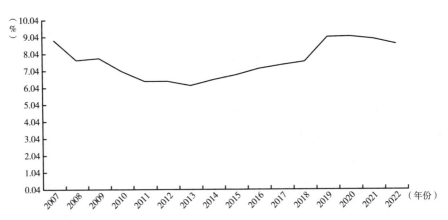

图 5-13　2007~2022 年中国非金融非房地产行业上市公司金融化深度

资料来源：笔者测算得到。

第一阶段（2007~2012 年）：公司金融化深度快速下降，从 2007 年的 8.85% 下降至 2012 年的 6.43%。这一阶段，中国实体经济发展总体向好，GDP 年均增长率在 10% 以上。2008 年由美国次贷危机引发的全球性金融危机导致世界经济出现大幅度衰退，国际市场需求急速下降。出口是拉动我国经济高速增长的"三驾马车"之一，国际市场需求萎缩必然恶化实体企业的运营环境，实体经济投资回报率下降。为了稳定宏观经济，中国政府出台了经济刺激计划，期望通过投资的强刺激来对冲金融危机可能给实体经济带来的不利影响。在这种背景下，一是企业投资于实体经济的热情被点燃，企业金融化投资的动力减弱；二是受金融危机影响，我国资本市场呈现大幅下跌，上证指数从 2008 年初的 5259 点下降至 2010 年底的 2742 点，下降幅度达到 47.86%，企业持有的金融资产大幅缩水。因此，该阶段企业金融化深度呈现下降态势。

第二阶段（2013~2019 年）：公司金融化深度缓慢提升，从 2013 年的 6.18% 缓慢上升到 2019 年的 9.03%。2012 年，中国 GDP 增长率仅为 7.7%，这是进入 21 世纪以来首次跌破 8%，自此经济发展速度持续放缓，可以说与过去 30 多年

10%左右的高速增长基本告别,而进入中低速增长的经济新常态。在经济新常态下,过去在高速增长状况下被隐藏的诸多问题日益凸显,如传统产品市场供给过剩与需求萎缩使得企业必须进行产品结构调整升级,资源约束的日益强化及环境压力的不断增大倒逼企业必须加大研发力度以实现技术改造与升级,国际市场需求萎缩使得企业产品出口面临更大困难,"人口红利"逐渐消失带来的劳动力成本上升使实体企业面临着更大的成本压力,出于加快产业结构转型升级与实现经济高质量发展目的而采取的人民币升值政策使得出口企业的利润空间受到挤压。实体企业运营环境的这一切变化导致实体产业投资回报率不断下降,投资意愿不强,投资动力不足。相反,相对较高的金融投资收益就成为公司竞相追逐的对象,公司金融化深度不断提升。

第三阶段(2020~2022年):公司金融化深度小幅下降,从2020年的9.06%下降到2022年的8.62%。国家出台了一系列政策,抑制企业金融投资。在此背景下,公司对金融化投资的热情下降,部分非金融企业从事金融投资的比例下滑,金融化深度呈现下滑的趋势。

(2)企业金融化广度分析

图5-14揭示了2007~2022年以上市公司为样本的企业金融化广度的变化趋势。可以看出,除2009年和2010年,企业金融化广度维持在90%以上,这就表明至少有90%的上市公司持有金融资产。因此,从是否金融化的角度看,中国上市公司金融化现象较为普遍。

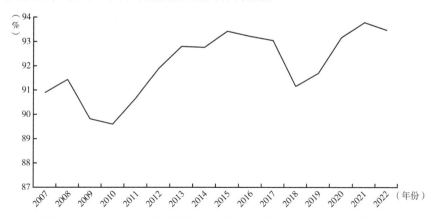

图 5-14　2007~2022 年中国非金融非房地产行业上市公司金融化广度

资料来源:笔者测算得到。

第一阶段（2007~2010 年）：上市公司金融化广度呈现明显的下降趋势，由 2007 年的 90.89% 下降至 2010 年的 89.60%。在这一阶段，实体经济整体上发展良好，GDP 保持在较高增速，非金融非房地产行业上市公司有着较好的市场预期，偏好于金融化投资的上市公司数量虽然较多，但所占比例在下降，表明实体经济对投资的吸引力在增强。

第二阶段（2011~2015 年）：上市公司金融化广度呈现上升趋势，由 2011 年的 90.66% 上升至 2015 年的 93.42%。在这一阶段，随着宏观经济增速放缓，市场需求增长缓慢，实体经济投资风险逐渐增大，公司盈利预期逐渐消极化，更多的上市公司将资金从实体投资转向金融资产投资，从而使得公司的金融化广度上升。

第三阶段（2016~2022 年）：上市公司金融化广度呈现先小幅下降后上升的趋势，在 2022 年又出现下降迹象，由 2016 年的 93.21% 下降至 2018 年的 91.16%，2021 年又回升到 93.78%，且创历史新高。近年来，经济体系中金融资源的"脱实向虚"现象越发明显。为了引导资金回归实体经济，各级政府出台了多种政策与治理措施，虽然也起到了一定效果，但从企业层面来看，金融化的动力依然强劲，从事金融投资活动的实体企业占比还呈现上升态势。

综合以上从企业金融化深度与广度两个维度的分析，可以看出，我国企业金融化现象比较普遍，金融化深度与广度分别从 2012 年和 2011 年开始快速增加；2015 年"股灾"的出现，使得进行金融化投资的上市公司数量有所减少，但从 2020 年起又出现报复性增长，表明在企业微观层面金融资源"脱实向虚"的问题还在进一步加剧。

二　我国金融资源"脱实向虚"的原因分析

从上面的测算分析可知，进入 21 世纪以来，除企业层面外，我国金融资源在其他三个层面的"脱实向虚"程度均呈现加速提高趋势，企业层面金融资源"脱实向虚"程度以 2012 年为拐点也开始不断提升。进入 21 世纪以来，我国金融资源"脱实向虚"问题日益严重，既与经济形态演化及环境变迁主导的国际背景有关，也有我国进入产能周期下行阶段及新旧动能转换空档期的现实原因。

（一）我国金融资源"脱实向虚"的国际背景

1. 金融自由化与金融创新浪潮为金融资源"脱实向虚"问题的滋生提供了温床

20 世纪 70 年代，发达资本主义国家出现的经济滞胀引发了人们对凯恩斯主义"政府干预"有效性的质疑。以货币学派、理性预期学派等"新保守主义"为指导思想的经济政策主张经济自由化，美国、英国、法国等发达国家相继推出了以减少政府干预、放松金融管制为主要内容的金融自由化改革。与此同时，一些发展中国家也在麦金农和肖"金融深化论"的影响下启动了金融自由化改革。一方面，破除管制的金融自由化为投资者选择最优的投资组合提供了可能，部分金融资产因深受追捧而价格迅速攀升，滋生了金融市场泡沫。另一方面，金融自由化诱使部分产业资本流向了具有更高收益率的金融投资领域，使经济的"虚拟化"程度快速提升。

金融自由化催生了大量的金融创新产品，加速了金融资源"脱实向虚"的进程；加之布雷顿森林货币体系的解体催生了浮动利率票据、利率互换、远期利率协议等以减少市场各参与方风险为主的金融衍生工具[①]，其交易中存在的投机性使得市场交易额呈现爆发式增长，以致 20 世纪 80 年代金融资产规模超越了实体经济总量，金融在经济发展中的地位由辅助变为主导；电子信息技术的发展及其在金融领域的广泛应用，带来了金融交易技术的革命性转变，进一步促进了金融产品创新，吸引了更多的货币转化为金融资本，加速了金融资源"脱实向虚"的进程。

2. 后工业化时代的到来推动了金融资源"脱实向虚"

工业经济时代以物质产品生产为主，"机械化"生产是其主要特征。工

---

① 朱淑珍：《金融创新与金融风险——发展中的两难》，复旦大学出版社，2002。

程师和半熟练工人代替了原来的手工业者,机器开始参与商品生产过程,不仅扩大了生产规模,也加快了商品流通速度,实现了物质产品数量的快速增加。但随着物质产品数量的不断增加,物质产品遇到的市场需求约束也越来越大,因为在一定的技术条件和人口规模下,物质产品市场需求存在增长极限,即"天花板"效应。因此,当工业经济发展到一定阶段后,物质产品数量增加对 GDP 增长的带动作用呈现一定的递减效应。

而后工业化时代的到来,改变了社会经济的运行方式,同时实现了经济增长由追求物质经济向财富经济的转变,服务业成为社会的主导产业。伴随第三次科技革命和信息革命的发生,工业生产从"机械化"转向"自动化",又从"自动化"转向"信息化"。在此过程中,工业实现了精确化生产,推动了生产性服务业的快速发展。由于作为服务业重要组成部分的金融业,其财富积累具有"几何级数"增长的特点,加之金融财富的增长不存在"天花板"效应以及人们对金融财富追求具有无限性,人们对于金融财富的追求更加狂热,刺激了以金融为核心的虚拟经济的快速膨胀与发展,这对金融资源"脱实向虚"起到了极大的推动作用。

3. 社会财富观的转化强化了金融资源"脱实向虚"的动力

物质经济时代,社会和家庭财富的主要形态是"实物财富",拥有"实物财富"的多寡是衡量是否富有的主要标尺,货币仅仅是人们获取更多物质财富的手段。但当人类由物质经济时代进入金融经济时代时,实现财富自由成为人们追求的目标。此时物质产品也被赋予了金融属性,对其持有成为实现财富增值的重要手段。如富裕人群购置多套住房并不是为了居住,而是期望通过出租或在其升值后售出等形式实现财富增值。家庭财富也不再局限于实物形态,而是呈现多样化和虚拟化特征,如房产、股票、债券以及各种金融衍生产品等。人们收入水平越高,财富总量中的虚拟财富占比越大,金融资源"脱实向虚"也越明显。

4. 过剩经济时代的来临使得实体经济投资的风险空前增大,催生了向虚拟经济领域投资的热情

在短缺经济中,卖方在交易中占据主导地位,物质产品生产出来很快就被抢购一空,企业获取最大化利润的法宝就是扩大生产规模。但伴随社

会供给能力和需求能力的大幅提升以及竞争者的大量涌入，在行业整体供给能力提升的同时，企业利润率趋于下降。当市场出现新的、有前景的产业时，投资的"潮涌现象"就会出现；基于较高的投资回报预期，金融机构在"羊群效应"的影响下也乐意给予这些投资项目金融支持，快速的产业扩张与规模扩大不可避免地导致产能严重过剩。[①] 如果实体生产领域出现多方位、多行业的产能过剩，就会造成社会整体物质产品供给超过需求，形成"过剩经济"，进一步降低实体经济的投资回报率。产能过剩日益加剧及实体经济投资回报率的不断降低，倒逼企业脱离实体经济而进入金融领域，并将追逐金融投资利润作为其投资决策的首选。

对此，我们可以运用马克思的资本流通公式予以解释。马克思指出，在商品生产中，资本的流通公式为"$G-W \cdots P \cdots W'-G'$"，其中"$W'-G'$"的过程是"惊险的一跃"，因为它决定着整个社会再生产过程能否顺利进行。显然，在短缺经济中，市场需求大于供给，供给不足是经济发展的重要瓶颈，$W'-G'$ 的转换过程几乎不存在风险，实现利润最大化的关键在于增加产能，扩大生产规模。然而，在过剩经济时代来临时，社会产品供给大于需求，传统消费市场的"天花板"效应使得实现 $W'-G'$ 转换过程中的风险空前增大；部分投资在开始时便意味着将以亏蚀而结束。另外，由于生产过程的周期性，按照"$G-W \cdots P \cdots W'-G'$"循环公式，实体经济从投资"$G$"开始，到收回成本（$G$）并获得利润（$\Delta G$）的过程存在较长的时间，从而存在极大的市场风险。而相反，金融领域的投资则是"$G-G'$"的过程，这无疑使得从投资"G"开始，到收回成本（G）并获得利润（ΔG）的过程不仅高效，而且十分灵活；加之金融市场的高流动性使得金融投资与实体经济投资相比具有更低的市场流动性风险。同时，金融市场中花样繁多的金融工具使得投资的风险可以通过避险工具的组合运用得到有效规避。因此，过剩经济时代"快餐式"的财富积累方式，对金融资源的"脱实向虚"起到了一定的催化作用。

[①]　林毅夫：《潮涌现象与发展中国家宏观经济理论的重新构建》，《经济研究》2007 年第 1 期，第 126~131 页。

5. 主要工业国家为应对经济衰退而实施的量化宽松货币政策推动了金融市场资产价格的快速飙升

进入 21 世纪以来，面对全球经济增长乏力的状况，主要工业国家纷纷采取了量化宽松的货币政策，以刺激经济增长。所谓量化宽松货币政策俗称"印钞票"，指一国货币当局为通过低利率来刺激经济增长，采用大量印钞、购买国债或企业债券等方式，向市场注入超额资金的政策行为。最先采取量化宽松货币政策的国家是日本。自 20 世纪 90 年代中期以来，日本经济持续不景气，政府为刺激经济而采取的各种政策均未收到显著效果，于是 2001 年日本央行在零利率基础上进一步实行扩张性货币政策，通过将大量超额资金注入银行体系，使金融市场长短期利率均处于低水平，希望以此来刺激经济增长，抑制通货紧缩。量化宽松货币政策刺激经济与抑制通缩的作用机制主要体现在：一是向银行体系注入大量资金可以降低市场利率，而低利率有利于降低企业运营成本，同时可以刺激消费，从而有助于实现经济增长；二是大量资金的注入使得银行具有了充足的资金，使背负着大量不良贷款的日本银行业无须担忧流动性问题，使其在化解不良贷款时拥有更大的主动权，从而推动金融业及其他产业结构的重组。事实证明，日本央行实施的量化宽松货币政策收到了良好的政策效果，突出体现为日本经济从 2004 年开始出现了比较明显的复苏，经济增长率从 2001 年的 0.2% 提高到 2003 年的 1.4%，2004 年进一步提高到 2.7%。从此，量化宽松货币政策作为中央银行刺激经济复苏的手段得到了各国政府的广泛关注。

2008 年爆发的美国次贷危机，迅速演变成全球性金融危机，世界主要国家经济均受到重创，经济增长率大幅下降，甚至跌入负增长率区间（见表 5-4）。为应对经济的快速衰退，以美国为代表的主要国家采取了持续性的量化宽松货币政策，向市场释放了巨量流动性，推升了金融市场资产价格的快速上涨。以美国为例，美联储于 2009~2014 年先后实施了三轮量化宽松货币政策（QE），使美联储总资产规模从 1 万亿美元最高扩张至 4.5 万亿美元，伴随每一轮量化宽松货币政策的实施，虚拟资产价格出现了快速飙升（见表 5-5）。

表 5-4 2007~2009 年全球及主要国家 GDP 增长率

单位：%

国家或地区	2007 年	2008 年	2009 年
全球	5.40	2.87	-0.52
中国	14.20	9.60	9.20
美国	1.95	0.44	-2.63
日本	2.36	-1.16	-6.28
德国	2.78	0.70	-4.67
英国	2.69	-0.06	-4.87
法国	2.32	0.09	-2.55
意大利	1.48	-1.32	-5.22
澳大利亚	4.59	2.59	1.33

资料来源：《中国统计年鉴 2011》。

表 5-5 美国量化宽松货币政策对经济增长及股市的影响

单位：%

量化宽松货币政策	年份	GDP 增长率	道琼斯指数上涨率
第一轮	2008~2010	1.72	28.15
第二轮	2010~2011	3.70	15.43
第三轮	2012~2014	7.64	43.76

资料来源：Wind 数据库。

美国及主要国家量化宽松货币政策的推出，迫使中国货币政策做出相应调整。因为美国的货币政策必然会对其他国家产生强烈的外溢效应。而中国与美国经济之间的相互依赖度又较高，这就使得在美国实行量化宽松货币政策时，中国如果不做出调整，人民币就会面临更大的升值压力，一方面刺激以套汇为目的的国际资本大量流入中国，推升金融资产价格；另一方面降低中国出口企业的国际竞争力，对实体经济增长不利。但如果中国针对美国量化宽松货币政策的实施也进行货币政策调整而增发货币，由于中国的家庭和金融机构并不存在去杠杆化的问题，中国货币供应量将会快速增加。可见，对于美国量化宽松货币政策的实施，无论中国采取调整还是不调整的政策，其结果都会导致流动性过剩，推升金融资产价格①，诱导金融资源"脱实向虚"。

（二）我国金融资源"脱实向虚"的现实背景

1. 国内经济由高速增长转向中高速增长使得向实体经济投资的风险增大

近年来，国内经济增速出现明显下降。历年《中国统计年鉴》数据显示，2010 年我国 GDP 增速为 10.6%，2014 年下滑至 7.4%，2018 年进一步跌至 6.6%。经济增速放缓固然与改革红利、人口红利等的释放进入末端有关，但经济运行中存在的供需失衡、产业结构失衡、虚实失衡以及体制失衡等结构性失衡带来的发展困境也不容忽视。②

首先，从供需失衡来看，我国制造业发展"大而不强"，低端、无效供给过多，而高端、有效供给不足，无法满足消费者对高质量产品日益增长的需求，低端产品供给过剩与高端产品供给不足的结构性矛盾比较突出。其次，从产业结构失衡来看，既有产业间失衡又有产业内失衡。近年来虚拟经济的快速发展使得第三产业占比显著上升，但发展质量、效率都有待提高，并未完全达到产业优化升级的要求。从第三产业内部看，生产性服务业发展滞后，为第二产业提供的服务与支持仍有限。再次，从虚实失衡来看，房价的高速增长和金融业的高昂利润造就了虚拟经济的繁荣，房地产业和金融业对实体经济的资本、人才及企业家才能等创新要素产生了"虹吸效应"，造就了虚拟经济远超过实体经济的过快增长。最后，从体制失衡来看，规范市场经济的服务型政府模式尚未完全建立，营商环境有待优化，企业发展活力未能充分释放，对实体经济发展形成较大约束。这一切使得金融资源投入实体经济的风险都远大于从前。

2. 实体经济与虚拟经济的投资回报率存在明显的"剪刀差"，且还在进一步扩大

党的十八届三中全会以来，为推进我国经济由传统数量型向质量型转

---

① 丁伟国、安添金、何宁：《量化宽松货币政策的影响与应对策略》，《山东社会科学》2013年第 12 期，第 138~141 页。

② 朱淑珍：《金融创新与金融风险——发展中的两难》，复旦大学出版社，2002。

变,加快供给侧结构性改革、淘汰落后产能,并发展新兴产业成为我国经济发展的主基调。在这种背景下,我国经济由过去的高速增长转向中高速的常态增长,并随之出现实体经济投资回报率下降,对资金的吸附能力减弱的现象。我国制造业净资产收益率从 2006 年的 6.7% 下降至 2015 年的 5.4%。相比之下,房地产业和金融业的投资回报率却一路走高,吸引了大量资金流入,许多非房地产企业弱化了其主业而纷纷进军房地产业,非金融企业投资的金融化趋势日益明显。据统计,我国上市房地产企业的净资产收益率从 2006 年的 8.2% 上升至 2013 年的 13.6%,虽然其后有所下降,但仍然保持在 10% 以上[1],这无疑吸引着大量金融资源流入房地产等虚拟经济领域。2020 年以来房地产行业景气度的下降,固然与国家房地产调控政策有关,但更多的是之前房地产市场过度繁荣发展带来的结果。

我国实体经济投资回报率持续降低,其原因主要来自需求端、供给端以及人民币升值对实体企业利润空间的挤压。首先,从需求端来讲,我国实体经济发展面临的强市场需求约束主要来自两个方面。[2] 一是外部市场需求明显减少。长期以来,我国对外出口的高速增长一直是我国实体经济强劲增长的重要动力。但美国次贷危机引发的全球经济衰退,使得国际市场需求处于持续萎缩状态,以美国为代表的国际贸易保护主义抬头且愈演愈烈,使得全球经济与贸易陷入低迷,恶化了我国的出口贸易环境;加之,新冠疫情在全球的蔓延,使得这种趋势进一步加剧。另外,我国进入中等收入国家行列之后,要素成本的快速上升使得我国传统产业的国际竞争力下降,部分新兴经济体因具有较低的成本优势,与我国在劳动密集型行业展开了激烈竞争,使得我国传统制造业的国际市场受到严重挤压。二是国内市场需求遇到了"天花板"效应。改革开放后我国经济持续高速增长,物质产品日益丰富,诸多传统行业已进入产能过剩状态;特别是进入 21 世纪之后,居民收入水平的大幅提升加快了消费结构升级的进程,市场需求由低端向高端过渡的趋势日益明显,使得部分传统产业、低端产品遇到了

---

① 马翠莲:《监管重拳促资金脱虚向实》,《上海金融报》2017 年 5 月 5 日,第 A2 版。
② 徐璋勇:《我国实体经济发展面临的现实约束及应对建议》,《国家治理》2021 年第 29 期,第 28~33 页。

市场需求的"天花板"。正是国内外市场需求的双重约束，使得我国仍处于传统产业领域，以低端产品生产为主的制造企业进入了前所未有的"冬季"时期。

其次，从供给端来讲，实体经济投资成本的持续上升，使得投资的利润空间被严重挤压。这种成本约束主要来自三个方面。[①] 一是融资成本高企。由于企业融资渠道不畅，融资成本高企就成为一种必然现象。根据清华大学经管学院中国金融研究中心等单位联合发布的"中国社会融资成本指数"，2018 年中国社会融资（企业）平均融资成本为 7.60%，其中银行贷款平均融资成本为 6.60%，承兑汇票平均融资成本为 5.19%，企业发债平均融资成本为 6.68%，上市公司股权质押的平均融资成本为 7.24%。与之相对应的是，2018 年规模以上工业企业主营收入利润率只有 6.70%，与银行贷款平均融资成本及企业发债平均融资成本接近。从 2016 年起中国人民银行虽多次下调企业贷款基准利率，但因资金紧张现象并未明显改善，贷款基准利率下调对企业融资成本降低的影响并不显著。二是劳动力成本快速上涨。统计数据显示，我国城镇单位就业人员年平均工资从 2010 年的 13627.6 元增加到 2018 年的 31942.6 元，9 年上涨了 134.4%；[②] 加之，我国的人口发展来到了"刘易斯拐点"，劳动力成本上升使制造业的人口红利正在消失，实体企业的招人难、用人难、留人难问题日益严重。三是企业税负比例较高。据初步测算，2016 年我国企业的总税率约为 68%，企业已缴税金占营业收入的比重达到 7.8%，远远高于欧美等发达国家，以及印度、南非等发展中国家。

最后，从人民币汇率制度改革来讲，人民币汇率定价机制的市场化是我国人民币汇率制度改革的核心内容，由于我国长期"双顺差"下形成的高额外汇储备，人民币汇率在市场供求决定机制下大幅提升，人民币兑美元汇率从 2005 年 7 月初的 1 美元兑 8.28 元升值到 2017 年底的 1 美元兑 6.75 元，升值了 18.5%，这对于以出口为主的企业来说，其不仅出口市场

[①] 徐璋勇：《我国实体经济发展面临的现实约束及应对建议》，《国家治理》2021 年第 29 期，第 28~33 页。

[②] 资料来源：《中国统计年鉴》（2011~2019 年）。

承压，而且出口的利润空间也大幅缩小，企业经营举步维艰。

3. 监管制度不完备为金融资源滞留于虚拟经济领域获得不当收益提供了可能

面对金融自由化的全球趋势，放松金融监管变成金融市场的"主旋律"；加之我国虚拟资本市场发展的历史并不长，在监管政策、交易规则等诸多方面还处在探索之中，这无疑为金融资本留下了套利空间，打破了风险和收益的平衡，使资本追逐高额利润成为可能，从而吸引资本加速从实体经济向虚拟经济流动。

第一，资本市场监管制度的不完善助长了暴利预期。我国资本市场诞生于20世纪90年代初，迄今为止已发展了30余年。各项制度虽然经过持续改革而不断完善，但其存在的问题依然十分明显。首先，上市制度的不完善催生了暴利预期。我国股票市场诞生之初的职能定位是为企业特别是国有企业提供融资服务，因此在诞生之初其制度设计就存在一些弊端，突出表现为重融资而轻投资者保护，这使一大批缺乏业绩支撑的公司经过"包装"获得上市，并获得了远超过其生产发展实际需求的货币资金。这些企业上市后没多久就出现业绩"变脸"。但由于具有信息优势，上市公司的高管在公司业绩下滑之前或股价处于高位时便纷纷将其原始持股抛售套现，从而获得巨额财富。正是这种"造富机制"，使得中国企业具有强烈的股权融资偏好。其次，交易过程监管制度不完备，导致存在严重损害中小股东利益的现象，即"割韭菜"问题。突出体现为上市公司与部分私募机构、市场游资甚至公募基金公司，利用信息优势或散布虚假信息，联手操纵股价，对中小投资者利益进行疯狂掠夺。而这种不当得利即使被发现，行为主体受到的处罚与其获得的利益相比也微乎其微，这客观上相当于鼓励了违法违规行为。最后，注册制下公司的超高市盈率发行，成为部分公司和上市公司高管掠夺紧缺金融资源的重要手段。公司股票的超高溢价发行，在目前我国股票市场上较为常见，而且有愈演愈烈之势。超高溢价发行使上市公司获得了超过其实际资金需求数倍的金融资源。一方面使得紧缺的金融资源过度集中于部分上市公司，加剧了社会金融资源配置的不合理。如科创50指数成分公司2020年年报显示，其账户货币资金总额达到

395.066 亿元，2021 年年报显示货币资金为 416.808 亿元，这就意味着这 50 家公司有 400 多亿元的货币资金闲置，占到其募集资金总额 549.011 亿元的 73%，也就是说这些公司 IPO 募集资金中除了部分用于补充流动资金，大部分并没有用于实体投资而处于闲置状态。另一方面也扭曲了价值评估体系，使得上市公司在发行阶段就存在严重的股价泡沫，助长了实体企业"不务正业"的歪风，加剧了金融资源"脱实向虚"。公司 IPO 的高溢价发行，使得其所募资金数量远远超过了其业务发展的实际需求，形成了巨额的超募资金。这些超募资金要么以货币资金形式躺在公司账户形成闲置资金；要么用于理财，进行资本市场投资，使得实体企业不是安心做大做强主业，而是对理财业务情有独钟。据证券时报·数据宝统计，2022 年 A 股中有 696 家上市公司公告购买理财产品，包括结构性存款、信托、基金等，认购金额合计达 2424.67 亿元，其中最大的当数工业富联（601138），用于理财投资的货币资金高达 476 亿元，是其 2021 年净利润的 2.38 倍。企业金融投资的大量增加，必然挤压实体经济投资，抑制技术创新，弱化企业的市场竞争力。更有部分上市公司的理财业务收入成为公司营业收入的主要来源，还有部分上市公司因理财业务巨亏造成公司整体亏损。

第二，银行监管制度的不完善催生了商业银行等金融中介机构的监管套利行为。金融监管制度是维护金融稳定的重要屏障，但是金融监管存在一个适用范围和动态性问题。所谓金融监管的适用范围，就是金融监管应该覆盖所有的金融机构，并力求公平、公正。如果金融监管只将部分机构作为监管对象而没有实现金融机构的全覆盖，那么部分金融机构便可能会通过一些不受监管的业务而获得较高的收益，从而导致金融机构之间的不公平。所谓金融监管的动态性问题，就是金融监管规则应该根据金融业务的发展而适时做出调整，不能固守于陈旧落后的监管理念与监管框架，否则会对金融机构的发展形成限制。在利润的驱动下，金融机构会为逃避监管而进行花样繁多的金融创新，带来新的金融风险。可见，金融监管是一把"双刃剑"，在维护金融稳定的同时，也会因监管不公或不合时宜而产生监管套利行为。[①]

[①] 吴蒙：《非标债权业务与商业银行稳健经营》，博士学位论文，西南财经大学，2022。

现有的银行监管制度,其核心包括两个方面:一是资本监管,即监管当局规定了银行必须持有的最低资本量,具体就是资本充足率要求;二是存贷比监管,即监管当局规定了商业银行贷款占存款的最大比例。这两个方面的监管要求,催生了商业银行的监管套利行为。

一是资本监管。由于目前中国金融业依然实行分业监管制度,银行业必须遵循"巴塞尔协议",在资本充足率及核心资本率等方面受到严格监管,而信托、券商等非银行金融机构却不受此类监管指标的限制。为逃避资本监管,银行一方面借道于信托、券商等非银行金融机构,开展了花样繁多的变相融资行为,如信托受益权、定向资产管理计划等,这类行为将银行的表内资产转移到表外,在避开资本要求的同时也隐藏了真实的信贷规模;另一方面,在同业市场中,银行通过自身信贷资产转让[①]以提高自身资本充足率,并进一步释放信贷空间[②]。

二是存贷比监管。对商业银行存贷比进行监管,其初衷在于约束商业银行过于激进的放贷行为,控制信贷投放过快增长带来的金融风险。但随着经济运行环境及金融形势的变化,这一监管规定也成为商业银行实施监管套利的动因之一。银行业通过金融创新,或借道同业,或借道不受存贷比限制的其他金融机构,如向信托、券商、保险公司等发放贷款,再通过通道方将前述发放的贷款存回银行,使银行的一般存款增加,达到缓解存贷比限制的目的。商业银行的这种资金转出与转入,直接催生了中国影子银行的发展,不仅削弱了资本充足率等监管工具的有效性,增大了商业银行的风险,而且也抬高了实体企业的融资成本,挤压了实体企业的盈利空间。

第三,二元投融资制度为影子银行业务发展提供了巨大的市场空间。二元投融资制度是指在传统的投融资模式下,不同类型企业获得融资的路

---

① 2009年12月,《中国银监会关于规范信贷资产转让及信贷资产类理财业务有关事项的通知》规定,禁止资产的非真实转移以及有回购条件或回购协议的资产转移,即交割须以完全卖断方式进行。

② 万晓莉、郑棣、郑建华、严予若:《中国影子银行监管套利演变路径及动因研究》,《经济学家》2016年第8期,第38~45页。

径、成本以及便利性等均存在巨大差异。具体来说，中小微企业是国民经济的重要力量，它们贡献了 50% 的税收、60% 以上的 GDP、70% 以上的技术创新、80% 以上的城镇劳动就业、90% 以上的企业数量，但中小微企业因为规模较小、信用等级较低、财务制度不规范等，很多不具备银行贷款资格，加之其他融资渠道不畅，中小微企业融资难、融资贵的问题长期得不到有效解决。为了生存，中小企业不得不寻找其他成本更高的融资方式，比如委托贷款、民间借贷等。与此同时，国有企业及大型企业由于其国有的所有制特征、雄厚的资产、较高的信用度等，一直是各类银行的优质客户和优先的贷款对象，其资金需求很容易通过银行贷款获得满足；加之，这部分企业也是资本市场的宠儿，通过发行股票进行融资并非难事。正是这种融资制度安排，使得这部分企业掌握着巨额的货币资本。面对众多中小企业的融资需求，具有融资优势的国有企业或者一些大型公司就通过各种显性或隐性的融资方式将其闲置资金贷给众多小微企业，以收取远高于其资金成本的利息收入，这部分企业实际发挥了商业银行的信贷职能，扮演着影子银行的角色。另外，由于政府对某些行业或公司进行了政策限制，比如房地产业、地方融资平台等，商业银行就会相应提高对这些行业的贷款门槛，而这些行业又是资金需求大户，无法从银行表内贷款以满足自身的资金需求，因此它们不得不通过发放信托资产等形式来解决，从而推动了影子银行业务的发展。据中国银保监会 2020 年 12 月 4 日发布的《中国影子银行报告》，截至 2019 年底，中国广义影子银行规模为 84.80 万亿元，其中资金信托和委托贷款分别达到 17.94 万亿元和 11.44 万亿元。影子银行规模占 2019 年 GDP 的 86%，相当于同期银行业总资产的 29%。其中规模前五的依次为：银行理财 23.40 万亿元、证券业资管 18.23 万亿元、资金信托 17.94 万亿元、非股票公募基金 13.47 万亿元、委托贷款 11.44 万亿元。

第四，利率市场化的不完全，催生了大量银行理财产品。近年来，随着人们生活水平的提高，人们手上的余钱也越来越多。与此同时，随着互联网金融的快速发展，市场上的投资品种日益多样化，且收益率高于银行存款；再加上"你不理财，财不理你"的观念逐渐被大众接受及智能手机的普及，居民存款从银行流出而用于购买各类理财产品的存款"大搬家"

现象开始出现。在这种情况下，对于本来吸收存款能力就不如大银行的中小银行来说，其吸收存款的压力进一步加大，因而中小银行会更加绞尽脑汁地在影子银行业务上动脑筋，通过创新理财产品并提高收益率来吸引客户。面对市场竞争，国有银行也不得不参与到理财产品的发行中，其结果是银行理财规模的快速扩张。银行业理财登记托管中心发布的《中国银行业理财市场年度报告（2020年）》显示，截至2020年底，我国银行理财市场规模达到25.86万亿元，同比增长6.90%。

4. 金融改革过程中部分改革政策的不匹配催生了短期的套利行为

近年来，随着我国改革开放的不断深入及开放度的不断提高，一系列以实现经济增长与宏观经济协调发展为目的的改革稳步推进。但在改革过程中，部分改革举措之间存在不匹配的现象，导致经济运行中出现了短期的套利行为。

第一，人民币国际化过程中的货币政策操作加剧了货币金融膨胀。人民币国际化是我国汇率制度改革的基本目标，而此目标的实现前提是人民币汇率形成机制的市场化。进入21世纪以来，我国汇率制度先后进行了三次比较大的制度性改革，而每一次改革中的货币政策操作都加剧了货币金融的膨胀以及金融短期化行为。第一次改革是2005年7月21日，我国开始实行以市场供求为基础、参考一篮子货币进行调节、有管理的浮动汇率制度，人民币升值2%，到2008年，人民币一直处于升值状态。在此阶段，面对高速增加的外汇储备，央行采取了提高准备金比率的货币政策以对冲外汇储备增长可能带来的通货膨胀，但提高准备金比率的货币政策锁定了商业银行的部分长期负债，而外汇结算释放的人民币是企业流动资金，是商业银行的短期负债，从而导致商业银行长期负债被锁定而短期负债快速增加的货币金融膨胀问题。第二次改革是2010年6月19日，为加快人民币定价机制的市场化，央行决定退出外汇市场的常态化干预，面对人民币的持续升值，购汇压力转嫁给了商业银行，商业银行因购汇产生的大量资金被占用，而兑换给企业的人民币形成了企业的流动资金，构成了商业银行的短期负债，加剧了货币金融的膨胀。第三次改革是2015年的"8·11"汇改，人民币进入贬值阶段，央行通过"降准"对冲外汇占款的减少，但出于外汇储备保护的需要，并没有采取"降准"的政策释放长期流动性，而是通过采用 MLF（中期借贷便利）等工具向市场注入短期流动性。

前后三次汇改中的货币政策操作，其基本特征是"锁长放短"，即锁定了商业银行的长期负债而增加了短期负债，其结果有以下四点。一是导致金融市场长期流动性越来越少，而短期流动性越来越多，即产生了严重的金融短期化。二是金融短期化导致商业银行必须使用越来越短期的负债去支撑贷款的稳定，产生存贷款期限的严重错配；长期流动性的不断减少，势必导致商业银行短期流动性的大幅增加，并提高货币市场利率，增加商业银行负债成本，同时相应减少中长期贷款，这意味着银行向企业提供的资本数量减少。三是面对逐渐下行的经济增速，政府为激发经济活力迫使银行不得不大量投放中长期贷款，使得商业银行存贷款期限错配的风险更大，商业银行对短期流动性的需求更加旺盛。四是企业尤其是民营企业从银行获得中长期贷款越来越难、越来越贵，它们不得不借入更短期的贷款，从而导致"借短投长"的投融资期限错配。

由此可见，汇改过程中货币政策长期"锁长放短"的操作必然导致全社会长期资本稀缺但短期货币供给增加，进而使我国出现了十分矛盾的金融现象——一方面是货币供给持续增加产生的流动性过剩，另一方面是实体经济融资难、融资贵问题的长期存在，即"货币金融"膨胀与"资本金融"萎缩并存，诱发金融资源流入虚拟经济领域追逐短期利润。

第二，利率市场化改革不到位，诱发套利资金的爆炸式膨胀。在利率市场化改革过程中，央行构建了"多轨制"的基准利率确定机制，核心是对商业银行存款利率规定了上限，而彻底放开了货币市场利率，使得二者之间产生了较大的"无风险套利空间"，并由此引发套利资金规模的大幅度增长。另外，这种利率差异还引发了货币市场利率与套利资金规模之间的恶性循环，即随着货币市场利率的日益提高，银行储户存款流失就会越多，引发商业银行流动性短缺，并迫使商业银行在货币市场大量拆借，从而进一步提高了货币市场利率，诱发了更大规模的货币套利。据中国证券投资基金业协会数据，货币基金规模由 2013 年底的 7062.83 亿元猛增到 2020 年底的 8.05 万亿元，年均增长率达到了 41.57%。

本来汇改过程中货币政策对冲操作的"锁长放短"已经使商业银行积累了较大的"存贷款期限错配"风险,加剧了金融短期化趋势,现在货币基金市场的火爆又进一步吸走商业银行负债,而且是各期限负债"通吃",导致商业银行"存贷款期限错配"风险的进一步增大。为此,商业银行不得不依赖期限更短的负债去应对企业相对长期的贷款需求,导致银行间债券市场与货币市场交易量的骤然上升。

汇改过程中长期"锁长放短"的货币政策操作,叠加利率改革过程中存在的货币套利空间,使得我国金融同业和表外业务急剧膨胀,整个金融体系中监管套利、空转套利、关联套利等诸多"金融乱象"盛行。这既是我国金融短期化、货币化的直接后果,也是货币金融膨胀、资本金融萎缩和金融资源"脱实向虚"的源头。更为严重的是,它使得实体经济的债务成本越来越高,企业盈利能力越来越差,整体经济下行压力不断增大。

5. 地方政府"唯 GDP 论"助长了金融资源"脱实向虚"

首先,"晋升锦标赛"驱使地方政府对发展虚拟经济产业具有更大的热情。[1] 在 GDP 锦标赛的晋升激励下,实现 GDP 的快速增长成为地方政府决策的主要出发点。在此动机下,加快虚拟经济产业的发展就成为地方政府实现其目标的重要举措。一是金融业因具有快速集聚资本的功能而成为地方政府热衷发展的产业之一。由于金融资产的扩张速度远快于实体资本,通过金融业发展完成一定的资本积累所耗时间极短;加之,金融资产扩张对经济增长具有更为直接的推动作用,地方政府对发展金融业具有更大的热情和积极性。伴随金融业占 GDP 比重的快速提升,经济"脱实向虚"趋势进一步加剧。二是房地产业因可以快速缓解地方政府的财政压力而成为地方政府热衷发展的产业之一。在地方政府事权大于财权,且地方政府融资发债受到严格约束的情况下,繁荣房地产市场就成为地方政府快速实现资本积累、弥补发展资金不足的有效途径。房价的上涨,一方面吸引了更

---

[1] 徐璋勇:《我国实体经济发展面临的现实约束及应对建议》,《国家治理》2021 年第 29 期,第 28~33 页。

多的企业加入房地产投资开发之中,增加了企业虚拟化投资;另一方面提高了居民家庭的杠杆率,提升了经济的虚拟化程度。

其次,对金融控制权的追逐也是地方政府诱发金融资源"脱实向虚"的行为动机。[1] 在粗放型经济发展模式下,投资是拉动经济增长的重要力量。受财税体制的影响,地方政府因财力约束,可用于投资的资金严重不足。"晋升锦标赛"机制促使地方政府必须寻求新的资金来源,增加投资,拉动经济增长。在中央政府控制金融剩余索取权的背景下,发展地方金融成为地方政府分享金融资源的重要途径。为此,地方政府对发展地方性金融机构倾注了更大的热情,助力地方性金融机构跨区域设立分支机构,实现规模的快速扩张;并通过对金融机构的行政干预、成立政府投融资平台等方式,诱导银行信贷资金流向政府项目、地方政府融资平台、国有企业等[2],加剧了地方经济金融的"脱实向虚"。

本章小结

本章先对我国金融资源"脱实向虚"的程度分别从国家、金融体系、商业银行以及企业四个层面进行了测算;在此基础上,从宏观背景与现实原因两个方面对我国金融资源"脱实向虚"的原因进行了分析。本章主要结论归纳如下。

在国家层面,测算了2003~2022年我国金融资源在虚拟经济部门与实体经济部门的配置比例。测算结果显示,2003~2022年我国金融资源在虚拟经济部门的平均配置比例为50.85%,金融资源"脱实向虚"程度平均为3.46%。从动态变化来看,金融资源超配于虚拟经济领域起始于2005年,到2016年达到期间最高值,金融资源"脱实向虚"程度达到36.02%。自2017年第五次全国金融工作会议提出"金融要回归本源"之后,这种超配

---

[1] 徐璋勇:《我国实体经济发展面临的现实约束及应对建议》,《国家治理》2021年第29期,第28~33页。

[2] 纪志宏、周黎安、王鹏、赵鹰妍:《地方官员晋升激励与银行信贷——来自中国城市商业银行的经验证据》,《金融研究》2014年第1期,第1~15页。

趋势才有所好转，其后持续改善，到 2022 年金融资源配置于虚拟经济部门的比例为 41.81%，基本回到适度区间。

在金融体系层面，主要测算了 2003～2022 年金融体系对实体经济支持率、金融体系内部资金空转率和影子银行体系金融资源占有率。测算结果显示，2003～2022 年，我国金融体系对实体经济支持率平均为 55.39%，动态变化表现为以 2015 年为最低点（49.39%）的前期下降、后期上升的趋势，2022 年支持率达到 63.36%；金融体系内部资金空转率平均为 4.60%，最高值出现在 2010 年（6.65%），其后下降，到 2022 年空转率下降到 2.57%；影子银行体系金融资源占有率平均为 14.58%，动态变化表现为以 2015 年为最高点（25.49%）的前期上升、后期下降的趋势，到 2022 年影子银行体系金融资源占有率为 14.14%。

在商业银行层面，主要测算了 2003～2022 年商业银行对实体经济支持率和商业银行资金空转率。测算结果显示，2003～2022 年商业银行对实体经济支持率平均为 55.05%，各年份之间差异不大；商业银行资金空转率平均为 18.22%，这表明在 2003～2022 年商业银行拥有的资金中，有近 1/5 的资金没有进入实体经济而在商业银行内部进行空转。其动态变化表现为以 2016 年为最高点（26.22%）的前期上升、后期下降的趋势，到 2022 年商业银行资金空转率依然高达 16.71%。

在企业层面，主要测算了 2007～2022 年企业金融化程度，具体包括企业金融化深度与金融化广度。其中，金融化深度用公司持有金融资产额占公司总资产额的比例表示，金融化广度用从事金融化行为的公司数量占公司总数量的比例表示。以沪深 A 股上市公司为样本的测算结果显示，2007～2022 年企业金融化深度表现出以 2013 年为最低点（6.18%）的前期下降、后期快速上升的趋势特征，其中 2018～2019 年呈现加速上升趋势，2019 年企业金融化深度达到 9.03%，2020 年基本持平，其后有所下降，到 2022 年企业金融化深度为 8.62%；企业金融化广度基本维持在 90% 以上，2010 年最低（89.60%），2015 年达到 93.42%；其后有所下降，但 2018 年以后快速上升到 2022 年的 93.46%。这表明在上市公司中，企业进行金融化投资成为普遍行为。

　　我国金融资源"脱实向虚"的日趋加剧是各种因素共同作用的结果，具有较强的复杂性。从国际背景来看，主要与 20 世纪 70 年代以来金融自由化浪潮下金融制度变革、金融创新涌现，后工业化时代的社会发展、过剩经济，以及 2008 年以后美国与西方发达国家实施的量化宽松货币政策所导致的国际流动性过剩有关；从现实背景来看，主要与 2010 年以来我国经济由先前的高速增长转向中高速增长、实体经济与虚拟经济投资回报率存在"剪刀差"、监管制度不完备、改革过程中部分政策不匹配、地方政府"唯GDP 论"等有关。

第六章

我国金融资源"脱实向虚"的主体行为与"同群效应"

金融资源"脱实向虚"不仅是经济环境、市场创新、技术进步、制度演变等多种因素综合驱动的结果,同时也是各类经济主体行为偏好与选择的结果。基于此,本章采用演绎分析的方法,对金融资源"脱实向虚"过程中经济主体的行为动机及"同群效应"进行分析。

一 我国金融资源"脱实向虚"的主体行为

金融资源配置的经济主体包括政府、金融机构、企业及企业家等,因此要探究金融资源"脱实向虚"的原因,除了从经济环境、市场创新、技术进步、制度演变等方面进行分析,还需要对这些经济主体在金融资源配置过程中"脱实向虚"的行为逻辑进行分析,了解其行为动机,从而制定更为有效的治理对策。

(一)金融资源"脱实向虚"中的政府行为

虚拟经济的繁荣发展及超越实体经济的较高投资回报率是金融资源"脱实向虚"的原始动力,而虚拟经济的繁荣发展离不开政府的强力推动。在我国政府分为中央政府与地方政府的双层体制下,虽然中央政府与地方政府的终极目标是一致的,但由于事权不同,地方政府与中央政府在诸多行为方面仍然存在差异。因此,针对金融资源"脱实向虚"中的政府行为,必须从中央政府与地方政府两个层面进行分析。

1. 金融资源"脱实向虚"中的中央政府行为

资金是经济体系运转的"血液",金融业是国民经济的制高点,金融业的稳健发展不仅是一个国家实体产业发展的重要条件,其发展水平更是衡量一个国家富裕程度的重要标志。因此,为谋求本国经济的快速发展,各国都将金融业定位为战略产业。我国作为一个处于快速发展中的经济大国,经济社会的全面发展及国家的繁荣富强,均离不开强有力的金融支持,因此推动金融业的繁荣发展尤为重要。除此之外,进入21世纪以来,中央政府加快发展金融业,还存在以下三个方面的动因。

第一,谋求在国际金融事务中与中国经济地位相适应的话语权。第二次世界大战以后,美国获得了国际金融体系的控制权,并主导着国际经济金融体系演变与发展的节奏。但2008年美国次贷危机的发生及由此引发的国际金融动荡,表明既有的国际金融体系与国际经济稳健发展需要之间已严重不适应,对现有国际金融体系进行改革迫在眉睫。中国自改革开放以来的40余年中,经济社会发展取得了令世界瞩目的成就,不仅经济总量在2010年超过日本而成为世界上第二大经济体,而且经过"十三五"期间的脱贫攻坚战,消除了绝对贫困;另外,通过科技强国战略,实现了多个领域与多项技术的世界领先。然而,中国并未获得与其经济地位相匹配的国际金融地位。加之,美国及西方主要国家在国际金融危机爆发后为刺激经济而采取的量化宽松政策,引发了全球流动性过剩,使世界各国为美国的金融创新行为买单。因此,从维护各国利益公平视角重构国际金融秩序,日益成为国际社会的共识。在此背景下,中国作为一个负责任的大国,既有责任也有动力和实力倡导重构国际金融格局,为21世纪全球福祉的改善与提高贡献自己的智慧与力量。为此,中国政府采取了一系列积极有效的金融发展政策。一是深化金融业对外开放,加速推进人民币国际化,推动人民币于2016年10月正式加入SDR(特别提款权),使其成为国际储备资产中的新成员;二是积极推进人民币跨境结算,拓宽人民币跨境流动渠道,加速了人民币成为区域性国际货币的进程;三是持续深化境内外金融市场互联互通,丰富离岸金融产品,加强境内外市场间的业务融合与发展;四是鼓励各商业银行积极创新人民币交易、投资、避险产品,为涉外企业提供高效便捷的跨境人民币金融服务。[1] 中央政府的诸多战略性举措,既顺应了国际经济发展形势,提升了中国在国际金融体系中的地位,同时也激发了本国金融体系的快速发展,加速了金融业做大做强,客观上对金融资源的"脱实向虚"起到了一定的助推作用。

第二,通过持续性增发 M2 以缓解人民币升值压力。进入 21 世纪以来,人民币升值的压力一直存在。基于国际环境压力及国内经济结构转型升级的现实需要,2005 年 7 月 21 日中国人民银行宣布自 7 月 21 日 19 点起将人民币兑美元升值 2%,自此人民币进入了持续的升值之中。特别是美国为应对国际金融危机实施的量化宽松政策,进一步增大了人民币的升值压力。人民币的持续升值虽然对加快我国经济结构转型、倒逼企业通过创新提高生产效率具有积极作用,但同时也会降低中国商品的出口竞争力和挤压出口企业的利润空间,给中国经济的长期增长带来副作用。为此,中国人民银行采取了增加 M2 的方式,以缓解人民币的升值压力。M2 由 2005 年底的 298756 亿元增加到 2020 年底的 2181796 亿元,年均增长率达到 14.17%,超过同期名义 GDP 增长率(11.93%)2.24 个百分点。一方面,M2 的快速增加有效缓解了人民币的升值压力;另一方面,M2 增加引致了较为严重的流动性过剩,推动了虚拟资产数量的增加和资产价格的上升,吸引了更多的金融资源进入虚拟经济领域,推动了金融业的快速发展。

第三,做大做强金融市场以应对开放背景下国际资本可能的冲击。坚持对外开放,实现中国经济与世界经济的融合发展,既是改革开放 40 余年来我国经济社会实现飞速发展的成功经验,也是进入新时代后我国经济社会获得全面发展并实现第二个百年奋斗目标的必由之路。面对 21 世纪以来世界经济格局的巨大变化,特别是我国加入 WTO 以后,对外开放必须由贸易领域逐步向金融领域拓展,有计划有步骤地开放资本项目,鼓励国内外资本之间的投资与交流,但这势必会对中国金融体系的稳定与安全形成威

---

[1] 朱立轩、白振华:《发挥央企国企主力军作用　在扩大使用中加快推进人民币国际化进程》,《金融时报》2023 年 3 月 7 日,第 6 版。

胁。为此,必须健全金融体系,做大做强包括资本市场、货币市场、基金市场等在内的金融市场,使其具有足够的抗风险能力。在这种背景下,我国政府给予了金融业发展强有力的政策支持。

首先,从金融体系建设来看。一是形成了多元化的金融机构体系。截至 2022 年底,我国银行业金融机构法人数达到 4567 家,其中包括 3 家政策性银行、6 家国有控股大型商业银行、12 家股份制商业银行、19 家民营银行、41 家外资银行、125 家城市商业银行、1606 家农村商业银行、1645 家村镇银行、23 家农村合作银行、548 家农村信用社、1 家住房储蓄银行;另外,还有 38 家农村资金互助社;有保险公司 157 家(其中财险公司 78 家、寿险公司 79 家);有证券公司 140 家,证券营业部达到 11783 家;基金管理公司 142 家(其中中外合资基金管理公司 47 家、内资基金管理公司 95 家);金融资产管理公司 58 家,信托公司 71 家,金融租赁公司 71 家,消费金融公司 30 家,汽车金融公司 25 家,企业集团财务公司 253 家,贷款公司 5 家,其他金融机构 42 家。[1] 二是构建了多元化的金融市场体系。在货币市场、股票市场、债券市场、外汇市场以及黄金市场等传统金融市场发展的基础上,基金、商品期货及金融期货等金融衍生品市场也相继建立并获得了快速发展。三是建立了包括场内交易和场外交易在内的多层次资本市场体系,为不同产业类型、不同大小规模、不同技术含量的企业提供全方位的融资服务。四是建立了以中央金融委员会为领导的"一行两会"(中国人民银行、中国银保监会、中国证监会),形成了具有较高效率的金融监管体系。

其次,从金融市场发展规模来看。一是股票市场规模快速扩大。2005~2022 年,我国 A 股上市公司数量从 1381 家增加到 4917 家,增加了 2.56 倍;总市值从 3.24 万亿元增加到 78.81 万亿元,增加了 23.32 倍,证券化率(股市市值占 GDP 的比例)从 17.31%提升到 65.42%,提升了 48.11 个百分点。二是基金市场从无到有,截至 2022 年底,证券投资基金数量达到 10576 只,基金规模达到了 23.9428 万亿元(其中私募证券投资基金 5.56

---

① 资料来源:国家金融监督管理总局《银行业金融机构法人名单》(截至 2022 年 12 月末)。

万亿元）；登记在册的私募股权基金已达 3.1525 万只，管理的资产规模达到了 10.94 万亿元。三是债券市场规模也在稳步扩大，银行间债券市场成交额从 2005 年的 2.84 万亿元增加到 2022 年的 271.2 万亿元，增加了 94.49 倍。四是银行同业拆借市场年交易规模从 2005 年的 1.28 万亿元增加到 2022 年的 146.8 万亿元，增加了 113.69 倍。[①]

最后，从金融资产规模来看。一是货币当局总资产快速增长，从 2007 年的 16.91 万亿元增加到 2022 年的 41.68 万亿元，增加了 1.46 倍。二是金融机构资产高速增长。其中，银行业金融机构资产规模从 2005 年的 37.47 万亿元增加到 2022 年的 419.64 万亿元，增加了 10.20 倍；保险机构总资产从 2005 年的 1.53 万亿元增加到 2022 年的 27.15 万亿元，增加了 16.75 倍。三是居民金融资产规模从 2005 年的 20.65 万亿元增加到 2022 年的 250 万亿元，增加了 11.11 倍。[②]

金融业的快速发展与实力增强，为我国抵御全面开放后可能遇到的金融冲击奠定了扎实基础，同时也为金融资源提供了更大的可容纳空间；另外，金融业的快速发展使金融业具有了超过实体经济的投资收益率，为金融资源"脱实向虚"提供了原始动力。

2. 金融资源"脱实向虚"中的地方政府行为

地方政府及其行为决策是决定我国经济增长速度及发展模式的重要因素。而大量研究表明，我国地方政府的行为决策与财税分权体制下对地方官员绩效考核的"晋升锦标赛"制度有关。

第一，"晋升锦标赛"制度是地方政府推动金融与房地产等虚拟经济产业重点发展的首要动力。"晋升锦标赛"的核心在于以地方生产总值的增长作为考核地方政府及官员执政绩效的首要指标，并依此决定官员的晋升。因此，在"晋升锦标赛"的机制规则下，实现所辖区域生产总值的高速增长就成为地方政府行为选择与制定经济政策的首要目标，成为其所有行为决策的出发点。为此，地方政府将金融与房地产等虚拟

---

① 资料来源：Wind 数据库。
② 资料来源：Wind 数据库。

经济产业作为其实现政绩目标的优选产业。其理由有两点。一是金融业的经济增长"加速器"功能。金融业可以实现社会资本的快速集聚，从而为地方政府快速筹措发展资金、解决发展资金不足问题提供巨大支持；金融资本的"$G-G'$"积累模式，使其具有远快于实体资本的扩张速度，因此通过发展金融业进行资本积累具有远高于产业资本积累的效率。另外，金融业增加值作为 GDP 的组成部分，其规模扩张对地方经济总量增长具有更为直接的贡献。正是金融业的诸多特性，使得地方政府对发展金融业拥有更大的热情和积极性。① 随着金融业的快速发展及其占 GDP 比重的快速提升，区域经济"脱实向虚"趋势进一步加剧。二是房地产业因自身发展及繁荣带动的土地升值，可以缓解地方政府的财政压力，成为地方政府热衷发展的主导产业。土地是地方政府掌握的巨量财富，实现土地的快速升值及发挥其巨大的财富效应对于地方政府实现其 GDP 增长目标具有极为重要的作用。在现有的财税分权体制下，地方政府事权大于财权，实现经济增长目标所需的资金严重不足，加之中央政府出于防控金融风险考虑对地方政府融资发债进行严格管控，使得地方政府将发展繁荣房地产市场作为其摆脱资金困境的最有效途径。据财政部统计数据，我国地方政府土地财政收入 2005 年到 2020 年增长了 14.29 倍，年均增长率高达 19.94%，比同期全国 GDP 年均增长率 13.10% 高出 6.84 个百分点；地方政府通过土地出让获得的财政收入占地方财政收入的比例由 36.42% 提升到 44.27%。房价的上涨及房地产开发的暴利，一方面吸引了更多的企业加入房地产开发投资之中，使企业层面的资金流向虚拟经济领域的现象更加普遍，提升了企业投资虚拟化的广度。华经产业研究院数据显示，2020 年全国共有房地产开发企业 103262 家，平均每个省份（除港澳台外）有 3331 家；央企中除 16 家以房地产为主业的企业之外，有超过 70% 的企业在主业之外均涉猎房地产业务。另一方面提升了居民家庭的杠杆率，提升了家庭财产中虚拟资产所占比例，进

① 徐璋勇、张春鹏：《我国金融资源"脱实向虚"的治理路径——基于主体行为动机的分析》，《贵州省党校学报》2021 年第 4 期，第 31~38 页。

一步加剧了经济的虚拟化程度。住房价格上涨及形成的涨价预期,刺激了居民的购房需求,住房按揭贷款快速增长,居民家庭杠杆率从 2005 年的 16.86% 提升到 2020 年的 62.20%。

第二,"晋升锦标赛"制度下地方政府对金融控制权的追逐也是诱发金融资源"脱实向虚"的行为动机。在我国改革开放的 40 余年中,投资作为"三驾马车"之一,始终是拉动经济增长的重要力量。而在现有的财税分权体制下,地方政府承担着促进经济发展、社会进步与环境治理的任务,但因财力约束,可用于投资的资金严重不足。"晋升锦标赛"犹如悬在地方政府及官员头上的"达摩克利斯之剑",敦促地方政府必须想尽一切办法寻求新的资金来源。在中央政府对金融资源具有绝对控制权和配置权的背景下,发展地方金融就成为地方政府争取金融资源控制权与配置权的重要途径。[①]因此,地方政府采取各种鼓励与发展政策,并积极支持地方金融机构跨区域设立分支机构,或成为上市银行,期望通过其规模扩张与做大做强,为本区域争取更多的金融资源。在地方性金融机构中,最具有代表性的是城市商业银行、农村商业银行以及农村信用社。据中国银保监会资料,2005~2022 年,我国城市商业银行数量从 115 家增加到 125 家,虽然数量增加不多,但资产规模扩张迅速,资产总量从 2.04 万亿元增加到 49.89 万亿元,增加了 23.46 倍;农村商业银行数量从 57 家增加到 1606 家,资产规模达到了 47.88 万亿元;农村信用社作为以服务于"三农"为目标定位的地方性金融机构,经过合并改制,虽然其法人数量减少,从 80568 家减少到 548 家,但其资产规模从 3.84 万亿元增加到 47.62 万亿元,增加了 11.40 倍;地方金融机构中上市的银行数达到 26 家,总资产达到 36.20 万亿元。由于地方政府对地方金融机构的信贷资源配置具有一定的影响力,地方金融机构数量的增多及其金融资产规模的迅速扩大,意味着地方政府能够使用或配置的金融资源数量在快速增加,地方政府对金融资源的控制权在扩大。

---

① 徐璋勇、张春鹏:《我国金融资源"脱实向虚"的治理路径——基于主体行为动机的分析》,《贵州省党校学报》2021 年第 4 期,第 31~38 页。

另外，为最大限度地利用辖区金融资源，地方政府往往通过影响地方金融机构的信贷决策，甚至进行直接的行政干预，使金融机构所集聚的金融资源尽可能符合地方政府的投资偏好，或通过成立政府投融资平台等方式，诱导银行信贷资金流向政府项目、地方政府融资平台①，从而加剧了地区金融资源的"脱实向虚"。

（二）金融资源"脱实向虚"中的市场主体行为

金融机构与非金融企业是推动金融资源"脱实向虚"的重要市场主体。其中，金融机构在推动金融资源"脱实向虚"中的突出表现就是"资金空转"；非金融企业在金融资源"脱实向虚"中的突出表现就是其投资的金融化。另外，行业龙头企业的"脱实向虚"行为还会引起"同群效应"，这不仅加剧了企业金融化的深度，也提高了企业金融化的广度，从而加速了金融资源"脱实向虚"的进程。

1. 金融机构的"资金空转"行为

金融机构没有将资金输入实体经济部门而滞留在金融体系内进行"空转"，是金融资源"脱实向虚"的重要表现形式。这种行为选择的动机可归结为贷款约束、逃避监管和追逐利润三个方面。

首先，贷款约束动机。2008 年美国次贷危机爆发之后，我国国内外经济环境及市场需求发生了巨大变化，加之以美国为代表的西方主要国家反贸易自由化政策盛行，我国正处于经济转型期，宏观经济景气度下降，实体经济投资回报率下滑明显，使得实体经济部门与企业偿还银行贷款的能力出现明显下降，增大了银行按期收回贷款的风险。在此背景下，银行出于降低不良率和保证信贷资产安全的考虑，理性的行为选择就是收缩向实体企业的贷款规模，这一方面加剧了实体企业的融资困境，阻碍了企业发展，进一步降低了实体企业投资利润率；另一方面又导致了银行闲置资金

---

① 纪志宏、周黎安、王鹏、赵鹰妍：《地方官员晋升激励与银行信贷——来自中国城市商业银行的经验证据》，《金融研究》2014 年第 1 期，第 1~15 页。

的增加，为资金在银行体系内的空转提供了客观条件。[1] 据国家统计局数据，2005～2022 年，金融机构人民币存贷差额由 9.15 万亿元增加到44.51 万亿元，增加了 3.86 倍；金融机构人民币资金运用中的股权投资与债券投资占其吸收存款的比例从 19.59% 提高到 29.39%，净增加 9.80个百分点。

其次，逃避监管动机。2008 年我国政府为应对国际金融危机可能给宏观经济运行带来的冲击，适时启动了投资计划，同时银行信贷规模也大幅扩大，金融机构贷款在 2008 年增长 15.94% 的基础上，2009 年又增长了31.73%，由此带来了流动性过剩。为此，中央银行 2010～2012 年采取了信贷收紧的管理政策，并在对商业银行的监管中设置了合意贷款规模和存贷比指标，金融机构的信贷规模增长率快速下降至 2010 年的 19.89%，2011年进一步下降至 14.35%，其后的 2012 年、2013 年基本稳定在 14%～15%。在这种政策背景下，商业银行为逃避信贷监管，通过拉长交易链条来转换资产形式，或通过调整会计科目来降低资产的风险加权系数等形式实现出表，以此来降低监管机构对资本拨备计提的要求[2]，其结果使得大量资金滞留于金融体系，造成资金空转。根据前文第五章中的测算结果，2011 年商业银行资金空转率与 2010 年相比出现跳跃式上升，由 2010 年的 16.85% 跃升至 2011 年的 19.73%，其后持续增加，直到 2017 年上升趋势才发生逆转（见图 6-1）。

最后，追逐利润动机。伴随金融领域各项改革的不断深入以及金融业对外开放力度的逐步加大，企业融资渠道日益多元化。在传统的银行信贷之外，符合发债条件的企业可以发债融资，符合上市条件的企业可以进行股票融资，部分企业还可以进行海外融资，使得商业银行传统的信贷业务受到了市场挤压。另外，利率市场化改革的持续推进、国家为降低实体企业运营成本而多次下调基准利率，以及多次采取的不对称降息政策等，使

---

① 徐璋勇、张春鹏：《我国金融资源"脱实向虚"的治理路径——基于主体行为动机的分析》，《贵州省党校学报》2021 年第 4 期，第 31～38 页。

② 曾刚：《打好"三大攻坚战"/"'脱实向虚'风险防范"系列笔谈之二："脱实向虚"风险防范与金融助力实体经济发展》，《改革》2017 年第 10 期，第 39～41 页。

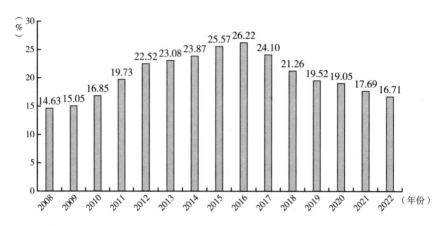

图 6-1　2008~2022 年商业银行资金空转率

资料来源：根据前文表 5-3 绘制。

得银行信贷的净息差持续下降，利润压力倍增。面对股东追求高资本回报的要求，部分银行开始尝试开展传统信贷业务之外的金融创新，期望通过开展非利息的同业业务来增加利润，于是种类繁多的银行表外业务就得到快速发展。另外，银行同业间的激烈竞争和"羊群效应"催生了商业银行的投机行为，大量资金不进入实体经济而在银行体系内循环。最为典型的形式就是银行理财，其规模从无到有，快速发展，到 2020 年商业银行理财产品价值已达 25.86 万亿元。

2. 非金融企业的金融化行为

非金融企业的金融化行为是一种普遍现象。根据前文第五章对我国非金融企业金融化程度的测算，2022 年上市非金融企业的金融化广度达到93.46%，金融化深度为 8.62%。也就是说，在我国上市非金融企业中，有九成以上的企业存在金融化投资行为，企业总资产中约有 1/10 为金融资产，且这一比例还在上升。那么，非金融企业金融化行为选择的逻辑是什么？对此，理论界主要存在三种解释，即"蓄水池"假说、"投资替代"假说和"实体中介"假说。

"蓄水池"假说认为，企业持有金融资产的主要目的在于进行流动性储备[①]，即防止由现金流冲击带来的资金链断裂风险。与实物资产相比，金融资产的一个最大特征就是具有极强的流动性，极易在金融市场上变现。因此，企业持有一定数量金融资产的最大好处就是当企业因现金流不足而陷入财务困境时，可以非常便利且及时地将其所持有的金融资产售出从而获得流动性，缓解企业现金流压力，规避财务危机。但也有部分学者以我国上市公司为样本进行实证研究，得出的研究结论并不支持"蓄水池"假说。因为依据"蓄水池"假说，实体经济投资越多的企业在遭遇财务困境时所需要的流动性储备也会越多，即企业实体经济投资额与金融资产投资额之间应该呈现正相关关系。但从现实数据来看，却正好相反。[②] 换句话说，"蓄水池"假说不能对我国企业的金融化行为给出合理解释。

"投资替代"假说则认为，利润最大化是企业追求的基本目标，因此企业在做出实业投资或金融投资决策时，首先要考虑的是两者之间投资收益率的差别。如果金融投资收益率高于实体经济投资收益率，企业的理性选择就是增加金融资产的持有比例，将更多的金融资源用于金融投资。因此，金融投资相较于实业投资而言具有较高的收益率才是导致企业金融化的重要动因。显然，该假说对于近年来我国非金融企业的金融化行为具有很好的解释力。[③] 一是2008年以来我国实体经济投资收益率的不断下降。虽然2008年我国为防止经济出现大幅衰退实施了投资计划，使经济增速在2010年也出现了短暂的回升，但这并没有改变经济增速继续下滑的趋势，实体经济的投资收益率随之下降。二是相对宽松的货币政策导致金融投资收益率的不断上升。为防止实体经济的大幅衰退，政府实施了相对宽松的货币政策。2008～2020年M2以年均13.57%的速度增长，超过同期名义GDP增

---

①　Smith, C. W., Stulz, R. M., "The Determinants of Firms' Hedging Policies," *Journal of Financial and Quantitative Analysis*, 1985, 20 (4): 391-405; Stulzr, M., "Rethinking Risk Management," *Journal of Applied Corporate Finance*, 1996, 9 (3): 8-25.

②　张成思、张步昙：《中国实业投资率下降之谜：经济金融化视角》.《经济研究》2016年第12期，第32~46页。

③　徐璋勇、张春鹏：《我国金融资源"脱实向虚"的治理路径——基于主体行为动机的分析》，《贵州省党校学报》2021年第4期，第31~38页。

长率2.46个百分点。货币供给的增多释放了更多的流动性,使宏观经济始终处于流动性过剩状态,但由于实体经济在多重约束下复苏缓慢,过多的流动性就流向了资本市场和房地产市场,推高了金融资产价格和房地产价格,使得金融投资收益率长期高于实体经济投资收益率。三是企业对短期利益的偏好程度上升。面对复杂的国内外经济环境以及由此带来的不确定性,企业管理层对经济前景预期看淡,投资信心不足,从而更加看重短期利益,对短期内可以获利的金融资产投资具有更大的偏好,这在某种程度上改变了以往企业"生产—留存—投资"的资产配置模式。① 部分学者以我国上市非金融企业为样本进行研究,证实了这种动机的客观存在。②

"实体中介"假说认为,由于银行信贷歧视现象的存在,信贷资金配置并没有遵循市场效率原则,即产生了资金错配。部分生产效率较低的企业凭借其政策优势及其他便利,以较低的资金成本从银行获得了更多的资金;但其因生产的低效率,就将从银行获得的这些低价资金转贷给其他需要资金但融资困难的企业,从中赚取利差,实现收益最大化。由于其行为类似于金融机构的中介业务,故被称作"实体中介"。③ "实体中介"企业从银行获得的信贷资金并没有投入实体产业,而是以转贷的形式贷给其他企业,一方面加剧了企业金融化程度;另一方面其他企业也因融资链条的加长而推高了融资成本,降低了其投资收益率。事实也表明,我国国有企业因其资源特点、行业垄断性、所有制形式、政府隐性担保等而成为银行贷款的"黄金"客户,部分国有企业将从银行获得的低成本资金转手通过委托贷款、购买理财产品等形式提供给民营中小型企业,充当了资金市场的"掮客",推高了民营中小型企业的融资成本。④

---

① 戴赜、彭俞超、马思超:《从微观视角理解经济"脱实向虚"——企业金融化相关研究述评》,《外国经济与管理》2018年第11期,第31~43页。
② 胡奕明、王雪婷、张瑾:《金融资产配置动机:"蓄水池"或"替代"?——来自中国上市公司的证据》,《经济研究》2017年第1期,第181~194页。
③ 戴赜、彭俞超、马思超:《从微观视角理解经济"脱实向虚"——企业金融化相关研究述评》,《外国经济与管理》2018年第11期,第31~43页。
④ 徐璋勇、张春鹏:《我国金融资源"脱实向虚"的治理路径——基于主体行为动机的分析》,《贵州省党校学报》2021年第4期,第31~38页。

可见，根据"投资替代"假说与"实体中介"假说对我国非金融企业金融化行为进行解释，都会将其行为动机归结于对利润的追逐。在利润最大化的动机下，面对较高的金融投资收益率和较低的实体经济投资收益率，企业的理性选择就是将更多的金融资源配置到金融、房地产行业①，使企业来自金融投资领域的盈利占其总利润的比例越来越高，而且从目前来看，这种趋势还在延续。

（三）金融资源"脱实向虚"中的企业家行为

企业家行为首先取决于企业家所崇尚的企业家精神。在奥地利学派看来，对企业家精神内涵的理解可分为两种：一种认为，企业家精神的核心内涵是"创新"，该观点由维克塞尔开创并为熊彼特所发扬，如熊彼特认为"创新"就是"创造性破坏"，企业家的本能就是持续地进行从产品到技术以及市场、组织的创新等；另一种认为，企业家精神的核心内涵是"警觉"，该观点由米塞斯开创并为柯兹纳所发扬②，所谓"警觉"就是企业家能在别人看不到机会的地方看到机会，特别是对盈利机会的发现与把握。在第二种情况下，企业家在警觉的引领下发现和利用市场机会，通过低价买进和高价卖出获得利润，利润的实质是"套利"而非创新。③

近年来，在实体经济投资收益率持续走低，而金融市场投资收益率处于相对高位的背景下，我国越来越多的企业家表现出来的行为不是"创新"而是警觉性"套利"，如通过转让股权、减持股票、高比例分红或者将创办企业整体出售给上市公司等方式，从资本市场套取巨量现金，以实现个体的财富自由。根据 Wind 数据库，2018～2020 年 A 股市场重要股东减持套现额达 12239 亿元，是三年 IPO 首发融资额 8716 亿元的 1.40 倍，这意味着平均每年有 4079.67 亿元从产业资本流出并以现金形式成为重要股东的个人财

---

① 杜勇、张欢、陈建英：《金融化对实体企业未来主业发展的影响：促进还是抑制》，《中国工业经济》2017 年第 12 期，第 113～131 页。

② 朱富强：《企业家精神能否带来有效市场——基于奥地利学派企业家才能观的考察》，《社会科学研究》2017 年第 2 期，第 1～13 页。

③ 徐璋勇、张春鹏：《我国金融资源"脱实向虚"的治理路径——基于主体行为动机的分析》，《贵州省党校学报》2021 年第 4 期，第 31～38 页。

富。其中,仅 2020 年 A 股上市公司中就有 1979 家发生大股东减持套现行为,占全部上市公司数量的 47.79%,净减持金额达到 6970 亿元。显然,上市公司重要股东这种近乎"疯狂"的套现行为,使股东个体快速实现了财富自由,但也带来了极大的负面效应:一是巨量资金从实体产业流出,不利于社会技术的进步与创新;二是频繁的套现行为给市场传递了公司经营前景堪忧或业绩不佳的信号[1],动摇了投资者的持股信心,增大了公司股价下行压力,对公司市场价值稳定形成较大冲击;三是助长了以获取价格差为目的的套利行为,不利于市场价值投资理念的形成。

二 我国金融资源"脱实向虚"中经济主体的"同群效应"

(一)"同群效应"的内涵界定

"同群效应"(Peer Effects)又称为"同伴效应",源于社会学研究范畴中关于"社会互动"问题的研究。所谓"社会互动",就是指个体行为之间相互影响的现象。Manski 将社会互动划分为三种类型,即关联效应(Correlated Effects)、内生互动(Endogenous Interaction)和情景互动(Contextual Interaction)[2],分别表现为具有相似条件和特征的个体行为之间的趋同、单个个体行为受所在群体其他个体行为的影响、单个个体行为受所在群体的外部环境的影响。"同群效应"描述的就是处于相同外部环境中的个体,其行为受到同群体中其他个体行为影响的内生互动现象。[3] "同群效应"的相关理论中包含美国心理学家班杜拉提出的社会学习理论、英国人类学家布朗提出的社会网络理论、美国心理学家费斯廷格提出的社会比较理论,以及以熊彼特的"创造性毁灭"理论和奥地利学派的动态竞争理

---

[1] 徐璋勇、张春鹏:《我国金融资源"脱实向虚"的治理路径——基于主体行为动机的分析》,《贵州省党校学报》2021 年第 4 期,第 31~38 页。

[2] Manski, C. F., "Identification of Endogenous Social Effects: The Reflection Problem," *The Review of Economic Studies*, 1993, 60 (3): 531-542.

[3] 朱睿:《非金融企业金融化的同群效应研究》,硕士学位论文,西北大学,2020。

论为基础的动态竞争理论。

通过归纳总结现有研究，我们可以将"同群效应"界定为个人或组织（如企业、政府）的行为会受到群体内其他个人或组织行为影响的一种现象，具体表现为个体或组织在产生行为决策时，会主动观察和学习同一群体内其他个体或组织的行为决策，经过对观察学习所获得的信息进行处理和判断，进而做出自身的行为决策。[1]

需要指出的是，"同群效应"与金融学中的"羊群效应"（The Effect of Sheep Flock）有着截然不同的内涵，这种不同主要体现在做出行为决策的过程和机制上。"羊群效应"是一种没有理性思考而盲目追随与模仿大众的非理性行为，其结果往往并不理想，现实表现就是"一哄而上"。而"同群效应"指的是个体在做出行为决策时，首先观察、学习群体内其他个体的行为特征，然后经过思考和判断，最后做出自身的行为决策。尽管这种行为决策的最终结果与之前的预期可能存在较大差异，但决策过程是理性的。另外，"同群效应"与"经济外部性"（Externality）或"溢出效应"（Spillover Effect）也有着明显的差异。"同群效应"仅影响具有相似特征的个体，效应的指向性比较明确；而"外部性"的影响范围则不限于具有类似特征的个体，即存在对个体以外的全部其他主体产生影响的可能性。

在"同群效应"被引入经济学研究领域之前，学者们已经对"涟漪效应"（Ripple Effect）进行了广泛研究。所谓"涟漪效应"主要是指市场中强势个体的行为对群体特征或行为产生的影响，如在市场中处于强势地位的企业往往通过掠夺性定价策略，对新进的同类企业进行价格打压，挤占其利润空间，以达到将其驱逐出市场的目的。[2] 强势企业通过这种行为达到自身目的的基本假设是，强势企业的定价变动会引起新进企业的追随，这种竞争性模仿后来被证实是企业产生同群行为的主要动机之一。[3] 同样，

---

① 朱睿：《非金融企业金融化的同群效应研究》，硕士学位论文，西北大学，2020。

② Telser, L. G., "Cutthroat Competition and the Long Purse," *The Journal of Law and Economics*, 1966, 9: 259-277.

③ 朱睿：《非金融企业金融化的同群效应研究》，硕士学位论文，西北大学，2020。

"同群效应"内涵中的"个体"概念也可以延伸至政府，即政府作为社会经济活动的组织者、调节者和控制者，其行为决策同样会受到地理位置与之相邻或相关特征与之相近的其他政府行为决策的影响。

在我国金融资源"脱实向虚"的过程中，地方政府、金融机构以及非金融企业的决策行为都不同程度地存在"同群效应"。为此，我们需要分别对地方政府经济虚拟化、金融机构资金空转以及非金融企业投资金融化的"同群效应"进行分析。

（二）地方政府经济虚拟化的"同群效应"

中国经济自改革开放以来保持了数十年的高速增长，针对这种"增长奇迹"的一种解释就是，一种特殊的激励机制，即"晋升锦标赛"机制，推动了中国经济长期高速增长。该解释认为，我国地方官员晋升机制主要依赖上级官员对下级官员任职地区经济增长情况的考核。在这种晋升激励的驱使下，下级官员有着很强的追求经济增长的动力，因为出色的执政业绩是其谋求职位升迁的主要依据。[1] 特别是在分税制改革后，地方政府承担了大部分的区域经济与社会发展责任，更热衷于追求本辖区经济发展、人民生活水平提高等。因此，地方政府为了在"晋升锦标赛"中获胜，就会攫取各种资源作为竞争的筹码，其中最为重要的就是金融资源。

由于金融资本与实体资本扩张速度的显著差异以及金融资源在地方经济增长中的巨大作用，地方政府对发展金融业、房地产业及其他泛金融行业有着明显偏好和强烈冲动。一方面，金融业能够快速集聚资本，资本积累耗时短，且金融扩张能够直接推动地区经济发展；繁荣的房地产业能够给地方政府带来一定规模的土地使用权转让收入和其他税费收入，助力地方政府进行资本积累，缓解地方财力不足和融资受限的资金约束。另一方面，地方政府通过发展金融业，可以在现有中央政府与地方政府之间的财

---

① 周黎安：《晋升博弈中政府官员的激励与合作——兼论我国地方保护主义和重复建设问题长期存在的原因》，《经济研究》2004年第6期，第33~40页。

权划分与博弈中获得更多的金融资源，从而增加本地投资以支持地方经济增长。通过发展地方性金融机构并支持金融机构跨区设立分支机构、建立政府投融资平台、强化对金融机构的行政干预等手段，引导资金流入有助于实现地方经济增长目标的政府项目、国有企业等，无疑助推了地方经济的虚拟化进程。但由于地方金融监管未能跟上金融活动发展的步伐，各地监管尺度不一，无论是 P2P、地方小贷、村镇银行，还是租赁担保等，都暴露出了不同程度的区域性金融风险，不仅给区域经济稳健运行带来冲击，而且也对整个国家金融体系的安全产生了威胁。

另外，金融与房地产等虚拟经济行业具有惊人的 GDP 创造速度，使得地方政府对于发展金融与房地产等行业具有更大的热情。与实体经济创造 GDP 依赖于物质生产与服务不同，金融及房地产等虚拟经济行业可以不再依赖和服务于实体经济的生产过程，而仅通过自我循环就可实现GDP 的快速增长。这突出体现为虚拟资产交易过程中产生的各种服务性收费，而这些收费都是 GDP 的统计范围。一是通过重复交易创造 GDP。各种虚拟资产从实质上讲都是一种金融契约，在交易前、交易中及交易后的权利确认（即交割过户）过程中都会产生相关的费用，如保荐机构收取的保荐费、会计师事务所及律师事务所等中介机构收取的中介服务费、证券交易所收取的印花税、证券经纪人收取的交易手续费、证券登记机构收取的过户费等，这些费用都是 GDP 的统计范围。显然，虚拟资产的规模越大、交易越活跃，这些费用就会越多。二是通过资产价格炒作增加 GDP。虚拟资产价格的上涨是虚拟经济繁荣发展的直接表现，而资产价格的上涨可以通过市场操作来实现。虽然资产价格的上涨本身不计入 GDP，但是资产交易过程中所需要支付的一系列中介服务费用，如信息咨询费、价格评估费、买卖代理费等，作为金融服务产出的一部分均计入GDP。[①] 因此，虚拟资产价格炒得越高，这部分费用就越高，对 GDP的贡献就越大。

---

① 刘晓欣、熊丽：《从虚拟经济视角看 GDP 创造的逻辑、路径及隐患》，《经济学家》2021 年第 9 期，第 31~40 页。

政府决策同样离不开人的决策。处于同样的"晋升锦标赛"压力之下，经济发展水平相近、同省份内有直接竞争关系的地方政府和官员之间会存在较强的攀比模仿动机，属于同一行政区划、地理位置相近或经济发展水平相近的地方政府形成"同群"，进而产生行为决策的相互借鉴与模仿。现有研究表明，地方政府经济决策存在显著的"同群效应"，具体表现在开发区设立[①]、土地资源配置策略[②]以及城市环境管制等方面。

为了向上级政府证明自己的能力不逊于周围地区，地方政府在经济虚拟化方面同样存在同群行为，地方政府发展泛金融业的决策可能会受邻近地区的影响。地方政府倾向于将自己省份内的同级视为竞争对手。[③] 邻近地区，特别是同一省份的地区间，相似的经济发展水平及财政资源充裕程度意味着某地区在发展区域金融方面将参考邻近地区的策略，且邻近地区有较高的信息可及性，有利于地区间在制定政策时相互学习。有研究表明，在激烈的金融资源争夺中，地方政府和官员会利用手中的权力直接或间接干预金融机构的资金运用，从而使金融机构的资金筹划和运用符合地方政府利益[④]，并导致地区间金融扩张的相互攀比[⑤]。除干预金融机构的业务外，地方政府还积极发展地方性金融机构，使城市商业银行以及小额贷款公司等地方性金融迅速发展，各类金融机构"遍地开花"[⑥]，表现为同群模仿下激烈的"金融竞赛"。

---

① 邓慧慧、赵家羚：《地方政府经济决策中的"同群效应"》，《中国工业经济》2018 年第 4 期，第 59~78 页。

② 安勇：《地方政府土地资源配置的策略互动行为》，《中国土地科学》2022 年第 3 期，第 13~21 页。

③ 姚洋、张牧扬：《官员绩效与晋升锦标赛——来自城市数据的证据》，《经济研究》2013 年第 1 期，第 137~150 页。

④ 张璟、沈坤荣：《地方政府干预、区域金融发展与中国经济增长方式转型——基于财政分权背景的实证研究》，《南开经济研究》2008 年第 6 期，第 122~141 页。

⑤ 郭峰、胡军：《地区金融扩张的竞争效应和溢出效应——基于空间面板模型的分析》，《经济学报》2016 年第 2 期，第 1~20 页。

⑥ 袁云峰、贾康、徐向东：《金融竞争、相对资本深化与地区经济效率》，《统计研究》2012 年第 3 期，第 45~53 页。

（三）金融机构资金空转的"同群效应"

金融机构的资金空转是经济"脱实向虚"的重要表现形式。金融机构出于规避风险、逃避监管或谋求最大利润的动机，使大量金融资本脱离实体产业生产，在金融体系内部完成循环和积累。

近年来，伴随中国经济结构的转型，实体经济经营风险增加，特别是受新冠疫情等系统性风险的影响，市场需求不足，经济下行压力加大，实体企业经营成本增大，获利能力进一步下降。银行为规避偿债风险，削减向实体企业的贷款额度，由此产生大量闲置资金，将这些闲置资金投资于金融体系内部正是理想的渠道。同时，随着宏观经济和监管环境的变化，中国影子银行总体规模快速扩大，而影子银行业务的监管套利问题是系统性风险的重要来源。逃避存贷比监管以及对商业银行信贷规模和投向的限制，是银行监管套利的根本驱动因素。[①]银行业通过金融创新，或借道同业，或借道不受存贷比限制的其他金融机构，如向信托、券商、保险公司等发放贷款，再通过通道方存回银行以增加所谓的一般存款，虽然都是同一笔资金，但其通过转出与转入，可以达到减小存贷比监管约束的效果。另外，这种业务活动还直接推动了中国影子银行的发展，抬高了融资成本，削弱了资本充足率等监管工具的有效性，积累了风险。此外，股票市场和债券市场的繁荣发展挤占了银行业的传统业务，面对利率管制放开后激烈的同业竞争和较高的股东回报要求，为追求较高的收益率，金融机构间的同业业务得以快速发展。

资金空转使得金融资本在金融体系内部长时间停留，一方面拉大了金融体系与实体经济的利差，另一方面也积聚了大量的不稳定因素。2023年3月，美国硅谷银行倒闭，其背后的主要原因正是硅谷银行将大量资金投资于长期债券，其持有的长期债券占总资产的43%。而美联储的快速加息政策导致资产价格暴跌，亏损严重，现金不足的硅谷银行低价出售可变现资

[①] 万晓莉、郑棣、郑建华、严予若：《中国影子银行监管套利演变路径及动因研究》，《经济学家》2016年第8期，第38~45页。

产，发布筹资公告，引发客户恐慌情绪和挤兑，最终造成硅谷银行宣告破产。

正是同业间的激烈竞争和"同群效应"，激发了以银行为主的金融机构的投机行为，诱导大量资金在金融体系内循环，而不进入实体经济。金融机构通过资金配置策略相互模仿，以缓解行业竞争，保住自己的行业地位，对经营风险进行主动回应。在实体经济盈利能力与金融体系获利水平差距大、金融监管趋严的情况下，面临获利压力和竞争压力的金融机构逐渐偏向于金融体系内部的资金配置途径。此外，我国金融资本市场仍处于不断发展和优化的过程中，部分制度尚不健全，决策环境、经济政策同样会对组织行为产生显著影响。为了规避金融体系发展过程中面临的不确定性可能带来的负面影响，对市场环境和经济政策敏感的金融机构同业间形成一张"信息网络"，金融机构参考其他同业的资金配置决策，选择保持相互的一致性，由此获得更多合法性认可，有效规避逃避监管的试错风险，降低成本。

（四）非金融企业投资金融化的"同群效应"

1. 非金融企业投资金融化"同群效应"的发生机理

动态竞争理论认为，获取利润是企业设立的主要目标，受有限市场需求和自身资源的限制，超越竞争对手，争夺市场份额，竭尽所能地获得最大利润成为企业最核心的目标之一。Manski 的偏好互动机制指出，个体企业往往会注意同行业其他企业的竞争性行为，以获得行业竞争优势，被观察到的竞争性行为会直接作用于个体企业的行为偏好排序，影响行为要素的效用，并对其最终决策产生影响。[1] 企业配置金融资产可以在一定程度上弥补自身主营业务获利能力的不足，改善利润低迷的经营现状，促使行业资本流入。由于企业金融化行为符合竞争性行为的特点，企业可能会将同行业其他企业的金融化行为看作一项竞争策略，并对此行为进行

---

① Manski, C. F., "Identification of Endogenous Social Effects: The Reflection Problem," *The Review of Economic Studies*, 1993, 60 (3): 531-542.

观察和分析,据此结合自身情况做出最优的应对策略,这种行业内的竞争互动关系会引起同群企业金融化决策的同群效应。除此之外,为维护自身声誉,管理者要向委托人证明其能力不逊于其他管理者,就会积极观察和分析其他管理者的行为,以此作为借鉴,提高自身决策的有效性。同时,如果管理者能力尚有欠缺或是无法保证足量和优质的信息来源,为降低真实管理水平暴露的风险,管理者可能会有意识地学习他人的决策行为。[1]

社会学习理论则认为,企业作为一种组织,其行为除了会受到过去经验等先验信息和外部环境等独立信息的影响,还会受到同群企业行为信息的影响。[2] Manski 的期望互动机制认为,同群效应的本质是获取信息,企业通过对行为决策可能的后果进行预测,并从同群企业的行为决策中抽取偏好信息,然后通过适当加工,生成符合本企业条件的成本收益分析结果。在这一过程中,企业认知可能会发生一些变化,导致企业行为决策可能会向同群企业行为靠拢,也可能与同群企业行为偏离。[3] 由于制定出有效的企业金融化行为决策对企业收集及分析内外部环境信息的能力有着较高的要求,所以当企业面临不稳定的外部环境,抑或难以取得有效信息时,企业对同群企业行为决策的模仿意愿就更为强烈。[4] 随着金融市场的不断发展,金融创新层出不穷,企业金融化投资的渠道与形式日益多元化,企业既可以投资理财产品、证券及各类金融衍生品,也可以投资房地产市场,还可以参与影子银行活动,但无论哪种投资形式,收益与风险往往都互相伴随且呈正相关关系。此外,由于同行企业所处的外部市场环境基本相同,且在同一时期同行企业在内部运行方面有着极高的相似度,同行企业的行为

---

① Scharfstein, D., Stein, J., "Herd Behavior and Investment," *The American Economic Review*, 1990, 80 (3): 465-479.

② 朱睿:《非金融企业金融化的同群效应研究》,硕士学位论文,西北大学,2020。

③ Manski, C. F., "Identification of Endogenous Social Effects: The Reflection Problem," *The Review of Economic Studies*, 1993, 60 (3): 531-542.

④ Banerjee, A. V., "A Simple Model of Herd Behavior," *The Quarterly Journal of Economics*, 1992, 107 (3): 797-817; Bikhchandani, S., Hirshleifer, D., Welch, I., "Learning from the Behavior of Others: Conformity, Fads, and Informational Cascades," *Journal of Economic Perspectives*, 1998, 12 (3): 151-170.

决策结果对本企业的行为决策具有很高的借鉴价值。因此，不具备信息优势的企业在形成企业金融化行为决策时很可能会参考同行企业的行为决策结果，产生信息获取性模仿。

2. 非金融企业金融化同群对象的选择

现有研究认为，企业通常会将具有如下三个特征的企业作为模仿对象：一是决策或行为被广泛模仿和应用；二是决策或行为结果比较成功；三是被模仿企业在特征上与自身更为相似。[①] 具有这三类特征的企业分别对应了法国社会学家塔尔德在其著作《模仿律》中所提出的"几何级数律""逻辑模仿律""先内后外律"。

出于市场竞争及股东利润最大化的压力，企业管理者都有向同行业内领先企业学习模仿的意愿和动机。但仅有意愿和动机还远远不够，企业的财务能力、经理人的管理能力、企业的文化精神等企业自身条件，都是企业能否将意愿和动机转化为实际行动以及模仿后能否取得成功的决定性因素。

本章小结

本章采用演绎分析的方法，对金融资源"脱实向虚"过程中经济主体的行为动机及"同群效应"进行分析。本章主要结论与观点可归纳如下。

金融资源"脱实向虚"是包括政府、金融机构、企业及企业家在内的所有经济主体行为共同导致的结果。虽然不同经济主体的行为目标不同，但共性特征在于其行为结果不同程度地推动了金融资源的"脱实向虚"。

从政府层面来看，中央政府为在全球金融体系中谋求与中国经济发展地位相适应的金融话语权，推行了一系列的金融发展与改革措施，一定程度上助推了金融资源的"脱实向虚"；地方政府在"晋升锦标赛"机制下，

---

① Haunschild, P. R., Miner, A. S., "Modes of Interorganizational Imitation: The Effects of Outcome Salience and Uncertainty," *Administrative Science Quarterly*, 1997, 42: 472-500.

对发展金融、房地产等虚拟经济产业具有极大的热情和动力，直接提高了区域经济的虚拟化程度，其中，通过发展地方金融业获得更大的金融资源配置权，是地方政府推动金融资源"脱实向虚"的重要形式。

从金融机构层面来看，金融资源"脱实向虚"突出表现为金融资源不流入实体经济而是在金融体系内"空转套利"，其行为动机主要体现为贷款约束、逃避监管和追逐利润。

从企业层面来看，理论上对非金融企业金融化行为动机存在"蓄水池"假说、"投资替代"假说和"实体中介"假说三种解释，但结合我国经济发展的内外环境，发现我国非金融企业金融化行为的主要动机在于对利润的追逐。

从企业家层面来看，在近年来实体经济投资收益率持续走低，而金融市场投资收益率处于相对高位的背景下，我国企业家更多地表现出警觉性"套利"行为，即通过转让股权、减持股票、高比例分红以及将创办企业整体出售等方式，从资本市场大量套现，以实现个体的财富自由，客观上助推了金融资源的"脱实向虚"。

在金融资源"脱实向虚"的过程中，地方政府、金融机构、企业及企业家都不同程度地存在"同群效应"，即它们在做出将金融资源配置于虚拟经济领域的决策时，都会受到其他地方政府、金融机构、企业及企业家行为决策的影响，它们在观察学习及对获得的信息进行处理和判断的基础上，理性地做出自己的行为决策。其中，非金融企业在做出金融化投资决策时通常会将那些在行业内处于领先地位、盈利能力强、未来成长性更高的企业作为追随模仿对象。

第七章

我国金融资源"脱实向虚"的经济增长
效应与资源错配效应检验

前文的理论分析表明，金融资源"脱实向虚"对经济增长具有非线性效应，同时会引发金融资源错配，并产生投资挤出效应、僵尸企业效应和创新抑制效应。本章拟采用计量经济学方法，对这些效应进行实证检验。

一 金融资源"脱实向虚"经济增长效应的实证检验

（一）国家层面的实证检验

本部分采用 2003~2022 年全国及 30 个省份（剔除西藏和港澳台）的面板数据，通过构建一个含有控制变量的金融资源"脱实向虚"宏观经济效应模型，对金融资源"脱实向虚"与经济增长之间的关系进行实证分析。

1. 模型构建、变量选择与数据来源

从理论分析看，金融资源"脱实向虚"与经济增长之间的关系是非线性的，具有分段式特征，金融资源"脱实向虚"程度过高或过低都不利于经济增长。为此，我们采用门限模型，选取经济增长率作为被解释变量，选取代表金融资源"脱实向虚"程度的"脱实向虚"指数作为门限变量和核心解释变量，其余为控制变量，从而将金融资源"脱实向虚"的宏观经济效应模型设定为：

$$g_{it} = \beta_0 + \beta_1 x_{it} I(k_{it} \leq \gamma) + \beta_2 x_{it} I(k_{it} > \gamma) + e_{it} \tag{7-1}$$

其中，被解释变量为经济增长，符号为 g，用 GDP 的同比增长率表示；$I(\cdot)$ 为示性函数，γ 为要估计的门限值，x 为解释变量的集合，k 为门限变量，i 表示第 i 个省份，t 为年份。

核心解释变量及门限变量均为表示金融资源"脱实向虚"程度的变量，即金融资源"脱实向虚"指数，变量符号为 k，k 为虚拟经济部门占有金融资源量与实体经济部门占有金融资源量的比值减 1，用来表示金融资源在虚拟经济部门和实体经济部门之间的分配情况。虚拟经济部门占有的金融资源量为金融部门和房地产部门占有的金融资源量之和，实体经济部门占有的金融资源量为社会金融资源总量减去虚拟经济部门占有的金融资源量。

控制变量为固定资产投资、科技创新投入和政府干预，符号分别为 fix、rd 和 gov，其中，固定资产投资用其同比增速来表示；科技创新投入用规模以上工业企业 R&D 经费同比增长率来表示；政府干预用地区财政支出与地区生产总值之比来表示。各变量的符号及含义见表 7-1。

表 7-1 变量符号及含义

变量名称	变量符号	变量定义
经济增长	g	GDP 的同比增长率
金融资源"脱实向虚"指数	k	（虚拟经济部门占有金融资源量/实体经济部门占有金融资源量）-1
固定资产投资	fix	固定资产投资的同比增速
科技创新投入	rd	规模以上工业企业 R&D 经费同比增长率
政府干预	gov	地区财政支出/地区生产总值

数据主要来源于 Wind 数据库以及 30 个省份（剔除西藏和港澳台）2003～2022 年统计年鉴、《中国国家资产负债表 2020》以及据此计算出的金融资源"脱实向虚"程度（见第五章）；对于一些省份的个别缺失值通过插值法加以补齐。受新冠疫情影响，2020 年和 2021 年各省份 GDP 同比增速和固定资产投资同比增速数据异常波动，实证中用五年移动平均值代替 2020 年和 2021 年 GDP 同比增速和固定资产投资同比增速。有关数据的描述性统计见表 7-2。

表 7-2　变量描述性统计

变量	最大值	最小值	中位数	均值	标准差
g	25.10	-8.10	9.60	9.7749	3.615
k	1.19	-0.58	0.01	0.0156	0.268
rd	1.02	-0.66	0.19	0.2009	0.135
fix	160.20	-63.50	18.30	19.5756	16.029
gov	2.22	0.06	0.23	0.2833	0.207

为了避免因数据不平稳而产生的伪回归，本部分采用 Stata 17.0 对样本数据进行单位根检验。检验结果表明，除 gov 外，其他变量均平稳；通过对 gov 取对数后，数据也平稳并符合时间序列分析的基本要求（见表 7-3）。

表 7-3　单位根检验结果

变量	LLC	ADF Fisher	IPS	结论
g	-6.7545 *** (0.0000)	170.1959 *** (0.0000)	-7.5717 *** (0.0000)	平稳
k	-2.1293 ** (0.0166)	74.5459 * (0.0979)	-1.5483 * (0.0608)	平稳
rd	-13.7935 *** (0.0000)	95.9978 *** (0.0000)	-5.3274 *** (0.0000)	平稳
fix	-17.9439 *** (0.0000)	334.6402 *** (0.0000)	-15.5275 *** (0.0000)	平稳
gov	1.8643 (0.9689)	145.6381 *** (0.0000)	-6.3911 *** (0.0000)	非平稳
$lngov$	-2.8289 *** (0.0023)	136.6664 *** (0.0000)	-7.2769 *** (0.0000)	平稳

注：***、**、* 分别表示在 1%、5%、10%的水平下显著；括号内为 P 值。

2. 门限效应分析

运用 Stata 17.0 软件对式（7-1）进行估计，检验结果见表 7-4。由结果可见，在 1%和 5%的显著性水平下金融资源"脱实向虚"对经济增长存在单一门限效应，门限值为-0.0991；而双重门限效应即使在 10%的显著性水平下也没有通过检验。

表7-4 门限效应检验

变量	门限性质	F 值	P 值	临界值			门限估计值	95%置信区间
				1%	5%	10%		
k	单一门限	202.45	0.0000	60.6561	70.2676	89.3031	-0.0991	[-0.1184, -0.0934]
	双重门限	202.45	0.0000	60.6561	70.2676	87.9793	-0.1239	[-0.1298, -0.1189]
		12.48	0.4600	29.0428	39.3423	55.4118	0.4303	[-0.4464, -0.3900]

门限效应回归结果见表7-5。其中，列（1）为计算出的单一门限效应；列（2）为计算出的双重门限效应。[①]

表7-5 金融资源"脱实向虚"对经济增长影响的门限效应回归结果

变量	（1）单一门限效应 g	（2）双重门限效应 g
rd	3.692 *** (9.68)	3.687 *** (9.69)
fix	0.123 *** (35.33)	0.123 *** (35.47)
$\ln gov$	-0.547 *** (-4.42)	-0.0547 *** (-4.43)
$k \leqslant -0.0991$ 或 $k \leqslant -0.1239$	8.259 *** (20.84)	7.894 *** (19.98)
$k > -0.0991$ 或 $-0.1239 < k \leqslant 0.4303$	-0.707 ** (-1.84)	0.5963 (1.27)
$k > 0.4303$		-1.4904 *** (-3.27)

---

① 从理论上讲，虚拟经济部门发展对经济增长的影响存在一个由正转负的临界值，即边际效应由正转负的临界点。但在该临界值之前，其边际正效应也不可能一直递增，而应该存在一个由递增到递减的转折点，即门限值。虽然此处对式（7-1）进行估计的结果显示双重门限效应没有通过显著性检验，但这并不能由此否定双重门限存在的客观性。基于此，此处依然对双重门限效应进行了回归，期望获得有价值的信息。

变量	(1)单一门限效应 g	(2)双重门限效应 g
常数项	6.649 *** (31.39)	3.530 *** (11.31)
观测值	2400	2400
N	30	30
R^2	0.5527	0.5571

注：***、**分别表示在1%、5%的水平下显著，括号内为t统计量。

首先进行单一门限效应分析。由表7-5中列（1）数据可见，所有变量系数均通过了显著性检验，回归结果总体较好。计算得出的金融资源"脱实向虚"对经济增长的影响门限值为-0.0991。下面我们分别从 k 值小于等于-0.0991和 k 值大于-0.0991两个区间进行分析。

当 k 值小于等于-0.0991，即 k 值小于门限值时，虚拟经济部门占有的金融资源与实体经济部门占有的金融资源的投入比例小于0.9009，也就是虚拟经济部门占有金融资源的比例小于47.39%时，金融资源"脱实向虚"对经济增长具有正向效应。在此范围内，金融资源"脱实向虚"指数增加1个单位，经济增长率增加8.259个单位。简而言之，此时，金融资源流入虚拟经济部门，会促进经济增长。

当 k 值大于-0.0991，即 k 值大于门限值时，虚拟经济部门占有的金融资源与实体经济部门占有的金融资源的投入比例大于0.9009，也就是虚拟经济部门占有金融资源的比例大于47.39%时，金融资源"脱实向虚"对经济增长具有负向效应。在此范围内，金融资源"脱实向虚"指数增加1个单位，经济增长率减少0.707个单位。简而言之，此时，金融资源更多地流入虚拟经济部门，会抑制经济增长。

可见，从促进经济增长来说，存在一个金融资源"脱实向虚"程度的临界值，该临界值就是虚拟经济部门占有金融资源的比例为47.39%。当虚拟经济部门占有的金融资源超过该比例时，金融资源再向虚拟经济部门流入将对经济增长产生抑制作用。

从控制变量看，rd 系数为 3.692，表明科技创新对经济增长具有正向促进作用，当科技创新投入增加 1 个单位，经济增长率提高 3.692 个单位；fix 系数为 0.123，表明固定资产投资对经济增长具有拉动作用，当固定资产投资增加 1 个单位，经济增长率提高 0.123 个单位；$\ln gov$ 系数为 -0.547，表明政府干预对经济增长具有负向抑制作用，当财政支出占 GDP 比重增加 1 个单位，经济增长率降低 0.547 个单位。

其次进行双重门限效应分析。虽然表 7-4 的结果中双重门限效应没有通过显著性检验，但基于理论分析，此处依然进行了双重门限效应分析，结果见表 7-5 中的列（2）。由数据可见，大多变量系数通过了 1% 水平下的显著性检验，回归结果总体较好。金融资源"脱实向虚"对经济增长影响的双重门限值分别为 -0.1239 和 0.4303。下面我们从 k 值小于等于 -0.1239、k 值大于 -0.1239 小于等于 0.4303 和 k 值大于 0.4303 三个区间进行分析。

当 k 值小于等于 -0.1239 的门限值时，虚拟经济部门占有的金融资源与实体经济部门占有的金融资源的投入比例小于 0.8761，即虚拟经济部门占有金融资源的比例小于 46.70%，此时金融资源"脱实向虚"对经济增长具有正向效应，金融资源"脱实向虚"指数增加 1 个单位，经济增长率将增加 7.894 个单位。此时，金融资源向虚拟经济部门的流入，会显著促进经济增长。

当 k 值大于第一个门限值 -0.1239 而小于等于第二个门限值 0.4303 时，虚拟经济部门占有的金融资源与实体经济部门占有的金融资源的投入比例介于 0.8761 和 1.4303 之间，即虚拟经济部门占有金融资源的比例介于 46.70% 和 58.85% 之间，金融资源"脱实向虚"对经济增长具有正向效应，金融资源"脱实向虚"指数增加 1 个单位，经济增长率增加 0.5963 个单位。也就是说，在虚拟经济部门占有金融资源的比例为 46.70% ~ 58.85% 时，金融资源向虚拟经济部门的流入，依然会对经济增长产生促进作用，但其促进作用在逐步减弱。

当 k 值大于 0.4303 的门限值时，虚拟经济部门占有的金融资源与实体经济部门占有的金融资源的投入比例大于 1.4303，即虚拟经济部门占有金融资源的比例大于 58.85%，此时金融资源"脱实向虚"对经济增长具有负向效应，金融资源"脱实向虚"指数增加 1 个单位，经济增长率减少 1.4904 个单位。此时，金融资源更多地流入虚拟经济部门将会抑制经济增长。

可见，从经济增长率角度看，虚拟经济部门占有金融资源比例的最高临界值为 58.85%，低于此值的金融资源向虚拟经济部门流入比例均会对经济增长起到促进作用。低于 46.70% 时，说明虚拟经济部门发展严重不足，此时提高虚拟经济部门占有金融资源比例，会加速虚拟经济发展，显著促进经济增长。而在虚拟经济部门占有金融资源比例达到 58.85% 的临界值后，金融资源向虚拟经济部门的进一步流入，将会对经济增长起到显著的抑制作用。

3. 稳健性检验

为了检验上述研究结论的稳健性，用虚拟经济部门占有金融资源比重与实体经济部门占有金融资源比重之差（k_2）代替金融资源"脱实向虚"指数 k，用第二产业增加值（g_2）代替 GDP 同比增长率 g，对式（7-1）再次进行回归。单位根检验结果见表 7-6，门限效应检验结果见表 7-7。

表 7-6　单位根检验结果（稳健性检验）

变量	LLC	ADF Fisher	IPS	结论
k_2	−1.5284* （0.0632）	82.0371** （0.0310）	−4.2756*** （0.0000）	平稳
g_2	−3.1957*** （0.0007）	261.8046*** （0.0000）	−9.1053*** （0.0000）	平稳

注：***、**、* 分别表示在 1%、5%、10% 的水平下显著；括号内为 P 值。

表 7-7　门限效应检验结果（稳健性检验）

变量	门限性质	F 值	P 值	临界值			门限估计值	95% 置信区间
				1%	5%	10%		
k_2	单一门限	103.45	0.0033	56.4693	64.1339	83.2838	0.0421	[0.0013, 0.0437]
	双重门限	103.45	0.0033	57.0448	65.4999	93.5931	−0.0660	[−0.0736, −0.0632]
		26.01	0.0567	21.3162	26.6298	39.1746	0.1866	[0.1719, 0.1987]

由表 7-7 可见,单一门限效应在 1% 的显著性水平下通过检验,门限值为 0.0421。双重门限效应仅在 10% 的显著性水平下通过检验,门限值分别为 -0.0660 和 0.1866。该稳健性检验结果支持了金融资源"脱实向虚"对宏观经济增长的门限效应存在单一门限值,同时也为前文对双重门限效应存在性的理论分析和预测提供了佐证。

从门限效应回归结果看,所有变量系数均通过了 1% 水平下的显著性检验,回归结果总体较好(见表 7-8)。下面我们从金融资源"脱实向虚"对经济增长影响的门限值小于等于 0.0421 和大于 0.0421 两个区间进行分析。

表 7-8 金融资源"脱实向虚"对经济增长影响的门限效应回归结果(稳健性检验)

变量	g
rd	5.386 ***
	(8.30)
fix	0.211 ***
	(35.53)
$\ln gov$	-1.021 ***
	(-4.86)
$k_2 \leqslant 0.0421$	15.193 ***
	(13.74)
$k_2 > 0.0421$	-7.822 ***
	(-4.70)
常数项	5.460 ***
	(15.13)
观测值	2400
N	30
R^2	0.504

注: *** 表示在 1% 的水平下显著;括号内为 t 统计量。

当 k_2 值小于等于门限值 0.0421 时,虚拟经济部门占有金融资源的比例小于 52.11%,金融资源"脱实向虚"对经济增长具有正向效应;虚拟经济部门占有的金融资源比例高于实体经济部门占有的金融资源比例 1 个单位,经济增长率增加 15.193 个单位。也就是说,在虚拟经济部门占有金融资源比例不超过 52.11% 的临界值时,金融资源流入虚拟经济部门,会显著促进经济增长。

当 k_2 值大于门限值 0.0421 时，虚拟经济部门占有的金融资源比例大于 52.11%，金融资源"脱实向虚"对经济增长具有负向效应；虚拟经济部门占有的金融资源比例高出实体经济部门占有的金融资源比例 1 个单位，经济增长率减少 7.822 个单位。也就是说，在虚拟经济部门占有金融资源比例超过 52.11%的临界值时，金融资源向虚拟经济部门的进一步流入，会抑制经济增长。

从控制变量看，rd 系数为 5.386，表明科技创新对经济增长具有正向促进作用，科技创新投入增加 1 个单位，经济增长率提高 5.386 个单位；fix 系数为 0.211，表明固定资产投资对经济增长具有拉动作用，固定资产投资增加 1 个单位，经济增长率提高 0.211 个单位；lngov 系数为 -1.021，表明政府干预对经济增长具有负向作用，财政支出占 GDP 比重增加 1 个单位，经济增长率降低 1.021 个单位。

4. 实证结论

综合以上的分析可以发现，通过稳健性检验结果计算出的虚拟经济部门占有金融资源比例的临界值为 52.11%，这与前面单一门限效应回归结果计算出的临界值 47.39%相差不大。另外，虽然原双重门限效应的显著性检验没有通过，但稳健性检验中的双重门限效应通过了 10%的显著性检验，且从理论上讲，即使在虚拟经济发展对经济增长产生正向效应的区间内，其边际正效应也不可能一直递增，而应该存在一个由递增到递减的转折点。依据估计结果，该转折点在虚拟经济占有金融资源比例为 47%左右。综合分析上述估计结果：从促进经济增长的角度看，虚拟经济部门占有金融资源比例的最适度区间应该为 47%~52%，即在虚拟经济部门占有的金融资源比例不超过 52%时，金融资源向虚拟经济部门的流入会促进经济增长；且在占比低于 47%时，提高虚拟经济部门占有金融资源比例，会加快虚拟经济发展，对于经济增长具有显著的促进效应。当虚拟经济部门占有金融资源比例高于 52%时，金融资源向虚拟经济部门的进一步流入将会对经济增长起到显著的抑制作用。

（二）区域层面的实证检验

前述分析表明，从对宏观经济增长的影响看，我国虚拟经济部门占有金融资源比例以 52% 为临界值，超过该临界值将会对经济增长起到抑制作用；同时以 47% 为虚拟经济对经济增长效应从边际递增转向边际递减的临界值。以此标准，本部分采用前文的 k（虚拟经济占有金融资源/实体经济占有金融资源-1）代表金融资源"脱实向虚"指数，对我国各区域金融资源"脱实向虚"的状况及其对经济增长的效应进行分析。

1. 东北地区金融资源"脱实向虚"及其效应评价

图 7-1 是东北地区金融资源"脱实向虚"指数的变化情况。从整体上看，东北地区金融资源"脱实向虚"指数变化呈现倒"U"形态势。2004年之前，金融资源"脱实向虚"指数小于门限值 0.0421；从 2005 年开始，金融资源流入虚拟经济部门的速度明显加快，2008 年黑龙江省虚拟经济部门金融资源占比达到了 60.86%，为研究期间的最高值，超过 52% 临界值8.86 个百分点；吉林省和辽宁省虚拟经济部门金融资源占比的峰值也出现在 2008 年，分别为 52.49% 和 56.99%，分别高出临界值 0.49 个百分点和4.99 个百分点。2017 年 7 月在第五次全国金融工作会议上，习近平总书记明确提出金融要回归本源，以服务于实体经济为目的，东北地区金融资源更多流入实体经济，金融资源"脱实向虚"指数持续降低，到 2019 年黑龙江省、吉林省、辽宁省虚拟经济部门占有金融资源比例分别降到了 44.37%、

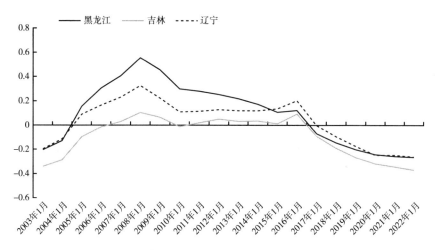

图 7-1　东北地区金融资源"脱实向虚"指数

42.28%和45.21%，低于适度区间的最小值47%，开始呈现虚拟经济发展不足的状态。

另外，从东北三省的比较来看，黑龙江省金融资源"脱实向虚"指数的变动幅度最大，其中2005~2016年虚拟经济部门占有金融资源比例一直超过临界值，说明此期间金融资源"脱实向虚"问题比较严重。吉林省由于金融业和房地产业发展均较为缓慢，其金融资源"脱实向虚"指数在东北三省中始终最小，最高值在2008年，仅为52.49%，最低值在2022年，仅为38.65%。2003~2022年虚拟经济部门金融资源占比低于临界值的年份有7年，这表明吉林省虚拟经济发展严重不足，虚拟经济部门对实体经济增长的支持不够，拖累了经济增长。辽宁省金融资源"脱实向虚"指数的变动幅度较小，2006~2016年虚拟经济占有金融资源的比例均高于52%的临界值，存在一定的金融资源"脱实向虚"问题。但值得注意的是，从2018年开始东北三省金融资源从虚拟经济部门流出的速度太快，幅度过大，到2019年东北三省虚拟经济部门中金融资源占比均已低于47%的临界值下限，使得虚拟经济对宏观经济增长的推动作用难以有效发挥，对于东北地区的经济增长极为不利，至2022年黑龙江省、吉林省、辽宁省虚拟经济占有金融资源的比例仅分别为42.36%、38.65%和42.45%。

2. 东部地区金融资源"脱实向虚"及其效应评价

图7-2是东部地区各省份金融资源"脱实向虚"指数的变动情况。与东北地区金融资源"脱实向虚"指数变化呈现倒"U"形态势不同，东部地区金融资源"脱实向虚"指数变化呈现"双峰"变化特征。金融资源"脱实向虚"指数的峰值分别出现在2008年和2016年，以2016年的峰值最高。2004年之前，除北京市外，东部地区其余各省份金融资源"脱实向虚"指数均小于门限值0.0421，对应的虚拟经济部门占有金融资源比例也小于临界值52%。从2010年开始，东部地区各省份金融资源流向虚拟经济部门的速度明显加快，到2016年达到研究期间峰值；其后，金融资源"脱实向虚"指数一路下降，表明金融资源"脱实向虚"的趋势得到逆转，金融资源流入实体经济部门的速度加快。

从东部地区内部各省份比较来看，存在以下三个典型特征。一是北京

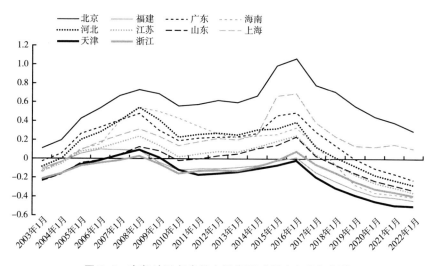

图 7-2 东部地区各省份金融资源"脱实向虚"指数

市金融资源"脱实向虚"最为严重。由于北京是中国的经济、政治、文化中心,金融总部聚集,现代服务业发达,金融资源"脱实向虚"指数始终较高。2003~2022年北京市虚拟经济部门占有的金融资源比例一直在50%以上,其中2008年和2016年分别达到了63.37%和67.35%,分别超出全国临界值11.37个百分点和15.35个百分点;虽然经过2017年后金融回归本源,但至2022年北京市虚拟经济部门金融资源占比依然为56.38%。二是上海市金融资源"脱实向虚"程度近年来仅次于北京,居第二位。由于上海作为亚洲新的国际金融中心,在国家的政策支持下金融业飞速发展,自2011年金融资源加速流入虚拟经济领域,虚拟经济部门占有的金融资源比例从2010年的53.27%快速上升到2016年的62.83%,仅次于北京市的67.35%,其后金融资源开始回流实体经济,到2022年虚拟经济部门占有金融资源比例依然为52.55%。上海市金融资源高度聚集于虚拟经济与上海作为国际化大都市及其国际金融中心的发展定位有关。三是东部地区中虚拟经济发展最为滞后的两个省份为天津市和福建省。天津市除2008年虚拟经济部门占有金融资源比例达到52.27%外,其余年份的占比均低于临界值52%,且有10年低于47%的下限,特别是2017年后金融资源大幅流出虚拟经济领域,到2022年虚拟经济部门占有金融资源比例仅为33.33%,这说明天津市虚拟经济发展严重不足,这在某种程度上源自北京市虚拟经济快速发展对天津市产生的"虹吸效应"。福建省虚拟经济发展总体上也不足,除了 2006~2008 年虚拟经济部门占有金融资源比例分别为 52.38%、52.27% 和 52.15% 外,其余年份占比均低于 52% 的临界值,2018~2022 年连续五年低于 47% 的下限值,2022 年达到 35.90%。这表明福建省虚拟经济发展存在严重不足,对其经济增长的制约作用比较明显。

3. 西部地区金融资源"脱实向虚"及其效应评价

图 7-3 是西部地区①金融资源"脱实向虚"指数的变化趋势。与东部地区相似,西部地区金融资源"脱实向虚"指数也呈现"双峰"变化趋势,金融资源"脱实向虚"指数的峰值分别出现在 2008 年和 2016 年。从总体上看,2003~2022 年西部地区中大部分省份在大部分年份,金融资源配置于虚拟经济部门的比例低于 52% 的临界值,即使在 2008 年和 2016 年的两个高峰年份,西部 11 个省份中依然有 2 个省份金融资源配置于虚拟经济部门的比例低于临界值。这表明,从总体上看西部地区虚拟经济发展依然不足。从动态变化来看,自 2008 年高峰之后,2009 年和 2010 年连续 2 年金融资源回归实体经济明显,但从 2011 年开始又快速脱离实体经济领域而加速流入虚拟经济领域,2016 年达到研究期间的第二个峰值。其后在国家强调金融回归本源的政策引导下,金融资源从虚拟经济领域快速流出,流入实体经济的速度明显加快,虚拟经济部门占有金融资源比例不断跌破研究期间的最低值。2018 年西部 11 个省份中有 8 个省份虚拟经济占有金融资源比例低于 47% 的下限值,2022 年全部省份虚拟经济部门占有金融资源比例均低于 47% 的下限值。这表明西部地区呈现虚拟经济发展不足的状态。

从西部地区各省份的比较来看,在 2008 年之前,金融资源流入虚拟经济部门速度较快,虚拟经济部门占有金融资源比例最多的 3 个省份依次为陕西省、新疆维吾尔自治区和四川省,其中陕西省虚拟经济部门占有金融资源比例从 2003 年的 45.95% 迅速提高到 2008 年的 59.88%,提升了 13.93 个百分点;新疆维吾尔自治区从 2003 年的 44.67% 快速上升到 2008 年的

---

① 由于西藏自治区的部分数据不全,此处西部地区数据中不含西藏自治区,特此说明。

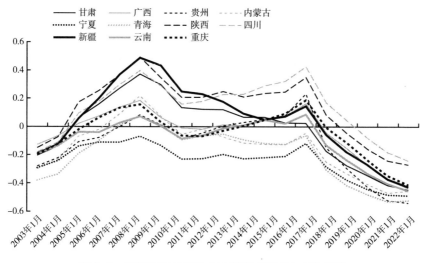

图7-3　西部地区各省份金融资源"脱实向虚"指数

59.80%，提升了15.13个百分点；四川省从2003年的45.05%快速上升到2008年的58.29%，提升了13.24个百分点。2010~2016年，西部地区虚拟经济占有金融资源最多的3个省份依次为四川省、陕西省和贵州省。其中四川省虚拟经济占有金融资源比例从2010年的53.70%上升到2016年的58.76%，提升了5.06个百分点，经过2017年以来的持续回落，到2022年回落到43.10%；陕西省虚拟经济占有金融资源比例从2010年的54.70%上升到2016年的57.45%，提升了2.75个百分点，经过2017年以来的持续回落，2022年为42.20%；贵州省虚拟经济部门金融资源占比从2010年的47.78%提升到2016年的55.21%，提升了7.43个百分点，后经2017年以来的持续回落，到2022年时降到了31.51%，为西部省份中最低的。2018年和2019年，金融资源配置于虚拟经济部门的比例连续两年低于47%下限值的省份有甘肃、广西、贵州、内蒙古、宁夏、青海、新疆和云南。这表明这些省份在金融资源配置比例上不太合理，虚拟经济发展严重不足，对经济增长的促进作用没有得到有效发挥。四川、陕西、重庆的金融资源在虚拟经济部门与实体经济部门的配置比例基本在47%~52%的适度区间，表明其虚拟经济与实体经济的发展基本处于协调状态。但2020~2022年，各省份金融资源配置于虚拟经济部门的比例均低于47%的下限值，虚拟经济均呈现发展不足态势。

4. 中部地区金融资源"脱实向虚"及其效应评价

图 7-4 是中部地区金融资源"脱实向虚"指数的变化情况。可见,中部地区金融资源"脱实向虚"指数变化趋势与东部地区相似,也呈现"双峰"变化特征,金融资源"脱实向虚"指数的峰值分别出现在 2008 年和 2016 年,除山西外,其他省份 2016 年的峰值高于或近似于 2008 年的峰值,与东部地区类似。但中部地区金融资源"脱实向虚"指数变化幅度远小于东部地区,整体水平与西部地区相当。2004 年之前,各省份金融资源"脱实向虚"指数均小于门限值 0.0421,即虚拟经济部门占有金融资源比例小于 52% 临界值;从 2005 年开始,金融资源向虚拟经济部门的流入加快,到 2008 年达到峰值。2008 年之前,金融资源流入虚拟经济部门最快和占比最大的省份是山西,虚拟经济部门占有金融资源比例从 2003 年的 46.02% 快速提升到 2008 年的 62.83%,提高了 16.81 个百分点,占有比例超出 52% 临界值上限 10.83 个百分点;虚拟经济部门占有金融资源比例最低的是河南,2008 年仅为 54.95%,比最高的山西低 7.88 个百分点。2010~2016 年,虚拟经济部门占有金融资源比例增长较快的则是河南和湖南,其中河南从 2010 年的 52.21% 提升到 2016 年的 58.76%,提升了 6.55 个百分点;湖南从 2010 年的 52.38% 提升到 2016 年的 58.03%,提升了 5.65 个百分点。从 2017 年开始,中部地区各省份金融资源大幅回流实体经济,虚拟经济部门占有金融资源比例大幅下降,到 2020 年,中部地区各省份虚拟经济部门占有金融资源比例基本回落到 47% 的下限值以下,虚拟经济有待进一步发展。

从中部地区各省份的比较来看,山西省金融资源"脱实向虚"指数的变动幅度最大,且整体高于其他省份,尤其是 2008 年山西省金融资源"脱实向虚"状况最为严重,虚拟经济部门占有金融资源的比例达到了 62.83%,超出 52% 临界值 10.83 个百分点,其后金融资源流出虚拟经济部门的迹象比较明显,即使在 2016 年其他省份金融资源占比达到研究期间最高值时,山西省虚拟经济部门占有金融资源比例依然没有创出新高;其后与其他省份表现一样,金融资源快速流出虚拟经济部门而进入实体经济,到 2022 年虚拟经济部门占有金融资源的比例下降到 44.21%。在 2008 年之前,湖南、江西和湖北金融资

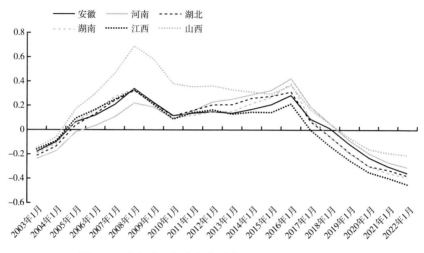

图 7-4　中部地区各省份金融资源"脱实向虚"指数

源"脱实向虚"指数高于河南,但从 2011 年开始,河南金融资源流入虚拟经济部门的速度明显加快,到 2016 年成为中部省份中虚拟经济部门占有金融资源比例最高的省份,其比例达到 58.76%,超出临界值上限 6.76 个百分点。总体来看,2003~2019 年,中部地区各省份在除 2008 年、2015 年和 2016 年之外的大部分年份,金融资源在虚拟经济部门与实体经济部门的配置比例基本在 47%~52% 的适度区间,虚拟经济部门与实体经济部门更多处于基本协调状态。但 2020 年以后各省份虚拟经济部门占有金融资源的比例均低于 47% 的下限值,虚拟经济发展不足的问题开始显现。

二　金融资源"脱实向虚"引致资源错配程度的测算与分析

(一)测算的理论模型

本节以 Hsieh 和 Klenow[①] 建立的异质性企业垄断竞争模型为基础,引入市

---

① Hsieh, C. T., Klenow, P. J., "Misallocation and Manufacturing TFP in China and India," *The Quarterly Journal of Economics*, 2009, 124 (4): 1403-1448.

场存在资源错配的情形，构建对金融资源错配程度进行测算的理论模型。

假设一个经济体只生产最终产品 Y ，且最终产品市场是完全竞争的；生产 Y 所需要的中间投入来自 S 个行业所生产的产品 Y_s（ $s = 0$，1，2，…，S ）。在市场存在资源错配的情况下，行业 S 中各企业资本扭曲的方差，即行业 S 内全部企业资本扭曲的离散程度 （ Var ），就是 s 行业内跨企业的金融资源错配，可表示为：

$$Var_{s\tau k} = Var[\ln(1 + \tau_{ksi}^*)] \tag{7-2}$$

$$Mis_{s\tau k} = \frac{\sigma\alpha_s^2}{2}Var[\ln(1 + \tau_{ksi}^*)] \tag{7-3}$$

其中， τ_{ksi}^* 为资本的扭曲水平， $\sigma\alpha_s^2/2$ 可以看作以行业资本产出弹性代表的权重。武宵旭在其博士学位论文《资本错配对中国上市企业行为的影响研究》中对该理论模型的推导过程进行了详细的阐述[1]，在此不再赘述。

（二）数据来源与样本选择

金融资源错配可以划分为金融资源在行业间错配、在行业内企业间错配以及在企业内不同生产环节间错配。由于数据获取的限制，此处仅对金融资源在行业内企业间的错配程度进行测算。

本节以 2007~2022 年[2]沪深 A 股上市公司为样本，并进行了以下筛选：①剔除 ST 类公司；②剔除财务状况异常公司[3]。最终得到 2007~2022 年的 36762 个样本观测值。原始数据来源于国泰安 （CSMAR） 数据库。

（三）测算结果分析

根据式 （7-3），使用 ACF 方法，对分行业的资源错配程度进行了测算，结果见表 7-9。

---

① 武宵旭：《资本错配对中国上市企业行为的影响研究》，博士学位论文，西北大学，2020。

② 此处选择 2007 年为样本起始年份是因为 2007 年开始执行新的会计准则。

③ 将出现下列情况认定为财务状况异常：①总资产小于 0；②总资产小于固定资产、无形资产、流动资产；③总负债小于 0；④总负债小于长期负债、流动负债；⑤总资产小于总负债。

表 7-9 中国分行业资源错配现状（以上市公司为样本）

行业名称	资源错配程度	行业名称	资源错配程度
A. 农、林、牧、渔业	0.2496	35. 专用设备制造业	0.1372
B. 采矿业	0.2647	36. 汽车制造业	0.2239
C. 制造业	0.1622	37. 铁路、船舶、航空航天和其他运输设备制造业	0.1676
13. 农副食品加工业	0.2469	38. 电气机械和器材制造业	0.0952
14. 食品制造业	0.0818	39. 计算机、通信和其他电子设备制造业	0.1665
15. 酒、饮料和精制茶制造业	0.3135	40. 仪器仪表制造业	0.0523
17. 纺织业	0.2054	41. 其他制造业	0.0441
18. 纺织服装、服饰业	0.2623	D. 电力、热力、燃气及水生产和供应业	0.2107
21. 家具制造业	0.0817	E. 建筑业	0.2132
22. 造纸和纸制品业	0.0065	F. 批发和零售业	0.1642
23. 印刷和记录媒介复制业	0.0509	G. 交通运输、仓储和邮政业	0.3451
24. 文教、工美、体育和娱乐用品制造业	0.0412	H. 住宿和餐饮业	0.0418
25. 石油加工、炼焦和核燃料加工业	0.1007	I. 信息传输、软件和信息技术服务业	0.0764
26. 化学原料和化学制品制造业	0.0751	J. 金融业	0.2472
27. 医药制造业	0.2017	K. 房地产业	0.0969
28. 化学纤维制造业	0.2425	L. 租赁和商务服务业	0.4012
29. 橡胶和塑料制品业	0.0647	M. 科学研究和技术服务业	0.0731
30. 非金属矿物制品业	0.3123	N. 水利、环境和公共设施管理业	0.8703
31. 黑色金属冶炼和压延加工业	0.0296	O. 居民服务、修理和其他服务业	0.0268
32. 有色金属冶炼和压延加工业	0.5034	P. 教育；Q. 卫生和社会工作	0.1769
33. 金属制品业	0.1591	R. 文化、体育和娱乐业	0.1237
34. 通用设备制造业	0.1435	S. 综合	0.4844

注：行业名称来自《上市公司行业分类指引》（2012 年修订）。

从表 7-9 可以看出，无论在大类行业间（行业代码为一位数），还是在大类行业内（行业代码为两位数），资源错配程度均存在明显差异。首先，从大类行业间比较来看，资源错配程度最高的是水利、环境和公共设施管理业，为 0.8703；排名第二的是综合类，为 0.4844；排名第三的是租赁和商务服务业，为 0.4012；而资源错配程度最低的是居民服务、修理和其他服务业，仅为 0.0268；资源错配程度最高的行业是最低行业的 32.47 倍。其次，从大类行业内部分行业来看（以制造业为例），制造业整个行业的资源错配程度虽然为 0.1622，但其中资源错配程度最高的为有色金属冶炼和压延加工业，达到了 0.5034；而最低的为造纸和纸制品业，仅为 0.0065；最高行业是最低行业的 77.45 倍。再次，从轻重工业内部来看，其资源错配程度的差异也比较明显。如轻工业行业中的文教、工美、体育和娱乐用品制造业的资源错配程度最低，仅为 0.0412，而酒、饮料和精制茶制造业的资源错配程度达到了 0.3135，最高行业是最低行业的 7.61 倍。在重工业行业中，有色金属冶炼和压延加工业的资源错配程度最高，达到了 0.5034，资源错配程度最低的是黑色金属冶炼和压延加工业，仅为 0.0296，最高行业是最低行业的 17.01 倍。最后，金融业的资源错配程度达到了 0.2472，比制造业资源错配程度 0.1622 高出 52.40%，这说明我国存在金融资源严重超配于金融业的现象。

三 金融资源错配的微观效应检验

金融资源"脱实向虚"导致的资源错配，在微观层面引发的效应主要有投资挤出效应、僵尸企业效应和创新抑制效应。下面对以上三种效应进行检验。

（一）投资挤出效应检验

1. 样本选择与数据来源

选择 2007~2022 年中国 A 股上市公司为样本，并根据研究需要对下列公司进行了剔除：一是金融保险行业、房地产行业上市公司；二是 ST 类公司；三是财务状况存在异常的公司；四是主要变量存在缺失的样本公司。经过以上剔除，最终得到 36762 个公司样本观测值。数据均来自国泰安

（CSMAR）数据库。

2. 模型构建

基于前文的理论分析，构建如下模型：

$$INV_{tfji} = \beta_0 + \beta_1 MISK_{tfj} + \beta_2 CTRL_{tfji} + \lambda_{tfji} + \delta_t + \varepsilon_{tfji} \qquad (7-4)$$

其中，INV 为被解释变量，用于反映企业的投资行为，包括金融投资（$FPINV$）和实业投资（$CAPINV$）两个维度；$MISK$ 为核心解释变量，表示行业内企业间的资源错配程度；$CTRL$ 为控制变量；λ 和 δ 分别代表个体固定效应和时间固定效应，用来控制个体异质性和宏观经济波动等时期特征对企业实业投资的影响；ε 为随机扰动项，下标 i、j、f、t 分别表示企业、行业、省份与年份。

3. 变量说明

被解释变量：金融投资（$FPINV$）和实业投资（$CAPINV$）。其中，金融投资（$FPINV$）用公司当期金融资产占总资产的比重衡量。[1] 金融资产包括交易性金融资产、可供出售的金融资产净额、衍生金融资产、持有至到期的投资净额、长期股权投资净额和投资性房地产共六项。实业投资（$CAPINV$）采用现金流量表中"购建固定资产、无形资产和其他长期资产支付的现金"科目加以度量[2]，并进行资产标准化处理。

核心解释变量：行业内企业间的资源错配程度（$MISK$），用行业内企业资本扭曲的离散程度反映。在 H-K 测算框架下，利用 ACF 方法，取资本价格 $R = 0.10$，产品替代弹性 $\sigma = 3$。具体的理论分析和资源错配程度测算结果分别见前文第四章和本章表 7-9。

控制变量。①企业规模（$lnsize$），用总资产的自然对数表示；②固定资产比率（Fix），用固定资产净额与总资产的比值表示；③资产回报率（ROA），用净利润与总资产的比值表示；④杠杆率（Lev），用负债总额占资

---

① 杜勇、谢瑾、陈建英：《CEO 金融背景与实体企业金融化》，《中国工业经济》2019 年第 5 期，第 136~154 页。

② 张成思、张步昙：《再论金融与实体经济：经济金融化视角》，《经济学动态》2015 年第 6 期，第 56~66 页。

产总额的比例表示；⑤流动比率（*Liquidity*），用流动资产与流动负债的比值表示；⑥企业成长性（*TobinQ*），用企业股票市值与账面价值的比值表示；⑦股权集中度（*TOP*10），用前十大股东合计持股量占总股本的比例表示；⑧高管持股数量（*Mhold*），用高管持股数加 1 后取对数衡量；⑨领导权结构（*Duality*），如果董事长与总经理是同一人取 1，否则取 0；⑩是否为国有控股（*State*），如果是国有控股企业取值为 1，否则为 0。

表 7 - 10 给出了主要变量间的相关系数。其中，*MISK* 与 *FPINV*、*CAPINV* 的相关系数分别为 0.1352、-0.0196，通过了 1%水平下的显著性检验。这表明，在不考虑其他因素的影响下，金融资源错配越严重，企业的金融投资比例就会越高，而企业实业投资比例就越低。但金融资源错配对企业实体投资具体有什么影响，还需要进行更为严格的计量分析。

表 7-10　变量间的相关系数

变量	*FPINV*	*CAPINV*	*MISK*	lnsize	*Lev*	*ROA*
CAPINV	-0.0771 ***					
MISK	0.1352 ***	-0.0196 ***				
lnsize	0.0469 *	0.0422 *	0.1424 ***			
Lev	0.0038	-0.0382 ***	0.0505 ***	0.1054 ***		
ROA	-0.0028	-0.1659 ***	-0.0135 *	0.0223 ***	-0.1928 ***	
TobinQ	-0.0115 **	-0.0798 ***	-0.0471 ***	-0.4262	0.0308 ***	-0.0735 ***
Fix	-0.1553 ***	0.1120 ***	0.0623 ***	0.1455 ***	0.0904 ***	-0.0403 ***
*TOP*10	-0.1950 ***	0.0933 ***	-0.0492 **	0.1409 *	-0.1079 ***	0.0590 ***
Liquidity	-0.0768 **	-0.0031 ***	-0.0889 ***	-0.2175 ***	-0.1987 ***	0.0318 ***
Duality	-0.0771 ***	0.0166 ***	-0.0660 ***	-0.1659 ***	-0.0683 ***	0.0151 ***
State	0.1254 **	-0.0276 ***	0.1407 ***	0.3387 ***	0.1163 ***	-0.0198 ***
Mhold	-0.1198 ***	0.0497 ***	-0.1488 ***	-0.0755 ***	-0.1276 ***	0.0351 ***

变量	*TobinQ*	*Fix*	*TOP*10	*Liquidity*	*Duality*	*State*
Fix	-0.1579 ***					
*TOP*10	0.0280 ***	-0.0431 ***				
Liquidity	0.1571 ***	-0.2174 ***	0.1348 ***			
Duality	0.1227 ***	-0.1263 ***	0.0600 ***	0.1191 ***		
State	-0.2117 **	0.2582 ***	-0.0848 ***	-0.1847 ***	-0.3075 ***	
Mhold	0.0754 ***	-0.2147 ***	0.0676 ***	0.1485 ***	0.2841 ***	-0.4259 ***

注：*** 、** 、* 分别表示在 1%、5%、10%的水平下显著。

4. 实证结果

金融资源错配对企业投资影响的实证结果见表 7-11，其中列（1）和列（3）是进行单独回归的结果，列（2）和列（4）是纳入控制变量回归的结果。首先，从金融资源错配对企业金融投资的影响结果［见列（2）］来看，金融资源错配与企业金融资产持有比例的回归系数为 0.0085，即金融资源错配程度每提高 1 个单位，企业金融资产持有比例将会提高 0.85%。这表明，金融资源错配确实提高了企业对金融资产的配置比例。其次，从金融资源错配对企业实业投资的影响结果［见列（4）］来看，金融资源错配与企业实业资产的回归系数为 -0.0078，即金融资源错配程度每提高 1 个单位，企业持有实业资产的比例将降低 0.78%。这说明，金融资源错配确实对企业向实体产业的投资具有减少作用。在经济金融化趋势持续强化、企业金融投资收益率与实业投资收益率之差不断扩大的现实背景下，金融资源错配作为偏离市场经济规律的非市场化资源配置现象，使企业具有了提高金融资产配置比例与降低实业投资比例的更强动力，对企业的实业投资形成挤出效应，造成企业实业投资不足甚至产生对主营业务的偏离，助推了整个经济的"脱实向虚"。

表 7-11　金融资源错配对企业投资影响的实证结果

变量	（1）FPINV	（2）FPINV	（3）CAPINV	（4）CAPINV
MISK	0.0087 **	0.0085 **	-0.0096 **	-0.0078 **
	（1.98）	（1.97）	（-2.46）	（-2.41）
lnsize		-0.0113 ***		-0.0018
		（-10.78）		（-0.15）
Lev		-0.0118 ***		0.0428 **
		（-6.73）		（2.14）
ROA		-0.0110 ***		0.0655 **
		（-4.51）		（2.33）
TobinQ		-0.0008 ***		-0.0008
		（-3.75）		（-0.34）
Fix		-0.1032 ***		-0.0791
		（-20.65）		（-1.38）

续表

变量	(1) FPINV	(2) FPINV	(3) CAPINV	(4) CAPINV
TOP10		−0.0008*** (−14.76)		0.0012** (2.10)
Liquidity		−0.0018*** (−14.74)		0.0021 (1.54)
Duality		−0.0942*** (−9.89)		0.0042 (0.04)
State		−0.0003 (−0.18)		0.0068 (0.40)
Mhold		0.0030 (0.91)		−0.0337 (−0.90)
常数项		−0.0001 (−0.89)		−0.0013 (−0.95)
N	36762	36762	36762	36762
R^2	0.0309	0.0844	0.0125	0.0535

注：***、**分别表示在1%、5%的水平下显著，括号内为t统计量。

5. 稳健性检验

为检验上述结论是否稳健，本部分采取以下三种方法进行验证。一是对所有连续变量1%的极大值和1%的极小值进行缩尾，以避免异常值和非随机值给实证结果可能带来的有偏影响，结果见表7-12中的列（1）和列（2）。二是对样本的时间范围进行缩减，即将原先2007~2022年的样本区间缩减为2008~2021年的样本区间，重新进行估计，结果见表7-12中的列（3）和列（4）。三是改变对企业金融投资和实业投资变量的衡量方式，将衡量金融投资的指标"金融资产占比"替换为"发放贷款及垫款净额"（FPINV2），将衡量实业投资的指标替换为（购置固定资产、无形资产和其他长期资产所支付的现金−处置固定资产、无形资产和其他长期资产所收回的现金）/总资产（CAPINV2），然后重新进行回归，估计结果见表 7-12 中的列 (5) 和列 (6)。通过以上三种方法的变量替代，估计结果均表明模型依然具有较好的解释力，且各变量系数的正负并无变化，这说明前述回归结果是稳健的。

表 7-12　稳健性检验

变量	(1) FPINV	(2) CAPINV	(3) FPINV	(4) CAPINV	(5) FPINV2	(6) CAPINV2
MISK	0.0085 **	−0.0068 **	0.0088 **	−0.0059 *	0.0084 **	−0.0054 **
	(1.97)	(−2.41)	(1.98)	(−1.84)	(2.48)	(−2.31)
CTRL	Yes	Yes	Yes	Yes	Yes	Yes
Year FE	Yes	Yes	Yes	Yes	Yes	Yes
N	36762	36762	32176	32176	36762	36762
R^2	0.0798	0.0635	0.0855	0.0681	0.0786	0.0645

注：**、* 分别表示在 5%、10% 的水平下显著，括号内为 t 统计量。

6. 内生性检验

企业提高金融投资比例与降低实业投资比例的行为，是金融资源错配助推的结果，但如果金融资源错配受到了企业投资行为的影响，那么金融资源错配对企业投资的影响就具有内生性。[1] 为了排除这一内生性因素的干扰，此处对金融资源错配的工具变量进行如下两种方法的替代：一是用行业金融资源错配滞后一期 (L. MISK) 替代[2]；二是用该企业所在行业内其他企业的资本扭曲计算的金融资源错配程度 (MISKOTH) 替代[3]。随后采用两阶段最小二乘法 (2SLS) 进行回归，结果见表 7-13。结果表明，金融资源错配对企业金融投资及实业投资影响的结论没有发生改变。

---

[1]　武宵旭：《资本错配对中国上市企业行为的影响研究》，博士学位论文，西北大学，2020。

[2]　因为滞后一期的金融资源错配是当期金融资源错配的"历史变量"，对当期的企业投资行为不会产生直接影响。另外，企业当期的投资行为对金融资源错配的影响也更多表现在本期，不会对上一期的金融资源错配产生影响。

[3]　因为同行业其他企业的金融资源错配程度与该企业的金融资源错配程度相关，但对该企业的投资行为并不产生直接影响，因此这样做可以将影响该企业投资行为中相对外生的部分"剥离"出来。

表 7-13　内生性检验

变量	(1) MISK 第一阶段	(2) FPINV 第二阶段	(3) CAPINV 第二阶段	(4) MISK 第一阶段	(5) FPINV 第二阶段	(6) CAPINV 第二阶段
MISK		0.0087*** (4.86)	-0.0077** (-2.42)		0.0084*** (4.54)	-0.0075*** (-7.69)
L. MISK	0.7126*** (189.92)					
MISKOTH				0.76578*** (1075.22)		
识别不足检验		1.2e+04 (0.00)	1.2e+04 (0.00)		2.1e+04 (0.00)	2.1e+04 (0.00)
弱工具变量检验		2.5e+04 (0.00)	2.5e+04 (0.00)		1.1e+06 (0.00)	1.1e+06 (0.00)
N	33317	33317	33317	34216	34216	34216
R²		0.0734	0.0509		0.0742	0.0581

注：***、**分别表示在1%、5%的水平下显著。第一阶段括号内是t统计量，第二阶段是z统计量。本章识别不足检验利用Anderson Canon. Corr. LM Statistic统计量进行检验，弱工具变量检验则使用Cragg-Donald Wald F Statistic统计量进行检验。

（二）僵尸企业效应检验

1. 样本选择与数据来源

目前较为完整系统的工业企业数据是1998~2013年的中国工业企业数据库，因此选择该数据库中的制造业企业作为样本，并剔除了如下样本：一是职工人数小于10人、销售额低于500万元的；二是资产总计、实收资本、工业销售产值、固定资产净值、工业中间投入合计、企业所属地的省份代码和省份名称缺失的；三是工业增加值、固定资产合计、资产合计、实收资本、固定资产净值年平均余额、工业总产值、工资总额、中间品投入总额等项目金额小于0或等于0的；四是累计折旧、本年折旧小于0的；五是总资产小于流动资产、总资产小于固定资产净值、累计折旧小于当期折旧的。

另外，本部分还对原始数据做了如下处理：一是根据2002年的《国民经济行业分类》（GB/T 4754—2002）和2011年的《国民经济行业分类》

(GB/T 4754—2011),把 1998~2002 年以及 2012~2013 年的企业行业代码按《国民经济行业分类》(2002 年版)进行了变更;二是运用价格指数对相关数值进行了平减处理①;三是对于中国工业企业数据库中 2004 年出口交货值缺失的情况,通过将中国工业企业数据库与中国海关贸易数据库进行匹配来解决。使用的城市宏观数据来自《中国城市统计年鉴》。

2. 模型构建

为考察金融资源错配对正常企业僵尸化的影响,构建如下回归模型:

$$
\begin{aligned}
zombify_{ti} = {} & \beta_1 MISK_{t-1,fj} + \beta_2 firmctrl_{t-1,i} + \beta_3 cityctrl_{t-1,f} + \\
& \beta_4 year_t + \beta_5 city_f + \beta_6 ind_j + \varepsilon_{ti}
\end{aligned}
\tag{7-5}
$$

其中,$zombify$ 为被解释变量,即正常企业僵尸化;$MISK$ 为核心解释变量,表示金融资源错配;$firmctrl$ 为企业层面的控制变量;$cityctrl$ 为城市层面的控制变量;ind、$city$、$year$ 分别代表行业固定效应、城市固定效应和时间固定效应;ε 是随机扰动项;下标 i、j、f、t 分别表示企业、行业、城市和年份。

但有两点需要说明:一是为准确估计金融资源错配对制造业正常企业僵尸化发生概率的影响,选择 Probit 模型对被解释变量正常企业是否僵尸化的二元离散变量进行回归分析;二是本期的正常企业僵尸化应该受到上一期企业变量与城市变量的影响。因此,此处使用解释变量和控制变量的滞后一期以及正常企业僵尸化变量进行回归。

3. 变量说明

被解释变量:制造业正常企业僵尸化($zombify$)。如果该企业上一年是正常企业(非僵尸企业),本年是僵尸企业,则 $zombify$ 为 1,表示正常企业正在僵尸化;如果该企业本年是正常企业,或者上一年是僵尸企业、本年

---

① 用分行业的工业品出厂价格指数对工业总产值进行平减;用固定资产投资价格指数对资本存量进行平减;用各省份居民消费价格指数(CPI)对工资总额进行平减;用中间投入品价格指数对中间品投入进行平减。其中,中间投入品价格指数的计算,参考了杨汝岱的方法,在工业生产者出厂价格指数的基础上,与投入—产出表(IO 表)结合,构建分行业的中间品投入平减指数。杨汝岱:《中国制造业企业全要素生产率研究》,《经济研究》2015 年第 2 期,第 61~74 页。

也是僵尸企业，则 zombify 为 0，表示已经是正常企业或已经是僵尸企业。僵尸企业的认定可参考申广军[①]、金祥荣等[②]的方法。

核心解释变量：行业内企业间的金融资源错配（MISK），用行业内企业资本扭曲的离散程度反映。在 H-K 测算框架下，利用 ACF 方法，取资本价格 $R = 0.10$，产品替代弹性 $\sigma = 3$。

企业层面的控制变量包括：①企业规模（lnsize），用企业总产值的对数表示；②资产负债率（Lev），用总负债与总资产的比值表示；③企业资产回报率（ROA），用利润总额占总资产比例表示；④所有制性质（soe），用国家资本占实收资本的比重表示；⑤资本密集度（capinten），用固定资产合计占总资产比例表示；⑥企业年龄（age），用企业成立时间表示；⑦出口依存度（export），用出口交货值占总产值比重表示。城市层面的控制变量包括：①城市经济发展水平（pgdp），用城市人均 GDP 并取自然对数表示；②城市金融发展（fin），用年末贷款余额占 GDP 的比重来表示；③城市劳动力成本（labor_cost），用城市职工平均工资并取自然对数表示；④城市工业化程度（industry），用第二产业产值占 GDP 的比重表示；⑤城市政府行为（gov），用财政支出占 GDP 比重表示；⑥城市外商直接投资（fdi），用外商直接投资额占城市 GDP 的比重来衡量；⑦城市交通便利度（traffic），用城市人均铺装道路面积表示；⑧城市开放程度（open），用货运总量与城市 GDP 的比值表示。企业层面主要变量的描述性统计见表 7-14。

表 7-14　企业层面主要变量的描述性统计

变量	样本量	平均值	标准差	最小值	最大值
zombify	2138887	0.0402	0.1964	0.0000	1.0000
MISK	2138887	0.0635	0.1516	0.0001	1.0893
lnsize	2138887	10.3279	1.4086	6.7007	14.2152
soe	2138887	0.0787	0.2581	0.0000	1.0000

---

① 申广军：《比较优势与僵尸企业：基于新结构经济学视角的研究》，《管理世界》2016 年第 12 期，第 13~24、187 页。

② 金祥荣、李旭超、鲁建坤：《僵尸企业的负外部性：税负竞争与正常企业逃税》，《经济研究》2019 年第 12 期，第 70~85 页。

续表

变量	样本量	平均值	标准差	最小值	最大值
Lev	2138887	0.5655	0.2855	0.0103	1.3918
export	2138887	0.1625	0.3364	0.0000	1.0524
capinten	2138887	0.3526	0.2242	0.0103	0.9110
ROA	2138887	0.0984	0.1883	−0.1958	0.9837
age	2138887	10.7697	9.8633	1.0000	51.0000

4. 回归结果分析

表 7-15 是金融资源错配对制造业正常企业僵尸化影响的回归结果。为保证估计结果的稳健性，本部分采用逐步增加控制变量的方式，且各列均控制了时间、城市和行业固定效应。结果表明，无论是否加入企业层面与城市层面控制变量，金融资源错配均在 1% 的显著性水平下提高了制造业正常企业的僵尸化概率。以列（4）为例，企业所在行业的金融资源错配程度每提高 1 个单位，行业内正常企业演变为僵尸企业的概率就会上升 1.77%。金融资源错配使行业内企业间资本使用成本的不平等加剧，导致企业的资本使用成本与生产率发生进一步偏离。在资本有限且稀缺的情况下，错配抑制了市场"优胜劣汰"法则的有效发挥，使得"创造性破坏"难以实现，在推高当前高效率企业成本、增大其生产经营风险的同时，阻碍了潜在高效率企业的进入以及市场资源的优化整合，造成行业内低效率企业的大量存在，增加了正常企业沦为僵尸企业的可能性。

表 7-15　金融资源错配对制造业正常企业僵尸化影响的回归结果

变量	（1）	（2）	（3）	（4）
L. *MISK*	0.0526 *** （21.55）	0.0176 *** （5.93）	0.0505 *** （20.60）	0.0177 *** （5.94）
L. ln*size*		0.0033 *** （2.89）		0.0014 （1.27）
L. *soe*		0.3580 *** （69.94）		0.3600 *** （70.06）
L. *Lev*		1.2919 *** （292.02）		1.2948 *** （292.60）

续表

变量	（1）	（2）	（3）	（4）
L. capinten		0.0098		0.0249 ***
		（1.35）		（3.51）
L. ROA		−5.1531 ***		−5.1184 ***
		（−394.48）		（−391.45）
L. age	·	0.0005 ***		0.0005 ***
		（17.38）		（17.55）
L. export		0.0003 ***		0.0002 ***
		（3.25）		（2.99）
L. fin			−0.0000 ***	−0.0000
			（−6.82）	（−0.26）
L. gov			−0.0000 ***	0.0000 ***
			（−3.00）	（8.31）
L. fdi			0.0003 ***	0.0002 ***
			（9.24）	（7.34）
L. traffic			−0.0009 ***	−0.0024 ***
			（−3.96）	（−8.71）
L. labor_cost			−0.0709 ***	0.0254 **
			（−8.25）	（2.44）
L. open			0.0012 ***	0.0000
			（6.34）	（0.07）
L. pgdp			0.1734 ***	0.0886 ***
			（43.39）	（18.63）
L. industry			−0.0129 ***	−0.0049 ***
			（−62.32）	（−20.20）
常数项	−0.7166 ***	−2.0278 ***	0.2533 **	−2.0925 ***
	（−9.46）	（−29.89）	（2.54）	（−17.29）
Year FE	Yes	Yes	Yes	Yes
City FE	Yes	Yes	Yes	Yes
Ind FE	Yes	Yes	Yes	Yes
N	2138887	2138887	2138887	2138887

注：*** 、** 分别表示在 1%、5% 的水平下显著，括号内为 z 统计量。

5. 稳健性检验

依据基准回归结果，本章得出金融资源错配显著增加了制造业行业内正常企业演变为僵尸企业的概率。虽然在实证过程中加入了一系列的控制变量，且控制了城市、时间以及行业固定效应，但依然需要对研究结论的稳健性进行检验。为此，本部分从剔除异常值对计量结果的可能影响、改变数据样本时间跨度、改变正常企业僵尸化的衡量方式、改变金融资源错配的测算方法、同时改变正常企业僵尸化和金融资源错配的衡量方式等 5 个方面考察计量结果的稳健性。具体地，表 7-16 的列（1）反映的是对所有回归变量进行 1% 的双边缩尾处理后的回归结果。列（2）是剔除首尾两年（1999 年与 2013 年）数据后进行回归的结果。列（3）是改变僵尸企业的认定方式后的回归结果，将企业实际利润用企业利润-补贴收入-营业外收入来反映，这样就剔除了企业在政府支持下获得的各种收入以及非经营性活动收入，从而真实地反映了企业的盈利能力。列（4）是改变金融资源错配衡量方式后的计量结果，将金融资源错配界定为分年、分城市、分四位码行业中所有企业的资本边际收益产品的离散程度（$MISK\_other$），即 Std（$MRPK$）。$MRPK = \ln(\beta_K^s) + ARPK$，其中 $MRPK$ 为资本的边际收益产品，β_K^s 是 s 行业的资本产出弹性，$ARPK$ 是平均收益产品。在测算中，采用企业数据的 LP 方法进行回归。列（5）是同时改变正常企业僵尸化和金融资源错配两个变量的度量方式后的回归结果。由表 7-16 可知，在经过以上 5 种方法的稳健性检验后，回归结果依然表明，金融资源错配显著提高了正常企业向僵尸企业演变的概率，这也证明了前述研究结论是稳健的。

表 7-16　稳健性检验

变量	（1）	（2）	（3）	（4）	（5）
L. *MISK*	0.0881 *** （8.95）	0.0177 *** （5.60）	0.0166 *** （5.51）		
L. *MISK_other*				0.0197 *** （6.20）	0.0163 *** （5.10）
控制变量	Yes	Yes	Yes	Yes	Yes
Year FE	Yes	Yes	Yes	Yes	Yes
City FE	Yes	Yes	Yes	Yes	Yes
Ind FE	Yes	Yes	Yes	Yes	Yes
N	2138887	1755030	2138887	2135395	2135395

注：*** 表示在 1% 的水平下显著，括号内为 t 统计量。

6. 内生性检验

前述回归结果表明,行业的金融资源错配显著提升了制造业正常企业的僵尸化概率。但模型中被解释变量与核心解释变量之间是否存在反向因果关系,即正常企业的僵尸化是否会影响行业金融资源错配,对此还需要进行进一步验证。因为,一方面,正常企业演变成僵尸企业,可能是由非市场因素干预所致,进而对行业金融资源错配产生影响;另一方面,正常企业向僵尸企业的演变会影响原先的信贷行为,引起资本配置的变化,从而造成行业金融资源错配的加剧。这样的话,行业金融资源错配的加剧就成为行业内正常企业向僵尸企业演变的结果,这属于由反向因果关系导致的内生性问题。

为了使内生性问题影响研究结论的讨论更为深入,此处结合金融资源错配前沿理论研究,对金融资源错配的工具变量做出如下调整。一是用行业国有企业比重作为金融资源错配的工具变量。现有研究表明,导致中国金融资源错配的两大主要原因在于国有企业和政府的干预政策[①],其中,国有企业占比与金融资源错配程度呈显著的正相关关系。基于此,本节参考谭语嫣等[②]的方法,使用样本初期行业国有企业资产占行业企业资产总额的比例与前一年全国国有企业资产负债率的乘积(SOE_IV)作为行业金融资源错配的工具变量[③],代入模型进行回归分析。二是用行业集中度(CR4)与前一年全国国有企业资产负债率的乘积(CR4_IV)作为行业金融资源错配的工具变量。[④] 随后,利用两阶段最小二乘法进行回归,结果见表7-17。

---

① Dai, X. Y., Cheng, L. W., "Aggregate Productivity Losses from Factor Misallocation Across Chinese Manufacturing Firms," *Economic Systems*, 2018, (8): 1-12.

② 谭语嫣、谭之博、黄益平、胡永泰:《僵尸企业的投资挤出效应:基于中国工业企业的证据》,《经济研究》2017年第5期,第175~188页。

③ 这样做的理由在于:一是样本初期国有企业资产占比是前期的确定变量,对当期残差不产生影响,符合外生性要求;二是国有企业资产占比与行业金融资源错配程度呈正相关关系,满足相关性要求;三是将样本初期国有企业资产占比与前一年全国国有企业资产负债率相乘的结果作为工具变量,可以满足时间维度变化的要求。

④ 这样替代的理由在于:企业越大,与政府的关系就越是密切,在政府庇护及相关政策支持下获得的金融资源就越多。尤其是规模较大的民营企业,因其对地方税收、就业具有较大贡献,在一定程度上会享受到与国有企业一样的待遇,在土地、融资、税收等方面享受优惠,甚至直接获得政府补贴。此处行业集中度用行业中资产规模最大的前四家企业资产之和占该行业所有企业资产总和的比重来衡量。

外生性瓦尔德检验（Wald Test of Exogeneity χ^2）在 1% 的显著性水平下拒绝了原假设，即认为模型存在内生性。但工具变量 *SOE_IV* 与 *CR4_IV* 的回归系数正负号均没有发生改变，说明即使存在内生性，原有的结论也不会改变。

表 7-17　内生性检验

变量	（1） 2SLS 第一阶段	（2） 2SLS 第二阶段	（3） 2SLS 第一阶段	（4） 2SLS 第二阶段
SOE_IV	0.0837 *** （9.26）	0.0821 *** （3.71）		
CR4_IV			0.2905 *** （29.27）	0.1372 *** （4.25）
Wald Test of Exogeneity χ^2		23972.55 （0.00）		7128.23 （0.00）
控制变量	Yes	Yes	Yes	Yes
Year FE	Yes	Yes	Yes	Yes
City FE	Yes	Yes	Yes	Yes
Ind FE	Yes	Yes	Yes	Yes
N	2138887	2138887	2138887	2138887

注：外生性瓦尔德检验部分报告的是卡方统计量，括号内为 P 值。*** 表示在 1% 的水平下显著；第一阶段括号内是 t 统计量，第二阶段是 z 统计量。

7. 异质性分析

首先进行地区异质性分析。对东部、中部、西部三大地区进行分组回归的结果见表 7-18，发现金融资源错配在不同程度上加剧了各地区制造业正常企业僵尸化。具体来说，金融资源错配对不同区域制造业正常企业僵尸化的影响程度，东部地区最大，西部地区次之，中部地区最小。这一结果产生的可能原因在于：东部地区经济较为发达，中小民营企业数量众多，信贷歧视的存在使企业资本使用成本与生产率之间的关系更加扭曲，造成金融资源配置非效率问题更加严重，从而对企业僵尸化的影响更大。而相比于中部地区，西部地区经济更为落后，企业在金融资本的可及性和发展质量方面均面临较大约束，金融资源错配恶化了微观层面企业间的资本配置效率，阻碍了企业"优胜劣汰"的市场选择机制，因此表现出正常企业僵尸化概率的提高。

表 7-18   金融资源错配对制造业正常企业僵尸化影响的回归结果：分地区

变量	(1) 东部	(2) 中部	(3) 西部	(4) 东部	(5) 中部	(6) 西部
L.*MISK*	0.0650 ***	0.0251 ***	0.0404 ***	0.0327 ***	0.0052 *	0.0161 **
	(19.11)	(5.88)	(6.11)	(7.97)	(1.91)	(2.00)
控制变量	No	No	No	Yes	Yes	Yes
Year FE	Yes	Yes	Yes	Yes	Yes	Yes
City FE	Yes	Yes	Yes	Yes	Yes	Yes
Ind FE	Yes	Yes	Yes	Yes	Yes	Yes
N	1627394	334256	177237	1627394	334256	177237

注：*** 、** 、* 分别表示在1%、5%、10%的水平下显著，括号内为 z 统计量。

其次进行所有制异质性分析。区分不同所有制企业后的回归结果见表 7-19。从不同所有制企业来看，金融资源错配对制造业中的民营正常企业僵尸化的影响最大，平均边际效应达到 0.0292，即金融资源错配每提高1 个单位，民营正常企业成为僵尸企业的概率提高 2.92 个百分点；金融资源错配对外资及港澳台正常企业僵尸化的影响次之，影响系数为 0.0212；金融资源错配对国有正常企业僵尸化的影响最小，影响系数为 0.0039。从影响系数来看，金融资源错配对民营正常企业僵尸化的影响概率是国有正常企业僵尸化概率的近 10 倍。也就是说，当一个行业的金融资源错配水平提升时，行业内的民营企业更倾向于从金融资源错配中得到低成本的资本要素，在企业成长过程中，更容易产生对资本要素"吸血"效应的僵尸化"病症"。这似乎与国有企业更容易成为僵尸企业的常识相背离，实则不然。当资本要素处于市场化配置时，也就是不存在金融资源错配时，民营企业因具有更强的活力，其发展比国有企业更加健康；而当资本要素的非市场化配置提高时，也就是金融资源错配加剧时，民营企业对行业金融资源错配的反应比国有企业更加敏感，民营企业更容易在金融资源错配的影响下演变为僵尸企业。反观国有企业，由于国有企业天然地受到政府庇护和信贷支持，获得优惠贷款，当金融资源错配加剧时，国有企业的反应缺乏敏感性，不容易产生僵尸化"病症"。总而言之，金融资源错配破坏了企业资本使用成本与生产率之间的对应关系，使民营企业更容易演变为僵尸企业。

表 7-19　金融资源错配对制造业正常企业僵尸化影响的回归结果：分所有制

变量	（1）国有企业	（2）民营企业	（3）外资及港澳台企业	（4）国有企业	（5）民营企业	（6）外资及港澳台企业
L. MISK	0. 0186 *** （4. 93）	0. 0449 *** （12. 23）	0. 0336 *** （3. 05）	0. 0039 *** （3. 89）	0. 0292 *** （6. 65）	0. 0212 ** （2. 40）
控制变量	No	No	No	Yes	Yes	Yes
Year FE	Yes	Yes	Yes	Yes	Yes	Yes
City FE	Yes	Yes	Yes	Yes	Yes	Yes
Ind FE	Yes	Yes	Yes	Yes	Yes	Yes
N	172435	1646830	330062	170371	1638458	330058

注：***、** 分别表示在 1%、5%的水平下显著，括号内为 z 统计量。

（三）创新抑制效应检验

1. 数据来源与处理

选取 2007~2022 年沪深 A 股上市公司为样本，并对下列样本进行了剔除：一是 ST 类公司；二是财务状况出现异常的公司①。最终得到 36350 个样本观测值。原始数据来源于国泰安（CSMAR）数据库。

2. 模型构建

基于前文第四章进行理论分析时将企业创新划分为创新数量、创新质量两个衡量维度，此处对应构建了如下 2 个模型：

$$INN_{tfji} = \beta_0 + \beta_1 MISK_{tfj} + \beta_2 CTRL_{tfji} + \lambda_{tfji} + \delta_t + \varepsilon_{tfji} \qquad (7-6)$$

$$INQ_{tfji} = \beta_0 + \beta_1 MISK_{tfj} + \beta_2 CTRL_{tfji} + \lambda_{tfji} + \delta_t + \varepsilon_{tfji} \qquad (7-7)$$

式（7-6）、式（7-7）分别是行业金融资源错配（MISK）对企业创新数量（INN）、创新质量（INQ）影响的实证检验模型。其中，CTRL 为控制

---

① 财务状况异常公司包括：总资产小于 0 的公司；总资产小于总负债的公司；总资产小于固定资产、无形资产、流动资产的公司；总负债小于 0 的公司；总负债小于长期负债、流动负债的公司。

变量，λ 和 δ 分别是企业固定效应和时间固定效应。企业固定效应用于对企业层面的一些不可观测变量对创新的影响进行控制，例如企业文化理念等；时间固定效应用于对宏观层面影响企业创新的经济波动等外生因素进行控制。ε 为随机扰动项，i、j、f、t 分别代表企业、行业、省份和年份。

3. 变量说明

被解释变量：企业创新，分别从创新数量、创新质量两个维度进行衡量。其中，创新数量（INN），用上市公司专利授权数量加 1 取对数来度量[1]，并采用公司专利申请数量进行稳健性检验；创新质量（INQ），用企业百元总资产中无形资产增量所占比例来度量[2]。

解释变量：行业内企业间的金融资源错配（MISK），用行业内企业资本扭曲的离散程度来反映。在 H-K 测算框架下，利用 ACF 方法，取资本价格 $R = 0.10$，产品替代弹性 $\sigma = 3$。

控制变量：①企业规模（lnsize），用企业总资产取自然对数表示；②资产回报率（ROA），用净利润占企业总资产的比例表示；③企业杠杆率（Lev），用企业负债总额与企业资产总额的比例表示；④固定资产比率（Fix），用企业固定资产净额占总资产的比例表示；⑤企业成长性（TobinQ），用企业股票市值与账面价值的比值表示；⑥企业投资规模（Invest），用企业购置固定资产、无形资产和其他长期资产所支付的现金占总资产的比例表示；⑦流动比率（Liquidity），用企业流动资产与流动负债的比值表示；⑧股权集中度（TOP10），用前十大股东持股数量占总股本的比例表示；⑨企业性质（State），国有企业取值为 1，否则为 0；⑩企业领导权结构（Duality），如果董事长与总经理是同一人取 1，否则取 0；⑪企业高管持股数量（Mhold），用企业高管持股数量加 1 后取对数表示。

上述主要变量间的相关系数见表 7-20。其中，MISK 与 INN、INQ 之间的 Pearson 相关系数均通过了 1% 水平下的显著性检验，其系数分别为

---

① 蔡卫星、倪骁然、赵盼、杨亭亭：《企业集团对创新产出的影响：来自制造业上市公司的经验证据》，《中国工业经济》2019 年第 1 期，第 137~155 页。
② 鞠晓生、卢荻、虞义华：《融资约束、营运资本管理与企业创新可持续性》，《经济研究》2013 年第 1 期，第 4~16 页。

−0.0783、−0.0022，这表明金融资源错配情况越严重，企业创新的数量越少，质量越低。

表 7-20 主要变量间的相关系数

变量	INN	INQ	MISK	lnsize	Lev	ROA
INQ	0.0174***					
MISK	−0.0783***	−0.0022***				
lnsize	0.0818***	0.0540***	−0.0178***			
Lev	−0.0244***	−0.0513*	0.0069**	−0.0622***		
ROA	−0.0046	0.0016	−0.0005	−0.0475***	0.5387***	
TobinQ	−0.0053	−0.0005	−0.0000	−0.0525***	0.5283***	−0.0023
Fix	0.0433***	0.0081***	0.0011***	−0.0590***	0.0109*	−0.0011
TOP10	0.2460***	0.0243*	−0.0157***	0.1372***	−0.0191***	−0.0001
Liquidity	0.0258***	−0.0045	−0.0121	−0.1943***	−0.0747***	−0.0038
Invest	0.1228***	0.0543***	−0.0282***	−0.0646***	−0.0359***	−0.0061
Duality	0.0466***	−0.0127*	−0.0228***	−0.1508***	−0.0110*	−0.0035
State	−0.0453***	−0.0102*	0.0271***	0.2979***	0.0116*	−0.0055
Mhold	0.1710***	0.0179***	−0.0536***	−0.0308***	−0.0615**	−0.0075

变量	TobinQ	Fix	TOP10	Liquidity	Invest	Duality	State
Fix	−0.0054						
TOP10	−0.0006	0.0315***					
Liquidity	−0.0019	−0.1505***	0.0560***				
Invest	−0.0067	0.2866***	0.1078***	−0.0038			
Duality	−0.0031	−0.0585***	−0.0262***	0.0910***	0.0659***		
State	−0.0076	0.1477***	0.0761***	−0.1451***	−0.0787***	−0.2806***	
Mhold	−0.0079	−0.1059***	−0.0536***	0.1152***	0.1052***	0.2613***	−0.3995***

注：***、**、*分别表示在1%、5%、10%的水平下显著。

4. 实证结果与分析

第一，基准回归结果与分析。金融资源错配与企业创新的基准回归结果如表 7-21 所示，表中列（1）、列（3）是未加入控制变量的回归结果；列（2）、列（4）是加入控制变量后的回归结果。表 7-21 的结果表明，金融资源错配均显著降低了企业的创新数量和创新质量，这一结论与是否加入控制变量无关。从企业创新的两个维度来看，行业金融资源错配每提高1 个单位，企业创新数量与创新质量将会分别降低 4.11% 和 9.74%。

表 7-21　金融资源错配与企业创新的基准回归结果

变量	（1） INN	（2） INN	（3） INQ	（4） INQ
MISK	−0.0438***	−0.0411***	−0.1211**	−0.0974**
	（−4.35）	（−4.08）	（−2.40）	（−2.14）
lnsize		0.0116		0.9586***
		（0.98）		（5.23）
Lev		−0.0017		−0.1102
		（−0.23）		（−1.16）
ROA		−0.0049		−0.5323***
		（−0.68）		（−3.51）
TobinQ		0.0000		−0.0001
		（0.04）		（−0.56）
Fix		0.0865		0.0650
		（1.15）		（0.08）
TOP10		0.0014***		0.0090***
		（3.08）		（3.24）
Liquidity		0.0036*		−0.0407*
		（1.86）		（−1.68）
Invest		0.5562***		8.5788***
		（3.66）		（3.33）
Duality		0.0494**		−0.0838
		（2.35）		（−0.59）
State		0.0708		−0.1229
		（1.52）		（−0.36）
Mhold		0.0034**		−0.0120
		（2.11）		（−1.53）
常数项	1.1661***	0.8086***	0.5583***	−11.8170***
	（52.38）	（5.38）	（4.14）	（−5.32）
N	36350	36350	36350	36350
R²	0.2573	0.2590	0.0026	0.0413

注：***、**、*分别表示在1%、5%、10%的水平下显著，括号内为t统计量。

另外，从理论上讲，金融资源错配使得部分低效率企业能够以较低的资本使用价格获得更多的信贷资金，从而有更多的资金投入创新，进而促进创新。但现实并非如此：一是这些企业为了以低价格获得资金往往会产生市场寻租行为，使其实际能使用的资金数量减少；二是将资金转借给其他因资源错配而难以得到资金的企业可以获得可观的利差收入，因此企业缺乏强烈的创新意愿，从而阻碍了企业创新。但对于那些在金融资源错配市场中处于不利地位的企业来说，要获得银行的信贷资金就必须付出较高的使用成本，这意味着这些企业面临着极强的融资约束，从而减弱了企业的创新意愿和创新动力，导致企业创新乏力。因此，金融资源错配对企业创新的影响体现为显著的"挤出效应"，不仅抑制了企业创新数量的增长，而且损害了企业创新质量的提高。

第二，稳健性检验。为检验上述研究结论是否可靠，本部分采用以下三种方法进行稳健性检验。第一种方法是剔除金融保险类上市公司及房地产公司后进行回归，这主要是考虑到不同行业在财务结构上存在差异。第二种方法是对所有变量进行上下 1% 的缩尾处理（Winsorize）后进行回归，这主要是考虑到极端异常值可能会对回归结果产生影响。第三种方法是改变被解释变量创新数量、创新质量的度量方式。[1] 运用上述三种方法进行回归的结果见表 7-22 和表 7-23。可以看出，金融资源错配（MISK）对创新数量（INN）和创新质量（INQ）的回归系数依然显著为负，说明前述实证结论是稳健可靠的。

表 7-22　稳健性检验（1）

变量	（1）剔除行业 INN	（2）剔除行业 INQ	（3）Winsorize INN	（4）Winsorize INQ
MISK	−0.0426 *** (−4.09)	−0.0992 ** (−2.17)	−0.0394 *** (−3.91)	−0.0438 ** (−2.00)
控制变量	Yes	Yes	Yes	Yes

---

① 借鉴黎文靖和郑曼妮、王玉泽等的方法，分别采用公司专利申请数取对数、无形资产净额与总资产的比值作为创新数量与创新质量的度量指标，并将基准模型中的净利润替换为利润总额进行回归。黎文靖、郑曼妮：《实质性创新还是策略性创新？——宏观产业政策对微观企业创新的影响》，《经济研究》2016 年第 4 期，第 60~73 页；王玉泽、罗能生、刘文彬：《什么样的杠杆率有利于企业创新》，《中国工业经济》2019 年第 3 期，第 138~155 页。

续表

变量	(1) 剔除行业 INN	(2) 剔除行业 INQ	(3) Winsorize INN	(4) Winsorize INQ
Year FE	Yes	Yes	Yes	Yes
N	32498	32498	36350	36350
R²	0.2767	0.0448	0.2604	0.0614

注：*** 、** 分别表示在1%、5%的水平下显著，括号内为 t 统计量。

表7-23　稳健性检验（2）

变量	(1) 替换变量 INN	(2) 替换变量 INQ	(3) 替换变量 INN	(4) 替换变量 INQ
MISK	−0.0354*** (−3.38)	−0.2044*** (−4.45)	−0.0333*** (−3.18)	−0.2055*** (−4.51)
控制变量	No	No	Yes	Yes
Year FE	Yes	Yes	Yes	Yes
N	36350	36350	36350	36350
R²	0.2953	0.0126	0.2966	0.0195

注：*** 表示在1%的水平下显著，括号内为 t 统计量。

第三，内生性检验。从理论上讲，金融资源错配与企业创新之间可能存在互为因果的内生关系，从而影响研究结论。因为，一方面金融资源错配可能会改变行业内企业的创新决策；另一方面企业创新效率的提高可能会对资源错配起到抑制作用，降低错配程度。为此，需要进行内生性检验，此处采用以下两种方法。

第一种方法：选取金融资源错配的滞后一期作为金融资源错配的工具变量。① 采用两阶段最小二乘法（2SLS）的回归结果见表7-24。可见，滞后一期的金融资源错配（L.MISK）对企业创新数量（INN）和创新质量

① 理由在于：滞后一期的金融资源错配是当期金融资源错配的"历史变量"，对当期的企业创新行为不产生直接影响；另外，假使存在反向因果关系，企业当期的创新行为对上一期金融资源错配的影响甚微。

（*INQ*）的回归系数仍显著为负，说明金融资源错配对企业创新数量和创新质量的提高具有显著的抑制作用，前述研究结论未发生改变。

表 7-24　利用滞后一期作为金融资源错配工具变量的回归结果

变量	(1) *MISK* 第一阶段	(2) *INN* 第二阶段	(3) *INQ* 第二阶段
L. *MISK*	0.3271 *** (51.23)	− 0.0597 *** (− 5.56)	− 0.0705 ** (− 2.24)
控制变量	Yes	Yes	Yes
Year FE	Yes	Yes	Yes
N	31444	31444	31444
R²		0.2687	0.0492

注：*** 、** 分别表示在1%、5%的水平下显著；第一阶段括号内是 t 统计量，第二阶段括号内是 z 统计量。

第二种方法：用行业内其他企业的资本扭曲计算出的金融资源错配（*MISKOTH*）作为解释变量的工具变量，回归结果见表 7-25。可见，回归结果中核心解释变量的系数符号并未发生变化，说明前述结论是可靠的。

表 7-25　利用行业内其他企业的金融资源错配作为工具变量的回归结果

变量	(1) *MISK* 第一阶段	(2) *INN* 第二阶段	(3) *INQ* 第二阶段
MISKOTH	0.7328 *** (323.19)	− 0.0494 *** (− 3.35)	− 0.0732 ** (− 1.97)
控制变量	Yes	Yes	Yes
Year FE	Yes	Yes	Yes
识别不足检验		1.7e+04 (0.00)	1.7e+04 (0.00)
弱工具变量检验		9.7e+04 (0.00)	9.7e+04 (0.00)
N	31354	31354	31354
R²		0.2362	0.0396

注：*** 、** 分别表示在1%、5%的水平下显著；第一阶段括号内是 t 统计量，第二阶段括号内是 z 统计量。

本章小结

本章在前文理论分析的基础上，采用计量经济学方法，对金融资源"脱实向虚"的经济增长效应、金融资源错配效应及由此产生的投资挤出效应、僵尸企业效应和创新抑制效应进行了实证检验，主要结论与观点可归纳如下。

通过构建金融资源"脱实向虚"指数，并对其对经济增长效应进行实证研究。结果表明，从促进经济增长角度看，虚拟经济部门占有金融资源的比例存在一个适度区间，该适度区间为47%～52%，即当虚拟经济部门占有的金融资源比例不高于52%时，提高虚拟经济部门占有金融资源比例会对经济增长起到促进作用；而当虚拟经济部门占有金融资源比例超过52%的临界值时，金融资源向虚拟经济部门的进一步流入，会对经济增长产生显著的抑制效应。另外，虚拟经济部门占有金融资源比例提升对经济增长的效应由递增转向递减的临界值为47%，即在虚拟经济部门占有金融资源比例低于47%时，提高其占有比例对经济增长的促进效应是边际递增的；而越过47%的临界值但不高于52%时，提高其占有比例对经济增长的促进效应是边际递减的。因此，从促进经济增长角度来看，金融资源配置于虚拟经济部门的最适度比为47%～52%。

对我国区域层面的分析结果表明，不同区域在不同年份均存在不同程度的金融资源"脱实向虚"现象。其中，2003～2022年，东北三省金融资源"脱实向虚"程度呈现倒"U"形态势，峰值分别出现在2008年和2016年，其中2008年最高；东部地区、中部地区与西部地区金融资源"脱实向虚"程度均呈现"双峰"变化特征，峰值分别出现在2008年和2016年，以2016年最高。但这三个区域之间的区别在于：东部地区金融资源"脱实向虚"程度在大部分时间高于52%的临界值，而中部地区与西部地区金融资源"脱实向虚"程度在大部分时间低于52%的临界值。

在2017年7月第五次全国金融工作会议之后，各区域金融资源均呈现流出虚拟经济部门而进入实体经济部门的现象，虚拟经济部门占有的金融资源比例均明显下降。到 2022 年，东北三省虚拟经济部门占有金融资源比例低于适度区间的最小值 47%，呈现虚拟经济发展不足的状态；东部地区除北京、上海之外，其余省份虚拟经济部门占有金融资源比例均低于 52% 的临界值，其中天津为 33.33%、福建为 35.90%，表明虚拟经济发展严重不足；西部地区各省份金融资源配置于虚拟经济部门的比例均低于 47% 的下限值，虚拟经济部门也呈现发展不足态势；中部地区各省份虚拟经济部门占有金融资源比例均低于 47% 的下限值。这表明，2017 年以来金融资源"脱实向虚"相关治理政策的实施，对于抑制金融资源"脱实向虚"起到了显著作用，但同时也带来了全国大部分省份虚拟经济发展的不足，这对经济增长产生了一定的抑制作用。

以 2007~2022 年沪深 A 股上市公司为样本，对我国不同行业的资源错配程度进行测算，结果表明：无论在大类行业间，还是在大类行业内，资源错配程度均存在明显差异。在大类行业间，资源错配程度最高的是水利、环境和公共设施管理业，最低的是居民服务、修理和其他服务业，资源错配程度最高的行业是最低行业的 32.47 倍。在大类行业内部分行业间（以制造业为例），资源错配程度最高的为有色金属冶炼和压延加工业，最低的为造纸和纸制品业，资源错配程度最高的行业是最低行业的 77.45 倍。在轻工业行业内，资源错配程度最高的是酒、饮料和精制茶制造业，最低的是文教、工美、体育和娱乐用品制造业，资源错配程度最高的行业是最低行业的 7.61 倍。在重工业行业内，资源错配程度最高的是有色金属冶炼和压延加工业，最低的是黑色金属冶炼和压延加工业，资源错配程度最高的行业是最低行业的 17.01 倍。另外，金融业的资源错配程度比制造业资源错配程度高出 52.40%，说明我国金融资源超配于金融业的现象比较严重。

金融资源错配作为偏离市场经济规律的非市场化资源配置现象，产生了显著的投资挤出效应、僵尸企业效应和创新抑制效应。以沪深 A 股上市公司为样本的测算结果为：金融资源错配程度每提高 1 个单位，企业持有实业资产的比例会降低 0.78%；行业内正常企业演变为"僵尸企业"的概率会上升 1.77%；企业创新数量与创新质量会分别降低 4.11% 和 9.74%。

第八章

我国非金融企业金融化的微观经济效应及"同群效应"检验

　　非金融企业的金融化是金融资源"脱实向虚"的重要形式之一，前文对其金融化的动因及其同群行为进行了理论分析。本章拟采用计量经济学方法对非金融企业金融化的微观经济效应（包括财务效应、生产率效应、市场价值效应）与"同群效应"予以实证检验。

一　我国非金融企业金融化的微观经济效应检验

　　发展良好的企业应该具有如下三个基本特征：一是良好的经营业绩，用主要财务指标来反映；二是较强的发展能力，用全要素生产率来反映；三是股价在市场中具有良好表现，用企业的市场价值来反映。本章将这三个方面归结为企业行为的微观经济效应。在前文第四章中，我们已经对非金融企业金融化的微观经济效应进行了理论分析，此处拟采用我国上市公司数据对其进行实证检验。

（一）财务效应检验

　　在前文的理论分析中，我们已经得出企业金融化与财务绩效之间存在倒"U"形关系的结论。该结论在我国现实经济生活中是否依然成立，则需要通过实证检验才能予以回答。

　　1. 样本选择、数据来源与模型构建

　　本部分选择 2007~2022 年沪深 A 股上市公司为样本，并对下列公司进行了剔除：一是金融业、保险业上市公司；二是 ST 类公司；三是财务状况存在异常的公司；四是主要变量数据存在缺失的公司。经过以上剔除，最终得到 34604 个样本观测值。为消除极端值的影响，对所有连续变量进行 1% 的缩尾处理。公司财务数据来自国泰安（CSMAR）数据库；公司产权性质数据来源于 CCER 经济金融数据库。

为研究金融化对公司财务绩效的非线性影响，建立以下模型：

$$Z\text{-}score_{i,t} = \alpha_0 + \alpha_1 Fin_{i,t} + \alpha_2 Fin_{i,t}^2 + \alpha_i X_{i,t} + Year + Industry + \varepsilon_{i,t} \qquad (8-1)$$

其中，$Z\text{-}score$ 为被解释变量财务绩效，Fin 为核心解释变量金融化水平，Fin^2 为核心解释变量金融化水平的平方项，X 为控制变量，ε 为随机误差项，$Year$ 与 $Industry$ 分别为年份和行业的哑变量。此处，我们需要重点考察回归系数 α_1 和 α_2 的正负。如果回归系数 α_1 显著为正，而回归系数 α_2 却显著为负，则说明公司金融化程度与其财务绩效呈现倒"U"形关系。

2. 变量选择

被解释变量：公司财务绩效（$Z\text{-}score$）。在现有研究文献中，对公司财务绩效的衡量通常采用资本回报率[①]、资产收益率[②]、每股收益[③]等指标，但这些指标的缺点在于对公司财务绩效的评价并不全面，缺乏综合性。因此，本节借鉴朱乃平等[④]的研究方法，采用能够综合反映公司盈利能力、资产流动性和财务杠杆等财务信息的"财务危机指数"[⑤]。该指数越大，表明公司财务绩效越好。

核心解释变量：公司金融化水平（Fin）与公司金融化水平的平方项

[①] 徐珊：《金融资产持有对非金融企业经营绩效的影响》，《山西财经大学学报》2019 年第 11 期，第 27~39 页。

[②] 郭丽丽、徐珊：《金融化、融资约束与企业经营绩效——基于中国非金融企业的实证研究》，《管理评论》2021 年第 6 期，第 53~64 页。

[③] 巩娜：《企业金融化、股权激励与公司绩效》，《经济管理》2021 年第 1 期，第 156~174 页。

[④] 朱乃平、朱丽、孔玉生、沈阳：《技术创新投入、社会责任承担对财务绩效的协同影响研究》，《会计研究》2014 年第 2 期，第 57~63、95 页。

[⑤] 财务危机指数的计算公式为：1.2×（营运资金/资产总额）+1.4×（留存收益/资产总额）+3.3×（息税前利润/资产总额）+0.6×（权益市值/负债账面价值）+0.9×（销售额/资产总额）。

（Fin^2）。其中，公司金融化水平用公司总资产中金融资产所占比重来衡量。

控制变量：①公司规模（$Size$），用公司总资产的自然对数反映；②公司资产负债率（Lev），用公司总负债与总资产的比值反映；③上市年龄（Age），用截至 2022 年的上市年数反映；④公司股权结构（$TOP1$），用第一大股东持股占比反映；⑤公司高管薪酬（$Exec$），用公司高管人均薪酬取自然对数反映；⑥劳动力成本（$Labor$），用公司应付职工薪酬在公司营业收入中所占比例来反映。

3. 实证结果及分析

模型（8-1）的回归结果如表 8-1 所示。其中，列（1）与列（2）是没有加入控制变量的回归结果，列（3）和列（4）是加入控制变量后的回归结果。列（1）和列（3）只对年份固定效应进行了控制，列（2）和列（4）对年份固定效应和行业固定效应均进行了控制。从表 8-1 中各列的结果来看，公司金融化水平（Fin）的系数均为正，而其平方项（Fin^2）的系数均为负，且都通过了 1% 水平下的显著性检验。这表明，公司金融化水平与其财务绩效之间呈现倒"U"形关系。从列（4）的回归结果来看，公司金融化水平对公司财务绩效的影响由正转负的拐点是公司金融化水平等于33.29% 时，即当公司金融化水平低于 33.29% 时，进一步提升金融化水平对公司财务绩效的提高具有积极作用；而当公司金融化水平高于 33.29% 时，进一步提升公司金融化水平会降低公司的财务绩效。

表 8-1　金融化对公司财务绩效影响的回归结果

变量	（1）	（2）	（3）	（4）
Fin^2	−1.6203 ***	−1.6245 ***	−1.3111 ***	−1.3140 ***
	（0.184）	（0.182）	（0.151）	（0.148）
Fin	1.9446 ***	1.9430 ***	0.8790 ***	0.8750 ***
	（0.136）	（0.134）	（0.109）	（0.107）
Lev			−2.3190 ***	−2.3340 ***
			（0.045）	（0.044）
$Size$			−0.1670 ***	−0.1610 ***
			（0.012）	（0.011）

续表

变量	（1）	（2）	（3）	（4）
TOP1			0.0004 *	0.0005 **
			（0.001）	（0.001）
Age			−0.0011	−0.0012
			（0.013）	（0.013）
Labor			−2.0130 ***	−1.9410 ***
			（0.301）	（0.300）
Exec			0.1170 ***	0.1180 ***
			（0.011）	（0.011）
年份控制	YES	YES	YES	YES
行业控制		YES		YES
N	34604	34604	34606	34604
R^2	0.1407	0.1452	0.3797	0.3825

注：***、**、* 分别表示在1%、5%、10%的水平下显著；括号内为标准误。

4. 稳健性与内生性检验

本部分对上述回归结果进行稳健性检验，通过改变变量衡量方式与改变样本区间两种方式进行。一是在原先的金融资产计算中加入货币资金，构成新的公司金融资产额，然后计算其与公司总资产的比值，以此反映公司的金融化程度（Fin1）；二是将样本区间压缩，剔除发生国际金融危机的2008年与2009年，以2010~2022年的样本期间重新进行回归。采取这两种方式后的回归结果见表8-2中的列（1）和列（2）。其中列（1）为改变公司金融化衡量方式后的回归结果，列（2）为改变样本区间后的回归结果。由结果可见，公司金融化与公司金融化平方项的系数符号均没有发生变化，表明公司金融化对公司财务绩效影响呈倒"U"形的结论是稳健的。

另外，公司金融化会对公司财务绩效产生影响，但从理论上讲，公司财务绩效也可能会反过来对公司金融化决策产生影响，即存在内部性问题，从而使前述研究结论产生偏误。对此，本部分以公司所属行业其他公司金融化水平的平均值（Fin2）替代公司金融化程度，重新回归后的结果见

表8-2中的列（3）。公司金融化水平及其平方项系数的符号均没有改变，这表明即使考虑到内生性，前述研究结论依然成立。

表 8-2　稳健性与内生性检验回归结果

变量	（1）	（2）	（3）
$Fin1^2$	-0.5860** (0.284)		
$Fin1$	0.1560 (0.131)		
Fin^2		-1.1970*** (0.156)	
Fin		0.8410*** (0.113)	
$Fin2^2$			-0.3603** (15.319)
$Fin2$			0.1495*** (4.432)
年份控制	YES	YES	YES
行业控制	YES	YES	YES
N	34604	30385	34604
R^2	0.3796	0.3540	0.3290

注：***、**分别表示在1%、5%的水平下显著，括号内是标准误。由于篇幅限制，控制变量的估计结果未显示。

5. 作用机制检验

从理论上讲，公司金融化对其财务绩效的影响是通过公司的金融化投资对公司实体投资产生影响来实现的。虽然"蓄水池"假说认为公司金融化能增加其实体产业投资，而"投资替代"假说认为公司金融化会对其实体产业投资形成挤压，但其作用机制都是通过影响公司的实体产业投资来实现的。基于此，本部分采用公司实体投资现金流①占总资产的比例（$Sttz$）作为中介变量，分析公司金融化影响财务绩效的作用机制，回归结果见

---

① 公司实体投资现金流是公司购买与处置固定资产、无形资产和其他长期资产的现金流支出净额。

表 8-3。其中，列（1）是公司金融化水平对公司财务绩效影响的回归结果；列（2）是公司金融化水平对公司实体投资现金流占总资产的比例影响的回归结果；列（3）是在列（1）的基础上加入实体投资现金流占总资产的比例这一中介变量后，公司金融化水平影响公司财务绩效的回归结果。

由表 8-3 中列（2）的结果可见，公司金融化水平（Fin）的系数显著为正，而其平方项（Fin^2）的系数显著为负，表明公司金融化水平对公司实体投资的影响呈倒"U"形关系，即适度范围内的公司金融化发挥着"蓄水池"作用，有助于公司实体投资的增加；而金融化过度则会产生"投资替代"效应，对公司实体投资形成挤压。列（3）显示，在加入中介变量后，公司金融化水平（Fin）的系数依然显著为正，而其平方项（Fin^2）的系数依然显著为负，且中介变量（$Sttz$）的系数也显著为正。这表明，不仅公司金融化对其财务绩效的影响呈现倒"U"形关系，且这一过程是通过金融化影响其实体投资的机制实现的。

表 8-3　作用机制的回归结果

变量	（1） Z-score	（2） Sttz	（3） Z-score
Fin^2	−1.3140 ***	−0.0818 ***	−1.2830 ***
	（0.148）	（0.0141）	（0.148）
Fin	0.8750 ***	0.0071 ***	0.8720 ***
	（0.107）	（0.0103）	（0.107）
Lev	−2.3340 ***	−0.0338 ***	−2.3210 ***
	（0.0444）	（0.004）	（0.045）
$Size$	−0.1610 ***	0.0069 ***	−0.1640 ***
	（0.0114）	（0.001）	（0.011）
$TOP1$	0.0005 **	0.0001 ***	0.0005 *
	（0.001）	（0.001）	（0.001）
Age	−0.0012	−0.0002	−0.0011
	（0.013）	（0.001）	（0.013）
$Labor$	−1.9410 ***	−0.0297	−1.9300 ***
	（0.300）	（0.032）	（0.299）
$Exec$	0.1180 ***	0.0060 ***	0.1160 ***
	（0.011）	（0.001）	（0.011）

变量	(1) Z-score	(2) Sttz	(3) Z-score
Sttz			0. 3800 *** (0. 086)
年份控制	YES	YES	YES
行业控制	YES	YES	YES
N	34604	34604	34604
R^2	0. 3820	0. 1028	0. 3830

注：*** 、 ** 、 * 分别表示在1%、5%、10%的水平下显著；括号内是标准误。

（二）生产率效应检验

前文第四章的理论分析已经表明，公司金融化与其生产率之间存在倒"U"形关系，即从生产率角度看，公司金融化水平存在一个"适度"的数值。当公司金融化水平低于该适度值时，公司金融化水平的提高有助于其生产率的提升；而当公司金融化水平高于该适度值时，提高公司金融化水平将会导致公司生产率的下降。以下对前述理论分析结论进行实证检验。

1. 样本选择与数据来源

本部分以2007~2022年沪深A股上市公司为样本，并对下列公司进行了剔除：一是金融业、保险业上市公司；二是ST类公司；三是财务状况存在异常的公司；四是主要变量数据存在缺失的公司。经过以上剔除，最终得到30968个样本观测值，对所有连续变量进行1%的缩尾处理，以消除极端值的影响。公司财务数据来自国泰安（CSMAR）数据库；公司产权性质数据来源于CCER经济金融数据库；董监高责任险数据从中国资讯行数据库、巨潮资讯网等数据平台通过"网络搜寻+手工整理"方式获得。

2. 变量选取

被解释变量：公司生产率，以公司全要素生产率（TFP）来反映。公司全要素生产率的测度方法主要有索洛余值法、OP 法和 LP 法，分别由 Solow[①]、Olley 和 Pakes[②]、Levinsohn 和 Petrin[③] 提出。现有研究文献指出，索洛余值法与 OP 法在对全要素生产率进行测算时，均存在假设上的不合理。此处采用 LP 法，用价格指数先对总产值进行平减，再扣除增加值，用扣除后的余额作为中间品投入指标，以此对公司全要素生产率进行测度。

核心解释变量：公司金融化水平（Fin）及其平方项（Fin^2），其中公司金融化水平用公司金融资产规模占公司资产总规模的比例来衡量。

控制变量：①公司规模（$Size$），用公司总资产的自然对数反映；②公司资产负债率（Lev），用公司总负债占总资产的比例反映；③盈利能力（ROA），用公司净利润占总资产的比例反映；④上市年龄（Age），用截至 2020 年的上市年数反映；⑤公司股权结构（$TOP1$），用第一大股东持股占比反映；⑥公司产权性质（$State$），国有企业取值为 1，民营企业取值为 0；⑦公司高管薪酬（$Exec$），用公司高管人均薪酬取自然对数来反映；⑧劳动力成本（$Labor$），用公司应付职工薪酬占公司营业收入的比例反映。

3. 模型构建

为验证公司金融化对公司全要素生产率的影响，建立以下模型：

$$TFP_{i,t} = \alpha_0 + \alpha_1 Fin_{i,t} + \alpha_2 Fin_{i,t}^2 + \alpha_i X_{i,t} + Year + Industry + \varepsilon_{i,t} \qquad (8-2)$$

其中，TFP 为公司全要素生产率，Fin 为公司金融化水平，Fin^2 为公司金融化水平的平方项，X 为控制变量。$Year$ 和 $Industry$ 分别为年份与行业的哑变量，用于对时间和行业层面不可观测因素的影响进行控制。ε 为随机误差项。此处我们重点对 Fin 和 Fin^2 的回归系数 α_1 和 α_2 进行观察。如果回归系数 α_1 显著为正而回归系数 α_2 显著为负，则表明公司金融化水平与公司全要素生产率之间存在倒"U"形关系。

---

① Solow, R. M., "Technical Change and the Aggregate Production Function," *The Review of Economics and Statistics*, 1957, 39 (3): 312-320.

② Olley, S., Pakes, A., "The Dynamics of Productivity in the Telecommunications Equipment Industry," *Econometrica*, 1996, 64: 1263-1298.

③ Levinsohn, J., Petrin, A., "Estimating Production Functions Using Inputs to Control for Unobservables," *Review of Economic Studies*, 2003, 70 (2): 317-341.

根据前文第四章的理论分析，公司金融化对公司生产率的影响主要通过影响研发投资来实现。因此，为进一步分析公司金融化对其全要素生产率影响的机制路径，建立以下检验模型：

$$Inter_{i,t} = \beta_0 + \beta_1 Fin_{i,t} + \beta_i X_{i,t} + Year + Industry + \varepsilon_{i,t} \quad\quad (8-3)$$

$$TFP_{i,t} = \gamma_0 + \gamma_1 Fin_{i,t} + \gamma_2 Inter_{i,t} + \gamma_i X_{i,t} + Year + Industry + \varepsilon_{i,t} \quad\quad (8-4)$$

模型（8-3）中，$Inter$ 为中介变量，用公司研发支出表示。为了更为清晰地反映不同金融化水平对全要素生产率影响的差异性，本节将全部样本划分为过度金融化和非过度金融化两个组，分别进行中介效应检验。若模型（8-2）中的回归系数 α_1 和模型（8-3）中的回归系数 β_1 均显著为负，但模型（8-4）中的回归系数 γ_1 显著为负，回归系数 γ_2 显著为正，且 γ_2 的绝对值显著低于 α_1，则说明中介变量（$Inter$）具有部分中介效应。

4. 实证结果及分析

（1）基准回归结果与分析

表8-4是依据模型（8-2）进行回归的结果，反映了公司金融化水平对公司全要素生产率的影响。其中，列（1）和列（2）是未加入控制变量的回归结果，列（3）和列（4）是加入控制变量后的回归结果。列（1）和列（3）是对年份固定效应进行控制后的回归结果，列（2）和列（4）是对年份固定效应和行业固定效应均进行控制后的回归结果。对列（1）和列（3）的回归结果进行比较分析会发现，无论是否加入控制变量，公司金融化水平的系数均显著为正，而公司金融化水平平方项的系数均显著为负，这表明公司金融化水平与公司全要素生产率之间呈倒"U"形关系。对列（2）和列（4）的回归结果进行对比分析会发现，在控制了年份和行业固定效应后，无论是否加入控制变量，公司金融化水平的系数均显著为正，而公司金融化水平平方项的系数均显著为负，公司金融化水平与公司全要素生产率之间呈倒"U"形关系的结论没有发生改变。综合上述列（1）至列（4）的回归结果，可以得出如下结论：公司金融化水平对公司全要素生产率的影响呈现倒"U"形关系。当公司配置的金融资产在一个适度的比例范围内时，提高金融资产配置比例有助于公司全要素生产率的提升，有助于

公司发展；但是当公司配置的金融资产比例超过一定范围时，配置过多的金融资产将会降低公司的全要素生产率，对公司发展不利。另外，由表8-4中列（4）回归结果计算得知，出现拐点时的公司金融化水平为8.13%。也就是说，当公司金融化水平小于8.13%时，公司提高金融资产配置比例有助于全要素生产率提升；而当公司金融化水平大于8.13%时，公司提高金融资产配置比例将会降低公司全要素生产率。

表8-4　公司金融化水平对全要素生产率影响的回归结果

变量	（1）	（2）	（3）	（4）
Fin^2	-7.1780***	-6.6860***	-2.2490***	-2.8090***
	（0.373）	（0.371）	（0.204）	（0.189）
Fin	1.9760***	1.5010***	0.1560*	0.4570***
	（0.161）	（0.161）	（0.087）	（0.081）
Age			0.0019***	0.0029***
			（0.001）	（0.001）
$Size$			0.6110***	0.6470***
			（0.004）	（0.004）
Lev			0.6750***	0.6430***
			（0.023）	（0.023）
$State$			0.0567***	0.0894***
			（0.008）	（0.008）
$TOP1$			0.0013***	0.0018***
			（0.001）	（0.001）
$Exec$			0.2030***	0.1670***
			（0.006）	（0.006）
$Labor$			-10.7100***	-9.5590***
			（0.195）	（0.195）
ROA			2.3870***	2.3680***
			（0.074）	（0.072）
年份控制	YES	YES	YES	YES
行业控制		YES		YES
N	30968	30968	30968	30968
R^2	0.092	0.169	0.775	0.814

注：***、*分别表示在1%、10%的水平下显著，括号内是标准误。

（2）稳健性与内生性检验

为了验证以上结论的稳健性，本部分采取了以下三种方法：一是更换全要素生产率测度方法，采用 OP 法重新测算公司全要素生产率（*TFP*）；二是改变公司金融化水平的测度方法，在原计算的公司持有金融资产中加入货币资金，然后用其占公司资产的比例表示公司金融化水平（*Fint*）；三是改变样本期间，即采用 2010～2022 年样本数据重新计算。采取上述三种方法后的回归结果分别见表 8-5 中的列（1）、列（2）和列（3）。比较分析回归结果会发现，无论做出什么样的改变，公司金融化水平的系数均为正，而公司金融化水平平方项系数显著为负。这表明，公司金融化水平与公司全要素生产率之间存在稳定的倒"U"形关系。

另外，从理论上讲，公司金融化行为会影响全要素生产率，反之，公司全要素生产率也可能会对公司的金融化决策产生影响。如果真是这样，则表明前述模型存在内生性问题，回归结论可能存在偏误，为此需要采用工具变量法对内生性予以消除。表 8-5 中的列（4）是选取上市公司所属省份其他公司金融化水平的平均值作为该公司金融化水平的工具变量进行回归后的结果。结果显示，公司金融化水平的系数符号与公司金融化水平平方项的系数符号均没有发生改变。因此，即便考虑到内生性问题，公司金融化水平与公司全要素生产率之间的倒"U"形关系仍然存在。

表 8-5　稳健性与内生性检验结果

变量	（1）	（2）	（3）	（4）
Fin^2	-1.070*** (0.210)		-3.036*** (0.209)	-1.9370*** (0.081)
Fin	0.1220 (0.087)		0.4880*** (0.088)	1.0010*** (0.156)
$Fint^2$		-2.179*** (0.105)		
$Fint$		1.495*** (0.0720)		
年份控制	YES	YES	YES	YES

变量	（1）	（2）	（3）	（4）
行业控制	YES	YES	YES	YES
N	30968	30968	26753	30968
R²	0.719	0.814	0.816	0.814

注：＊＊＊表示在1%的水平下显著，括号内是标准误。

（3）机制路径检验

理论分析表明，研发创新是提升公司全要素生产率的重要途径。但研发创新对公司来说是一项具有高风险的活动，不仅其创新能否成功存在变数，而且创新过程需要大量且持续性的资金支持。前文研究已经指出，适度的金融化对公司发展具有"蓄水池"作用：一是当公司研发资金不足时，公司可以将其持有的金融资产变现，为研发创新活动及时提供资金支持；二是金融资产投资的相对高收益，可以为公司研发创新活动提供足量的资金支持，从而提高公司研发创新成功的概率。但是，当公司将大量资金用于金融资产投资而出现金融化过度时，则会对实体产业发展与研发创新产生"投资替代"效应，即实体投资资金被挤出，研发创新的资金投入将大幅减少，从而弱化公司的创新能力与市场竞争力，对公司生产率提升形成抑制作用。另外，金融投资的收益率高于实体投资的收益率，可能诱发管理层的自利与短期行为。在晋升渴望、年度激励及在职消费等方面的利益刺激下，管理层会提高向具有较高收益的金融资产的配置比例，而减少对具有较高风险的研发活动的投入，从而削弱公司长远发展的内生动力，引致公司全要素生产率的下降。由此，我们认为研发创新是公司金融化影响全要素生产率的一条重要路径。

本部分选择研发支出（$Yanf$）作为中介变量，将公司金融化影响全要素生产率的机制路径分为过度金融化与非过度金融化两种状态分别进行检验，其回归结果见表8-6。其中，列（1）和列（4）是以公司全要素生产率为被解释变量、以公司金融化水平为核心解释变量的回归结果。可见，列（1）中公司金融化水平的系数为负，列（4）中公司金融化水平的系数为正，且都通过了1%水平下的显著性检验，这表明公司过度金融化会显著降低公司全要素生产率，而公司非过度金融化会显著提升公司全要素生产率。列（2）和列（5）是以研发支出（*Yanf*）为被解释变量、以公司金融化水平为核心解释变量的回归结果。列（2）中公司金融化水平的系数为负，列（5）中公司金融化水平的系数为正，且都通过了显著性检验，这表明公司过度金融化对研发支出产生了显著的负效应，即"挤出效应"，公司过度金融化显著降低了公司的研发支出；非过度金融化对研发支出产生了显著的正效应，即"蓄水池"效应，促进了公司研发支出的增加。列（3）和列（6）是以全要素生产率为被解释变量、以公司金融化水平和研发支出同时作为核心解释变量的回归结果。通过比较列（3）和列（1）公司金融化水平的系数会发现，列（3）中的系数与列（1）中的系数均显著为负，且列（3）中系数的绝对值小于列（1）中系数的绝对值；同样，对列（6）与列（4）中公司金融化水平的系数进行比较会发现，列（6）中的系数与列（4）中的系数均显著为正，但列（6）中的系数小于列（4）中的系数。这表明，无论公司金融化是否过度，研发支出都是公司金融化影响其全要素生产率的机制路径，即公司金融化对公司全要素生产率的影响是通过金融化影响公司研发支出来实现的。

表 8-6 金融化水平对公司全要素生产率影响的机制路径

变量	过度金融化			非过度金融化		
	（1）	（2）	（3）	（4）	（5）	（6）
Fin	-0.9420 ***	-0.0137 ***	-0.7370 ***	0.5050 ***	0.0038 *	0.4290 **
	（0.065）	（0.003）	（0.076）	（0.176）	（0.006）	（0.188）
Yanf			4.9670 ***			5.2100 ***
			（0.567）			（0.403）
Age	0.0036 ***	-0.0001	0.0042 ***	0.0041 ***	-0.0002 ***	0.0086 ***
	（0.001）	（0.003）	（0.001）	（0.0008）	（0.001）	（0.001）
Size	0.5230 ***	-0.0019 ***	0.5330 ***	0.5380 ***	-0.0017 ***	0.5450 ***
	（0.008）	（0.001）	（0.011）	（0.005）	（0.001）	（0.005）
Lev	0.6970 ***	0.0051 ***	0.7620 ***	0.6760 ***	0.0016 **	0.6820 ***
	（0.052）	（0.002）	（0.060）	（0.030）	（0.001）	（0.032）

续表

变量	过度金融化			非过度金融化		
	（1）	（2）	（3）	（4）	（5）	（6）
State	0.0801***	−0.0004	0.0787***	0.0167*	0.0013***	0.0052
	（0.017）	（0.001）	（0.020）	（0.010）	（0.001）	（0.011）
*TOP*1	0.0020***	−0.0001	0.0016***	0.0013***	−0.0001	0.0015***
	（0.001）	（0.001）	（0.002）	（0.001）	（0.001）	（0.002）
Exec	0.1580***	0.0034***	0.1470***	0.1100***	0.0046***	0.0854***
	（0.013）	（0.000）	（0.016）	（0.007）	（0.000）	（0.008）
Labor	−10.3800***	0.1350***	−10.7900***	−9.5670***	0.0631***	−10.3000***
	（0.363）	（0.019）	（0.431）	（0.264）	（0.010）	（0.309）
ROA	1.9330***	0.0440***	1.8390***	2.5270***	0.0281***	2.3950***
	（0.160）	（0.006）	（0.179）	（0.096）	（0.003）	（0.105）
年份控制	YES	YES	YES	YES	YES	YES
行业控制	YES	YES	YES	YES	YES	YES
N	8751	6877	5715	22217	19412	17374
R^2	0.805	0.259	0.833	0.820	0.206	0.844

注：***、**、*分别表示在1%、5%、10%的水平下显著，括号内是标准误。

（4）异质性检验

本部分从公司董事长和总经理是否两职合一及公司董监高是否购买责任险两个方面，对公司金融化对全要素生产率影响的异质性进行检验。

首先进行公司董事长和总经理是否两职合一情况下影响效应的异质性检验。在现代公司治理中，公司董事长和总经理代表着不同的利益阶层，对公司的长远发展与短期行为都有着极为重要的影响。[①] 两职分离（董事长和总经理不是同一人）是现代公司中比较典型的内部治理机制，这种机制能够有效缓解委托—代理问题，对公司的长远发展具有积极作用。但在董事长与总经理两职合一的情况下，董事会往往形同虚设，董事会的监督作用很难发挥。由于人的有限理性和天生具有的机会主义动机，董事长或总

---

① 张春鹏：《公司金融化行为的制度逻辑与微观效应研究》，博士学位论文，西北大学，2022。

经理可能为了追求更高的收益,将本该投资于实体产业的资金转而投向金融领域,从而给公司的长远发展带来不利影响,弱化公司持续发展的内生动力,阻碍公司全要素生产率的提高。而在两职分离的情况下,总经理的行为决策受到董事会的较强约束,公司运营中的机会主义行为会受到限制,以获取短期利润为目的的公司金融化行为将减少甚至不会发生。因此,董事长与总经理两职是合还是分,公司金融化对公司全要素生产率的影响会有所不同。

对此,我们将董事长和总经理是否兼任分为两组后进行对比研究。具体分组标准如下:如果董事长和总经理为同一人,则 *Int* 取值为 1;反之,取值为 0。分组后的回归结果见表 8-7 中的列(1)和列(2)。对列(1)和列(2)回归结果进行比较会发现,公司金融化水平的系数均显著为正,公司金融化水平平方项的系数均显著为负。这说明无论两职是否分离,公司金融化水平与公司全要素生产率之间均存在倒"U"形关系。经计算,在列(1)(两职分离)情况下,公司全要素生产率拐点出现时公司金融化水平的临界值为 7.40%;在列(2)(两职合一)情况下,公司全要素生产率拐点出现时公司金融化水平的临界值为 10.68%。显然,在两职合一情况下,公司金融化与公司全要素生产率的倒"U"形关系中,公司全要素生产率拐点出现的时间更晚一些,即对公司金融化的容忍度要更大一些。

其次进行公司是否为董监高购买责任险情形下影响效应的异质性检验。公司是否为董监高购买责任险,会对公司董监高的决策行为产生影响。从理论上讲,公司为董监高购买责任险,会将保险公司对公司董监高行为的监督机制引入公司治理过程,通过对董监高行为的监督,强化公司的外部治理。因为在保险公司的监督下,公司董监高的投资行为会更加科学,从而抑制其过度的金融化投资倾向。因此,在为董监高购买责任险的公司中,公司金融化对公司全要素生产率影响的倒"U"形关系的拐点可能会出现得晚一些。

基于此,本部分按照公司是否为董监高购买责任险对公司进行划分,对比考察购买董监高责任险对"公司金融化对公司全要素生产率影响"的差异性。如果购买提案获得股东大会通过,*Ins* 取值为 1;否则 *Ins* 取值为 0。

回归结果见表 8-7 的列（3）和列（4）。对比分析会发现，无论公司是否购买董监高责任险，公司金融化水平的系数均显著为正，公司金融化水平平方项的系数均显著为负，说明公司是否购买董监高责任险并不改变公司金融化水平对公司全要素生产率影响的倒"U"形关系。但是，在购买董监高责任险的公司中，金融化水平系数及金融化水平平方项系数的绝对值分别大于没有购买董监高责任险的公司中金融化水平系数和金融化水平平方项系数的绝对值。经计算，没有购买董监高责任险的公司中全要素生产率拐点对应的金融化水平临界值为 8.46%，购买董监高责任险的公司中全要素生产率拐点对应的金融化水平临界值为 9.73%。可见，从全要素生产率角度看，购买董监高责任险的公司对金融化的容忍度要更高一些。

表 8-7　金融化对公司全要素生产率影响的异质性

变量	$Int=0$ （1）	$Int=1$ （2）	$Ins=0$ （3）	$Ins=1$ （4）
Fin^2	−2.7280 *** （0.210）	−3.5050 *** （0.461）	−2.7140 *** （0.214）	−4.5840 *** （0.612）
Fin	0.4070 *** （0.092）	0.7490 *** （0.178）	0.4590 *** （0.093）	0.8920 *** （0.261）
Age	0.0034 *** （0.001）	−0.0004 （0.001）	0.0026 *** （0.001）	0.0003 （0.002）
$Size$	0.6480 *** （0.004）	0.6390 *** （0.009）	0.6430 *** （0.004）	0.6810 *** （0.011）
Lev	0.6220 *** （0.026）	0.6910 *** （0.050）	0.6540 *** （0.026）	0.4170 *** （0.078）
$State$	0.0866 *** （0.009）	0.0674 *** （0.018）	0.0920 *** （0.009）	0.0616 ** （0.029）
$TOP1$	0.0019 *** （0.000）	0.0013 *** （0.000）	0.0019 *** （0.000）	0.0018 *** （0.000）
$Exec$	0.1550 *** （0.007）	0.2160 *** （0.014）	0.1640 *** （0.007）	0.1300 *** （0.019）
$Labor$	−9.5410 *** （0.218）	−9.4470 *** （0.429）	−9.5640 *** （0.225）	−8.3170 *** （0.639）
ROA	2.4030 *** （0.084）	2.2360 *** （0.146）	2.4110 *** （0.086）	1.6510 *** （0.240）

变量	$Int = 0$ (1)	$Int = 1$ (2)	$Ins = 0$ (3)	$Ins = 1$ (4)
年份控制	YES	YES	YES	YES
行业控制	YES	YES	YES	YES
N	23906	6853	24448	2721
R^2	0.812	0.814	0.786	0.862

注：***、** 分别表示在 1%、5% 的水平下显著，括号内是标准误。

（三）市场价值效应检验

在前述第四章的理论分析中，我们已经得出公司金融化与公司长期经营价值之间存在"U"形关系的结论。此处我们用公司股价的崩盘风险作为公司长期经营价值的代理变量，采用实证分析方法对前述理论分析得出的结论进行验证。

1. 数据来源

本部分以 2007~2022 年沪深 A 股上市公司为样本，并对下列公司进行了剔除：一是金融业、保险业上市公司；二是 ST 类公司；三是财务状况存在异常的公司；四是主要变量数据存在缺失的公司。经过以上剔除，最终得到 25993 个样本观测值。对所有连续变量进行 1% 的缩尾处理，以消除极端值的影响。公司财务数据来自国泰安（CSMAR）数据库；公司产权性质数据来源于 CCER 经济金融数据库。

2. 模型构建

为验证公司金融化对公司股价崩盘风险的"U"形关系，建立如下计量模型：

$$Crash_{i,t+1} = \beta_0 + \beta_1 Fin_{i,t} + \beta_2 Fin_{i,t}^2 + \beta_i X_{i,t} + Year + Industry + \varepsilon_{i,t} \quad (8-5)$$

模型（8-5）中，$Crash$ 为股价崩盘风险，用负收益偏态系数（$NCSKEW$）和收益上下波动率（$DUVOL$）来衡量；Fin 为公司金融化水平，Fin^2 为公司金融化水平的平方项；X 为控制变量；$Year$ 和 $Industry$ 分别为年份与行业的哑变量，用来控制时间和行业层面不可观测因素的影响；ε 为随机误差项。考虑到公司金融化行为对资本市场股价的影响具有滞后性，$Crash$ 选择滞后一期的股价崩盘风险数据。在模型（8-5）中，我们需要重点关注的是回归系数 β_1 和 β_2 的符号，如果系数 β_1 显著为负，而系数 β_2 显著为正，则表明公司金融化水平与公司股价崩盘风险之间呈现"U"形关系。

3. 变量选择

被解释变量：股价崩盘风险（$Crash$）。先按照模型（8-6）和模型（8-7）计算出股票经过市场调整后的持有收益率（$W_{i,t}$），再分别按照模型（8-8）和模型（8-9）构建负收益偏态系数（$NCSKEW_{i,t}$）和收益上下波动率（$DUVOL_{i,t}$），以此度量股价崩盘风险（$Crash_{i,t}$）。

$$R_{i,t} = \beta + \alpha_{1,i} R_{m,t-2} + \alpha_{2,i} R_{m,t-1} + \alpha_{3,i} R_{m,t} + \alpha_{4,i} R_{m,t+1} + \alpha_{5,i} R_{m,t+2} + \varepsilon_{i,t} \quad (8-6)$$

模型（8-6）中，$R_{i,t}$ 为每一年度股票 i 在第 t 周的收益，$R_{m,t}$ 为 A 股所有股票在第 t 周经流通市值加权的平均收益率。为调整股票非同步性交易的影响，模型中还加入了 $R_{m,t}$ 的滞后项和超前项。

$$W_{i,t} = \ln(1 + \varepsilon_{i,t}) \quad (8-7)$$

模型（8-7）中，$W_{i,t}$ 为股票 i 第 t 周经市场调整后的持有收益率，$\varepsilon_{i,t}$ 为模型（8-6）中的残差项。

$$NCSKEW_{i,t} = \frac{-\left[n(n-1)^{3/2} \sum W_{i,t}^3 \right]}{(n-1)(n-2)\left(\sum W_{i,t}^2 \right)^{3/2}} \quad (8-8)$$

模型（8-8）中，$NCSKEW_{i,t}$ 为 $W_{i,t}$ 的负偏向度，n 为周数。$NCSKEW_{i,t}$ 值越大，股价崩盘风险越高。

我们将股票走势分为上涨与下跌两个阶段，并将上涨阶段定义为持有一周的收益率大于平均收益率；相反，持有一周的收益率小于平均收益率则被定义为下跌阶段，则：

$$DUVOL_{i,t} = \ln\left\{ \frac{\left[(n_u - 1) \sum_{down} r_d^2 \right]}{\left[(n_d - 1) \sum_{up} r_u^2 \right]} \right\} \quad (8-9)$$

模型（8-9）中，$DUVOL_{i,t}$为股票上涨阶段与下跌阶段股价波动性的差异，n_d为股票下跌阶段的周数，n_u为股票上涨阶段的周数，r_d为下跌阶段股票收益的标准差，r_u为上涨阶段股票收益的标准差。$DUVOL_{i,t}$值越大，代表股价崩盘风险越大。

核心解释变量：公司金融化水平（Fin）及公司金融化水平平方项（Fin^2）。其中公司金融化水平用公司金融资产规模占公司资产总规模的比例来衡量。

控制变量：①公司资产规模（$Size$），用公司总资产的自然对数反映；②公司资产负债率（Lev），用公司总负债与总资产的比值反映；③公司股权结构（$TOP1$），用公司第一大股东持股占比反映；④公司盈利能力（ROA），用公司净利润与公司总资产的比值反映；⑤市账比（MB），用公司流通市值与公司总资产的比值反映；⑥股票换手率（$Turnover$），用年度内所有交易日的平均换手率反映；⑦股票收益率（Ret），用个股年回报率反映；⑧股价波动率（$Sigma$），用个股回报率的年度方差反映。

4. 实证结果及分析

（1）基准回归结果与分析

金融化水平对公司股价崩盘风险影响的基准回归结果见表8-8。其中，列（1）和列（2）是以$NCSKEW$作为股价崩盘风险的衡量指标进行回归的结果；列（3）和列（4）是以$DUVOL$作为股价崩盘风险的衡量指标进行回归的结果。列（1）和列（3）是在控制了年份与行业固定效应后，仅包含公司金融化水平与公司金融化水平平方项两个解释变量的回归结果；列（2）和列（4）是在列（1）和列（3）基础上引入控制变量后的回归结果。从列（1）和列（3）的回归结果来看，公司金融化水平的系数为负，公司金融化水平平方项的系数为正，且至少在10%的显著性水平下通过检验。这表明公司金融化水平与公司股价崩盘风险之间存在"U"形关系。从列（2）和列（4）的回归结果来看，公司金融化水平及公司金融化水平平方项的系数符号及显著性与列（1）和列（3）相比没有发生明显变化。这说明无论是否加入控制变量，公司金融化水平与公司股价崩盘风险之间都存在"U"形关系。

表 8-8　金融化水平对公司股价崩盘风险影响的基准回归结果

变量	（1）	（2）	（3）	（4）
	NCSKEW		*DUVOL*	
Fin^2	0.4410*	0.4890*	0.3030*	0.3510*
	（1.780）	（1.810）	（1.850）	（1.950）
Fin	-0.2470**	-0.2990**	-0.1720**	-0.2040***
	（-2.34）	（-2.550）	（-2.450）	（-2.610）
$Size$		0.0054		-0.0051
		（1.060）		（-1.510）
$TOP1$		0.0000		0.0000
		（0.040）		（0.310）
Lev		0.0530		0.0510**
		（1.630）		（2.390）
ROA		0.1130		0.0471
		（1.160）		（0.730）
MB		39.4000***		22.2000***
		（10.080）		（8.200）
$Turnover$		0.0000***		0.0000***
		（4.770）		（4.080）
Ret		0.0798***		0.0467***
		（7.450）		（6.150）
$Sigma$		-0.9710***		-0.6830***
		（-3.540）		（-3.720）
年份控制	YES	YES	YES	YES
行业控制	YES	YES	YES	YES
N	28171	25993	28171	25993
R^2	0.0384	0.0560	0.0444	0.0602

注：***、**、*分别表示在1%、5%、10%的水平下显著，括号内是标准误。

（2）稳健性检验

本部分通过改变变量衡量方法、滞后解释变量、考虑省域差异因素三种方法重新进行回归，以检验基准回归结果的稳健性，回归结果见表8-9。其中，列（1）和列（2）为更改公司金融化测度方式（以 $Fin11$ 表示）后进行回归的结果；列（3）和列（4）是将样本区间缩短至2010~2022年后进行回归的结果；列（5）和列（6）是通过设置省份虚拟变量后的回归结果,这样做的目的在于减少省份发展差异对回归结果的干扰。对比分析表8-9中公司金融化水平及公司金融化水平平方项的系数符号,发现公司金融化水平的系数均为负,公司金融化水平平方项的系数均为正,且全部通过了至少10%水平下的显著性检验。这说明无论做出何种修改与调整,公司金融化水平与公司股价崩盘风险之间的"U"形关系是稳健的。

表8-9　稳健性检验结果

变量	(1)	(2)	(3)	(4)	(5)	(6)
	NCSKEW	*DUVOL*	*NCSKEW*	*DUVOL*	*NCSKEW*	*DUVOL*
Fin^2			0.6060*	0.4270**	0.4749*	0.3444*
			(1.880)	(2.020)	(1.740)	(1.900)
Fin			−0.4390***	−0.2970***	−0.2860**	−0.2030**
			(−3.170)	(−3.270)	(−2.410)	(−2.570)
$Fin11^2$	0.3800**	0.2640**				
	(2.230)	(2.230)				
$Fin11$	−0.2690***	−0.1790***				
	(−2.870)	(−2.830)				
年份控制	YES	YES	YES	YES	YES	YES
行业控制	YES	YES	YES	YES	YES	YES
省份控制	NO	NO	NO	NO	YES	YES
N	25993	25993	22332	22332	25993	25993
R^2	0.0560	0.0602	0.0447	0.0449	0.0582	0.0627

注:***、**、*分别表示在1%、5%、10%的水平下显著,括号内是稳健标准误。

（3）机制路径检验

前述理论分析已经表明,公司金融化对公司股价影响的机制路径在于信息传递质量,公司股价崩盘风险与信息传递质量紧密相关。一般来说,公司的会计信息质量可以通过公司"操控性应计"(*ABACC*)[①]来衡量,"操控性应计"越小,代表信息传递质量越高。因此,本节以"操控性应计"代表公司的信息传递质量,并将其作为被解释变量,对此机制路径予

---

① "操控性应计"项目指企业基于盈余管理目的,采用主观性的会计处理方法而得到的非正常的应计项目。

以检验。表 8-10 是金融化水平对公司股价崩盘风险影响的机制路径检验结果。其中，列（1）是仅包含公司金融化水平及公司金融化水平平方项的回归结果，结果显示，公司金融化水平的系数为 -0.0298，公司金融化水平平方项的系数为 0.1220，分别在 10% 和 1% 的水平下通过显著性检验。这表明，公司金融化水平与公司"操控性应计"呈 U 形关系。列（2）是在列（1）的基础上引入控制变量后的回归结果，发现公司金融化水平及公司金融化水平平方项的系数符号与显著性均没有发生太大改变，表明公司金融化对"操控性应计"影响的"U"形关系与是否加入控制变量无关。这表明，信息传递质量是公司金融化影响公司股价崩盘风险的传导机制。另外，现有研究也表明，公司较低水平的金融化会提升公司的信息质量，从而对公司股价起到稳定作用；公司较高水平的金融化会降低公司信息质量，对公司股价崩盘起到助推作用。[①]

表 8-10　金融化对公司股价崩盘风险影响的机制路径检验结果

变量	（1）	（2）
Fin^2	0.1220 ***	0.1260 ***
	（3.05）	（3.410）
Fin	-0.0298 *	-0.0358 **
	（-1.86）	（-2.280）
$Size$		0.0016 **
		（2.090）
$TOP1$		-0.0001 **
		（-2.270）
Lev		-0.0104 **
		（-2.090）
ROA		0.6400 ***
		（43.490）
MB		-2.5400 ***
		（-3.560）

---

① 张春鹏：《公司金融化行为的制度逻辑与微观效应研究》，博士学位论文，西北大学，2022。

变量	(1)	(2)
Turnover		0.0000
		(1.580)
Ret		−0.0027*
		(−1.740)
Sigma		0.0621
		(1.570)
年份控制	YES	YES
行业控制	YES	YES
N	25993	24050
R²	0.0867	0.2335

注：***、**、*分别表示在1%、5%、10%的水平下显著，括号内是标准误。

二 非金融企业金融化的"同群效应"检验

前述第六章基于动态竞争理论与社会学习理论，对非金融企业金融化的"同群效应"及其产生机理进行了分析，并指出同行业内处于领先地位、盈利能力更强、未来成长性更好的企业往往成为同群模仿的对象。本节将对此结论进行实证检验。

（一）样本选择与数据来源

考虑到2006年我国企业会计准则修改会带来部分企业数据的缺失，为此选择2007~2022年A股上市公司为研究样本，并按照2012年中国证监会发布的行业分类索引对企业所属行业进行划分，其中制造业按二级门类进行划分，其余行业则按一级门类进行划分，并对以下样本企业进行了剔除：一是ST类企业；二是金融、房地产行业企业；三是行业中公司数量少于5家的企业。在数据处理上，一是所选企业缺失的个别数据用零替代；二是对所有连续变量在1%的水平下进行了Winsorize处理，以避免极端值可能给结果带来的影响。另外，需要说明的是，在衡量企业经营不确定性时，公司主营业绩用总收益扣除金融投资收益后的余额来反映，以此计算其总收益率，并且采用 t 期、$t-1$ 期和 $t-2$ 期数据滚动计算三期的标准差来得到该指标。最终使用的样本涉及 45 个行业的 34901 家公司。其中，公司财务数据来源于国泰安（CSMAR）数据库，宏观经济数据来源于相关年份的《中国统计年鉴》。

（二）模型构建与变量选择

1. 非金融企业金融化"同群效应"存在性的检验模型

为识别非金融企业金融化"同群效应"是否存在，根据 Ahern 等[①]、万良勇等[②]的研究，构建以下基准模型：

$$FAR_{i,p,t} = \alpha + \beta_0 FARPEER_{-i,p,t} + \beta_1 Size_{i,p,t-1} + \beta_2 Cap_{i,p,t-1} + \beta_3 Ocf_{i,p,t-1} +$$
$$\beta_4 Lev_{i,p,t-1} + \beta_5 ROA_{i,p,t-1} + \beta_6 Salesgrowth_{i,p,t-1} + \beta_7 TobinQ_{i,p,t-1} +$$
$$\beta_8 Age_{i,p,t} + \beta_9 Soe_{i,p,t} + \beta_{10} Msh_{i,p,t} + \beta_{11} TOP1_{i,p,t} + \beta_{12} Gdpgrowth_{i,p,t} +$$
$$Industry_p + Year_t + \varepsilon_{i,p,t}$$

$$(8 - 10)$$

上述模型中，FAR 为被解释变量，即企业金融化水平，用企业金融资产[③]占总资产的比例表示；$FARPEER$ 为核心解释变量，表示同一行业内除本公司外其他所有上市公司金融化水平平均值。若模型（8-10）中 $FARPEER$ 的系数 β_0 显著为正，说明同群企业金融化对焦点企业金融化有着显著的正向影响，即非金融企业金融化的"同群效应"存在。下标 i 代表企业，p 代表企业所属行业，t 代表年份。ε 代表随机扰动项，$Industry$ 代表行业固定效应，$Year$ 代表年份固定效应。另外，控制变量包括公司财务特征、公司治理、宏观经济三个方面可能影响企业金融化水平的因素。各变量具体计算方法见表8-11。

---

① Ahern, K.R., Duchin, R., Shumway, T., "Peer Effects in Risk Aversion and Trust," *Review of Financial Studies*, 2014, 27（11）：3213-3240.

② 万良勇、梁婵娟、饶静：《上市公司并购决策的行业同群效应研究》，《南开管理评论》2016 年第 3 期，第 40~50 页。

③ 企业金融资产的计算口径为交易性金融资产、可供出售金融资产、持有至到期投资、发放贷款及垫款、衍生金融资产、长期股权投资和投资性房地产，共七项。

表 8-11　主要变量及计算说明

变量类型	变量符号	变量名称	计算方法
被解释变量	FAR	企业金融化程度	企业金融资产/总资产
解释变量	FARPEER	同群企业金融资产占比	p 行业内上市公司(除去 i 公司)金融资产占比的平均值
控制变量	Size	企业规模	企业总资产的自然对数
	Cap	资本密集度	企业固定资产净额/总资产
	Ocf	现金流量与资产比率	企业经营活动现金流/总资产
	Lev	杠杆率	企业总负债/总资产
	ROA	资产收益率	企业净利润/企业总资产
	Salesgrowth	营业收入增长率	(本期营业收入−上期营业收入)/上期营业收入
	TobinQ	托宾 Q	企业市值/总资产
	Age	企业年龄	企业成立的年数
	Soe	产权性质	国有产权 = 1,非国有产权 = 0
	Msh	管理层持股	当管理层持股时取 1,否则取 0
	TOP1	股权集中度	第一大股东持股数占比
	Gdpgrowth	GDP 增长率	(本期 GDP−上期 GDP)/上期 GDP
	Industry	行业虚拟变量	企业所属行业 = 1,其他行业 = 0
	Year	年份虚拟变量	当前年份 = 1,其他年份 = 0

2. 非金融企业金融化"同群效应"作用机制的检验模型

为了研究"同群效应"的作用机制,本节在基准回归模型的基础上,分别加入市场竞争与企业经营环境不确定性两种机制解释变量,并分别构建其与核心解释变量(FARPEER)的交互项加入模型。构建的检验模型如下:

$$FAR_{i,p,t} = \alpha + \beta_0 FARPEER_{-i,p,t} + \beta_1 Com_{i,p,t} + \beta_2 FARPEER_{-i,p,t} \times Com_{i,p,t} + \beta Controls + Industry_p + Year_t + \varepsilon_{i,p,t}$$

$$(8-11)$$

$$FAR_{i,p,t} = \alpha + \beta_0 FARPEER_{-i,p,t} + \beta_1 Uncertain_{i,p,t} + \beta_2 FARPEER_{-i,p,t} \times Uncertain_{i,p,t} + \beta Controls + Industry_p + Year_t + \varepsilon_{i,p,t}$$

$$(8-12)$$

模型（8-11）中，*Com* 表示市场竞争程度，由赫芬达尔指数计算得到[1]；模型（8-12）中，*Uncertain* 表示企业经营环境不确定性，采用彭俞超等[2]的方法，以企业主业业绩三个年度的滚动标准差来衡量，数值越大代表企业面临的不确定性越高。

3. 非金融企业金融化同群对象选择的检验模型

为了检验"企业将同行业内领先企业[3]作为同群模仿对象"的理论分析结论，构建了模型（8-13）至模型（8-16），分别验证企业将金融投资超额收益企业、强盈利能力企业、高成长性企业和大规模企业作为同群模仿对象。

模型（8-13）是对"企业将同行业内具有金融投资超额收益的企业作为同群模仿对象"的检验模型。其中，*Peer-ArHigh* 为同行业中具有较高金融投资超额收益企业的金融化水平，*Peer-ArLow* 为同行业中拥有较低金融投资超额收益企业的金融化水平。[4] 为进行对比，将样本分为高超额收益组和低超额收益组分别进行回归。

$$FAR_{i,p,t} = \alpha + \beta_0 Peer\text{-}ArLow_{-i,p,t} + \beta_1 Peer\text{-}ArHigh_{-i,p,t} + \beta Controls + Industry_p + Year_t + \varepsilon_{i,p,t} \quad (8-13)$$

模型（8-14）是对"企业将同行业内盈利能力强的企业作为同群模仿对象"的检验模型。其中，*Peer-Strong* 为同行业强盈利能力企业的金融化水平平均值，*Peer-Weak* 为同行业弱盈利能力企业的金融化水平平均值。企业盈利能力在同行业中位于前 50% 的企业被认定为盈利能力强的企业，盈利能力在同行业中位于后 50% 的企业被认定为盈利能力弱的企业。为进行对比，将样本分为强盈利能力组和弱盈利能力组分别进行回归。

---

[1]　市场竞争程度 $Com = 1 - HHI = 1 - \sum_{i=1}^{n}(x_i/X)^2$。

[2]　彭俞超、韩珣、李建军：《经济政策不确定性与企业金融化》，《中国工业经济》2018 年第 1 期，第 137~155 页。

[3]　此处的领先企业是指：具有超额金融投资收益的企业；具有强盈利能力的企业；具有高成长性的企业；具有较大规模的企业。

[4]　同行业中金融投资超额收益在前 50% 的企业被认定为具有较高金融投资超额收益的企业，同行业中金融投资超额收益在后 50% 的企业被认定为具有较低金融投资超额收益的企业（均剔除 *i* 公司本身）。金融投资超额收益使用企业金融投资收益与企业主业业绩之差来度量。

$$FAR_{i,p,t} = \alpha + \beta_0 Peer\text{-}Weak_{-i,p,t} + \beta_1 Peer\text{-}Strong_{-i,p,t} + \\ \beta Controls + Industry_p + Year_t + \varepsilon_{i,p,t} \qquad (8-14)$$

模型（8-15）是对"企业将同行业内具有高成长性的企业作为同群模仿对象"的检验模型。其中，*Peer-PgrHigh* 为同行业高成长性企业的金融化水平的平均值，*Peer-PgrLow* 为同行业低成长性企业的金融化水平的平均值。同行业中企业总资产增长率、资产回报率或营业利润率增长率在前 50% 的企业被认定为高成长性企业，后 50% 的企业被认定为低成长性企业（均剔除 *i* 公司本身）。为进行对比，将样本分为高成长性组和低成长性组分别进行回归。

$$FAR_{i,p,t} = \alpha + \beta_0 Peer\text{-}PgrLow_{i,p,t} + \beta_1 Peer\text{-}PgrHigh_{-i,p,t} + \\ \beta Controls + Industry_p + Year_t + \varepsilon_{i,p,t} \qquad (8-15)$$

模型（8-16）是对"企业将同行业内规模较大的企业作为同群模仿对象"的检验模型。其中，*Peer-Big* 为同行业中大规模企业金融化水平的平均值，*Peer-Small* 为同行业中小规模企业金融化水平的平均值。同行业中企业总资产规模在前 50% 的企业被认定为大规模企业，后 50% 的企业被认定为小规模企业（均剔除 *i* 公司本身）。为进行对比，将样本分为大规模组和小规模组分别进行回归。

$$FAR_{i,p,t} = \alpha + \beta_0 Peer\text{-}Small_{-i,p,t} + \beta_1 Peer\text{-}Big_{-i,p,t} + \\ \beta Controls + Industry_p + Year_t + \varepsilon_{i,p,t} \qquad (8-16)$$

（三）基准回归

表 8-12 是根据模型（8-10）对理论分析结论"非金融企业金融化存在'同群效应'"进行检验的结果，其中列（1）为未加入控制变量的回归结果，列（2）为加入全部控制变量后的回归结果。通过对各列回归结果进行对比分析会发现，同群企业金融化水平的系数为正，且通过了 1% 水平下的显著性检验。这表明，企业金融化水平受到同群企业金融化的显著影响，同群企业金融化水平提高 1 个百分点会导致企业金融化水平提高 0.1273 个百分点。该回归结果证明了行业内非金融企业金融化行为存在显著的"同群效应"。

表 8-12 "同群效应"存在性检验

变量	(1)		(2)	
	系数	t 值	系数	t 值
FARPEER	0.3672 ***	24.37	0.1273 ***	9.21
L. *Size*			0.0030 **	2.51
L. *Cap*			0.5767 ***	92.48
L. *Ocf*			−0.0051	−0.59
L. *Lev*			−0.0094 **	−2.01
L. *ROA*			−0.0502 ***	−5.31
L. *Salesgrowth*			−0.0124 ***	−9.74
L. *TobinQ*			−0.0047 ***	−11.13
Age			0.0272 ***	9.85
Soe			0.0051	1.61
Msh			−0.0040 **	−2.25
*TOP*1			−0.0212 ***	−2.71
Gdpgrowth			−0.0051	−0.32
常数项	0.1860 ***	32.92	0.0273	1.03
Year	YES		YES	
Industry	YES		YES	
R^2	0.2344		0.2456	
观测值	34901		34901	

注：*** 、** 分别表示在 1%、5%的水平下显著。L. 表示滞后一期。

（四）机制分析

表 8-13 中列（1）是对竞争性模仿机制模型（8-11）进行回归的结果，列（2）是对信息获取性模仿机制模型（8-12）进行回归的结果。在表 8-13 列（1）中，交互项 *FARPEER×Com* 的系数为 0.2413，符号为正且通过了 1% 水平下的显著性检验，这表明企业面临的竞争压力越大，其"同群效应"就越明显，竞争性模仿是形成企业"同群效应"的主要机制之一，这证明了企业金融化"同群效应"通过竞争性模仿机制形成的结论。在列（2）中，交互项 *FARPEER×Uncertain* 的系数为 0.2342，符号为正且通过了 5% 水平下的显著性检验，表明企业面临的不确定性越强，企

业金融化的"同群效应"越明显,这说明信息获取动机能够部分解释企业金融化的"同群效应",也证明了企业金融化"同群效应"通过信息获取性模仿机制形成的结论。

表 8-13   "同群效应"机制分析

变量	（1）		（2）	
	系数	t 值	系数	t 值
FARPEER	0.0942***	6.46	0.1730***	7.86
Com	0.0700***	6.78		
FARPEER×Com	0.2413***	4.51		
Uncertain			-0.0111***	-3.06
FARPEER×Uncertain			0.2342**	1.97
常数项	-0.0224	-0.81	-0.0002	-0.01
控制变量	YES		YES	
Year	YES		YES	
Industry	YES		YES	
R^2	0.2466		0.2450	
观测值	34901		34901	

注:***、**分别表示在1%、5%的水平下显著。

（五）同群对象选择

表 8-14 是依据模型（8-13）（即基于金融投资超额收益）进行分组回归的结果。我们发现,金融投资超额收益低的企业在做出金融化决策时,不仅对同行业中具有较高金融投资超额收益的企业行为进行模仿,同时也对同行业中较低金融投资超额收益的企业行为进行模仿,其系数分别为 0.1124 和 0.0546,对具有较高金融投资超额收益企业行为的模仿更强。从列（2）的回归结果看,具有较高金融投资超额收益的企业,由于其自身就具有成功的金融投资经验,更倾向于参考自身经验做出决策,即使模仿也仅是模仿同行业中具有较高金融投资超额收益的领先企业。这表明,同行业中金融投资超额收益优异的企业会成为同行企业金融化的同群模仿对象。

表 8-14　企业金融化同群对象选择：基于金融投资超额收益

变量	（1） 低超额收益组	（2） 高超额收益组
Peer-ArLow	0.0546**	0.0343
	（2.46）	（1.51）
Peer-ArHigh	0.1124***	0.1887***
	（4.65）	（8.11）
常数项	−0.0618	0.0580
	（−1.37）	（1.12）
控制变量	YES	YES
Year	YES	YES
Industry	YES	YES
R^2	0.3657	0.1855
观测值	16092	18809

注：*** 、** 分别表示在 1%、5% 的水平下显著，括号内为 t 值。

表 8-15 依据模型（8-14）（基于企业盈利能力）进行分组回归的结果。可见，盈利能力较弱的企业的金融化决策会受同行业盈利能力较强企业的影响，并对强盈利能力的企业进行同群模仿；而盈利能力较强的企业在进行金融化决策时，对强弱盈利能力企业均会模仿，但更倾向于将同行业中具有强盈利能力的企业作为同群模仿对象。

表 8-15　企业金融化同群对象选择：基于企业盈利能力

变量	（1） 弱盈利能力组	（2） 强盈利能力组
Peer-Weak	0.0714***	0.0981***
	（3.17）	（4.09）
Peer-Strong	0.0754***	0.1953***
	（3.36）	（8.54）
常数项	−0.0302	0.0333
	（−0.70）	（0.56）
控制变量	YES	YES
Year	YES	YES
Industry	YES	YES
R^2	0.3338	0.1872
观测值	18709	16192

注：*** 表示在 1% 的水平下显著，括号内为 t 值。

表 8-16 是依据模型（8-15）（即基于企业成长性）进行分组回归的结果。可见，无论是成长性较低的企业还是成长性较高的企业，其在进行金融化决策时都表现为对行业内具有较高成长性企业的模仿。

表 8-16 企业金融化同群对象选择：基于企业成长性

变量	（1） 低成长性组	（2） 高成长性组
Peer-PgrLow	0.0386* （1.65）	0.0659*** （2.95）
Peer-PgrHigh	0.1571*** （6.22）	0.1087*** （4.93）
常数项	−0.0254 （−0.51）	0.0518 （1.09）
控制变量	YES	YES
Year	YES	YES
Industry	YES	YES
R^2	0.2714	0.2127
观测值	17405	17496

注：***、*分别表示在 1%、10% 的水平下显著，括号内为 t 值。

表 8-17 是依据模型（8-16）（即基于企业规模）进行分组回归的结果。从结果可见，无论是小规模样本组，还是大规模样本组，各项系数均为正，且均通过了 1% 水平下的显著性检验。这表明，从企业规模角度来看，小规模企业的金融化决策行为不仅向同行业大规模企业模仿学习，还会考虑作为竞争对手、具有类似规模的同行企业的金融化行为，具有广泛学习的特征；但从其模仿学习的动力来看，向同行类似规模特征的企业模仿学习的动力更强。从大规模企业来看，其更多的是向同行具有较大规模的企业模仿学习。这表明，企业在进行金融化决策时更多是将与自己具有类似规模特征的企业作为同群模仿的对象。

表 8-17　企业金融化同群对象选择：基于企业规模

变量	（1） 小规模组	（2） 大规模组
Peer-Small	0.1488 *** (5.62)	0.0818 *** (3.53)
Peer-Big	0.1257 *** (3.51)	0.0831 *** (4.55)
常数项	−0.0280 (−0.42)	−0.1657 *** (−3.60)
控制变量	YES	YES
Year	YES	YES
Industry	YES	YES
R^2	0.1967	0.2857
观测值	15767	19134

注：*** 表示在1%的水平下显著，括号内为 t 值。

本章小结

本章在理论分析的基础上，以沪深 A 股上市公司为样本，采用计量经济学方法对非金融企业金融化的微观经济效应（包括财务效应、生产率效应、市场价值效应）及金融化行为的"同群效应"进行了实证检验。本章主要结论与观点可归纳如下。

公司金融化水平与其财务绩效之间呈现倒"U"形关系。计算得出，公司金融化水平对公司财务绩效的影响由正转负的拐点是公司金融化水平等于33.29%，即当公司金融化水平低于33.29%时，进一步提升金融化水平对公司财务绩效的提高具有积极作用；而当公司金融化水平高于33.29%时，进一步提升公司金融化水平会降低公司的财务绩效。进一步的机制分析表明，公司金融化对其财务效应的影响是通过影响实体投资来实现的。在适度的范围内，公司金融化发挥着"蓄水池"作用，有助于公司实体投资的增加；而金融化过度则会产生"投资替代"效应，对公司实体投资产生挤出效应。

公司金融化水平对公司全要素生产率的影响呈现倒"U"形关系。公司非过度的金融化有助于公司全要素生产率的提升；而公司过度的金融化会降低公司全要素生产率。进一步的机制分析表明，公司金融化对全要素生产率的影响是通过影响研发支出来实现的。公司过度金融化对研发支出会产生挤出效应，而非过度的金融化对研发支出具有"蓄水池"作用。

用公司股价崩盘风险作为公司市场价值的替代指标，实证发现，公司金融化水平与公司股价崩盘风险之间存在"U"形关系，且这种影响的实现机制是公司金融化影响了公司的信息传递质量。其中，公司较低水平的金融化会提升公司的信息质量，从而对公司股价起到稳定作用；公司较高水平的金融化会降低公司信息质量，对公司股价崩盘起到助推作用。

公司金融化行为受到同群企业金融化行为的显著影响，即存在显著的"同群效应"。同群企业金融化水平提高 1 个百分点，会导致该企业金融化水平提高 0.1273 个百分点。另外，企业在金融化时往往将同群中具有金融投资超额收益的企业、较强盈利能力的企业、较高成长性的企业和较大规模的企业作为其同群模仿的对象。

第九章

我国治理金融资源"脱实向虚"的
政策梳理及效果评价

针对近年来金融资源"脱实向虚"愈演愈烈及由此引发的经济虚拟化问题，我国政府从 2016 年开始陆续出台了一系列治理金融资源"脱实向虚"的政策。本章在对这些政策进行梳理的基础上，对其产生的效应进行评价，以为政策的进一步优化提供依据。

一 我国治理金融资源"脱实向虚"的政策梳理

2008 年国际金融危机后，我国宏观杠杆率大幅攀升，从 2008 年的 95.2%持续攀升至 2015 年的 151.2%，金融资源大量游离于实体经济之外，经济虚拟化特征日益显著，严重地制约了实体经济的健康发展。2015 年 11 月，中央财经领导小组提出了"三去一降一补"重点任务，随后中央将"去杠杆"作为改革的核心任务并连续出台了一系列政策，期望引导金融资源"脱虚向实"，促使金融回归本源。引导金融资源"脱虚向实"的诸多政策及其动态调整既体现了决策层对我国宏观经济运行总体态势的基本判断，也反映了决策层对现实经济运行中日益凸显的地方债务、金融体系资金空转、资产价格泡沫以及企业投资金融化等问题认识的深化，同时也反映出在治理金融资源"脱实向虚"过程中决策层在稳增长与防风险二者之间的综合权衡与战略选择。

前文已经分析过，金融资源"脱实向虚"是实体经济增长乏力与虚拟经济过度繁荣两方面因素的综合结果，因此要引导金融资源"脱虚向实"

以实现经济的稳健发展，一方面要着力于振兴实体经济以提高投资回报率，另一方面要对金融领域内的各种金融乱象进行治理以抑制虚假繁荣。2015年以来我国出台的多项政策措施基本是围绕这两个方面展开的。

（一）支持实体经济发展的政策梳理

近年来，面对国内外复杂环境下实体经济增长乏力问题，我国政府以"六稳""六保"为核心任务，通过深入推进供给侧结构性改革，优化实体经济主体发展环境，以及实施包括财政政策、货币政策、投融资政策、汇率政策、科技创新政策等在内的政策组合，为实体经济发展提供支持服务。

1. 优化经济结构、降低企业杠杆率的政策举措

2014 年 12 月中央经济工作会议对我国经济发展做出了"新常态"的基本判断。所谓经济新常态，在投资需求方面表现为常规的产业投资在边际贡献上已难以拉动经济增长，并且出现低端产品供给过剩；在消费需求方面的突出表现就是消费供给难以满足快速扩张的中等收入群体全新的消费需求；在出口需求方面的表现就是世界经济阴霾笼罩、复苏缓慢，长期对外向型出口具有高度依赖的我国经济难以适应外部需求骤减的新变化。

基于此，2015 年 12 月中央经济工作会议提出推进供给侧结构性改革，着力提高供给体系质量和效率，增强经济持续增长的动力，更加注重经济的高质量发展。改革的重点在于从供给侧进行结构性调整，增加有效供给和中高端供给，并降低无效供给和低端供给，增强对市场需求变化的应对能力。在具体政策实践上，提出要抓住关键节点，即主要抓好去产能、去库存、去杠杆、降成本、补短板，即"三去一降一补"五大重点任务，促进产能过剩有效化解，实现产业优化重组，提高全要素生产率。

2016 年 10 月，国务院颁发了《关于积极稳妥降低企业杠杆率的意见》（国发〔2016〕54 号）及其附件《关于市场化银行债权转股权的指导意见》，标志着我国正式提出去杠杆的政策主张，明确了"去杠杆"应遵循市场化、法治化、有序开展、统筹协调的原则。在"去杠杆"的具体方式和途径上，可通过兼并重组、盘活存量资产、优化债务结构、开展市场化银行债权转股权等方式积极稳妥地降低企业杠杆率。在具体的执行上，国务

院以国办函〔2016〕84号文件建立了由国家发展改革委牵头的部际联席会议制度，旨在推动积极稳妥降低企业杠杆率工作，研究确定降杠杆的具体政策，组织协调实施降杠杆相关支持政策和监管政策，并向各地市下达降杠杆工作任务。

对此，2017年7月全国金融工作会议明确指出，防止发生系统性金融风险是金融工作的永恒主题。在推动经济"去杠杆"上更需聚焦降低国有企业的杠杆水平，抓好"僵尸企业"的处置工作。会议首次提出金融结构需要适时做出合理调整，以为实体经济发展提供更好的服务，即要把发展直接融资放在重要位置，同时改善间接融资结构，在"去杠杆"的背景下进一步明确了调整金融结构与实体经济发展之间的关系，为新时期新形势下金融发展指明了方向。

2015～2017年，决策层清醒地认识到我国以往经济的高速增长已不可持续，深化供给侧结构性改革，通过经济增长动能转化，实现经济由数量增长转入高质量发展势在必行。但是，我国经济金融在上一轮扩张期的过度授信，为经济运行埋下了严重的风险隐患，导致在进入"下行"调整期时有爆发系统性金融风险的可能。从货币供应来看，2008～2017年，广义货币M2从41.58万亿元增加到169.02万亿元，10年间增长了3.06倍，年均增长率达到了16.86%，超过了同期名义GDP增长率11.15%的5.71个百分点。社会信用的过度膨胀，导致资本和投资的边际效率持续下降，并进一步加剧经济结构的扭曲，导致部分行业库存积压、产能过剩。

针对杠杆率在不同部门之间和各个部门内部存在较大差异的客观现实，2018年4月中央财经委员会第一次会议提出"结构性去杠杆"的政策思路，即去杠杆不能"一刀切"，而应分部门、分债务类型提出不同要求，重点是实现地方政府和国有企业杠杆率的逐步下降。2018年5月中央全面深化改革委员会第二次会议审议通过了《关于加强国有企业资产负债约束的指导意见》，旨在打破国有企业预算"软约束"，解决由国有企业内部治理结构不完善、外部约束机制不健全导致举债时过度融资、规模冲动、债务无序扩张、风险交叉传染等问题。该意见明确要求，国有企业平均资产负债率到2020年末比2017年末降低2个百分点左右。同时，国务院国资委针对国有企业提出"五控""三增"① 措施，推进落实"去杠杆"工作。2018 年 8 月为有效推进"去杠杆"工作，国家发展改革委等五部门联合颁布了《2018 年降低企业杠杆率工作要点》，明确强调要发挥国有资产负债约束机制作用，通过法治化债转股、债务重组、完善破产体制机制等有效措施降低国有企业杠杆率。2019 年 4 月中央政治局会议重申坚持结构性去杠杆，即要继续坚持降低政府和国有企业部门杠杆率，稳住居民部门杠杆率，并通过金融供给侧结构性改革解决民营企业、小微企业融资难和融资贵等问题，在推动高质量发展中防范化解潜在的金融风险。

2. 支持实体经济发展的财政政策

面对经济增长趋缓问题，我国自 2015 年以来一直实行积极的财政政策，并不断加大财政政策作用力度，从提升支出强度、优化支出结构、加大补贴力度、降低实体企业税费等方面为实体经济发展提供支持。

第一，财政支出强度持续提升，支出结构持续优化。表 9-1 是 2015～2022 年我国财政一般性预算支出增长情况。可以看出，2015～2022 年一般公共预算支出年均增长率达到 5.78%，超出同期财政一般预算收入年均增长率（4.24%）1.54 个百分点。即使在 2020 年受新冠疫情影响预算支出增速大幅下降，但其支出总量依然比 2019 年增加了 6820.66 亿元。

表 9-1　2015～2022 年我国财政一般性预算支出增长情况

单位：亿元，%

年份	一般公共预算支出	增长速度	中央一般预算支出	增长速度	地方一般预算支出	增长速度
2015	175877.77	15.87	25542.15	13.21	150335.62	16.34
2016	187755.21	6.75	27403.85	7.29	160351.36	6.66
2017	203085.49	8.17	29857.15	8.95	173228.34	8.03
2018	220904.13	8.77	32707.81	9.55	188196.32	8.64
2019	238858.37	8.13	35115.15	7.36	203743.22	8.26

① "五控"是指控行业标准、控财务杠杆、控投资规模、控风险业务、控财务风险；"三增"是指通过扩大股权融资来增加资本实力、通过债转股增加企业资本、通过提高效益增加资本积累。

续表

年份	一般公共预算支出	增长速度	中央一般预算支出	增长速度	地方一般预算支出	增长速度
2020	245679.03	2.86	35095.57	-0.06	210583.46	3.36
2021	245673.00	0.00	35049.96	-0.13	210623.04	0.02
2022	260552.12	6.06	35570.83	1.49	224981.29	6.82
2015~2022年年均增长率	5.78		4.85		5.93	

资料来源：《中国统计年鉴》（2016~2023年）。

在财政支出强度持续提升的同时，财政支出结构也在优化。表9-2是2015年与2022年财政预算支出中前10位项目的支出占比情况。可以看出，在财政支出结构中，与保民生、保就业以及保国家安全等紧密相关的项目支出占比显著提升。另外，科学技术支出占比大幅提升，从2015年的3.33%提升到了2022年的3.85%。这表明我国2015年以来的财政支出更多地向保民生、保就业、保国家安全以及鼓励科技创新等领域倾斜。

表9-2 2015年与2022年财政预算支出结构比较

单位：%，个百分点

2015年预算支出额前10位项目			2022年预算支出额前10位项目			2022年与2015年占比变化
序号	项目	支出占比	序号	项目	支出占比	
1	教育支出	14.94	1	教育支出	15.14	0.20
2	社会保障和就业支出	10.81	2	社会保障和就业支出	14.05	3.24
3	农林水支出	9.88	3	卫生健康支出	8.65	1.85
4	城乡社区支出	9.03	4	农林水支出	8.64	-1.24
5	一般公共服务支出	7.70	5	一般公共服务支出	8.01	0.31
6	交通运输支出	7.03	6	城乡社区支出	7.46	-1.57
7	卫生健康支出	6.80	7	国防支出	5.66	0.49
8	公共安全支出	5.33	8	公共安全支出	5.53	0.20
9	国防支出	5.17	9	交通运输支出	4.62	-2.41
10	资源勘探信息等支出	3.41	10	债务付息支出	4.36	2.34

资料来源：根据《中国统计年鉴》（2016年、2023年）整理计算。

第二，通过减税降费，降低企业运营成本。为了减轻实体企业税费负担、降低企业运营成本，在 2013 年营改增试点及其试点范围扩大的基础上，财政部、国家税务总局根据中央提出的切实降低实体企业运营成本的精神，从 2015 年开始陆续出台了一系列的减税降费政策（见表 9-3），从"结构性减税"到"定向减税和普遍性降费"、再到"普惠性减税与结构性减税并举"和"减税与退税并举"，规模力度大、优惠方式多、惠及范围广、连续性强，基本普惠了国民经济的大部分行业与企业，其中服务于国计民生的中小微企业、承载着国家经济增长方向的科技创新企业受惠更大。据财政部与国家税务总局资料，2016~2020 年，累计减税降费总额达到了 7.6 万亿元；2021 年进一步加大减税降费力度，2021~2022 年两年累计减税降费达到 5.3 万亿元，其中制造业占 35% 左右，小微企业和个体工商户约占 25%。大规模及持续性的减税降费政策，对于增强市场主体活力、助力制造业平稳运行、实现中央提出的"六稳""六保"目标起到了重要作用。

表 9-3　2015~2020 年我国主要的减税降费政策一览

年份	政策条例	颁发部门
2015	《关于进一步鼓励集成电路产业发展企业所得税政策的通知》（财税〔2015〕6 号）	财政部等 4 部门
	《关于小型微利企业所得税优惠政策的通知》（财税〔2015〕34 号）	财政部、国家税务总局
	《关于节约能源使用新能源车船车船税优惠政策的通知》（财税〔2015〕51 号）	财政部等 3 部门
	《关于贯彻落实进一步扩大小型微利企业减半征收企业所得税范围有关问题的公告》（国家税务总局公告 2015 年第 61 号）	国家税务总局
	《关于将国家自主创新示范区有关税收试点政策推广到全国范围实施的通知》（财税〔2015〕116 号）	财政部、国家税务总局
2016	《关于继续实行农产品批发市场　农贸市场房产税　城镇土地使用税优惠政策的通知》（财税〔2016〕1 号）	财政部、国家税务总局
	《关于扩大有关政府性基金免征范围的通知》（财税〔2016〕12 号）	财政部、国家税务总局
	《关于全面推开营业税改征增值税试点的通知》（财税〔2016〕36 号）	财政部、国家税务总局

年份	政策条例	颁发部门
2016	《关于扩大18项行政事业性收费免征范围的通知》(财税〔2016〕42号)	财政部、国家发展改革委
	《关于继续执行光伏发电增值税政策的通知》(财税〔2016〕81号)	财政部、国家税务总局
	《关于科技企业孵化器税收政策的通知》(财税〔2016〕89号)	财政部、国家税务总局
	《关于在服务贸易创新发展试点地区推广技术先进型服务企业所得税优惠政策的通知》(财税〔2016〕122号)	财政部等5部门
	《关于"十三五"期间支持科技创新进口税收政策的通知》(财关税〔2016〕70号)	财政部、海关总署、国家税务总局
2017	《关于落实资源税改革优惠政策若干事项的公告》(国家税务总局公告2017年第2号)	国家税务总局、国土资源部
	《关于继续实施物流企业大宗商品仓储设施用地城镇土地使用税优惠政策的通知》(财税〔2017〕33号)	财政部、国家税务总局
	《关于简并增值税税率有关政策的通知》(财税〔2017〕37号)	财政部、国家税务总局
	《关于扩大小型微利企业所得税优惠政策范围的通知》(财税〔2017〕43号)	财政部、国家税务总局
	《关于小额贷款公司有关税收政策的通知》(财税〔2017〕48号)	财政部、国家税务总局
	《关于将技术先进型服务企业所得税政策推广至全国实施的通知》(财税〔2017〕79号)	财政部等5部门
	《关于租入固定资产进项税额抵扣等增值税政策的通知》(财税〔2017〕90号)	财政部、国家税务总局
	《关于免征新能源汽车车辆购置税的公告》(财政部 税务总局 工业和信息化部 科技部公告2017年第172号)	财政部等4部门
2018	《关于开展个人税收递延型商业养老保险试点的通知》(财税〔2018〕22号)	财政部等5部门
	《关于调整增值税税率的通知》(财税〔2018〕32号)	财政部、国家税务总局
	《关于将服务贸易创新发展试点地区技术先进型服务企业所得税政策推广至全国实施的通知》(财税〔2018〕44号)	财政部等5部门
	《关于企业职工教育经费税前扣除政策的通知》(财税〔2018〕51号)	财政部、国家税务总局
	《关于物流企业承租用于大宗商品仓储设施的土地城镇土地使用税优惠政策的通知》(财税〔2018〕62号)	财政部、国家税务总局
	《关于企业委托境外研究开发费用税前加计扣除有关政策问题的通知》(财税〔2018〕64号)	财政部等3部门

年份	政策条例	颁发部门
2018	《关于进一步扩大小型微利企业所得税优惠政策范围的通知》(财税〔2018〕77号)	财政部、国家税务总局
	《关于基本养老保险基金有关投资业务税收政策的通知》(财税〔2018〕95号)	财政部、国家税务总局
2019	《关于继续实行农产品批发市场 农贸市场房产税 城镇土地使用税优惠政策的通知》(财税〔2019〕12号)	财政部、国家税务总局
	《关于实施小微企业普惠性税收减免政策的通知》(财税〔2019〕13号)	财政部、国家税务总局
	《关于继续实施支持文化企业发展增值税政策的通知》(财税〔2019〕17号)	财政部、国家税务总局
	《关于印发降低社会保险费率综合方案的通知》(国办发〔2019〕13号)	国务院办公厅
	《关于继续实行农村饮水安全工程税收优惠政策的公告》(财政部 税务总局公告2019年第67号)	财政部、国家税务总局
	《关于集成电路设计和软件产业企业所得税政策的公告》(财政部 税务总局公告2019年第68号)	财政部、国家税务总局
	《关于继续执行的车辆购置税优惠政策的公告》(财政部 税务总局公告2019年第75号)	财政部、国家税务总局
	《关于养老、托育、家政等社区家庭服务业税费优惠政策的公告》(财政部公告2019年第76号)	财政部等6部门
2020	《关于继续实施物流企业大宗商品仓储设施用地城镇土地使用税优惠政策的公告》(财政部 税务总局公告2020年第16号)	财政部、国家税务总局
	《关于提高部分产品出口退税率的公告》(财政部 税务总局公告2020年第15号)	财政部、国家税务总局
	《关于新能源汽车免征车辆购置税有关政策的公告》(财政部公告2020年第21号)	财政部等3部门
	《关于应对新冠肺炎疫情进一步帮扶服务业小微企业和个体工商户缓解房屋租金压力的指导意见》(发改投资规〔2020〕734号)	国家发展改革委等8部门
	《关于中国(上海)自贸试验区临港新片区重点产业企业所得税政策的通知》(财税〔2020〕38号)	财政部、国家税务总局
	《关于促进集成电路产业和软件产业高质量发展企业所得税政策的公告》(财政部 税务总局 发展改革委 工业和信息化部公告2020年第45号)	财政部等4部门

3. 支持实体经济发展的货币政策

货币政策是中央银行为实现其特定的经济目标而采取的各种控制和调节货币供应量和信用量的方针、政策和措施的总称,具有实施的多目标性和多工具性特征。货币政策体现在定性与定量两个方面,其中定性货币政策主要体现为央行关于货币政策松紧的表述;而定量货币政策则主要体现为央行对存款准备金率、再贴现率以及公开市场业务等做出的调整变动,这种调整变动影响着货币供应量,并进一步影响社会总需求。

首先,从定性货币政策来看,虽然 2015 年以来我国货币政策在具体的表述上发生细微变化,但"稳健货币政策"的总基调始终未变(见表 9-4)。在稳健的货币政策基调下,货币供给量(M2)与社会融资规模稳步增加(见图 9-1、图 9-2)。M2 从 2015 年的 139.23 万亿元增加到 2022年的 266.43 万亿元,年均增长率为 9.71%;社会融资规模增量从 2015 年的15.41 万亿元增加到 2022 年的 32.01 万亿元,年均增长率为 11.01%,分别超出同期名义 GDP 增长率(8.38%)1.33 个百分点和 2.63 个百分点。

表 9-4　2015~2022 年我国货币政策演变

年份	货币政策表述
2015	稳健的货币政策要灵活适度,为结构性改革营造适宜的货币金融环境,降低融资成本,保持流动性合理充裕和社会融资总量适度增长,提高直接融资比重,优化信贷结构,完善汇率形成机制
2016	货币政策要保持稳健中性,适应货币供应方式新变化,调节好货币闸门,努力畅通货币政策传导渠道和机制,维护流动性基本稳定。要在增强汇率弹性的同时,保持人民币汇率在合理均衡水平上的基本稳定
2017	稳健的货币政策要保持中性,管住货币供给总闸门,保持货币信贷和社会融资规模合理增长,保持人民币汇率在合理均衡水平上的基本稳定,促进多层次资本市场健康发展,更好为实体经济服务,守住不发生系统性金融风险的底线
2018	稳健的货币政策要松紧适度,保持流动性合理充裕,完善货币政策传导机制,提高直接融资比重,解决好民营企业和小微企业融资难、融资贵问题
2019	稳健的货币政策要灵活适度,保持流动性合理充裕,货币信贷、社会融资规模增长同经济发展相适应,降低社会融资成本。要深化金融供给侧结构性改革,疏通货币政策传导机制,增加制造业中长期融资,更好缓解民营和中小微企业融资难、融资贵问题

续表

年份	货币政策表述
2020	稳健的货币政策要灵活精准、合理适度,保持货币供应量和社会融资规模增速同名义经济增速基本匹配,保持宏观杠杆率基本稳定,处理好恢复经济和防范风险关系,多渠道补充银行资本金,完善债券市场法制,加大对科技创新、小微企业、绿色发展的金融支持力度;深化利率汇率市场化改革,保持人民币汇率在合理均衡水平上的基本稳定
2021	稳健的货币政策要灵活适度,保持流动性合理充裕。保持货币供应量和社会融资规模增速同名义经济增速基本匹配;以适度货币增长支持经济持续恢复和高质量发展
2022	稳健的货币政策要精准有力。要保持流动性合理充裕,保持广义货币供应量和社会融资规模增速同名义经济增速基本匹配,引导金融机构加大对小微企业、科技创新、绿色发展等领域的支持力度。保持人民币汇率在合理均衡水平上的基本稳定,强化金融稳定保障体系

资料来源:根据 2015~2022 年中央经济工作会议整理。

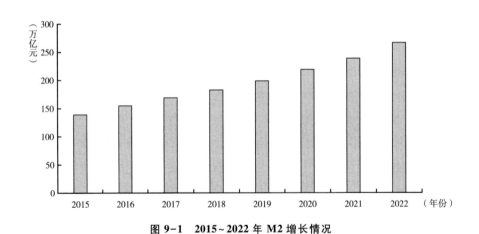

图 9-1　2015~2022 年 M2 增长情况

资料来源:《中国统计年鉴》(2016~2023 年)。

其次,从数量型货币政策工具来看,存款准备金率和存贷款利率以下调为主并进行多次调整(见表 9-5)。具体来看,一是对存款准备金率进行多次调整,且调整幅度要比贷款利率调整幅度大。二是存款准备金率的调整方式由 2014 年以前全面调整改为 2014 年之后的定向降准,强化了对资金流向的引导性。三是 2014 年以后存款准备金率的调整频率与单次调整幅度

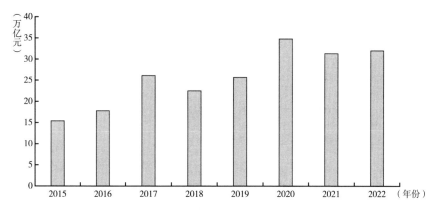

图 9-2 2015~2022 年社会融资规模（增量）增长情况

资料来源：国家统计局。

均有所降低，提高了货币政策预期。四是 2015 年之前，对一年期贷款基准利率的调整比较频繁，但 2015 年至 2019 年初均未进行大幅调整。另外，为促使利率市场化改革走向深入，切实有效降低实体企业融资成本，2019 年 8 月央行决定将 LPR 报价改为按公开市场操作利率加点形成的方式报价，其报价的市场化水平和灵活性明显提高。

表 9-5 2010~2022 年中国货币政策工具演进

年份	存款准备金率	一年期贷款基准利率
2010	1 月、2 月、5 月、11 月、12 月:存款类金融机构分别上调 0.5%	10 月、12 月:分别上调 0.25%
2011	1 月、2 月、3 月、4 月、5 月、6 月、12 月:存款类金融机构分别上调 0.5%	2 月、4 月、7 月:分别上调 0.25%
2012	2 月、5 月:存款类金融机构分别上调 0.5%	2 月、4 月、7 月:分别上调 0.25%
2013	无调整	7 月:全面放开金融机构贷款利率管制
2014	4 月:县域农村商业银行下调 2%,县域农村合作银行下调 0.5% 6 月:对"三农"、小微企业贷款达到一定比例的银行下调 0.5%;财务公司、金融租赁公司和汽车金融公司下调 1%	11 月:下调 0.4%,同时推进利率市场化改革

续表

年份	存款准备金率	一年期贷款基准利率
2015	2月:金融机构下调0.5%;小微企业贷款占比达到条件的银行额外降低0.5%;中国农业发展银行额外降低1% 4月:存款类金融机构下调1%;农村金融机构额外降低1%;中国农业发展银行额外降低2%;对"三农"或小微企业贷款达到一定比例的银行,较同类机构低0.5% 6月:对"三农"或小微企业贷款达到一定比例的金融机构下调0.5%;财务公司下调3% 9月:存款类和农村金融机构下调0.5%;金融租赁和汽车金融公司下调3% 10月:存款类金融机构下调0.5%,农村金融机构额外降低0.5%	3月、5月、6月、8月、10月:分别下调0.25%
2016	2月:金融机构下调0.5%。	无调整
2017	无调整	无调整
2018	1月:对上年符合条件的银行下调0.5%或1% 4月、10月:金融机构分别下调1% 7月:金融机构下调0.5%	无调整
2019	9月:金融机构下调0.5% 10月、11月:在省级行政区域内经营的城市商业银行下调0.5%	8月:实行LPR利率市场报价 9月、11月:分别下调5bp
2020	1月:金融机构下调0.5% 4月、5月:农村信用社、农村商业银行、农村合作银行、村镇银行和仅在省级行政区域内经营的城市商业银行定向下调0.5%	2月:下调10bp 4月:下调20bp
2021	7月:金融机构存款准备金率下调0.5% 12月:金融机构存款准备金率下调0.5%	12月:金融机构一年期贷款利率下调0.25%;下调支农再贷款、支小再贷款利率0.25%
2022	4月:金融机构存款准备金率下调0.25% 12月:金融机构存款准备金率下调0.25%	

资料来源:2010~2020年数据引自杨昌安《货币政策对企业金融资产投资的影响机制及经济后果研究》,博士学位论文,西南财经大学,2020;2021年和2022年数据来自中国人民银行总行网站。

4. 支持实体经济发展的稳投资、促消费政策

稳投资与促消费是分别从供给端与需求端助力实体经济增长的两个重

要手段。近年来我国政府在稳投资与促消费方面实施了诸多政策措施（见表 9-6）。

表 9-6　2015～2020 年我国主要的稳投资与促消费政策

年份	政策条例或措施
2015	《国务院办公厅关于进一步促进旅游投资和消费的若干意见》（国办发〔2015〕62 号）
	《国务院办公厅关于进一步做好民间投资有关工作的通知》（国办发明电〔2016〕12 号）
2016	国家发展改革委等 10 部门《关于加强物流短板建设促进有效投资和居民消费的若干意见》（发改经贸〔2016〕433 号）
	《国务院关于促进创业投资持续健康发展的若干意见》（国发〔2016〕53 号）
2017	《国务院办公厅关于进一步激发社会领域投资活力的意见》（国办发〔2017〕21 号）
	《国务院办公厅关于进一步激发民间有效投资活力　促进经济持续健康发展的指导意见》（国办发〔2017〕79 号）
2018	中国人民银行、中国银行业监督管理委员会联合下发修订后的《汽车贷款管理办法》（令 2017 年第 2 号）
	《国务院办公厅关于聚焦企业关切进一步推动优化营商环境政策落实的通知》（国办发〔2018〕104 号）
2019	国务院总理李克强签署国务院令，公布《政府投资条例》（2019 年 4 月 14 日）
	国家发展改革委、商务部发布《鼓励外商投资产业目录（2019 年版）》（2019 年 6 月 30 日）
	国务院总理李克强签署国务院令，公布《优化营商环境条例》（2019 年 10 月 22 日）
	国务院常务会议决定，完善固定资产投资项目资本金制度，做到有保有控、区别对待，促进有效投资和加强防范风险相结合（2019 年 11 月 13 日）
2020	《农业农村部办公厅关于印发〈社会资本投资农业农村指引〉的通知》（农办计财〔2020〕11 号）
	国务院第四次全体会议：加快发行专项债，扩大有效投资（2020 年 1 月 13 日）
	国务院总理李克强主持召开国务院常务会议，要求加快重大投资项目开复工（2020 年 3 月 17 日）
	国务院总理李克强主持召开国务院常务会议，部署加快推进信息网络等新型基础设施建设，推动产业和消费升级（2020 年 4 月 28 日）
	中央办公厅、农业农村部等 7 部门联合印发《关于扩大农业农村有效投资　加快补上"三农"领域突出短板的意见》（中农发〔2020〕10 号）
	国家发展改革委、科技部、工业和信息化部、财政部等 4 部门联合印发《关于扩大战略性新兴产业投资　培育壮大新增长点增长极的指导意见》（发改高技〔2020〕1409 号）
	国家发展改革委等 23 部门《关于促进消费扩容提质　加快形成强大国内市场的实施意见》（发改就业〔2020〕293 号）

综合以上政策文件，可以看出 2015～2020 年稳投资、促消费的政策主要体现在如下几个方面。

一是大力推进重大工程建设。2015～2020 年，通过推进重大工程建设，加大投资力度，共新增 220 千伏及以上变电设备 137796 万千伏安，新建铁路投产里程 33955 公里，其中高速铁路 19486 公里，增、新建铁路复线投产里程 29021 公里，电气化铁路投产里程 39049 公里，新改建高速公路里程 51895 公里，新增民用运输机场 39 个，新增光缆线路长度 3140 万公里。重大项目建设的推进，对于稳定经济大盘起到了重要的支撑作用。

二是设立和投放专项建设基金。为了解决社会经济发展中存在的短期资金缺口，以及支持政府政策实施、支持重大基础设施建设和社会公益事业等，国家从 2015 年开始发行政府专项债，发行规模从 2015 年的 959 亿元增加到 2020 年的 36019 亿元，6 年间增加了 36.56 倍，累计发行地方专项债 83966 亿元。专项债的发行，是投融资机制的一次创新，对补充重大建设项目资本金、增强地方政府投资能力发挥了重大作用，对加快地方经济结构调整和产业转型升级、实现金融资源回流实体经济起到了积极作用。

三是稳定和扩大民间投资，激发民间投资活力。针对部分鼓励民间投资的政策落实不到位，营商环境不够完善，一些垄断行业市场开放度不够，融资难、融资贵等问题，国务院办公厅于 2017 年 9 月 1 日颁发了《关于进一步激发民间有效投资活力　促进经济持续健康发展的指导意见》，对激活民间投资活力提出了十点要求①，以此改善民间投资环境，增强民间投资信心，激发民间投资活力。

四是积极探索多种投资模式。国家发展改革委印发了《关于进一步做好政府和社会资本合作项目推介工作的通知》，2015 年 5 月国家部委层面首个 PPP 项

---

① 十点要求包括：深入推进"放管服"改革，不断优化营商环境；开展民间投资项目报建审批情况清理核查，提高审批服务水平；推动产业转型升级，支持民间投资创新发展；鼓励民间资本参与政府和社会资本合作（PPP）项目，促进基础设施和公用事业建设；降低企业经营成本，增强民间投资动力；努力破解融资难题，为民间资本提供多样化融资服务；加强政务诚信建设，确保政府诚信履约；加强政策统筹协调，稳定市场预期和投资信心；构建"亲""清"新型政商关系，增强政府服务意识和能力；狠抓各项政策措施落地见效，增强民营企业获得感。

目库建成，首批入库项目数量达到 1043 个，覆盖了能源、交通运输、水利、环境保护、农业、林业以及重大市政工程七大领域，总投资超过 2 万亿元。①

五是推进简政放权、放管结合，改善投资环境。通过修订企业投资项目核准目录，中央层面核准项目累计减少了 76%，95% 以上的外商投资项目、98% 以上的境外投资项目改为在线备案管理。严格规定项目办理审核时限，项目委托评估不超过 30 天，条件具备的项目审核办理不超过 20 天，并取消了 18 类项目的核准前置手续。②

另外，在促消费、扩市场的政策上，主要采取了如下举措。一是优化国内市场供给，包括全面提升产品质量和服务竞争力；加强自主品牌建设；扩大商品供给；完善免税政策等。二是通过个人所得税改革，增加居民收入，提升居民消费能力，包括促进重点群体增收，激发消费潜力；稳定和增加居民财产性收入。三是推进文旅休闲消费提质升级，包括丰富特色文化旅游产品；改善旅游购物环境；创新文化旅游推广模式。四是建立城乡融合消费网络，包括加快完善旅游基础设施建设；优化城乡商业网点布局；加快电商物流体系建设。五是加快构建"智能+"消费生态系统，包括新一代信息基础设施建设；完善"互联网+"消费生态体系；鼓励使用绿色智能产品。六是拓展消费领域，扩大消费空间，稳定增加汽车、家电等大宗消费。

5. 支持实体经济发展的鼓励科技创新政策

加快科技创新是推动实体经济发展的重要举措。2016 年 8 月国务院印发了《"十三五"国家科技创新规划》，对"十三五"国家科技创新的目标提出了具体要求。③ 为实现此目标，我国相继推出了一系列推动科技创新的政策，包括实施鼓励企业技术创新的财税政策；加强对引进技术的消化、

---

① 许昆林：《积极扩大合理有效投资　发挥投资在经济增长中的关键作用》，《建筑时报》2016 年 2 月 4 日，第 1 版。

② 许昆林：《积极扩大合理有效投资　发挥投资在经济增长中的关键作用》，《建筑时报》2016 年 2 月 4 日，第 1 版。

③ 具体目标包括：一是国家科技实力和创新能力大幅跃升，国家综合创新能力世界排名进入前 15 位，迈进创新型国家行列；二是创新驱动发展成效显著，科技进步贡献率从 2015 年的 55.3% 提高到 2020 年的 60%，知识密集型服务业增加值占国内生产总值的比例从 2015 年的 15.6% 提高到 2020 年的 20%；三是科技创新能力显著增强，通过《专利合作条约》（PCT）途径提交的专利申请量要在 2015 年基础上翻一番，研发投入强度达到 2.5%。

吸收和再创新；实施促进自主创新的政府采购政策；实施知识产权战略和
技术标准战略；实施促进创新创业的金融政策；加快高新技术产业化和先
进适用技术的推广；加强科技领域的国际合作与交流；营造有利于创新的
社会环境；等等。经过一系列科技创新政策的实施，我国全社会研发投入
从 2015 年的 1.42 万亿元增长到 2022 年的 3.08 万亿元，研发投入强度达到
2.57%，其中基础研究经费达到 2023.50 亿元，比 2015 年增长了 1.83 倍，
2022 年科技进步贡献率超过 70%，公民具备科学素质的比例超过 10%。

（二）治理金融资源在金融领域"空转套利"的政策梳理

前文已经指出，金融资源在金融体系的"空转套利"主要有理财空转、
票据空转、同业空转以及信贷空转 4 种模式，金融资源在流向实体经济之前
的"空转套利"只会加速金融机构资产负债表的膨胀，形成金融产业繁荣的
景象。金融机构丧失了优化资源配置的功能，对经济增长没有积极作用。即
使最后资金流转到了实体端，但是由于过长的链条，资金运行受阻、成本提
高，不利于实体经济的发展。除此之外，资金空转过程中复杂的流程导致金
融机构对资金把控能力降低，增大了金融机构的风险。因此，中国人民银行
及银保监会等金融监管部门出台了一系列制度性文件与规章对资金在金融体
系内的"空转套利"问题进行规范与治理（见表 9-7）。

表 9-7　2015~2022 年我国主要的金融监管政策

年份	政策条例
2015	银监会《商业银行委托贷款管理办法（征求意见稿）》（2015 年 1 月 16 日）
	银监会《商业银行杠杆率管理办法》（修订）（中国银监令 2015 年第 1 号）
	银监会《关于票据业务风险提示的通知》（简称 203 号文）
2016	保监会《关于清理规范保险资产管理公司通道类业务有关事项的通知》（保监资金〔2016〕98 号）
	保监会《关于加强组合类保险资产管理产品业务监管的通知》（保监资金〔2016〕104 号）
	中国人民银行《关于将表外理财业务纳入"广义信贷"测算的通知》（2016 年 10 月 20 日）
	银监会《关于规范商业银行代理销售业务的通知》（银监发〔2016〕24 号）
	银监会《关于规范银行业金融机构信贷资产收益权转让业务的通知》（银监办发〔2016〕82 号）
	中国人民银行、银监会《关于加强票据业务监管　促进票据市场健康发展的通知》（银发〔2016〕126 号）

续表

年份	政策条例
2017	银监会《关于集中开展银行业市场乱象整治工作的通知》(银监发〔2017〕5号)
	银监会《关于开展银行业"违法、违规、违章"行为专项治理工作的通知》(银监办发〔2017〕45号)
	银监会《关于开展银行业"监管套利、空转套利、关联套利"专项治理工作的通知》(银监办发〔2017〕46号)
	银监会《关于开展银行业"不当创新、不当交易、不当激励、不当收费"专项治理工作的通知》(银监办发〔2017〕53号)
	银监会《关于规范银信类业务的通知》(银监发〔2017〕55号)
	财政部等6部门《关于进一步规范地方政府举债融资行为的通知》(财预〔2017〕50号)
	保监会《关于进一步加强保险资金股票投资监管有关事项的通知》(保监发〔2017〕9号)
2018	中国人民银行等4部门《关于规范金融机构资产管理业务的指导意见》(银发〔2018〕106号)
	银保监会《商业银行理财业务监督管理办法》(2018年9月26日)
	银监会《关于进一步深化整治银行业市场乱象的通知》(银监发〔2018〕4号)
	保监会《保险资金运用管理办法》(保监令2018年第1号)
	银监会《关于印发商业银行委托贷款管理办法的通知》(银监发〔2018〕2号)
	银保监会《关于规范银行业金融机构跨省票据业务的通知》(银保监办发〔2018〕21号)
2019	银保监会《关于开展"巩固治乱象成果 促进合规建设"工作的通知》(银保监发〔2019〕23号)
	银保监会《关于进一步规范商业银行结构性存款业务的通知》(银保监办发〔2019〕204号)
2020	中国人民银行等4部门《标准化债权类资产认定规则》
	财政部、银保监会《关于进一步贯彻落实新金融工具相关会计准则的通知》(财会〔2020〕22号)
2022	中国人民银行等4部门联合发布的《关于规范金融机构资产管理业务的指导意见》(银发〔2018〕106号)过渡期结束并正式实施
	银保监会发布《理财公司内部控制管理办法》(银保监会令2022年第4号)

1. 理财空转的治理政策

从2004年商业银行理财业务诞生以来,银监会一共出台了29部相关的文件或者征求意见稿。其中经国务院同意,中国人民银行、银保监会、证监会、国家外汇管理局于2018年4月27日联合印发的《关于规范金融机构资产管理业务的指导意见》(银发〔2018〕106号)(即"资管新规")与2018年9月26日银保监会颁布的《商业银行理财业务监督管理办法》(即

"理财新规")是两个对资管产品及银行理财产品进行全面规范管理的系统性文件。

一是对银行理财非标业务的监管与治理。所谓银行的非标业务即银行的非标准化债权资产业务,而非标准化债权资产是指不能在银行间市场及证券交易所交易的债权性资产,包括但不限于信贷资产、信托贷款、委托债权、承兑汇票、信用证、应收账款、各类受(收)益权、带回购条款的股权性融资等。[①] 我国银行非标业务的发展可以划分为四个阶段。第一个阶段是在2011~2012年,这是银行非标业务发展的初始阶段,其背景是2008年国际金融危机导致了世界经济的普遍性衰退,为应对金融危机可能带来的影响,我国实施了经济刺激计划,对阻止经济下行起到了重要作用,但同时也引起了房价以及煤炭、钢铁、水泥等基础行业产品价格的较大幅度上涨,影响了宏观经济的稳定。为此,中央政府不得不采取相关的政策措施对部分行业的过热问题进行抑制,于是投向市场的资金中很大一部分就被银行理财业务吸纳,非标业务也由此产生。第二个阶段是在2012~2015年,这是非标业务的快速发展期,其背景是房地产价格的大幅上涨,吸引了大量资金的涌入,迫使国家采取措施对房地产等行业的资金流入进行严格限制,由此推动了银行理财业务的大发展。另外,各个商业银行出于利润动机,不断进行非标业务创新,形成了多种非标业务模式,并大肆利用制度漏洞进行监管套利。第三个阶段则是在2015~2017年,该时期非标业务进入缓慢发展期,原因在于2015年A股市场的大幅下跌,使许多股民、基民损失惨重。监管层也意识到银行非标业务疯狂发展可能带来巨大的风险,必须对其予以控制,商业银行的非标业务发展也随之放缓。第四个阶段是在2018年及以后,这是银行非标业务发展的萎缩期。其背景是2018年监管部门相继出台了"资管新规""理财新规"等监管政策,使非标业务的发展受到了限制。

2018年出台的"资管新规"与"理财新规",从以下几个方面对银行理财的非标业务进行了规范。一是在资金募集方面,打破了刚性兑付,使客户购买理财产品并不是无风险行为,从而对资金的募集产生了压力。二是在资

[①] 王媛:《谁动了债市的"奶酪"》,《上海证券报》2013年11月22日,第6版。

金运作方面，为杜绝可能出现的恶性循环，对商业银行投资的资金池进行了规范，对标准化业务的范围进行了明确，强化了对投资中多层嵌套业务的监管，从而使非标业务规模得到了有效控制。三是在风险管理方面，为有效防范资管产品及业务中可能产生的期限错配风险与流动性风险，对资管产品的期限进行了明确规定。[①] 正是这些监管规定，使得全国银行业及金融机构管理的理财产品在数量和余额上均出现大幅下降，理财产品数量由 2017 年底的 9 万只减少到 2019 年底的 4.73 万只，减少了 47.44%；理财产品余额由 2017 年的 29 万亿元下降至 2019 年的 23.4 万亿元，下降了 19.31%。[②]

二是对同业理财的监管与治理。在 2018 年颁布的"理财新规"中，对商业银行同业理财给出了明确的规定。如第 36 条规定"商业银行理财产品不得直接投资于信贷资产，不得直接或间接投资于本行信贷资产，不得直接或间接投资于本行或其他银行业金融机构发行的理财产品，不得直接或间接投资于本行发行的次级档信贷资产支持证券"；第 38 条规定"所投资的资产管理产品不得再投资于其他资产管理产品（公募证券投资基金除外）"；第 40 条规定"商业银行理财产品不得直接或间接投资于本行信贷资产受（收）益权"；第 49 条规定"商业银行不得用自有资金购买本行发行的理财产品，不得为理财产品投资的非标准化债权类资产或权益类资产提供任何直接或间接、显性或隐性的担保或回购承诺，不得用本行信贷资金为本行理财产品提供融资和担保"。这些规定对于银行同业理财业务起到了显著的限制作用。

2. 票据空转的治理政策

票据空转是指企业存入保证金、开出银行承兑汇票，然后将银票贴现，再将贴现资金作为保证金开出银行承兑汇票，再将银票贴现的不断循环过程。从表面看，这种票据流转增强了市场流动性，但由于这种票据的循环流转缺乏真实的贸易背景，不仅使票据承兑、贴现业务脱离实体经济呈现

---

① 鲁海涛：《资管新规对中小商业银行非标业务的影响研究——以兴业银行和渤海银行为例》，硕士学位论文，山东大学，2021。

② 数据来源于银行业理财登记托管中心与中国银行业协会发布的《中国银行业理财市场报告（2019 年）》。

超常增长，同时形成了银行存款与贷款的虚假双增，增大了金融风险。为此，银监会办公厅早在 2011 年 6 月就印发了《关于切实加强票据业务监管的通知》（银监办发〔2011〕197 号），对商业银行利用票据业务"逃避信贷规模"的做法予以纠正；2012 年 10 月叫停了票据信托收益权；2013 年 5 月银监会办公厅印发了《关于排查农村中小金融机构违规票据业务的通知》（银监办发〔2013〕135 号）。其后，银监会以及央行分别在 2015 年底、2016 年 5 月、2016 年 7 月发布规范通知，要求各商业银行对票据业务的风险、业务内部控制、票据交易真实性、严禁资金空转以及各类违法违规行为进行自查自纠等。经过近年来监管机构对票据市场的持续规范，通过"票据空转"套利的现象有了明显改观。

3. 同业空转的治理政策

同业空转是指银行通过金融嵌套规避监管，其典型方式就是银行通过发行同业存单融入资金，转而投向同业理财、资管产品等进行套利的行为。2017 年 3 月 28 日银监会办公厅发布《关于开展银行业"监管套利、空转套利、关联套利"专项治理工作的通知》（银监办发〔2017〕46 号），将"同行空转"划分为同业资金空转和同业存单空转两种，并列出了每种行为的具体表现形式。① 该通知要求各银行及金融资产管理公司针对上述现象进行自查，并按期提交自查报告。这对同业空转现象进行了有效的抑制。

4. 信贷空转的治理政策

信贷空转是指银行业金融机构通过多种业务使资金在金融体系内流转而未流向实体经济，或通过低成本融资后将这部分资金用于委托贷款、理财信托投资，甚至投资股票市场。2017 年 3 月 28 日银监会办公厅发布《关于开展银行业"监管套利、空转套利、关联套利"专项治理工作的通知》，

---

① 同业资金空转行为主要有：①通过同业存放、卖出回购等方式吸收同业资金，对接投资理财产品、资管计划等，放大杠杆、赚取利差的现象；②通过同业投资等渠道充当他行资金管理"通道"，赚取费用，而不承担风险兜底责任的现象（信托公司开展的风险管理责任划分清晰的事务管理类信托除外）；③通过同业绕道，虚增资产负债规模、少计资本、掩盖风险等现象。同业存单空转行为主要有：通过大量发行同业存单，甚至通过自发自购、同业存单互换等方式来进行同业理财投资、委外投资、债市投资，导致期限错配，加剧流动性风险隐患；延长资金链条，使得资金空转套利、"脱实向虚"。

提出"信贷空转"主要内容包括但不限于：①以虚增存款和中间业务收入为目的为企业组合办理表内外融资业务，拉长融资链条、造成资金低效空转、增加企业负担的现象；②以本行表内表外融资违规置换他行表内表外融资等方式，用于企业举新债、还旧债，资金未被真正用于生产经营的现象；③信贷资金被挪用于委托贷款、理财、信托、证券市场等现象；④违规发放"搭桥贷款"，套取银行资金进行民间借贷及投向高利率行业的现象。① 信贷空转的结果，一是会导致企业用于扩展业务的资金缺乏，生产能力和创造就业能力下降；二是因为企业需要支付利息和还款，但没有产生任何收入，所以会导致企业财务状况恶化；三是银行需要支付利息和维护资产，但没有获得任何收入，从而影响银行的财务状况。因此，银监会办公厅发布的《关于开展银行业"监管套利、空转套利、关联套利"专项治理工作的通知》，要求各银行对以上行为进行自查，并向监管机构提交自查报告。

（三）治理金融资源"脱实向虚"的企业投资监管政策

企业投资的金融化是金融资源"脱实向虚"的重要形式，因此，对金融资源"脱实向虚"进行治理必须对企业投资行为进行必要的引导。但由于企业是自主决策与自担风险的经营主体，其在法律框架下的任何投资行为都是企业的自主行为，因此对其投资行为进行监管的规章条例并不多，且主要是针对国有企业和上市公司。表 9-8 是 2012~2020 年有关政策规章的简要梳理。

表 9-8　2012~2020 年企业金融资产投资相关政策梳理

年份	政策规章
2012	证监会《上市公司监管指引第 2 号——上市公司募集资金管理和使用的监管要求》（证监会公告〔2012〕44 号）
2015	财政部《关于进一步规范和加强行政事业单位国有资产管理的指导意见》（财资〔2015〕90 号）

---

① 周楠：《监管新政下的 A 农商行同业业务发展研究》，硕士学位论文，上海交通大学，2017。

续表

年份	政策规章
2017	国务院国资委《中央企业投资监督管理办法》（国务院国资委令第 34 号）
2018	国家发展改革委等 5 部门《关于印发〈2018 年降低企业杠杆率工作要点〉的通知》（发改财金〔2018〕1135 号）
2018	中国人民银行、银保监会、证监会《关于加强非金融企业投资金融机构监管的指导意见》（银发〔2018〕107 号）
2019	国务院国资委《关于中央企业加强参股管理有关事项的通知》（国资发改革规〔2019〕126 号）
2019	国务院国资委《关于印发〈国务院国资委关于以管资本为主加快国有资产监管职能转变的实施意见〉的通知》（国资发法规〔2019〕114 号）
2020	国务院国资委《关于切实加强金融衍生业务管理有关事项的通知》（国资发财评规〔2020〕8 号）
2020	国务院国资委《关于加强中央企业基金业务风险管理的指导意见》（国资发资本规〔2020〕30 号）

综合以上相关政策内容，可以发现，近年来与企业金融资产投资相关的政策规定并不多，除 2012 年证监会颁发的《上市公司监管指引第 2 号——上市公司募集资金管理和使用的监管要求》提出支持企业发展金融业务外，其余的政策规定都是鼓励引导企业发展主业，抑制非主业投资[①]；强调国有企业的投资主体责任与风险管控，在投资方向上实施负面清单制度，而对企业投资的金融化行为并没有给出明确的限制。正因如此，在金融投资收益率高于实体经济投资收益率的背景下，非金融企业金融化投资的积极性空前高涨，企业层面金融资源"脱实向虚"的现象比较普遍。

二 我国治理金融资源"脱实向虚"的政策效果评价

对政策效果进行评价是保证政策科学性与正确性的重要环节。政策效果评价的标准是看该政策是否达到了预期的目标。近年来我国政府颁布的诸多治理金融资源"脱实向虚"的政策，其目标可以具体化为以下三个方面：一是降低企业杠杆率，保证经济金融稳定；二是支持实体经济发展，

---

① 杨昌安：《货币政策对企业金融资产投资的影响机制及经济后果研究》，博士学位论文，西南财经大学，2020。

增强经济增长动力；三是有效遏制各种金融乱象，严控资金空转套利。下面我们将以这三个政策目标的实现程度为标准，对近年来我国政府颁布的诸多引导金融资源"脱虚向实"政策的效果进行评价。

（一）降杠杆政策效果评价

1. 宏观杠杆率快速上升态势得到抑制，高债务风险得到一定控制

2008 年国际金融危机带来了全球经济的衰退，我国为抑制经济下滑果断实施了投资计划，在经济增速下滑得到一定抑制的同时，也带来了宏观杠杆率的快速飙升，进而增加了系统性金融风险爆发的可能性。[①] 为此，我国于 2015 年开始相继采取了一系列降杠杆的政策措施，使得宏观杠杆率过快攀升的势头得到有效遏制。图 9-3 是 2000~2022 年我国各部门杠杆率的变动情况。可以看出，2016~2019 年，除居民部门杠杆率依然保持着快速上升趋势之外，政府部门、非金融企业部门以及实体经济部门杠杆率的上升

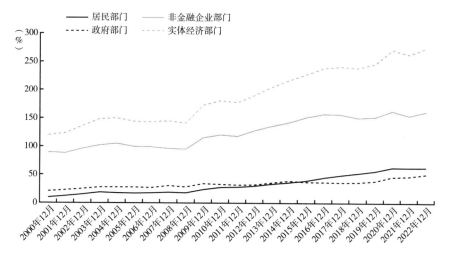

图 9-3　2000~2022 年各部门杠杆率的变化

资料来源：国家金融与发展实验室网站。

[①]　苟文均、袁鹰、漆鑫：《债务杠杆与系统性风险传染机制——基于 CCA 模型的分析》，《金融研究》2016 年第 3 期，第 74~91 页。

态势均出现一定的缓和，其中政府部门杠杆率从 2015 年 12 月的 36.9% 上升到 2019 年 12 月的 38.6%，上升了 1.7 个百分点；非金融企业部门杠杆率从 151.5% 上升到 151.9%，上升了 0.4 个百分点；实体经济部门杠杆率从 227.6% 上升到 246.6%，上升了 19.0 个百分点。虽然各部门降杠杆的目标并没有实现，但杠杆率快速上升的态势得到了有效抑制。其后，受新冠疫情的影响，各部门杠杆率又出现了反弹。到 2022 年 12 月，非金融企业部门、政府部门以及实体经济部门的杠杆率又分别比 2019 年 12 月提升了 9.6 个百分点、12.0 个百分点和 26.7 个百分点，金融风险又有了增大的迹象。

2. 不当金融创新风险得到有效控制，影子银行风险持续收敛

金融创新有助于提高金融资源配置效率，促进经济发展。但是，不当的金融创新不仅无助于提升资源配置效率，而且还会加剧系统性金融风险。2016 年以来，我国一方面加强了对宏观审慎监管框架的完善，对金融部门的过快扩张进行总量把控；另一方面加强了微观审慎监管，对不当的金融创新行为实施了更为严格的管控治理。根据国际评级机构穆迪发布的《中国影子银行季度监测报告》，中国影子银行规模从 2017 年以后持续下降，广义影子银行资产规模从 2017 年的 100.4 万亿元持续下降到 2022 年的 50.12 万亿元，占 GDP 的比例从 122.33% 持续下降到 41.60%，创下 2013 年以来的最低水平。2022 年末影子银行规模较历史峰值下降了 89.66 万亿元，委托贷款、信托贷款和各类交叉金融投资产品持续收缩。2022 年末理财产品余额为 27.7 万亿元，较"资管新规"发布时增长 21.2%。空转嵌套等行业乱象显著减少，同业理财较峰值压缩 99.9%，银行发行理财投资非标债权较"资管新规"发布时下降 89.2%。[①]

（二）支持实体经济发展政策的效果评价

从前文对近年来我国支持实体经济发展的政策梳理可以看出，支持实体经济发展的政策可以归纳为三个主要方面：一是通过减税降费及下调贷款利率降低实体企业的运营成本；二是通过鼓励投资与促消费的政策稳住

---

① 穆迪 2022 年第四季度《中国影子银行季度监测报告》。

经济大盘与激发消费潜力；三是通过促进科技创新强化实体经济增长动力。近年来支持实体经济发展的相关政策在这三个方面均取得了显著成效。

1. 企业运营成本大幅降低，实体企业投资回报率明显回升

为了有效降低企业运营成本，我国在 2012 年"结构性减税"政策的基础上，从 2015 年开始实行"定向减税和普遍性降费"政策，2019 年实行"普惠性减税与结构性减税并举"政策，再到 2022 年实行"减税与退税并举"政策，减税降费政策年年加力，步步扩围，层层递进，使企业税费负担大幅减轻。据国家税务总局数据资料，2016~2021 年，全国累计实现减税降费额超过 8.93 万亿元，其中：2016 年通过全面推开营改增试点，释放大规模减税红利，使小微企业减税 0.57 万亿元；2017 年加大小微企业所得税优惠力度，推出科技型中小企业研发费用加计扣除等激励措施，同时下调增值税率，实现企业和个人负担减少 1 万亿元；2018 年通过降低增值税率、提高个人所得税基本减除费用标准等措施，减轻纳税人负担 1.3 万亿元；2019 年实施的大规模减税降费政策，累计新增减税降费超过 2.3 万亿元；2020 年初的新冠疫情导致多地区多产业出现停摆，为保民生，财政部与国家税务总局适时推出了 7 个方面 28 项税费优惠政策，减税降费额超 2.6 万亿元；2021 年与 2022 年进一步实施"减税降费+缓税缓费"政策，两年又直接减税降费及缓税缓费 5.3 万亿元。如果以 2022 年末企业数量 7000 万家计算的话，平均每个企业两年减税降费额就达 7.57 万元。另外，银行贷款利率的多次下调，也使企业融资成本下降明显。2020 年 6 月 17 日，国务院常务会议明确提出，要通过降低贷款利率和债券利率、增加优惠利率贷款、中小微企业贷款延期还本付息、发放小微企业无担保信用贷款、减少银行收费等一系列政策，实现金融系统向企业合理让利 1.50 万亿元。①

在减税降费及贷款利率下降的政策背景下，企业利润率明显回升。规模以上工业企业营业收入利润率由 2015 年的 5.96% 提升到 2019 年的 6.16%，2021 年进一步提升到 7.07%。其中大型工业企业营业收入利润率从 2015 年的 5.92% 提升到 2021 年的 8.20%，中型工业企业营业收入利润率

---

① 钱林浩：《货币政策助推经济加快恢复正常循环》，《金融时报》2020 年 6 月 22 日，第 2 版。

从 6.60% 提升到 7.48%，小型工业企业营业收入利润率略有下降，从 5.92% 下降至 5.51%。另外，企业利润率的回升，也激发了企业市场主体的增加。私营工业企业数量从 2015 年的 216506 家增加到 2021 年的 325752 家，增加了 50.46%。但值得注意的是，2022 年各类企业营业收入利润率均出现了不同程度的下滑。

2. 全社会固定资产投资持续增长，消费市场空间获得一定拓展

为稳定经济大盘，近年来国家采取了一系列鼓励投资、提振市场信心的政策措施，且取得了一定的经济效果。一是全社会固定资产投资保持持续增长（见图 9-4）。全社会固定资产投资从 2015 年的 34.78 万亿元增加到 2022 年的 49.60 万亿元，年均增长率为 5.20%。其中民间固定资产投资从 2015 年的 21.61 万亿元增加到 2022 年的 29.00 万亿元，年均增长率为 4.29%。二是居民人均收入与消费稳定增长（见图 9-5）。在刺激经济增长及税收改革政策的共同作用下，全国居民人均可支配收入从 2015 年的 21966.2 元增长到 2022 年的 36883.3 元，年均增长率为 7.68%；人均消费支出从 2015 年的 15712.4 元增长到 2022 年的 24538.2 元，年均增长率为 6.58%。三是市场消费空间稳定拓展。社会消费品零售总额从 2015 年的 30.09 万亿元增长到 2022 年的 43.97 万亿元，年均增长率为 5.57%。

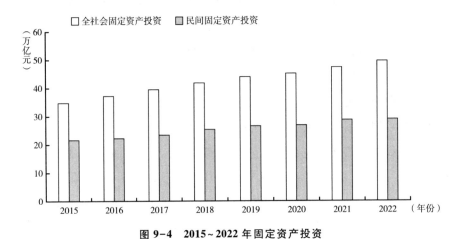

图 9-4 2015～2022 年固定资产投资

资料来源：《中国统计年鉴》（2016～2023 年）。

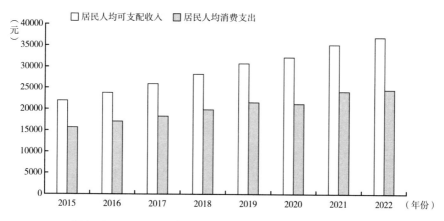

图 9-5 2015~2022 年居民人均可支配收入与人均消费支出

资料来源:《中国统计年鉴》(2016~2023 年)。

3. 科技投入稳定增加,科技成果产出显著

在一系列科技创新鼓励政策的激励下,科技创新动力得到增强,科技成果产出效果明显。一是 R&D 经费支出稳定增长。R&D 经费支出从 2015 年的 14169.9 亿元增长到 2022 年的 30782.9 亿元,年均增长率达到了 11.72%,R&D 经费支出占 GDP 的比例从 2015 年的 2.07% 提升至 2022 年的 2.54%。二是科技成果产出增加显著。全年授予专利数从 2015 年的 171.82 万件增加到 2022 年的 432.34 万件,年均增长率达到 14.09%。其中发明专利授权数从 2015 年的 35.93 万件增加到 2022 年的 79.83 万件,年均增长率为 12.08%。三是技术市场成交额稳步增加,从 2015 年的 9836 亿元增长到 2022 年的 47791 亿元,年均增长率为 25.34%;高新技术产品出口额从 2015 年的 6553 亿美元增长到 2022 年的 9467 亿美元,年均增长率为 5.40%。

4. 宏观经济实现韧性增长

面对复杂的国际经济形势以及新冠疫情的冲击,我国宏观经济增长的不稳定性与波动性较大,但依然表现出较强的韧性(见图 9-6)。经济增长率从 2015 年的 7.0% 下降到 2019 年的 6.0%,其后三年(2020~2022 年)受新冠疫情的影响,经济增长率呈现大幅波动,2020 年达到最低 2.2%,2021 年又反弹到 8.1%,2022 年又急剧下跌至 3.0%。但从经济总量来看,

我国 GDP 依然保持着持续增长趋势，2015～2022 年我国经济年均增长率达到 6.66%，特别是 2020～2022 年，我国经济依然实现年均 4.37% 的正增长，超过同期世界平均年均增长率（1.66%）2.71 个百分点，而西方主要国家则出现了明显的经济负增长（见表 9-9）。中国经济在世界各国经济增长中一枝独秀。

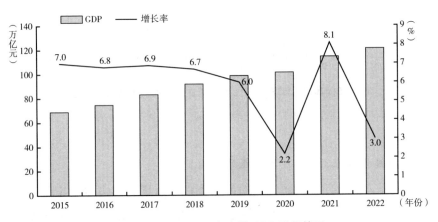

图 9-6 2015～2022 年中国 GDP 增长情况

注：图中增长率指按不变价格计算的实际增长率。
资料来源：《中国统计年鉴 2023》。

表 9-9 2020～2022 年世界主要国家经济增长率

单位：%

年份	中国	世界	日本	美国	德国	英国	法国	意大利	加拿大
2020	2.2	-3.3	-4.5	-3.4	-4.6	-9.3	-7.9	-9.0	-5.2
2021	8.1	5.8	1.6	5.7	2.9	7.4	7.0	6.6	4.6
2022	3.0	2.7	1.1	1.8	1.8	4.0	2.5	3.7	3.4
年均	4.37	1.66	-0.64	1.30	0.0	0.43	0.34	0.20	0.84

资料来源：《中国统计年鉴 2023》。

（三）治理金融资源空转套利政策的效果评价

2015 年以后，面对日益膨胀的资金空转套利及各种金融乱象，金融监管机构相继发布了一系列治理政策，其中以 2018 年 4 月 27 日中国人民银行等 4 部门颁发的《关于规范金融机构资产管理业务的指导意见》和 2018 年 9 月 26 日银保监会颁发的《商业银行理财业务监督管理办法》最具代表性。这一系列监管政策使得金融资源在金融体系中的空转套利及各种金融乱象问题得到了有效的治理。

1. 资金在金融体系中的空转率显著下降

前文已经指出，资金在金融体系中空转套利是金融资源"脱实向虚"的主要形式之一，包括理财空转、票据空转、同业空转、信贷空转 4 种模式。本部分以银行同业理财为例，图 9-7 是银行同业理财规模的变化趋势。可见，银行同业理财规模从 2015 年 2 月 28 日的 5700 亿元快速上涨到 2016 年 12 月 31 日的 59900 亿元，短短的 22 个月规模扩大了 9.51 倍，其后在一系列监管政策的作用下，规模一路萎缩，到 2018 年 12 月 31 日下降至 12200 亿元，下降了 79.63%，到 2020 年 12 月 31 日进一步减少到 3900 亿元，与 2016 年底的最高值相比下降了 93.49%。银行同业理财占银行业理财的比例也从 2016 年 12 月 31 日的 20.61% 下降至 2018 年 12 月 31 日的 3.80%，2020 年 12 月 31 日进一步下降到 1.51%（见图 9-8）。银行同业理财规模的下降，使得资金在银行体系内的空转率也快速下降（见图 9-9）。

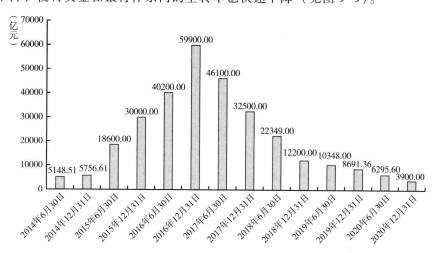

图 9-7　2014 年 6 月 30 日至 2020 年 12 月 31 日银行同业理财规模

资料来源：Wind 数据库。

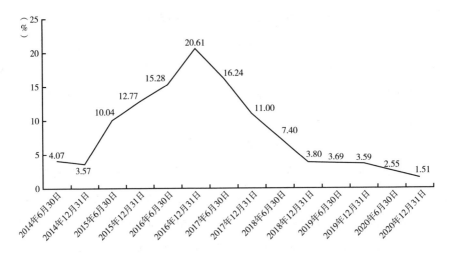

图 9-8 2014 年 6 月 30 日至 2020 年 12 月 31 日银行同业理财占银行业理财的比例

资料来源：Wind 数据库。

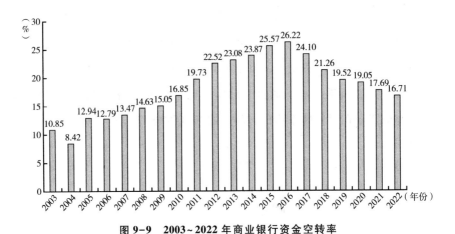

图 9-9 2003~2022 年商业银行资金空转率

资料来源：据第五章表 5-3 绘制。

图 9-9 是根据第五章测算结果绘制的商业银行资金空转率变化情况。可见，商业银行资金空转率从 2003 年的 10.85% 升至 2016 年的 26.22%。从 2017 年开始，随着通道业务的叫停，以及"资管新规"的出台，商业银行对非银行债权规模和对银行债权规模的增速均显著下降，2017 年和 2018 年商业银行对银行债权规模的增速分别为 -6.28% 和 -2.97%，2018 年和 2019

年商业银行对非银行债权规模的增速分别为−7.81%和−4.72%。商业银行资金空转率也从2016年的最高点26.22%降至2022年的16.71%。

2. 影子银行规模得到有效控制

图9-10是穆迪发布的2015~2021年中国广义影子银行规模的变化情况。可以看出，中国广义影子银行规模在2017年以前持续扩大，2017年广义影子银行规模已达到100.40万亿元，占GDP的比例达到了120.67%，形成了较为严重的金融风险。但影子银行监管政策的陆续出台及实施，使得从2018年开始，广义影子银行规模快速收缩，到2021年广义影子银行规模缩减到57万亿元，比2017年的峰值下降了43.23%，占GDP的比例也从2017年的120.67%下降到2021年的49.83%，下降了70.84个百分点。影子银行规模的大幅缩小，提高了金融体系抵御风险的能力，增强了金融体系的稳定性。

图9-10 2015~2021年中国广义影子银行规模及其占GDP比例

资料来源：穆迪《中国影子银行季度监测报告》（2015~2021年）。

3. 部分金融乱象得到有效遏制

针对近年来金融业以金融创新名义产生的各种不规范活动，2017年银监会开展了"三三四十"专项治理行动，对各种金融乱象进行治理，收到了显著的效果。一是互联网借贷平台从高峰期的5000余家减到2020年底的360余家；到2020年11月，全国P2P网贷机构已经全部退出P2P业务，部分转型为小贷公司、金融科技公司等。二是互联网金融风险大幅下降，部分金融乱象得到了有效治理,使近年来因金融创新而不断增大的金融风险得到有效控制。①

4. 金融资源"脱实向虚"的趋势得到一定逆转

根据前文第五章对金融资源"脱实向虚"程度的测算,从 2017 年起虚拟经济占有金融资源比例明显下降,实体经济占有金融资源比例明显上升,金融资源"脱实向虚"的趋势得到一定逆转。图 9-11 是从国家层面计算的金融资源在实体经济部门与虚拟经济部门的配置情况。可以看出,虚拟经济占有金融资源的比例从 2005 年的 51.71% 增加到 2008 年的 55.83%,其后在 2009 年、2010 年略有下降;但从 2011 年开始又快速上升,到 2016 年达到峰值 57.63%。2016 年后各种治理政策的相继出台,使得金融资源在虚拟经济中配置比例持续增加的势头得以逆转,金融资源"脱虚向实"的现象出现,且成效显著。金融资源在虚拟经济中的配置比例由 2016 年的峰值 57.63% 下降到 2022 年的 41.81%,下降了 15.82 个百分点。金融资源配置的这种变化,使得商业银行对实体经济的资金支持率也由 2016 年以前的下降转为上升(见图 9-12),到 2022 年资金支持率达到 63.30%,比 2016 年的最低值 49.40% 提升了 13.90 个百分点。

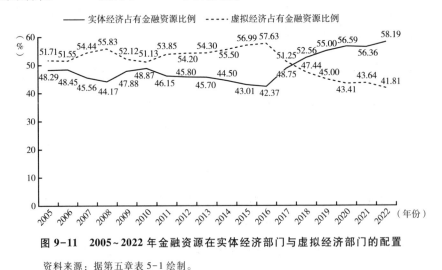

图 9-11　2005~2022 年金融资源在实体经济部门与虚拟经济部门的配置

资料来源:据第五章表 5-1 绘制。

————————————————

① 刘哲希、陈小亮、陈彦斌:《宏观经济政策评价报告 2021》,科学出版社,2021,第 32~33 页。

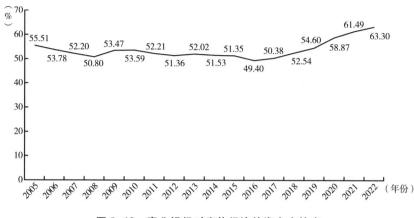

图 9-12　商业银行对实体经济的资金支持率

资料来源：据第五章表 5-3 绘制。

三　我国实体经济运行及政策实施中存在的主要问题

（一）我国实体经济运行中存在的主要问题与现实约束

在 2008 年国际金融危机爆发后全球经济增速减缓的国际背景下，我国实体经济发展出现了明显的经营环境趋紧、增长速度放缓、企业盈利能力减弱、结构性矛盾加剧等前所未有的突出问题。[①] 为此，我国政府采取了推进供给侧结构性改革以优化实体经济发展环境、对企业减税降费以降低企业运营成本、改革成本扣除办法以鼓励企业技术创新等系列政策，这对应对新冠疫情冲击以稳定经济大盘起到了积极成效。但客观来讲，我国实体经济目前依然面临着三大问题。一是投资信心严重不足。2023 年全社会固定资产投资（不含农户）增长率为 3.0%，比 2019 年的 5.1% 还低 2.1 个百分点；特别是民间固定资产投资（不含农户）增长率在 2022 年仅为 0.9%，2023 年进一步下降到 -0.4%，这表明市场投资信心已降至冰点。二是市场

---

① 徐璋勇：《我国实体经济发展面临的现实约束及应对建议》，《国家治理》2021 年第 29 期，第 28~33 页。

需求扩张乏力。2023 年全社会商品零售额增长率为 7.20%，虽然比 2020 ~ 2022 年的平均增长率 3% 高出很多，但与 2019 年的 9.19% 相比，依然低 1.99 个百分点；2023 年出口增长率为 0.60%，比 2019 年的 5.02% 低 4.42 个百分点。三是经济增长动力不够强劲。经济增长模式转换困难重重，新旧动能转换依然没有完成，经济增速还没有恢复到疫情前的水平。2023 年 GDP 增长率为 5.2%，比 2019 年的 6.0% 还低 0.8 个百分点。这些问题的出现固然与复杂的外部环境有关，但更与我国现阶段面临的一系列现实约束有关。

1. 市场需求约束

实体经济发展面临的市场需求约束主要来自两个方面。一是外部市场需求明显减少。长期以来，对外出口的高速增长一直是我国实体经济强劲增长的重要动力。但美国次贷危机爆发引发的全球经济衰退、西方主要国家实施的贸易保护主义政策以及不稳定的地缘政治局势等，导致国际市场需求持续萎缩、全球经济与贸易陷入低迷；另外，我国进入中等收入国家行列之后，要素成本的快速上升使得我国传统产业的国际竞争力下降，部分国际市场被更具成本优势的新兴经济体代替，国际市场空间受到严重挤压。二是国内市场需求遇到了"天花板"效应。改革开放 40 余年来，伴随经济的高速增长，物质产品获得极大丰富，诸多传统行业在进入 21 世纪之后出现了产能过剩；但居民收入水平的大幅提升加快了消费结构升级的进程，市场需求由低端向高端过渡的趋势日益明显，使得部分传统产业、低端产品遇到了市场需求的"天花板"。正是国内外市场需求的双重约束，使得我国仍以传统产业为主，以低端产品生产为主的制造企业进入了前所未有的"冬季"时期。[①]

2. 实体企业发展约束

实体经济发展的关键在于焕发实体企业的发展活力，而现阶段我国实体企业发展遇到了巨大的现实约束，突出表现为生产与运营成本约束、融

---

① 徐璋勇：《我国实体经济发展面临的现实约束及应对建议》，《国家治理》2021 年第 29 期，第 28 ~ 33 页。

资约束与技术约束。

首先，生产与运营成本约束。生产与运营成本的持续上升是制约实体企业发展的重要因素。这种成本约束主要来自三个方面。一是融资成本高企。由于企业融资渠道不畅，融资成本高企就成为一种必然现象。根据清华大学经管学院中国金融研究中心等单位联合发布的"中国社会融资成本指数"，2018 年中国社会融资（企业）平均融资成本为 7.60%。其中，银行贷款平均融资成本为 6.60%，承兑汇票平均融资成本为 5.19%，企业发债平均融资成本为 6.68%，融资性信托平均融资成本为 9.25%，融资租赁平均融资成本为 10.70%，保理平均融资成本为 12.10%，小贷公司平均融资成本为 21.90%，互联网金融（网贷）平均融资成本为 21.00%，上市公司股权质押的平均融资成本为 7.24%。[1] 如果加上各种手续费、评估费、招待费等，社会的平均融资成本将超过 8%，而中小企业实际融资成本大部分高于 10%。从 2016 年起，中国人民银行虽多次下调企业贷款基准利率，但因资金紧张现象并未明显改善，其他渠道的融资成本反而有所上升。二是劳动力成本快速上涨。《中国统计年鉴》数据显示，我国城镇非私营单位就业人员年平均工资从 2015 年的 62029 元增加到 2022 年的 114029 元，8 年上涨了 83.83%；加之，我国的人口发展来到了"刘易斯拐点"，劳动力成本上升使制造业的人口红利正在消失，实体企业的招人难、用人难、留人难问题日益严重。[2] 根据笔者对 100 余家企业的问卷调查，81.25% 的企业认为劳动工资成本上升是目前企业面临的首要问题。三是企业税费比例依然较高。据笔者对 100 家中小企业的问卷调查，经过 2014 年以来的多次减税降费，截至 2022 年底，企业税费占其营业收入的比例平均达到 9.04%，其中税费占营业收入比例在 15% 以上的企业数占 22.54%，在 30% 以上的占 7.04%，20%~30% 的占 8.45%。

其次，融资约束。近年来我国实体企业融资难、融资贵的问题日益凸显，成为实体企业生存与发展的严重桎梏。从银行类贷款来看，由于经济

---

①　马玲：《企业融资成本依然偏高》，《金融时报》2018 年 2 月 2 日，第 2 版。

②　徐璋勇：《我国实体经济发展面临的现实约束及应对建议》，《国家治理》2021 年第 29 期，第 28~33 页。

增长趋缓、实体企业盈利下降、亏损面扩大、财务状况恶化，许多实体企业难以满足银行设定的贷款条件。即使勉强满足，银行也会根据企业财务状况的变化而上调贷款利率，提高了企业的贷款成本。对于民营中小微企业来说，银行贷款难的问题更加突出。从股权融资来看，虽然资本市场的改革与发展以及多层次股权市场的形成，为实体企业股权融资提供了方便，特别是科创板的设立以及注册制改革的稳步推进与实施，加快了企业股权融资的步伐，但资本市场的容量毕竟有限，股权融资市场对于广大的实体企业来说仍然是遥不可及的。从债券融资来看，长期以来，我国债券市场不仅发展规模较小，而且存在严重的结构失衡问题①，公司债占比不到 1/4，难以成为实体企业融资的重要渠道。

最后，技术约束。我国绝大多数企业技术水平较低，创新意愿不强，创新动力不足。一是我国企业中 99% 以上为中小企业，虽然中小企业创造了 50% 以上的税收、60% 以上的 GDP、70% 的技术创新、80% 的城镇劳动就业，但绝大多数中小企业属于传统行业，以传统市场为主，技术密集度不高。由于其自身资金实力及技术条件的限制，其吸收采纳及研发新技术、新工艺的难度较大。二是企业研发强度还较小。在规模以上工业企业中，2022 年有研发活动的企业数量仅占 37.30%，投入的研发经费仅占企业主营业务收入的 1.39%。三是企业新产品开发力度小，市场竞争力不强。2022 年我国规模以上工业企业平均申请专利数仅为 3.19 件，新产品销售收入仅占其营业收入的 23.55%。可见，由技术水平低、创新动力不足、研发投入少等形成的技术约束，是我国实体企业特别是制造业企业发展中面临的一个突出问题。②

3. 制度约束

改革开放 40 余年来，我国经济制度改革取得了令世界瞩目的巨大成就，但目前还存在诸多制约实体经济发展的因素。突出表现在以下四个方面。一是生产要素市场化改革还不完善，土地、资本、劳动力、技术等要素资

---

① 徐璋勇：《我国实体经济发展面临的现实约束及应对建议》，《国家治理》2021 年第 29 期，第 28~33 页。

② 徐璋勇：《我国实体经济发展面临的现实约束及应对建议》，《国家治理》2021 年第 29 期，第 28~33 页。

源的分配尚未理顺，市场在其中的配置作用还受到各种行政力量的干扰，门槛与壁垒犹存。二是民营经济的发展环境还有待完善，市场主体的平等主权地位还未完全建立，如民营经济在要素获得上的交易成本过高、地方法治环境不完善、对私有产权保护不够，以及区域竞争中的地方保护主义等现象普遍存在。三是产业退出机制不健全，地方政府推动落后产业的淘汰及退出的力度不够，从而难以为有前景的实体企业腾出充足的资源空间。四是融资制度不完善，难以满足企业的融资需求。如以中小银行数量较少为特征的银行业金融结构失衡，使得为大量中小企业提供融资服务的金融机构数量不足，服务广度与深度均较低；以政府债、金融债为主体的债券市场结构失衡，制约了企业债券融资的可行性；虽然注册制的实施，为企业股权融资提供了制度便利，但现时制度对企业上市融资超募行为的容忍，客观上减少了其他企业上市融资的机会，在一定程度上延缓了其他企业上市融资的进程。[1]

4. 环境约束

实现绿色可持续发展是我国经济社会发展的长期目标，这不仅是我国经济发展进入新阶段后应对资源环境压力日益增大的必然要求，也是经济转型时期实现经济高质量发展的必然选择。但在过去经济长期高速增长模式下，实体企业的环保意识不强，绿色技术与绿色产品开发不够，产品低端化严重。当面对日益严重的资源约束和日益趋严的环保标准与要求时，很多企业短期难以适应。一是资源替代进程缓慢，企业难以在短期内摆脱传统的资源依赖型生产模式。若要维持生产，企业只能忍受由资源价格上涨带来的成本上升对利润的侵蚀。二是面对环保压力，企业要么被关停，退出市场；要么加大环保投入，走绿色发展之路。但由于环保投入具有费用高、收效慢的特点，这必然在短期内增大企业财务压力，对实体经济产生一定影响。[2]

正是以上现实约束的存在，使得我国近年来治理金融资源"脱实向虚"

---

① 徐璋勇：《我国实体经济发展面临的现实约束及应对建议》，《国家治理》2021年第29期，第28~33页。

② 徐璋勇：《我国实体经济发展面临的现实约束及应对建议》，《国家治理》2021年第29期，第28~33页。

的政策效果受到一定影响，实体经济的表现与预期产生较大偏差。因此，通过激发实体经济活力以治理金融资源"脱实向虚"依然任重而道远。

（二）治理金融资源"脱实向虚"政策实施中存在的主要问题

尽管近年来政府实施的一系列治理金融资源"脱实向虚"的政策取得了较为明显的成效，但与政策预期依然存在较大差距。这一方面与我国目前所面临的国内外经济环境的复杂性有关，另一方面也与治理政策实施中存在的一些问题有关。

1. 金融体系改革不同步使去杠杆政策效果受到影响

2008年国际金融危机之后，中国非金融企业部门杠杆率的急剧飙升以及可能引发的风险引起了政府决策层的高度关注，因此如何实现稳增长与去杠杆的动态平衡，是新发展阶段亟待解决的关键问题。对此，中央政府2016年明确提出要去杠杆，但随着经济增长形势的变化，去杠杆的政策基调逐步转变为"结构性去杠杆"以及"稳杠杆"。非金融企业杠杆率在2017年转为下降之后，2020年又开始反弹，2020年6月达到165.3%，比2017年6月的阶段性高点159.4%还高出5.9个百分点；除此之外，居民部门与政府部门（包括中央政府与地方政府）杠杆率依然在持续上升，2022年底居民部门、政府部门杠杆率分别达到了62.2%、50.6%，实体经济部门杠杆率达到了274.3%，比2016年上升了35.7个百分点。

去杠杆政策效果没有达到预期目标，其原因在于去杠杆政策仅仅是为了控制实体企业的债务水平，这显然是远远不够的。因为中国实体企业高杠杆率的形成，表面上看是企业问题，但其深层根源在于金融体系不够合理。突出表现为金融体系结构较为单一、直接融资发展滞后、金融机构类型不完善及多层次资本市场不健全等，这使得实体企业对银行信贷具有极强的依赖性，且金融资源被过多地配置到资产效益较低的企业。[1]另外，对实体企业去杠杆的强制性，带来了经济增长率的快速下滑，2017~2019年

---

[1] 杨贺、马微、徐璋勇：《新发展格局下如何协调推进稳增长和稳杠杆——基于金融供给侧结构性改革的视角》，《经济学家》2022年第7期，第87~97页。

GDP 增长率分别为 6.9%、6.7% 和 6.0%。政府不得不将降低企业杠杆率的总基调调整为"结构性去杠杆"以及"稳杠杆"。由此可见，要有效降低实体企业杠杆率，必须同步推进金融供给侧结构性改革，优化金融体系，从企业融资结构、金融机构结构以及资本市场结构等多方面同步推进；另外，在降低实体企业杠杆率的同时，还要提升企业的资金利用效率，实现去杠杆与稳增长的有效兼顾。[①]

2. 宏观经济政策之间协调性欠缺影响政策效应的发挥

要实现经济稳定与金融稳定的"双稳定"目标，就需要实现不同性质宏观经济政策之间的高效协同，包括宏观审慎政策、货币政策、财政政策以及产业政策。虽然不同宏观经济政策的具体目标与作用机制并不相同，但它们之间的紧密关联使得政策之间的协调不当影响政策各自的实施效果。正因如此，党的十九大报告明确提出，要"健全财政、货币、产业、区域等经济政策协调机制"。[②] 但从实践来看，宏观经济政策之间的协调性有所欠缺。

首先，财政政策与货币政策之间的协调性不够。面对经济下行压力的日益增大，"十三五"期间实施了积极的财政政策与稳健的货币政策。其中积极的财政政策体现为一系列的财税制度改革、减税降费、增加政府财政支出等。2016~2022 年累计减税降费达到 13.07 万亿元，政府财政支出年均增长率达到 4.79%，高出财政收入年均增长率 1.25 个百分点；同期 M2 年均增长率达到 8.08%。但如果分析 2016 年以后财政政策与货币政策的动态表现，则会发现二者之间存在明显的不协调现象。

图 9-13 为 2010~2022 年财政政策与货币政策的动态变化情况。可以看出，2017~2021 年，M2 增长率基本稳定，表明货币政策的积极稳健名副其实；财政支出增长率在 2016~2019 年相对稳定且小幅提升，但在 2019 年之后财政支出增长率快速下降，直到 2021 年达到零增长率，表明 2019~2021

---

① 杨贺、马微、徐璋勇：《新发展格局下如何协调推进稳增长和稳杠杆——基于金融供给侧结构性改革的视角》，《经济学家》2022 年第 7 期，第 87~97 页。

② 《习近平：决胜全面建成小康社会　夺取新时代中国特色社会主义伟大胜利——在中国共产党第十九次全国代表大会上的报告》，中国政府网，2017 年 10 月 27 日，http://www.gov.cn/zhuanti/2017-10/27/content_5234876.htm。

年财政在支出端维持经济增长稳定的力度在减小。众所周知，2020年初的新冠疫情，对于我国下行的经济增长来说无疑是雪上加霜，应对疫情冲击、稳定经济态势就成为财政政策与货币政策的当务之急。而实践中财政支出增长率的下降显然与其所要担负的目标任务不相吻合，并且其与货币政策的不协调性暴露无遗。

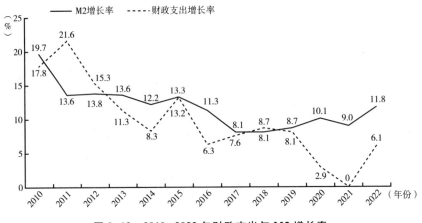

图9-13　2010~2022年财政支出与M2增长率

资料来源：根据《中国统计年鉴》（2011~2023年）数据计算。

　　另外，面对日益沉重的经济下行压力，财政支出的增长率不仅没有提高，反而有所下降。财政支出年均增长率从2010~2015年的14.37%下降至2016~2019年的10.74%，2020~2022年进一步下降到2.98%（见表9-10），这与稳经济的目标任务存在偏差。

表9-10　2010~2022年财政支出与M2年均增长率的动态变化

单位：%

时间周期	财政支出年均增长率	M2年均增长率
2010~2015年	14.37	13.91
2016~2022年	5.61	9.45
2016~2019年	10.74	8.62
2020~2022年	2.98	10.38

资料来源：根据《中国统计年鉴》（2011~2023年）数据计算。

其次，央行内部的宏观审慎政策与货币政策之间的协调性不够。2018年我国在经济稳定与金融稳定方面均存在一定压力。在经济稳定方面，经济增速趋缓，下行压力增大。在金融稳定方面，"资管新规"的出台，较好地控制了影子银行风险，但对于非金融部门的高杠杆率以及三线、四线城市房价大幅上涨可能引发的潜在风险仍需予以高度警惕。经济稳定与金融稳定的双重目标，要求实施"稳健略带宽松的货币政策+偏紧的宏观审慎政策"的政策组合。[①] 但在实践中，宏观审慎政策较为有力，而货币政策存在偏差。在宏观审慎政策方面，2018年4月27日，央行、银保监会、证监会和国家外汇管理局联合出台了"资管新规"，使表外融资回表，委托贷款、信托贷款等非标债权资产增速明显回落，过快增长的影子银行规模及潜在的金融风险得到了较好的控制。另外，央行实施的资本流动管理政策对跨境资本流动采取全口径外债宏观审慎管理，对银行远期售汇风险征收准备金，对境外机构境内存款执行正常的存款准备金率等，有效抑制了对外金融风险，保证了货币政策的独立性。但货币政策的操作力度整体不足，导致货币政策与宏观审慎政策的实际组合偏离了最优组合[②]，体现为2018年和2019年M2增速分别为8.1%和8.7%，处于历史最低水平，即使2020年与2021年增速有所回升，但与2016年以前超过11%的增长速度相比仍显著下降，直到2022年M2增速重新回到11.8%。社会融资规模下滑明显，2018年社会融资规模增速比上年下降了3.6个百分点，仅为9.8%；金融机构人民币一般贷款加权实际利率显著上升，由2017年第四季度末的3.53%上升至2018年第三季度末的4.32%，2019年第三季度进一步达到了4.81%。虽然其后央行出于降低企业运营成本考虑而多次下调贷款利率，但因M2增速下降以及对影子银行规模的控制，大部分实体企业特别是中小微企业的实际融资成本比以前更高，这对于广大中小微企业来说无疑是雪上加霜。

---

① 陈彦斌、陈小亮、刘凯、郭豫媚、刘哲希：《宏观经济政策研究报告2019》，科学出版社，2019，第119页。

② 陈彦斌、陈小亮、刘凯、郭豫媚、刘哲希：《宏观经济政策研究报告2019》，科学出版社，2019，第121页。

最后，传统宏观经济政策与产业政策之间的协调性不够。如果说传统的宏观经济政策（包括财政政策与货币政策）是从需求端发力促进经济增长，那么产业政策则是从供给端发挥作用。激发经济活力的产业政策取向应该是以放松管制为核心，为企业提供更多新的投资机会和更大的市场空间。其核心要点在于两个方面：一是直接放松管制的市场准入政策；二是间接放松管制的产业发展政策。但自2016年以来，中国的产业政策在放松管制方面并无太大进展，特别是对于民营企业来说，无论是在市场准入，还是在产业发展的重点支持方面都不完善。虽然中共中央及国务院多次提出要发展混合所有制经济，消除部分产业壁垒，为民营企业扩展产业领域，但现实中"玻璃门""弹簧门""旋转门"等现象依然存在，其结果就是民营企业投资信心和投资意愿严重不足。

3. 财政政策与货币政策的传导效率有待提升

财政政策与货币政策的终极目标是实现经济稳定，因此财政政策与货币政策传导效率的基本评价标准就是观察政策实施是否最终有效地促进了生产性投资和居民消费。显然，在此方面无论是财政政策，还是货币政策，其传导效率均有待提升。

首先，从货币政策来看。进入2019年以后，货币政策的作用力度明显加大，M2与社会融资规模的增长率均显著提升，2019~2022年M2年均增长率达到了10.28%，社会融资规模存量增长率为11.04%，这表明金融系统对实体经济的支持力度显著增大，但企业投资和居民消费却持续低迷。这说明货币政策的传导效率存在问题。一是银行对企业部门信贷支持力度的增加并未激发企业的有效投资。2019~2022年金融机构向企（事）业部门的贷款年均增长率达到12.62%；但信贷的大幅增加并未带来全社会固定资产投资的显著增加。2019~2022年全社会固定资产投资的年均增长率仅为4.13%，可见信贷规模的扩张并未转化为投资的有效增长。二是银行对居民部门信贷支持力度的加大也未激发居民消费的有效增长。2019~2022年金融机构向住户的贷款年均增长率为10.64%，而同期社会消费品零售额年均增长率仅为2.53%，居民人均消费支出年均增长率为4.41%。投资的低增长与居民消费低迷，表明货币政策的传导效率不甚理想。

其次，从财政政策来看。积极的财政政策虽然对国有及国有控股企业投资起到了一定的激励作用，但对民间投资的作用较弱。[①] 从投资主体来看，国有及国有控股投资与民间投资是全社会固定资产投资的两个重要组成部分。财政资金因其资金性质，大部分直接用于国有及国有控股投资，使得国有及国有控股投资的增速显著高于全社会固定资产投资的平均增速。[②] 2019~2022 年全社会固定资产投资的年均增速为 4.13%，其中国有及国有控股投资的增长率为 6.16%，而民间固定资产投资（不含农户）仅为 2.91%。可见，积极的财政政策并未带动民间投资与国有及国有控股投资的同步增长。究其原因主要在于产能过剩、生产成本上升以及现实中的"玻璃门""弹簧门""旋转门"等对民间投资的限制并没有得到有效消除，制约着民间投资的进一步扩大。另外，积极财政政策的另一个任务是激活消费市场，带动居民消费增长。但在新冠疫情冲击下，居民收入增长受到抑制，财政政策在刺激消费方面的作用也难以发挥出来。

4. 治理金融资源空转的监管政策在有效降低金融风险的同时带来了诸多新问题

2008 年国际金融危机之后，我国财政刺激政策的实施，加之地方政府融资平台的快速发展以及房地产融资的扩张，导致中国影子银行的野蛮生长。[③] 到 2017 年底，中国广义影子银行规模已达到 100.4 万亿元，占 GDP 的比例已达到 123%，这不仅加剧了金融资源的"脱实向虚"，同时也成为威胁中国金融安全的五大"灰犀牛"之一。为此，2018 年 4 月央行联合"两会一局"发布了"资管新规"；同年 9 月银保监会又发布了"理财新规"，随后各种配套的实施细则也陆续出台，这表明我国对金融机构的资产管理业务进入严监管阶段。这些监管政策的实施，对抑制影子银行的野蛮生长、遏制监管套利、降低金融风险起到了积极作用，并收到了显著成效。

[①] 陈小亮、陈彦斌：《报告四　政策传导效率评价》，《经济研究参考》2021 年第 2 期，第 62~76 页。

[②] 陈小亮、姚一旻：《政策力度与传导效率评价》，《经济研究参考》2019 年第 4 期，第 45~56 页。

[③] 高蓓、金健、何德旭、张明：《资管新规背景下的中国影子银行体系：特征事实、风险演变与潜在影响》，《当代经济科学》2023 年第 5 期，第 1~14 页。

但由于这些监管政策对金融风险的防范是"堵"而不是"疏",缺乏相应的政策配合,其实施也带来了诸多新问题,与引导金融资源"脱虚向实"的初衷存在一定偏差。

首先,"资管新规"加剧了实体企业之间资金供需的不平衡。在"资管新规"发布之前,由于长期以来银行信贷的所有制偏好及政策限制,占企业总数99%以上的中小企业、房地产企业以及地方政府融资平台的融资,主要依赖于银行的表外业务,影子银行成为这些企业获取资金以满足需求的主要来源。但"资管新规"推出之后,银行资金由表外回归表内,影子银行规模大幅缩小;虽然银行贷款规模有所扩大[1],但贷款增加的对象仍然是之前符合监管要求的国有企业、国有控股及大型企业,而广大中小微企业依然被银行排除在可贷对象之外,导致不同企业资金供给的"马太效应"更加严重。其结果是国有企业、国有控股及大型企业从银行获得的资金越来越多,而众多中小微企业资金获取更加困难,形成社会整体资金供需的严重失衡。可见,"资管新规"虽然对影子银行规模的快速扩张起到了有效的控制作用,但在某种程度上进一步加剧了社会资金供需不平衡的矛盾。[2]

其次,"资管新规"在企业层面助推了金融资源的"脱实向虚"。在现有的银行信贷机制与所有制偏好下,由于民营企业和中小企业难以从银行获得资金支持,所以规模庞大的影子银行就是其获得资金的主要渠道;而在"资管新规"颁布后,影子银行规模的快速萎缩,使得民营企业和中小企业通过影子银行渠道的融资受限,迫使其不得不向那些能从银行获得巨额贷款的国有企业或大型企业借款,以满足自身的资金需求,从而催生了企业化的影子银行,且其规模迅速膨胀(见图9-14)。

企业影子银行业务在本质上属于金融投资行为,如果企业将大量本应投资于实体产业的资金转而用于金融投资,必然会降低企业研发投入,抑

---

① 高蓓、金健、何德旭、张明:《资管新规背景下的中国影子银行体系:特征事实、风险演变与潜在影响》,《当代经济科学》2023年第5期,第1~14页。

② 高蓓、金健、何德旭、张明:《资管新规背景下的中国影子银行体系:特征事实、风险演变与潜在影响》,《当代经济科学》2023年第5期,第1~14页。

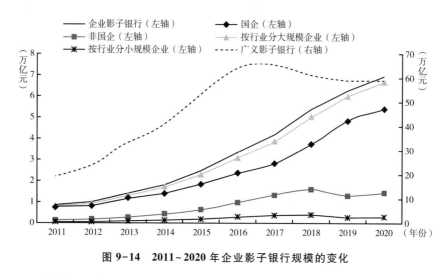

图 9-14　2011~2020 年企业影子银行规模的变化

资料来源：高蓓、金健、何德旭、张明《资管新规背景下的中国影子银行体系：特征事实、风险演变与潜在影响》，《当代经济科学》2023 年第 5 期，第 1~14 页。

制企业创新活动①，对企业实体投资产生"挤出效应"，违背金融服务实体经济的初衷，抑制实体经济增长，尤其是企业影子银行活动的主体是作为实体投资主体的国有企业、国有控股企业和大规模企业，其带来的负面影响更为严重。

再次，"资产新规"的出台增大了实体经济增长压力。长期以来我国经济增长依赖于投资、出口与消费"三驾马车"，但近年来国际经济环境的变化，加之新冠疫情蔓延带来的全球产业链重构及逆全球化趋势，维持我国经济高速增长的"三驾马车"均呈现疲态，虽然近年来政府采取了诸多促进经济稳定增长的措施，但收效与预期依然存在较大差距。采取积极的财政政策以扩大投资，特别是固定资产投资就成为稳经济的重要举措。而固定资产投资的绝大部分是基建投资，其主体是各级地方政府，通过政府融资平台从影子银行融资是其获得基建资金的重要渠道。"资管新规"出台后，影子银行规模的大幅收缩以及在监管政策上严禁投向地方政府融资平

---

① 韩珣、李建军、彭俞超：《政策不连续性、非金融企业影子银行化与企业创新》，《世界经济》2022 年第 4 期，第 31~53 页。

台,导致地方政府融资渠道收窄,资金来源大幅减少,特别是中长期投资的资金缺口扩大,融资平台财务困境日益凸显,地方基础设施建设投资增速下降,经济增长压力增大。因此,从一定程度上来说,资管业务转型是以牺牲经济增速为代价的。[①]

最后,"资管新规"在有效化解影子银行风险的同时,产生了新的金融风险。遏制监管套利,化解影子银行野蛮生长积累的高风险是"资管新规"的主要目标,事实表明,该政策目标已经实现。但金融机构与监管部门的博弈,在实践中又出现了一些新业务与新情况,由此孕育了新的金融风险。一是银行为了抵御负债端资金来源减少带来的流动性压力而推出了结构性存款业务[②],以替代原来的保本型理财业务,但结构性存款业务却使中小金融机构的风险加剧。由于结构性存款兼顾保本和高收益双重属性,在对资管业务监管越来越严的趋势下,结构性存款获得了爆发式增长。根据央行数据,2018 年 8 月中资银行结构性存款规模为 10 万亿元,到 2020 年 4 月就超过了 12 万亿元,不到两年时间增长了 20%;且规模越大的银行因其规模优势而占据了结构性存款的较大市场份额,从而对中小金融机构的市场份额形成挤压。另外,在结构性存款高速增长过程中,也出现了假结构性存款、企业变相套利等问题。二是企业影子银行快速发展增大了金融风险。"资管新规"颁布后,一方面是国有、国有控股及大企业信贷可得性进一步提升,使其具有了作为资金"掮客"从事信贷活动的更大能力;另一方面是中小企业融资难度进一步增大,进而向国有、国有控股及大企业借款的依赖性进一步提高,从而助推了企业影子银行的快速发展。其结果是不经过金融机构中介的企业之间的贷款往来大幅增加,企业之间的资金链日益紧密。由于企业之间的贷款往来缺乏有效的监管,任何一个环节的断裂都会通过企业经营活动的收缩对金融体系形成冲击。

---

① 高蓓、金健、何德旭、张明:《资管新规背景下的中国影子银行体系:特征事实、风险演变与潜在影响》,《当代经济科学》2023 年第 5 期,第 1~14 页。

② 根据银保监会 2018 年 9 月发布的《商业银行理财业务监督管理办法》附则,结构性存款被定义为"商业银行吸收的嵌入金融衍生产品的存款,通过与利率、汇率、指数等的波动挂钩或者与某实体的信用情况挂钩,使存款人在承担一定风险的基础上获得相应收益的产品"。

5. 资本市场的某些改革措施与治理金融资源"脱实向虚"的政策目标相悖

中国资本市场诞生30余年来，其市场规模获得了高速增长，截至2022年底，A股上市公司有4917家（不含新三板与北京板），股市总市值达78.80万亿元，占GDP的比例达到65.11%，上市公司数量居世界第一位，市价总值居世界第二位。但中国资本市场的典型特征就是"牛短熊长"，这与西方成熟资本市场形成了鲜明对比。这种市场特征导致市场参与者的投机氛围浓厚，短期化行为比较严重。这固然与我国资本市场起步较晚、发展经验不足有关，但更为重要的是资本市场的某些制度设计存在较大漏洞，监管政策过于宽松，对上市公司经营的短期化行为及违法违规行为缺乏有效约束，助长了上市公司的机会主义行为，在事实上形成了对上市公司违法违规行为的激励而不是惩罚，这与治理金融资源"脱实向虚"的政策目标背道而驰。

第一，在注册制名义下对IPO过高溢价发行的放任，对实体经济发展产生了负面影响。股票发行注册制的实施是我国资本市场制度改革的重要一步，也是资本市场向市场化发展的必然趋势。但注册制的实施并不意味着上市公司IPO价格可以不受约束而高得离谱。上海证券交易所数据显示，2019年有70家科创板公司IPO，平均发行市盈率为59.39倍，比二级市场同期行业平均市盈率36.67倍高62%；2020年有143家科创板公司IPO，平均发行市盈率为71.76倍，比同期行业平均市盈率47.12倍高52%；2021年有165家科创板公司IPO，平均发行市盈率62.29倍，较同期行业平均市盈率45.93倍高出36%；截至2022年4月25日已完成IPO的科创板公司39家，平均发行市盈率高达119.8倍，较同期行业平均市盈率43.82倍高出173%。更有甚者，2022年3月21日发行的和元生物（688238）IPO市盈率为244.67倍，4月7日发行的经纬恒润-W（688326）IPO市盈率为244.87倍，3月24日发行的中复神鹰（688295）市盈率高达385.14倍。过高的溢价发行，使得公司上市首日就跌破发行价。据统计，截至2022年12月31日，科创板上市公司数为499家，其中152家公司上市首日就"破发"，占到科创板股票的30.46%。科创板公司代表着中国的新兴产业，代表着中国科技创新的未来,其 IPO 的过高溢价发行及股价的持续下跌,对实体经济造成了巨大损害,阻碍了实体经济的稳健发展。一是过高的溢价发行使得上市公司募集到了远超过其实际投资需求数倍的货币资金,而这些资金躺在上市公司账户上,长期沉淀闲置,并没有用于实体投资,形成巨大的资源浪费。据科创 50 成分股年报披露,2020~2022 年的年末账户货币资金总额分别为 2294.470 亿元、2681.759 亿元和 3432.634 亿元,账户货币资金总额年均为 2802.950 亿元,平均每家公司年末账户货币资金为 56.060 亿元,占到其平均募集资金的 73%,也就是说这些公司 IPO 募集资金中的 73%并没有用于实体投资而处于闲置状态。二是加剧了社会资金的供给短缺,对其他实体企业融资产生挤压。企业融资需求得不到满足是实体企业发展的严重桎梏,但公司 IPO 的过高溢价发行,使得社会极其短缺的资金过度配置到部分上市公司,使其他非上市实体企业的资金供给更加短缺。一方面是上市公司货币资金的大量沉淀闲置,另一方面是其他非上市实体企业资金供给的严重不足,形成社会资源配置的严重不公。三是部分过高溢价发行的公司上市首日就"破发",申购者资金全部被套,对消费与投资形成了挤压。四是助长了实体企业"不务正业"的歪风。公司高溢价发行形成的超募资金,要么以货币资金形式躺在公司账户形成闲置资金;要么用于理财,进行资本市场投资,使得实体企业不是安心做大做强主业,而是对理财业务情有独钟。据证券时报·数据宝统计,2022 年以来,A 股中已有 696 家上市公司公告购买理财产品,认购金额合计达 2424.67 亿元,购买的理财产品包括结构性存款、信托、基金等,其中最大的当数工业富联(601138),用于理财投资的货币资金高达 476 亿元,是其 2021 年净利润的 2.38 倍。企业金融投资的大量增加,必然挤压向实体经济的投资,抑制技术创新,弱化企业的市场竞争力。更有部分上市公司的理财业务收入成为公司营业收入的主要来源,还有部分上市公司因理财业务巨亏造成公司整体亏损。

第二,现有的股东减持制度不利于上市公司质量提升和稳定投资者信心。大股东及董监高的巨量减持行为是近年来影响中国资本市场投资者信心的"三座大山"之一。根据 Wind 数据库,2020 年 A 股有 1979 家上市公司发生大股东减持，占全部上市公司数量的 47.79%，净减持金额达到 6970 亿元，这意味着有 6970 亿元从资本市场流出进入了重要股东的口袋。2020 年 7 月科创板迎来开板一周年，同时也迎来了大额解禁，全年有 40 家科创板公司遭到重要股东的净减持，占该板块上市公司总数的 18.60%。其中西部超导和嘉元科技两家公司的净减持比例在 10% 以上，有 9 家公司的净减持比例在 5% 以上。这种解禁期一到就立即减持的行为，足以说明这些上市公司的上市动机就在于利润，并不是真心想把企业做大做强，这与我们发展资本市场与实行注册制改革的目标相悖。资本市场的发展及注册制改革，其目的在于使更多实体企业通过融资获得快速发展，而不是让资本市场成为大股东及董监高的"提款机"与"一夜暴富"的场所。上市公司是实体经济主体中的精英，其发展质量在很大程度上决定着实体经济的发展质量，而上市公司要获得高质量的发展需要保证股东结构的相对稳定、经营管理层的科学决策以及广大股民的信任与持股信心。重要股东及董监高作为公司经营信息的充分知情者，其减持行为所传递出来的信息对公司发展及股价稳定十分不利，投资者也会采取"用脚投票"行为。虽然监管层已制定对股东减持股份的管理办法，但现有办法只是对减持的信息披露提出要求，并没有将股份减持与公司经营绩效以及投资者的投资回报相结合，因而对上市公司的运营稳定性与质量提升产生了极为显著的负面效应。假如在股份减持办法中规定，上市公司经营业绩连续三年呈现增长或上市后股东的累计回报总额超过其筹资额后方可进行减持，其对市场产生的积极效应不言而喻。因此，对现有的股份减持办法进行修改完善势在必行。

本章小结

本章在对我国自 2016 年以来出台的治理金融资源"脱实向虚"有关政策进行梳理的基础上，对这些政策的实施效果进行简要评价，并对政策执行中存在的主要问题进行归纳。本章主要结论及观点可归纳如下。

近年来我国政府颁布的诸多治理金融资源"脱实向虚"的政策，按其目标可归结为三个方面：一是支持实体经济发展，增强经济增长动力的政策；二是有效遏制各种金融乱象，严控资金"空转套利"的政策；三是对非金融企业金融化投资行为的监管政策。其中，支持实体经济发展的政策包括优化经济结构、降低企业杠杆率的政策；支持实体经济发展的财政政策、货币政策、稳投资与促消费政策、鼓励科技创新政策等。对金融资源在金融体系"空转套利"进行治理的政策包括对理财空转、票据空转、同业空转以及信贷空转 4 种模式的治理政策。

近年来治理金融资源"脱实向虚"的政策实施取得了较为显著的成效。一是在宏观降杠杆、防范金融风险方面：宏观杠杆率快速上升态势得到抑制，不当的金融创新得到有效遏制，影子银行风险持续收敛。二是在支持实体经济发展方面：①减税降费的财政政策及下调贷款利率的货币政策大幅降低了实体企业运营成本，实体企业投资回报率明显回升；②鼓励投资与促消费的政策实现了全社会固定资产投资持续增长，消费市场空间获得一定拓展；③鼓励科技创新的政策促进了科技创新投入的稳定增加，科技成果产出显著；④政策的综合效应体现为宏观经济实现了韧性增长。三是在治理金融资源"空转套利"方面：①资金在金融体系中的空转率显著下降，商业银行资金空转率从 2016 年的最高点 26.22% 降至 2022 年的 16.71%；②影子银行规模得到有效控制，2021 年影子银行规模缩减到 57 万亿元，比 2017 年的峰值下降了 43.23%，占 GDP 的比例也从 2017 年的 120.67% 下降到 2021 年的 49.83%，下降了 70.84 个百分点；③互联网金融风险大幅下降，部分金融乱象得到了有效治理，使近年来因金融创新而不断增大的金融风险得到有效控制；④金融资源"脱实向虚"的趋势得到一定逆转，金融资源在虚拟经济部门的配置比例由 2016 年的峰值 57.63% 下降到 2022 年的 41.81%，下降了 15.82 个百分点。

现阶段我国实体经济发展中存在三大主要问题：一是投资信心严重不足；二是市场需求扩张乏力；三是经济增长动力不够强劲。导致这三大问题存在的主要原因在于我国经济正面临四大现实约束：一是市场需求约束；二是实体企业发展约束（生产与经营成本约束、融资约束、技术约束）；三是制度约束；四是环境约束。

近年来，政府治理金融资源"脱实向虚"相关政策在实施中还存在诸多问题。主要表现在：一是金融体系改革不同步使去杠杆政策效果受到影响；二是宏观经济政策之间协调性欠缺影响政策效应的发挥；三是财政政策与货币政策的传导效率有待提升；四是治理金融资源空转的监管政策在有效降低金融风险的同时带来了诸多新问题；五是资本市场的某些改革措施与治理金融资源"脱实向虚"的政策目标相悖。

第十章

我国治理金融资源“脱实向虚”的
有效路径与政策选择

本章基于前文各章对金融资源“脱实向虚”形成机理、资源配置效应的理论分析与实证研究，对近年来治理政策的系统梳理与效果评价，着重从振兴实体经济与构建稳健金融体系两个方面，寻求对金融资源“脱实向虚”进行治理的有效路径以及实现治理路径应该采取的政策措施，同时提出治理过程中应该注意的几个问题。

一 金融资源“脱实向虚”治理路径与政策
选择的基本原则

金融资源“脱实向虚”既有经济发展规律带来的客观性，也有一定时期的制度诱因，因此对其进行治理必然涉及经济社会发展的多个方面，这就使得在治理路径与政策选择上必须遵循一定的原则。

（一）稳定经济增长与防范金融风险相兼顾

从宏观层面上治理金融资源“脱实向虚”首先要降杠杆，通过杠杆率的降低对虚假的经济繁荣进行抑制，并有效控制金融风险。但近年来受国际地缘政治因素的影响、国际贸易保护主义的加强，加之新冠疫情冲击带来的全球产业链的重构，我国经济面临着较大的下行压力。稳增长对于当下我国经济社会发展与政治稳定来说，显得尤为重要。一是稳增长是稳住经济基本盘的基础，只有在稳住经济增长的过程中才能调结构，才能深化供给侧结构性改革，为经济高质量发展奠定基础。二是稳增长也是稳就业的前提。据估算，GDP 每增长 1 个百分点就可以提供 200 万个新增就业岗位，如果经济下滑，稳就业目标的实现将会遇到巨大压力。三是稳增长还是稳物价的基础。从理论上讲，物价能否稳定取决于货币发行量或货币政策，但从本质上讲，物价是否稳定的根本在于商品的供给量及供给结构。因此，仅靠货币政策是难以实现物价稳定的，只有通过不断的供给侧结构性改革才能为稳物价奠定物质基础。正因如此，2022 年 12 月中央经济工作会议明确指出，稳增长是我国经济工作的首要任务。另外，随着经济下行压力的增大，企业经营也会越发困难，二者的叠加共振又会形成新的金融风险，如企业流动性不足导致银行信贷违约，并由此导致银行不良资产的增加；企业经营困难引发企业债券违约，导致债券市场动荡；面对下行的经济环境，银行势必提高信贷的审慎性与进行信用收缩，从而引起企业层面资金链断裂。这些因素相互影响与彼此交叉，产生乘数效应，使情况变得更为复杂，任何微小的负面事件或者市场波动都可能引发经济运行的强烈动荡，甚至导致系统性金融风险的发生。

因此，在引导金融资源"脱虚向实"的路径与政策选择过程中，必须在稳定经济增长与防范金融风险之间谋求平衡。为此，需要明确稳定经济增长与防范金融风险之间的相辅相成关系，并在实践中杜绝两种错误倾向。一是为了追求经济增长而对风险视而不见。任何发展与增长都可能产生风险，但不能为了增长而放弃风险的防范与化解，也不能无视小风险而使其演变成大风险，让局部风险积累演变成系统性风险。因此，发现风险要科学应对，并及时化解，避免其在发展中不断积累并发生质变。这就要求在政策选择上不能以稳增长为由采取大水漫灌的方式，应提高治理政策的针对性和精准性。二是盲目防风险而危及稳增长。一方面，要在遵循客观规律的前提下，采用科学有效的方式方法，对于长期积累的诸多风险隐患进行有效化解；但要谋求与科学发展相兼容，尽可能在发展中使风险得到逐步化解。另一方面，在当前市场主体投资信心不足、需求扩张有限、经济下行压力加大的情况下，市场对政府政策的反应比较敏感。因此，政府在出台任何促增长或防风险的政策时，都要充分考虑稳预期、稳增长、调结构的现实需要，对政策方案进行科学论证,并把握好时机,既不能让经济运行滑出合理区间,也不能采取损害长期发展的短期强刺激政策,增大金融风险。

(二)虚拟经济与实体经济发展相协调

虚拟经济与实体经济是国民经济的两个重要组成部分,两者之间相辅相成,其中任何一方的超前发展或滞后发展都将为整个经济系统的健康运行带来负面影响。对金融资源"脱实向虚"进行治理,表面上看是对虚拟经济体系的发展进行抑制,但实质在于通过对过热发展的虚拟经济进行降温,以谋求其与实体经济发展的协调。为此,既要克服不顾实体经济发展的虚拟经济繁荣,同时也要纠正以发展实体经济之名而过分抑制虚拟经济发展的错误导向。只有实现实体经济和虚拟经济的协同发展,才能提高资源配置效率和资源利用效率;实现产业链、供应链和价值链的整合与优化,提高生产效率和降低经济运行成本。由于实体经济与虚拟经济拥有不同的运行方式,所以无论是发展实体经济,还是治理虚拟经济,都需要遵循其发展规律,在科学论证的基础上辩证施策。

(三)宏观政策内部目标与外部目标相包容

实体经济是国民经济增长的核心力量,对金融资源"脱实向虚"进行治理的目标也是通过对资源的有效分配,以保证实体经济的稳定与健康发展,而治理的核心路径在于提高实体经济的投资回报率。为此,必须采取积极的财政政策与稳健有效的货币政策。根据蒙代尔的有效市场分类原则及政策组合理论,财政政策与货币政策的实施对于宏观经济内部目标与外部目标的效应存在较大差异,如积极的财政政策有利于实现经济增长、充分就业及物价稳定等内部目标,但稳健的货币政策却会产生国际收支逆差,即不利于外部目标的实现。而宏观经济目标的最佳组合是内部目标与外部目标的同时实现,这就使得在对金融资源"脱实向虚"进行治理的政策选择时,必须考虑到其政策对内部目标与外部目标的不同效应,在有效治理金融资源"脱实向虚"的同时,尽可能实现内部目标与外部目标的均衡。

（四）不同经济主体与行业部门利益相平衡

引导金融资源"脱虚向实"，就是要实现金融资源在虚拟经济部门与实体经济部门之间的重新配置，在市场化机制下实现这一目标，其核心在于通过相应的政策调整改变资本在虚拟经济部门与实体经济部门之间的收益率差别，即通过提高实体经济投资收益率与相应降低虚拟经济投资收益率，引导金融资源从虚拟经济部门流入实体经济部门。这一过程必然相应改变了虚拟经济部门与实体经济部门的利益关系。从部门构成来讲，每个部门又都涉及具体的行业及企业主体，如实体经济部门涉及第一产业及其内部各行业与企业、第二产业及其内部各行业与企业；虚拟经济部门涉及银行、保险、证券、信托等金融业与金融机构，也涉及房地产业与企业。因此，对金融资源"脱实向虚"进行治理，从某种程度上讲就是对相关行业部门、企业主体间利益关系的调整。如对过热的房地产行业发展的限制，就是要降低该行业及企业的利润率，以弱化其发展动力；对各类影子银行发展的治理，就是要对其运行过程中的过高利润及不规范行为进行约束，弱化各类经济主体投身于影子业务的内在冲动。由于各个行业、各类经济主体都是整个经济系统的组成部分，它们具有紧密的关联关系，这就使得在引导金融资源"脱虚向实"过程中，必须兼顾不同部门、不同行业、不同企业之间的利益关系，尽可能达到帕累托最优。

二　治理金融资源"脱实向虚"的路径与政策

逐利性是金融资源流动的原动力，实体经济景气度的下降及虚拟经济的相对繁荣所形成的实体经济与虚拟经济之间投资回报率的差异是驱动金融资源"脱实向虚"的根本动因。因此，要从源头上治理金融资源"脱实向虚"，就必须采取"疏"与"堵"相结合的思路，从振兴实体经济与规范虚拟经济两个方面"双管齐下"，即一方面通过振兴实体经济，有序引导金融资源"脱虚向实"；另一方面通过强化金融监管，治理金融乱象，规范虚拟经济发展，有效堵住金融资源监管套利的漏洞。

（一）稳定经济社会大盘是引导金融资源"脱虚向实"的前提基础

2018 年的中美贸易摩擦、2020~2022 年的新冠疫情以及 2022 年 2 月爆发的俄乌战争等，诸多事件导致我国经济面临着极为复杂的不确定性，三重压力（需求收缩、供给冲击、预期转弱）日益凸显。在这种背景下，要引导金融资源"脱虚向实"，首先要以稳定的经济社会大盘为前提基础。为此，需要在投资、消费、就业、金融、内外双循环战略及重大政策等方面保持总体稳定。

1. 保持投资稳定是实现经济社会大盘稳定的基础

投资增速的衰减既是对经济增长前景悲观的结果，更是经济增速下降的原因。我国改革开放 40 余年来经济高速增长的经验表明，保持投资的稳定与增长对于实现经济社会大盘稳定十分重要。从某种程度上讲，稳定投资是稳定经济社会大盘的基础。目前我国经济面临的首要问题就是投资不足。2023 年全社会固定资产投资（不含农户）增长率仅为 3.0%，比 2019 年的 5.1% 低 2.1 个百分点；民间固定资产投资（不含农户）增长率为 -0.4%，与 2019 年相比低 5.1 个百分点。导致投资不足的主要原因在于市场投资信心不足。因此，要保持投资稳定，首先，要使市场主体增强投资信心，尤其是增强民营企业投资的信心。为此，一方面，要消除行业垄断，对民营企业进一步开放投资领域，并通过改善投融资环境、减税让利等多种方式，提高其投资回报率，以激发民营企业的投资动力与投资热情；另一方面，要扩大与增加政府产业引导基金的规模与设立数量，通过发挥政府财政资金投入的撬动作用，增强市场投资信心，吸引更多社会资本的加入，带动整个社会投资景气度的提升。其次，要优化投资结构，提高投资效率。在目前资源与环境约束日趋严格及消费结构升级加速的经济新常态下，投资增长不能继续沿用传统的数量扩张型模式，而必须转变为以追求投资结构优化与投资效率提高为重点的质量提高型模式。具体来说，一是在投资的行业结构上实行"有保有压"，即对于关乎国计民生的基础性产业、事关经济发展前景与未来方向的战略性新兴产业、有助于提升国家市场竞争地位的高端装备制造业以及为实体经济发展提供服务的生产性服务业等，必须保证其投资规模的稳步扩大；而对于高耗能产业、高污染产业以及产能严重过剩行业，则要严格控制其投资规模的扩张，并促使其转型升级。二是对国有企业投资实行"有加有减"，既要扩大对新基建（包括5G、特高压输变电设备、大数据、新能源汽车、电子信息技术等）、新兴产业、技术改造的投资规模，助力其做强做大主业；同时要减少对低端制造业、产能过剩行业、僵尸企业及低附加值产品生产的投资，并有序分离副业，使国有企业真正担负起国民经济中流砥柱与脊梁的角色。①

2. 保持消费稳定是稳定经济社会大盘的重要条件

消费增长不仅是从需求端消除产能过剩的重要出口和拉动实体经济增长的重要力量，而且消费结构升级是倒逼产业升级与实现经济高质量发展的重要动力。因此，在目前国际环境复杂多变与国际贸易逆自由化趋势日益加剧的背景下，城乡居民消费的稳定增长对于保证经济社会大盘稳定来说就显得尤为重要。

首先，稳定增加城乡居民收入是"稳消费"的基础前提，也是进一步提高长期消费能力及推动经济增长的重要保证。为此，必须从以下几方面入手。一是稳定增加城乡居民的财产性收入，包括通过稳定发展资本市场，充分发挥资本市场的财富效应，使城乡居民能充分享受到资本市场长期发展带来的红利；规范发展银行金融理财业务，实现城乡居民金融资产理财收益的稳定增长；加快推进农村土地制度与户籍制度改革，规范发展农村土地要素市场，让农民充分享受到新型城镇化推进中的土地增值收益；等等。二是发挥财政转移支付功能，通过采取对低收入群体的扶贫救助、提高个人所得税免征额等方式，稳定增加城乡居民的转移性收入。三是继续执行并完善减税降费有关政策，降低广大中小微企业的税费成本及物流运输成本，稳步提高城乡居民的经营性收入。

其次，降低不稳定性预期是"稳消费"的重要条件。医保体系不健全、

---

① 徐璋勇、张春鹏：《我国金融资源"脱实向虚"的治理路径——基于主体行为动机的分析》，《贵州省党校学报》2021年第4期，第31~38页。

养老金制度不完善、就业不稳定及子女教育投资支出高等是产生预期不确定性并影响城乡居民当期消费的重要因素。为此，必须进一步完善医保制度、养老金制度、失业保障制度及教育制度等，切实实现"病有所保"、"老有所依"、失业后生活有保障以及将九年制义务教育适度进行前后延展以降低教育费用等，有效降低城乡居民的不稳定性预期，消除居民当期消费的后顾之忧。

最后，激发新的消费热点与加速消费升级是实现消费增长的重要环节。为此，一方面要积极培育大健康、网络购物、文化旅游等消费热点，借助"互联网+"激发消费热情；另一方面要加速实现消费结构升级，提倡绿色消费，让居民的多样化与高品质消费需求得到更大程度的满足，推动稳消费目标的实现。

3. 保持就业稳定是稳定经济社会大盘的重要举措

实践表明，劳动者就业稳定是实现社会经济稳定发展的重要措施。面对我国目前消费需求增长乏力、社会失业率持续提升、结构性失业日趋加剧的经济社会状况，保持就业的稳定对于稳定经济社会大盘来说就显得尤为重要。因此，必须从多个层面采取多种政策措施以保持就业的稳定。一是从吸纳主体来看，民营经济吸收了我国 80% 以上的城镇就业，是吸纳社会就业的主要载体，是提升社会就业率的骨干力量。因此，应围绕提升民营企业家投资信心及为民营企业创造良好的投资环境入手，通过消除行业壁垒、项目审核的"玻璃门"及"旋转门"以及实施减免税费等政策措施，提升民营企业家投资信心，激发民营经济发展活力。二是从行业来看，除传统的制造业以外，建筑、教育、卫生和社会工作、交运仓储、批发零售、租赁和商务服务、房地产以及新兴的在线教育、自媒体传播等覆盖范围广泛的第三产业是我国吸纳就业的主体行业，应该通过减税降费、减让租金、研发抵扣或财政补贴等政策大力支持这些行业的发展，提升其对就业的吸纳能力。三是要强化再就业培训，提高城乡居民的再就业能力。进入 21 世纪以来，信息化、人工智能等现代技术的飞速发展，使得产业业态的更替与产业结构的调整空前加快，许多传统的业态加速被淘汰，同时许多新的业态被催生出来，这无疑对原有的就业结构产生巨大冲击。要使从原有传统业态中失业的劳动力重新就业，就必须对其进行技能培训，使其树立新观念、掌握新技能。因此，强化再就业培训，是稳定就业的重要措施。

4. 保持金融稳定是稳定经济社会大盘的重要保障

金融是国民经济运行的枢纽，资金是国民经济运行的血液，保持金融稳定就是要防范金融风险的短期集中暴露对金融体系造成剧烈冲击，从而恶化实体经济的运行环境。从内容来讲，金融稳定主要包括稳定的货币政策、资产市场（包括股票市场与房地产市场）价格、外汇汇率等。

首先，要有清晰稳定的货币政策。针对国内外复杂多变的经济环境，央行要科学构建"三角形支撑框架"，使积极稳健的货币政策、增强微观主体活力和发挥资本市场功能成为支撑实体经济发展的稳定三角；要采取积极精准的货币政策，并进一步完善货币政策传导机制，疏通资金流向实体经济的渠道与堵点环节，加速资金的有序高效流动；通过对银行信贷的目标考核及监管，积极鼓励与引导银行信贷资金流向实体企业，提升金融对实体经济的服务效能。

其次，要稳健发展资本市场。资本市场是实体企业获取外源融资从而获得快速发展的重要平台，也是具有财富效应并可以增加居民收入与助推消费的重要途径。因此，激发资本市场活力，实现其健康稳定发展，对于保证经济社会稳定及发展来说具有重大的战略意义，特别是在目前美国对中国实施金融战略的国际环境下，资本市场健康发展的战略意义尤为重要。针对我国资本市场发展的现状，要实现资本市场的稳健发展，一是要切实提升上市公司质量，并完善退市机制，为市场投资者提供数量充足的优质可选择投资标的；二是要完善信息披露制度，严厉打击各种财务造假行为，建立与完善公正公平的交易规则，充分保护中小投资者利益；三是规范并完善大股东及上市公司高管股份减持制度，构建大股东、上市公司高管及普通股民的利益共同体，优化投资预期；四是证监会要科学认识资本市场的功能定位，由片面注重融资端功能转向融资端与投资端功能并重，并减少对资本市场的行政干预，充分利用市场机制，真正履行好监管者的角色职能，使资本市场优化资源配置的功能得到充分发挥。

再次，要稳定房价。高房价促使房子具有类金融属性，加剧了金融资源"脱实向虚"。另外，我国居民家庭负债中住房贷款约占50%，商业银行信贷资产中大约有21%为房地产贷款。因此，房价的基本稳定无论是对于居民家庭的资产保值，还是对于金融体系稳定来说均至关重要。房价的稳定，一是需要制定符合房地产发展规律的房地产政策，并保持其一定时期的稳定性，切忌政策的大起大落与朝令夕改；二是需要积极推进土地制度、财政制度、户籍制度、公租房制度及房产税制度等领域的综合改革，逐步形成多元化、多层次的住房供给体系，一方面使"房住不炒"的观念深入人心，使"居者有其屋"①的目标能够最大限度地实现，另一方面使房地产开发企业与房地产业能够稳健发展。

最后，要稳定汇率。伴随金融自由化、经济全球化的发展，汇率对一国经济、金融的发展起着不可忽视的作用。虽然我国的人民币汇率由市场机制决定，但保持汇率的基本稳定依然十分重要。一是汇率基本稳定有助于降低实体企业的汇率风险，推进企业的海外并购；二是汇率基本稳定有助于在目前复杂多变的国内外经济环境背景下，稳定出口企业和境外投资企业的投资回报率；三是汇率稳定有助于稳定资本市场预期，避免外资的大量撤逃给资本市场带来的冲击；四是汇率基本稳定有助于我国更多的企业在"一带一路"倡议下走出去而成为国际企业，提升国际竞争力。

5. 稳健实施内外双循环战略是稳定经济社会大盘的重要战略

积极有序的对外开放是我国40余年经济快速增长的成功经验，也是我国实现中国梦必须坚持的基本原则。面对复杂多变的国际经济形势，在强化内循环对经济增长推动作用的同时，必须以"一带一路"倡议为依托，积极扩大外循环。一方面，要鼓励企业积极走出去，在深入分析共建"一带一路"国家经济状况、资源禀赋、产业现状及政策环境的基础上，确认能够真正进行合作的产业，实现双方的合作共赢。同时，需要将产业合作与金融合作结合起来，尽可能使用人民币结算，形成产品流、资金流的良性循环，规避汇率波动风险，提高合作成功率和企业盈利率。另一方面，

---

① 注："居者有其屋"应该是人人有房住，而不是人人有住房。

要从战略性和前瞻性角度考虑积极"引进来",尤其是加大服务业对外开放力度,通过引进外资金融机构,增强金融业市场竞争力,以推动金融业的效率提升;大力开放生产性服务业,稳步降低行业准入与业务范围的实际限制,通过示范、学习、竞争和技术溢出等效应提高国内服务质量和竞争力,刺激服务消费,助力经济高质量增长。[1]

6. 稳定的政策与舆论导向是稳定经济社会大盘的重要条件

近年来我国为激发实体经济活力、稳定经济增长,采取了包括财政政策、货币政策、汇率政策等在内的多项举措,政策力度之大前所未有,但实际结果与预期目标存在较大差异,其中一个重要原因在于政策不稳定。加之政府对一些敏感政策的负面舆论没有给出及时回应,使得经济主体信心缺失,预期减弱。如一些政府部门以"改革""环境治理""行业规范"的名义强化管制,导致经济主体信心不足和对政府政策的不信任;政府对社会舆论中通过放大市场化改革中出现的问题而否定民营经济发展等言论没有及时予以澄清,导致民营企业家对未来命运担忧而缺乏投资信心;证券监管部门对于广大股民与基民对中国资本市场存在的制度性缺陷提出的批评及建设性意见,长期得不到实质性的回应与反馈,导致广大投资者投资信心的缺失。因此,在目前经济环境不确定性增大及发展变数增多的特殊时期,稳定的发展政策与正确的舆论导向对于增强社会信心与形成良好的发展预期尤为重要。为此,一是要坚决贯彻2022年底中央经济工作会议上提出的坚持"两个毫不动摇",从制度和法律上切实保障对国企民企的平等对待,从政策和舆论上鼓励支持民营经济做大做强,以此改善社会心理预期,提振发展信心;二是坚持市场化改革取向不动摇,处理好政府与市场的关系,构建有能、有为、有限、有效、有爱的"五有"政府,真正改善营商环境,处理好改革、发展、稳定与国家治理能力的辩证关系,提振经济发展信心;三是对于资本市场存在的制度性缺陷要勇于面对,从科学发展、激活实体经济活力和防控风险三个方面综合考虑,对现有的制度设

---

① 徐璋勇、张春鹏:《我国金融资源"脱实向虚"的治理路径——基于主体行为动机的分析》,《贵州省党校学报》2021年第4期,第31~38页。

计及相应的法律法规效果做出评估，对社会关切给出有效回应，以增强广大投资者信心。

（二）提高实体经济投资回报率是引导金融资源"脱虚向实"的关键

虚拟经济具有高于实体经济的投资回报率是金融资源"脱实向虚"的根本动因。因此，提高实体经济投资回报率就是引导金融资源"脱虚向实"的关键所在。为此，需要从以下5个方面做出努力。

1. 积极拓展市场，为实体企业发展提供市场空间

市场需求是实体经济发展的永动力，拓展市场是振兴实体经济的重要基础，也是提升实体经济投资回报率的关键环节。针对我国目前的经济形势，市场拓展必须采取"挤压"与"拓展"双管齐下的思路。所谓"挤压"就是持续推进供给侧结构性改革，坚决淘汰落后产能，挤压低端产业与低端产品的市场份额，为有前景、有潜力的实体企业释放资源与发展空间。所谓"拓展"就是贯彻落实中央的双循环战略，通过培育与发展新产业、新产品、新业态、新模式，推动国内新兴产业、高端产品的市场发展，加速国内大循环，同时积极参与国际产业链重构，以共享、共赢为目标，积极拓展国际市场。为此，一要减少低端产品供给，缓解并逐步消除低端产品市场的供需失衡。通过采取前瞻性的产业政策、有效的金融信贷政策、合理的税收政策以及科学的环保政策等，对低端及无效产品的生产予以限制，减少其市场供给，有效化解产能过剩。但在这一过程中，要合理引导社会预期，妥善处置企业债务，做好人员安置工作，维护社会和谐稳定。二要支持与鼓励企业科技创新，在推动传统产业优化升级的同时，激发对新能源、新材料、信息技术与人工智能、生命和生物工程、节能环保、高端装备制造等领域的投资热情，增加高端产品供给，以更好地适应与满足消费升级的巨大需求。三要稳定增加城乡居民收入，激发居民消费潜力，包括通过稳定发展资本市场、加快推进农村土地制度改革等，增加居民的财产性收入；通过采取对低收入群体的扶贫救助、提高个人所得税免征额等方式，增加城乡居民转移性收入；通过降低企业所得税税率、精简企业运营中的相关费用等，

稳步提升居民的经营性收入。四要抓住"一带一路"倡议为企业"走出去"带来的历史机遇，在深入分析共建"一带一路"国家的经济状况、资源禀赋、产业现状及产业政策等情况的基础上，充分认识自身优势，找准自身的产业与产品定位，积极参与其中，稳步进入国际市场。①

2. 完善减税降费政策，有效降低实体企业运营成本

实体企业运营成本是影响实体企业利润率与投资回报率的重要因素。从企业财务的角度讲，企业运营成本是指在运营过程中发生的各种费用，包括生产成本、管理成本和财务成本等，税费是企业运营成本的重要组成部分。据有关学者测算，2012 年我国企业缴纳的各项税费占到其营业收入的 8.26%，其中西部地区企业的税费负担达到 9.48%②，与其他国家相比，这一税费比例明显偏高。其后经过"营改增"、结构性减税降费以及大规模减税降费政策的实施，企业税费负担明显减轻。据 2020 年全国工商联"万家民营企业评营商环境"的调查数据，2020 年有 70%以上的企业税费低于2019 年，其中税费负担下降幅度超过 80%的企业占 6%，下降幅度超过 60%的企业占 14%，下降幅度超过 40%的企业占 24%。③ 同时发现，减税降费政策对不同规模企业的影响效果存在明显差异，其中对中小企业的影响明显大于大企业。但调查也发现，企业对减税降费政策的满意度不高，仅为3.55 分（满分 10 分），其中中小企业对减税降费政策的满意度更低，仅为3.50 分。这说明前期实施的减税降费政策还存在一些问题，还需要进行诸多方面的改进与完善。

第一，加大政策执行力度，切实降低企业税费。2018 年以后国家实施了大规模减税降费政策，总体上看收到了很好的效果，但根据笔者以中小企业为对象进行的"减税降费政策效果调查"，发现企业对该项政策的认同度并不高（见图 10-1、图 10-2）。

① 徐璋勇、张春鹏：《我国金融资源"脱实向虚"的治理路径——基于主体行为动机的分析》，《贵州省党校学报》2021 年第 4 期，第 31~38 页。

② 庞凤喜、潘孝珍：《我国企业税费负担状况分析及改革建议》，《会计之友》2014 年第 20期，第 107~115 页。

③ 李艳、汪德华、史宇鹏：《大规模减税降费政策的效果评估——基于企业满意度调查的研究》，《学习与探索》2022 年第 6 期，第 121~131 页。

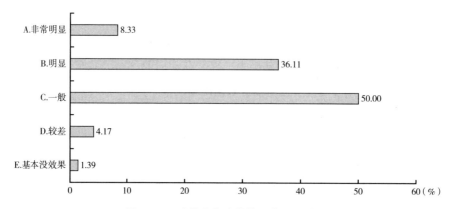

图 10-1　减税降费政策的总体执行效果

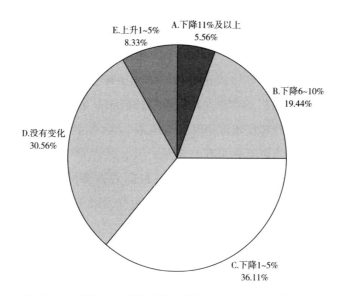

图 10-2　2020 年企业缴纳的各种涉企费用与 2018 年相比

　　在所调查企业中，认为减税降费政策效果明显的企业占 44.44%（其中认为"非常明显"的占 8.33%，认为"明显"的占 36.11%），50.00% 的企业认为效果一般，还有 5.56% 的企业认为较差或基本没效果；2020 年企业缴纳的各种涉企费用与 2018 年相比，下降幅度在 6% 及以上的企业占 25.00%（其中下降 11% 及以上的企业占 5.56%），但仍有 30.56% 的企业 2020 年缴纳涉企费用与 2018 年相比没有变化；另外还有 8.33% 的企业 2020

年缴纳费用比 2018 年有所上升。这表明国家的减税降费政策在具体执行过程中打了折扣。从企业的税费负担来看，目前仍然有 37.50% 的企业认为税费负担比较重（见图 10-3）。因此，应该进一步加大减税降费政策的执行力度，确保该政策的真正贯彻落实，切实降低企业运营的税费成本。

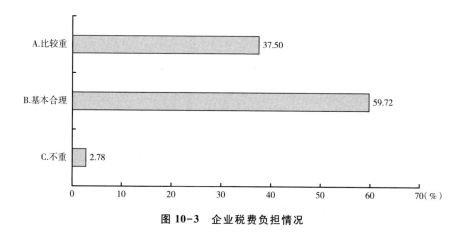

图 10-3　企业税费负担情况

第二，加大对研发投入占比高的科技型企业的税收优惠力度，提高政策的针对性。企业运营成本的降低，除了要拓展市场以扩大规模、注重节约以控制材料消耗、减税降费等直接途径之外，更为重要的是通过科技创新来提高劳动生产率，以创新降成本。因此，应该对研发投入占比较高的企业给予更多和范围更广的抵扣，对相关科技研发人员给予个人所得税等税收优惠，以激励企业研发并激发研发人员的积极性。

第三，优化留抵退税制度，提高其政策效果。留抵退税就是把增值税期末未抵扣完的税额退还给纳税人，是我国大规模减税政策的重要内容之一，重点在于为制造、软件和信息技术服务、电力燃气、生态环保、交通运输等行业提供支持。通过提前返还尚未抵扣的税款，可以直接为实体企业增加现金流，缓解其运营过程中的资金压力，降低运营成本，提升企业发展信心，激发市场主体活力。[1] 但从具体执行实践来看，留抵退税目前存

---

① 　包兴安：《财政部回应央行上缴近年结存利润：用于大幅增加地方转移支付》，《证券日报》2022 年 3 月 9 日，第 B1 版。

在退税门槛设定过高、只解决增量而不涉及存量、具体操作与骗税风险防范不够明确、退税财政分担机制差异较大、退税周期较长等问题,使得企业留抵退税申报不积极,影响了政策效果。因此,应该从适当降低退税门槛、扩大覆盖行业范围、简化退税流程、缩短退税周期、完善区域退税财政分担机制等方面进行优化。

3. 深化多领域综合改革,营造公平竞争的市场环境

实体企业投资信心不足的一个重要原因在于缺乏公平竞争的市场环境,这在民营经济发展中显得尤为突出。政策壁垒、市场歧视的存在,不仅使得民营经济的发展空间受到挤压,而且也成为企业运营成本快速上涨的重要推动因素。为此,在政策层面,一是要从消除融资歧视、行政垄断等不公平制度入手,建立和完善公开透明的市场规则,加快生产要素市场化改革,促进生产要素在城乡、地区、行业、企业间自由流动与优化组合;二是要打破行业垄断,加快市场开放步伐,积极推进垄断行业和领域产权、投资主体多元化改革,支持社会资本参与垄断环节的特许权竞争;三是要大力推动民间投资,在政策和资源配置上要给民间投资平等的地位和待遇,消除各种隐性壁垒,保证民营企业依法平等使用生产要素、公平参与市场竞争、同等受到法律保护。① 具体来讲,在财税领域,通过"营改增",加大研发费用加计扣除力度,减税降费,降低"五险一金"缴费比例,降低企业税收成本、物流成本、用电用能成本等。在金融领域,一是要推进银行信贷制度改革,创新多种信贷方式,在传统的"质押贷款""抵押贷款"等形式的基础上,探索针对轻资产创新型实体企业的信贷方式,为其发展创造信贷条件;二是要完善信贷利率市场化机制,兼顾实体企业与银行业之间的利益关系,降低企业贷款利率,减免信贷环节的相关费用,实现企业融资成本的有效降低。但需要强调的是,企业运营成本的降低,仅靠政府减税和银行让利还远远不够,企业层面也要加大创新力度,提高降成本的内在动力,通过"政策降成本"与"改革

---

① 国家发展改革委宏观经济研究院课题组:《实体经济发展困境解析及对策》,《经济日报》2017年2月27日,第11版。

降成本"相结合，实现降成本与增效益的双重目标，真正提高实体经济投资回报率。[①]

4. 强化科技赋能，培育实体经济增长新动能

从我国当前和未来一段时间实际情况看，做大做强实体经济需围绕"加快建设以实体经济为支撑的现代化产业体系"这一重要目标，推动新型工业化，推动产业基础高级化、产业链现代化，夯实科技创新基础，培育经济增长新动能。具体来说：一是推动制造业提质扩能。一方面，提质增效不是简单地淘汰落后产能，而是支持传统制造业企业采用新技术、新工艺、新设备、新材料进行生产技术改造升级，支持重点领域企业节能降碳，严控高污染、高耗能和产能过剩企业的投资规模，推动传统制造业企业向高端化、智能化和绿色化转型发展。另一方面，围绕战略性新兴产业和高端装备制造业等新兴产业，积极推动产业内重点企业发展和产能释放，打造具有国际竞争力的先进制造业集群。二是增强产业链供应链韧性。围绕制造业重点产业链供应链，尤其聚焦"卡脖子"领域及关键核心技术，有效组织研发力量进行联合攻关，加快实现产业体系的自主可控、关键核心技术产品国产化及其安全可靠。支持产业链上龙头企业做大做强、中小企业做专做精，充分发挥国有企业带动作用，强化其与产业链上下游中小企业的利益共享，帮助产业链上下游中小企业发展，巩固产业链稳定性，畅通国民经济循环。三是增强自主创新能力，培育壮大新动能。创新是推动实体经济高质量发展的关键动力。促进科技创新和实体经济的深度融合，既是立足当下发展的"刚需"，也是着眼长远、谋划未来的大计。[②] 应发挥我国制度优势，破除企业自主创新能力提升的体制机制障碍，推动对项目、平台、人才、资金的一体化配置运用，大力支持企业在技术含量高的关键环节加大创新力度。

---

① 徐璋勇、张春鹏：《我国金融资源"脱实向虚"的治理路径——基于主体行为动机的分析》，《贵州省党校学报》2021年第4期，第31~38页。

② 戴小河、叶昊鸣、高亢：《加快建设以实体经济为支撑的现代化产业体系》，《新华每日电讯》2023年5月2日，第1版。

5. 激发实体经济主体的创新活力与能力，有效缓解实体经济发展的技术约束

坚持科技创新对实体经济的引领作用，建立与形成高效的科技创新体系，有效激发与提升实体经济主体的创新能力。一是在国家层面，要综合运用财政税收、信贷支持、股权融资、研发奖励等政策，加快培育创新主体，集聚创新资源，打造创新平台，同时加大知识产权保护力度，形成优良的创新环境。二是在企业层面，要加大研发投入，重视引入与培养一批由科技人员、技术人员组成的技术创新群体；并积极与科研院所对接，加速技术创新进程。三是充分调动与激发一切社会力量，加快建立起以企业为主体、市场为导向、产学研相结合的技术创新体系，完善融资、研发设计、科技成果检测、咨询等创业创新服务，加快实体经济的技术升级与产业升级过程，使其与快速向高阶演变的需求结构相适应。① 四是扩大国家产业大基金规模，加大对重点产业、芯片半导体等"卡脖子"产业的技术支持力度。总结国家半导体产业基金运作的成功经验，以国家重点产业、"卡脖子"产业发展为目标设立国家产业基金，以强化对关键技术的支持，补齐产业链短板，提高整个产业体系发展的安全性与稳定性。

（三）构建高效的金融体系是引导金融资源"脱虚向实"的重要条件

资金作为经济的"血液"，其充足的流量和顺畅的流动对国民经济发展至关重要。我国金融资源"脱实向虚"问题日益严重在某种程度上与我国金融体系不尽完善导致资源流入实体经济的机制不畅有关。因此，构建高效的金融体系是引导金融资源"脱虚向实"的重要条件。

1. 牢固确立金融服务于实体经济的功能定位

构建高效的金融体系，必须首先明确金融体系的功能定位。习近平总书记在 2017 年 7 月召开的第五次全国金融工作会议上明确指出，"金融是

---

① 徐璋勇、张春鹏：《我国金融资源"脱实向虚"的治理路径——基于主体行为动机的分析》，《贵州省党校学报》2021 年第 4 期，第 31~38 页。

实体经济的血脉，为实体经济服务是金融的天职，是金融的宗旨"。这不仅是对金融业发展规律的基本判断，也是对新时代我国金融业功能定位与发展方向的基本要求，更是我国制定金融业发展规划、推动金融改革的指导思想与基本原则。为此，一是制定金融政策的直接目标是促进金融业的健康发展，但金融业发展的基本出发点与宗旨是助力实体经济的高质量发展，切忌脱离实体经济发展需要的金融业自身膨胀与虚假繁荣。二是金融业务、金融产品、金融市场及金融模式的任何创新，都要以有利于实体经济发展为初衷，明确其对实体经济发展的作用与职能，杜绝一切有害于实体经济发展的金融"自嗨"行为。三是强调金融服务于实体经济，并不意味着将金融业居于被动的从属地位，而是要通过构建金融业与实体经济互动协调的发展机制，实现二者之间的协同发展。

2. 构建为实体经济提供高效服务的金融体系

现代金融学家莫顿和博迪将金融体系的功能界定为清算和支付结算、聚集和分配资源、时空间的资源转移、风险管理、提供信息、解决激励等六个方面，这为我国构建高效的金融体系提供了基本思路。根据现代金融业发展趋势及我国金融体系发展的现状，我国高效的金融服务体系构建应重点包括如下几方面内容。

第一，构建高效的金融组织体系。经过改革开放 40 余年的发展，我国已形成了涵盖银行、保险、证券、信托、租赁等金融活动领域较为完整的金融组织体系，为国民经济运行提供了重要支持。但目前我国金融组织体系还存在行业发展不平衡、规模结构不合理、区域分布不均衡等问题。主要表现为：一是金融业以银行为主导，而非银行金融业发展相对不足，导致企业融资结构不合理的问题长期存在；二是金融资源过度集中于头部金融机构，为占企业数量 90% 以上的中小企业提供金融服务的中小金融机构数量严重不足，使中小企业融资难问题长期得不到有效解决；三是金融机构高度集中于东部地区，而经济较为落后的西部地区金融机构数量少且机构形式单一。[①] 金融机构数量及其金融资源分布的这种严重不均衡使得西部

---

① 2021 年底东部地区银行业金融机构总资产达 176.5 万亿元，为西部地区、中部地区的 3 倍多。

地区面临着更大的金融服务约束。因此，构建高效金融组织体系的重点在于三个方面：一是从金融行业结构来讲，要加快发展证券、保险、信托、租赁等非银行金融业，为经济主体优化融资结构、多渠道筹措资金提供条件；二是从整个金融体系来讲，要加快培育和发展中小金融机构和新型金融机构，优化金融机构的规模结构，为中小企业提供更为有力的金融支持服务；三是从区域金融均衡布局来讲，重点完善西部地区金融组织体系，即在进一步提高国有控股金融机构服务效率的前提下，重点发展非国有、中小型和非银行类金融机构。具体来讲：一是鼓励和引导民间资本参与设立民营银行等持牌民营金融机构；二是支持本地区大型企业在区域内发起设立金融租赁公司、金融财务公司、汽车金融公司等非银行金融机构；三是争取设立本地法人保险公司、合格证券公司、基金公司等各种类型的金融机构；四是支持地方法人银行的发展，完善地方法人银行的公司治理结构，鼓励法人银行通过引进战略投资者、发行次级债券、实行混合资本的方式，增强资本实力；五是加快培育与发展小型农村金融机构和新型农村金融机构，增加面向"三农"服务的机构数量，提高金融服务覆盖率，力争农村金融服务无盲区。

第二，构建高效的投融资体系。高效的投融资体系是实现金融资源有序流入实体经济的重要条件，因而是构建高效金融体系的核心内容。我国金融资源大量滞留于金融领域而不流入实体经济的一个原因在于投融资渠道不畅。为此，一是要推动银行业金融机构为先进制造业企业、产业链核心企业提供定制化信贷产品和投资顾问金融服务；推动银行建立相应的尽职免责机制，鼓励银行业为高新技术企业提供更多的金融产品。二是要继续推动直接融资制度优化，鼓励企业围绕重点产业链和供应链，支持成长性高、技术性强的中小企业上市融资。三是要支持重要领域上市企业并购重组，围绕主业及产业链上下游开展资源重组；支持企业开展资产证券化，降低融资成本。四是要发挥政府投资基金的引导作用，加快发展股权投资行业，推动股权投资机构加大对重点产业链企业、先进制造业企业和高新技术企业的投资力度。

第三，构建高效的支付结算体系。支付结算是金融业服务于实体经济的基本职能之一，其效率高低直接影响到资金在不同行业、不同经济主体之间的流动与循环，进而对社会生产、流通与消费产生重大影响。目前，我国已经建成了较为有效完整的支付结算体系，包括较为丰富的支付结算工具体系、较为快捷安全的支付清算系统体系、较为规范的结算账户管理体系。但从实践来看，支付结算体系仍然存在一些问题，突出体现在：支付结算工具还不够丰富，新型结算工具利用率较低，难以满足经济主体对支付结算的现实需求；支付清算系统功能比较单一，中小金融机构及偏远地区的结算汇路有待进一步畅通；银行之间结算账户信息没有共享，反洗钱工作效率低下；支付结算各体系之间的协调性较差，尚未构成一个高效、联动的整体。这些问题的存在，严重影响着金融业的支付结算效率。为此，构建高效的支付结算体系，一是要充分利用现代金融科技，在保障安全性与稳定性的前提下，创新丰富支付结算工具，提高支付结算的便利性与效率；二是要加快现代化支付结算系统的建设，构建涵盖各种可行的信用支付工具和新兴电子支付工具的、具有较强兼容性的支付结算平台和支付结算体系；三是利用先进的计算机与网络技术，开发推广全国统一的银行结算账户管理系统及结算体系，实现全国范围内操作系统统一、数据库模式统一、操作界面统一，为辨识可疑交易信息、防范洗钱犯罪及维护金融秩序提供条件。

第四，构建高效的金融风险管理体系。严格控制金融风险，保证金融体系的安全稳定是构建金融风险管理体系的基础前提条件。由于金融风险具有产生的内生性、影响的传染性、后果的严重性，金融风险的防范与管理必须构建起涵盖从宏观到微观的高效金融风险管理体系。具体来讲：一是从宏观层面来讲，要牢固树立审慎监管理念，坚决防范系统性金融风险的发生。这就需要坚持深化改革，坚持统筹协调，强化金融去杠杆，客观评价金融机构的风险状况，审慎保障流动性相对稳定；加强房地产市场的风险管控，密切关注企业和地方政府债务风险，谨防各领域风险传导至金融领域，坚决守住不发生系统性金融风险的底线。二是在风险管理内容上，将银行、保险、证券、信托等传统金融机构和P2P、互联网金融、小额贷款公司、商业保理公司等新兴金融业态全部纳入监管范围，构建全范围、全流程、全过程的金融监管框架，做到金融业务全覆盖，实现监管无盲区。三是在金融机构层面，要完善金融机构内部管理的体制机制建设，健全金融机构公司治理框架，完善机构金融业务流程，严控内部操作风险，压实金融风险的主体责任，提高金融机构的风险管理能力。四是要完善约束机制，提高风险管理效率。一方面，对于金融机构违规行为，明确责任追究制度，大幅度提高违规者的违规成本；另一方面，提高信息透明度，培育会计师事务所、律师事务所等中介机构和中介市场，强化社会对金融业的监督。

3. 深化金融供给侧结构性改革以营造良好的金融环境

一是推进银行体系改革，发展重点服务于中小微企业的中小型银行，优化银行业体系结构，为中小微企业融资提供便利，消除中小微企业信贷过程中存在的"过路贷""过桥贷"现象，降低中小微企业的融资成本。二是推进银行信贷制度改革，创新多种银行信贷方式，在传统的"质押贷款""抵押贷款"等形式的基础上，探索针对轻资产创新型实体企业的信贷方式，为其发展创造信贷条件。三是稳步推进资本市场制度改革，以注册制改革为契机，建立并完善多层次资本市场体系，有效拓宽实体企业的融资渠道。[①] 四是推动金融机构将 LPR 嵌入内部资金定价，将 LPR 下行效果充分传导至贷款利率，释放贷款市场报价利率改革效能，合理降低中小微企业贷款利率。五是规范登记、评估、担保等融资中介环节收费管理。六是推动建立政府性融资担保体系，强化信用信息的融通和共享，为中小企业融资提供良好的担保和信用环境。

（四）强化金融治理与监管是构建堵住金融资源"脱实向虚"漏洞长效机制的重要举措

"资金空转"是金融资源"脱实向虚"的主要表现形式之一。要对金融资源"脱实向虚"进行有效治理，就必须强化金融监管与治理金融乱象，坚决遏制各种违规的"资金空转"与"监管套利"现象。

---

① 徐璋勇：《我国实体经济发展面临的现实约束及应对建议》，《国家治理》2021 年第 29 期，第 28~33 页。

1. 完善并落实监管制度

针对各种资金空转模式及其可能带来的金融风险，中国人民银行联合银保监会等机构在 2018 年出台了"资管新规"和"理财新规"，并加强了对各种金融乱象的治理，收到了显著的成效。经过过渡期后，"资管新规"于 2022 年 1 月 1 日正式实施，这标志着我国对各种监管套利行为监管的制度化与法治化。目前的重点在于使该制度得以真正地贯彻落实。为此，一是监管机构要秉持穿透式监管策略，依据资金来源向上穿透最终投资者，依据资金投向向下穿透底层产品，以整个金融行为链条为对象，实行全流程监控；二是要严肃监管制度的执行，在明确金融机构行为责任的基础上，明确相关监管机构的责任，对相关监管机构的不作为予以行政惩戒，不让监管制度流于形式。

2. 加强各监管部门之间的协调

金融资源在金融体系的空转涉及银行、信托、证券、基金、期货、保险等多个行业及多类金融机构，其运作模式又多种多样，这对我国目前以分业监管为主的金融监管模式提出了挑战。因此，为了提高监管效率，有效抑制资金空转，并实现金融资源有序流入实体经济，一是将其他金融业务条线（如债券市场、衍生品市场）纳入统一的监管政策框架，实现金融行业统一监管的联动，减少资金空转式的套利，充分释放有效监管的制度改革红利。[①] 二是必须加强各监管部门之间的协调与沟通，在国务院金融稳定发展委员会的领导下，对金融领域中的重大金融问题进行商讨，形成相互配合的政策意见，并提出具有针对性的有效方案，消除不同监管部门之间的政策分歧，切实堵住监管漏洞。目前尤为迫切的是强化对资本市场的监管，消除交易所相关制度规定与《证券法》及《民法典》等上位法的法律冲突，坚决避免大股东违规套现以及各种监管套利行为，保护中小投资者利益，使资本市场真正成为支持实体经济发展的重要工具，而不是董监高及部分机构牟取暴利的场所。

---

① 刘旭妍、邹玮含、姚荣兵：《资管新规下银行监管套利及系统性风险抑制》，《现代金融》2023 年第 7 期，第 43~49 页。

3. 深化金融领域的相关改革

有研究表明，2018年"资管新规"出台后，影子银行系统的活动受到一定程度的抑制，资金虽然"脱虚"，但"向实"的程度有限[①]，因为其作用机制重在"堵"而不是"疏"，即堵住了不规范的上游资金来源和下游资金投向，而没有有效疏通金融资源流向实体经济的通道。这种重"堵"轻"疏"的制度安排在一定程度上加剧了实体经济的发展困境，尤其对于融资约束较大的中小企业来说无异于雪上加霜。因此，为了使"资管新规"在治理金融资源"监管套利"的同时，能有效引导金融资源流入实体经济，还需要深化金融领域的相关改革。一是鼓励金融机构在监管框架内创新金融工具与金融产品，疏通中小企业融资渠道；二是充分利用大数据、区块链等金融科技，降低资金供求双方的信息不对称，提高银行精准信贷的能力；三是强化中小企业信用担保体系建设，提高担保能力；四是给予发放中小企业融资贷款的银行一定的风险补贴，激发金融机构对中小企业贷款融资的积极性；五是大力发展商业票据市场和金融租赁市场，为企业短期融资提供便利。[②]

（五）完善资本市场监管制度以堵住金融资源"脱实向虚"的漏洞

资本市场是实现社会资金进入实体产业的重要途径，其健康稳定发展对于实体经济发展具有重要的战略意义。也正因如此，任何国家的政府对于资本市场的健康发展都予以了高度关注。我国资本市场自20世纪90年代初成立到现在的短短30余年时间，先后开设了主板、创业板、科创板以及新三板，上市公司数量、股民人数与每年的融资额均居全球第一，但中国资本市场也是令广大投资者最为伤心的市场，事实上成了某些公司、大股东攫取金融资源及上市公司董监高的"提款机"和暴富工具，因此对实体

① 彭俞超、何山：《资管新规、影子银行与经济高质量发展》，《世界经济》2020年第1期，第47~69页。
② 徐璋勇：《我国实体经济发展面临的现实约束及应对建议》，《国家治理》2021年第29期，第28~33页。

经济发展形成巨大伤害。表 10-1 为 2016～2022 年 A 股筹资及重要股东减持情况。

表 10-1 2016～2022 年 A 股筹资及重要股东减持情况

| 年份 | 筹资额（亿元） | IPO 数量（家） | 首发筹资额（亿元） | 重要股东减持额 | | | 现金分红 | |
				金额（亿元）	占筹资额比例（%）	占首发筹资额比例（%）	金额（亿元）	占筹资额与减持额之和比例（%）
2016	20297	227	1496	3609	17.78	241.24	9965	41.68
2017	15536	438	2301	485	3.12	21.08	8463	52.82
2018	11378	105	1378	1416	12.45	102.76	8753	68.41
2019	12539	203	2532	3853	30.73	152.17	13000	79.31
2020	14222	437	4806	6970	49.01	145.03	15200	71.73
2021	15401	508	5273	6201	40.26	117.60	18100	83.79
2022	15109	341	5870	5607	37.11	95.52	21300	102.82
累计	104482	2259	23656	28141	26.93	118.96	94781	71.47

资料来源：Wind 数据库。

由表 10-1 可以看出，2016～2022 年公司在资本市场累计筹资 104482 亿元，其中 2259 家公司实现了 IPO 融资，融资额达到了 23656 亿元，平均每家公司融资 10.47 亿元，但同期 A 股重要股东（包括大股东、公司董监高及其家属）减持金额达到了 28141 亿元，占到了筹资额的 26.93%，也就是说，2016～2022 年的 7 年中，上市公司重要股东通过减持将融资额的 26.93% 变成了私人财富。如果将减持额与同期 IPO 筹资额进行比较会发现，上市公司重要股东减持套现额是 IPO 融资的 118.96%，公司上市成为重要股东"圈钱"与套现的重要工具。另外，公司上市 IPO 的高溢价发行产生的资金严重超募，使得极为紧缺的金融资源过度配置到部分公司，形成了资源分配的严重不公：一方面是很多实体企业因发展资金不足及融资难而陷于困境；而另一方面则是部分上市公司账户上大量资金闲置而用于购买各种理财产品，甚至向资金短缺企业贷款，成为企业化的影子银行。与此同时，市场指数则长期横盘不动，甚至出现下跌。2016～2022 年，上证综合指数从 3307.2 点下跌到 3089.3 点，下跌了

6.59%；深圳综指从 1899.3 点上涨至 1975.6 点，微涨了 4.02%。这种市场变化使得资本市场与经济发展之间严重背离，深深动摇了投资者对中国资本市场的投资信心。导致这种现象的主要原因在于：一是长期以来对资本市场的功能定位存在偏差，过分强调其融资功能而忽视了其投资功能，因而对投资者特别是中小投资者的利益保护不足；二是监管制度存在严重漏洞，缺乏对公司重要股东行为的严格约束；三是相关法律法规对上市公司及重要股东的违法违规行为处罚太轻，使其违法违规成本太低而缺乏对违法违规行为的震慑力；四是对注册制的理解存在偏差，将注册制理解成了发行定价的完全市场化，从而缺乏对公司 IPO 定价及募集资金数量的有效监管。因此，完善资本市场监管制度，以堵住金融资源"脱实向虚"的漏洞十分迫切。

中国资本市场监管制度的完善，重点需要推进以下几项工作。一是对资本市场的功能定位进行纠偏，将其从过分重视融资功能转向融资与投资并重，即在发挥资本市场为实体企业融资服务功能的同时，使其具有投资功能或财富管理功能，让投资者获得投资收益，实现上市公司与广大投资者的双赢。二是充分发挥监管机构对公司发行定价的指导与监督作用，对上市公司的过高溢价发行进行约束，并对其超募资金的使用进行严格监管。三是严格限定重要股东减持行为，将其减持与公司经营业绩、投资者现金分红及股价市场表现相挂钩，如规定公司破发破净，或连续三年亏损，或累计现金分红没有达到其筹资额的公司，重要股东不得减持。这种规定既可以对公司高溢价发行行为进行约束，同时也可以通过将上市公司重要股东与投资者利益捆绑在一起而促使上市公司提高经营业绩。四是严格上市公司退市制度，并建立退市公司对投资者的赔偿机制。五是加大对上市公司违法违规行为的处罚力度，并建立对投资者的赔偿机制，提高上市公司违法违规成本。六是在具体交易机制上，建立广大个人投资者与机构投资者之间的公平环境，取消对机构投资者在交易环节的一切优惠。

总之，资本市场只有健康稳定发展，才可以成为引导金融资源流入实体经济的重要渠道，从而成为实体经济发展的重要推手。

（六）强化对骨干行业与重点企业投资动向的监控

公司投资的金融化是金融资源"脱实向虚"的重要形式。根据 Wind 数据库，2018 年我国非金融上市公司中，参与购买各种理财产品等金融产品的公司数量达 1300 余家，占全部非金融上市企业的 40%；购买的理财产品规模达 1.79 万亿元，获利占公司利润的约 20%。部分国有控股上市公司更是利用资金优势从事影子银行活动，扮演了"实体中介"角色。[①] 尽管从短期来看，非金融企业投资的"脱实向虚"行为能带来其盈利水平的提升，但从长远来看，公司的这种行为会给国民经济健康运行带来严重损害：一是金融投资的大量增加会"挤出"实体投资，减少研发创新支出，削弱公司长期发展的动力；二是部分上市公司为掩盖其主业经营衰退对股价的影响，还通过会计操作向市场传递虚假财务信息，对资本市场健康发展形成巨大隐患；三是大量企业投资的"脱实向虚"行为会导致"实体产业空心化"现象，损害国民经济健康运行的根基。另外，根据本书的实证研究，非金融企业投资的"脱实向虚"行为存在显著的"同群模仿"效应，即企业在进行"脱实向虚"投资时，往往将本行业中的龙头骨干企业作为效仿对象，以此降低自己的投资风险和获得更高的投资回报。这种行为的存在，使得行业龙头骨干企业"脱实向虚"的投资行为往往会对市场产生放大效应，使整个社会企业投资"脱实向虚"问题进一步加剧。因此，建立对行业龙头骨干企业投资行为的跟踪监测制度，通过对其投资动向进行及时监测与统计分析，不仅可以及时掌握实体企业的投资动向及发展态势，并了解其投资"脱实向虚"的动机与原因，从而对制定抑制企业投资"脱实向虚"的相关政策、维护实体经济的稳健发展具有重大意义。

建立"重点企业投资行为跟踪监测统计制度"的基本设想如下。

1. 跟踪监测统计的行业对象确定

依据《国民经济行业分类》（2019 年修改版）标准，重点将实体经济

---

① 朱睿：《非金融企业金融化的同群效应研究》，硕士学位论文，西北大学，2020。

行业纳入监控范围。具体包括下列十大行业：①农林牧渔业；②采矿业；③制造业；④电力、热力、燃气、水生产及供应业；⑤建筑业；⑥交通运输、仓储及邮政业；⑦住宿和餐饮业；⑧信息传输、软件和信息技术服务业；⑨房地产业；⑩水利、环境和公共设施管理业。

2. 跟踪监测统计的企业对象选择

为了使跟踪监测统计结果既具有一定的全面性，即所得数据能够反映国民经济实体部门企业投资的总体动向，同时具备较好的代表性，需要将以上所列的十大行业中的重点企业作为跟踪监测统计对象。

根据本书研究，行业内企业"脱实向虚"的投资行为往往以本行业中的规模较大企业和盈利能力较强企业作为模仿对象，即个别企业在进行"脱实向虚"投资时，往往以本行业内规模大和盈利能力强的企业的投资方向作为自身投资决策的重要依据。因此，可以将行业重点企业的认定标准确定为：①企业资产规模处于本行业前100位的企业；②企业年总利润额在行业中排前100位的企业。对于住宿和餐饮业，信息传输、软件和信息技术服务业以及水利、环境和公共设施管理业，由于其行业规模在国民经济总体中占比相对较小，可以将其资产规模和利润规模前50位的企业确定为行业重点企业。

3. 跟踪监测统计的主要内容

对按照上述标准确定的重点企业，需要对其投资过程中的以下几方面内容进行跟踪监测。①对企业投资方向与规模的跟踪监测。具体包括：企业主业投资与非主业投资的资金规模；企业实体投资与金融投资的资金规模；企业金融投资的主要标的及规模，如企业资金用于股权投资、股票投资、理财投资、信托投资、拆借等的资金规模；企业金融投资的期限结构等。②对企业利润或收入来源的规模数量与结构的跟踪监测。具体包括：企业非主业收入或利润占企业总收入或利润的比例；企业金融投资收益占企业总利润的比例；企业不同形式金融投资的收益构成。③对企业金融投资资金来源的跟踪监测。具体包括：企业自有资金；企业银行借贷资金；企业股票发行筹集资金；企业发债筹集的资金；企业其他性质资金等。④对企业货币资金用于金融投资期限的跟踪监测。具体可划分为：3个月以下的金融投资、3~6 个月期限的金融投资、6~12 个月期限的金融投资、12 个月以上期限的金融投资、长期股权投资等。⑤对企业金融投资损益情况的跟踪监测。重点对企业金融投资的收益、亏损情况进行监控。⑥对企业进行非主业投资及金融投资原因的跟踪监测。重点调查了解企业将货币资金用于非主业投资、金融投资的原因。

通过以上信息监测，经汇总分析，对非金融企业金融投资的动向给出合理判断，从而为政府制定科学有效引导金融资源"脱虚向实"的相关改革与治理政策提供依据。

（七）转换对地方政府的绩效考核方式，有效弱化其热衷于发展虚拟经济的内在冲动

传统"唯 GDP 论"的政绩考核方式，是地方政府热衷于发展虚拟经济并提升经济金融化程度的重要因素。因此，转换对地方政府的绩效考核方式，弱化地方政府发展虚拟经济的内在冲动，是治理金融资源"脱实向虚"的重要方面。[1]

对地方政府政绩的考核，应以习近平总书记提出的创新、协调、绿色、开放、共享的新发展理念为指导，从数量增长、结构协调、效率改进、环境优美、福祉共享五个方面构建科学的考评体系，实现地方政府从"GDP崇拜""环境掠夺式"经济增长模式向追求经济高质量发展转变。其中，结构协调既要强调产业结构协调（包括三大产业间的协调及各产业内的协调），也要将虚拟经济与实体经济之间的协调程度纳入考核范围。[2] 通过对新发展理念贯彻落实情况的综合考核，引导地方政府树立科学的发展观与政绩观，以确保全面建成小康社会目标的圆满实现。

---

[1]　徐璋勇、张春鹏：《我国金融资源"脱实向虚"的治理路径——基于主体行为动机的分析》，《贵州省党校学报》2021 年第 4 期，第 31~38 页。

[2]　徐璋勇、张春鹏：《我国金融资源"脱实向虚"的治理路径——基于主体行为动机的分析》，《贵州省党校学报》2021 年第 4 期，第 31~38 页。

三 金融资源"脱实向虚"治理政策执行中应注意的问题

由于经济发展的内外部环境复杂多变，金融资源"脱实向虚"治理过程中遇到的现实问题比理论分析更为复杂，因此在实际政策执行过程中，需要根据经济环境的变化选择合适的政策执行窗口期，同时要注意对政策执行效果进行评估，并根据评估结果对政策进行动态调整。另外，还需要注意各个政策间的协调配合，消除不同政策效果之间的冲突，以最大限度地发挥政策合力。

（一）注意政策执行窗口期的选择

由于我国经济运行正面临来自国际国内的诸多困难与挑战，国际市场需求在经济增长放缓与贸易保护主义形势严峻的背景下呈下降趋势，全球经济金融领域的风险在不断积累，加之局部区域的战争冲突及地缘政治格局的深刻调整，我国经济社会发展的外部环境变得越来越复杂。另外，国内市场需求不振，投资信心不足，一些企业经营困难，部分领域存在风险隐患。这就使得治理金融资源"脱实向虚"政策窗口期的选择尤为重要。若政策执行窗口期的选择不适宜，不但起不到预期的治理效果，反而会造成宏观经济的更大波动，甚至引发更大的金融风险。

政策执行窗口期选择应注意以下几方面：一是货币政策要保持连续性，稳定经济预期，尤其是避免在金融资源"脱实向虚"治理初期，政策大起大落，加剧经济运行的脆弱性；二是金融监管政策的实施要有一定的过渡期，要为相关产品和业务主动调整留下一定的时间，过渡期内机构可进行产品的创新和业务转型，以实现平稳过渡；三是金融监管政策尽量选择在经济运行相对平稳的时期实施，而避免在经济下行压力较大、市场信心脆弱的情况下推出；四是产业政策的实施具有长期性，前瞻性的产业规划应尽量选择在金融监管政策实施前进行发布，从而对产业发展给出科学导向，这样在金融监管政策实施时，金融资源就会有序流入重点发展产业与实体经济，减少资金无序流动产生的资源浪费。

（二）注意政策间的协调联动

治理金融资源"脱实向虚"是一个系统工程，产业政策、金融监管政策、货币政策和财政政策之间要注意协调联动，以最大限度地发挥政策合力，起到事半功倍的作用。

1. 要注意产业政策与货币政策的协调联动，积极发挥结构性货币政策的作用

近年来，央行相继推出碳减排、科技创新、交通物流、普惠养老等专项再贷款，对重点产业起到定向支持作用。在治理金融资源"脱实向虚"过程中，可根据产业政策，适时推出相应结构性货币政策工具进行精准滴灌，助力产业发展。

2. 要注意货币政策与金融监管政策的协调联动

货币政策实施为金融监管政策有效执行提供了一个稳定的环境，而金融监管政策实施为货币政策有效运行提供了有利条件。因此，在治理金融资源"脱实向虚"过程中，要注意二者运行间的相互影响，做好二者之间的协调。

3. 要注意货币政策与财政政策之间的协调联动

过去的观点认为，财政政策是结构性政策，货币政策是总量政策，但从实际的政策实践及其效果来看，这两种政策都具有总量和结构性的特点。财政总支出规模的变化对于社会总需求具有重要的调节作用；结构性的货币政策同样对经济结构、产业结构的调整以及实体经济与虚拟经济的协调性具有积极的影响。因此，应进一步完善央行、财政部门之间的信息沟通机制、政策协调机制，特别是完善货币政策和宏观审慎双支柱监管机制，推动财政政策和货币政策各自发挥优势，在政策方向、作用时间、政策力度等方面加强协调，提升政策效力。

4. 要注意资本市场发展政策与财政货币政策的协调

在目前宏观经济下行压力增大的环境下，稳定经济社会大盘是经济工作的首要任务，也是财政货币政策操作的基本出发点。同时资本市场作为影响经济运行的重要工具，其健康运行对于摆脱实体企业融资困境、增强投资者信心、增加居民财产性收入、激发居民消费潜力及加快消费结构升级均具有重要作用。因此，资本市场的任何改革与发展、相关制度设计及政策的制定，必须以服务实体经济发展为根本目标，构建交易公平、具有活力、健康繁荣的资本市场体系，与财政政策及货币政策基调一致，共同助力实体经济发展。

（三）注意政策执行绩效评估

由于金融资源"脱实向虚"既有经济发展的客观趋势原因，也有特定时期制度不规范、管理不到位等方面的原因，对金融资源"脱实向虚"的治理涉及的范围较广，治理也不是一蹴而就的，因此对治理政策的效果进行评估和做出适当调整就显得尤为重要，如日本在 20 世纪 90 年代在治理金融资源"脱实向虚"过程中对僵尸企业采取了补贴政策，未对政策效果进行评估，其政策实施反而拖累了经济发展。因此，在政策实施过程中，要特别注意定期对政策执行绩效进行动态评估。评估各项政策是否达到预期目标，评估政策执行对经济运行产生的影响，评估政策在未来执行过程中的边际收益等。根据评估结果，对政策进行动态调整。对于未达到预期目标的政策，需查找问题所在；对于对经济运行产生了较大负面影响的政策，要权衡政策执行的成本收益，同时有针对性地采取抵消负面影响的政策措施；对于预期未来政策执行将面临较多问题的政策，要做好科学论证，并提前做好应对预案，坚决杜绝政策制定与执行中的机会主义行为。

本章小结

本章在前文理论分析与实证研究的基础上，提出了我国治理金融资源"脱实向虚"应该遵循的基本原则、进行治理的有效路径与政策措施、治理过程中应该注意的问题。本章主要结论与观点可归纳如下。

金融资源"脱实向虚"既有经济发展规律带来的客观性，也有一定时期的制度诱因，因此在选择治理路径与政策时必须遵循一定的原则。具体来说，一是稳定经济增长与防范金融风险相兼顾；二是虚拟经济与实体经济发展相协调；三是宏观政策内部目标与外部目标相包容；四是不同经济主体与行业部门利益相平衡。

要从源头上治理金融资源"脱实向虚"，就必须采取"疏"与"堵"相结合的思路，从振兴实体经济与规范虚拟经济两个方面"双管齐下"，即一方面通过振兴实体经济，增强实体经济对金融资源的吸引力，有序引导金融资源"脱虚向实"；另一方面通过强化金融监管，治理金融乱象，规范虚拟经济发展，有效堵住金融资源在金融体系中"空转套利"的漏洞。

结合现阶段我国经济运行的客观现实，提出了对金融资源"脱实向虚"进行有效治理的七条路径，为此必须采取相应的政策与之配合。

一是稳定经济社会大盘是引导金融资源"脱虚向实"的前提基础。为此需要在投资、消费、就业、金融、内外双循环战略及重大政策等方面保持总体稳定。

二是提高实体经济投资回报率是引导金融资源"脱虚向实"的关键。为此需要：①积极拓展市场，为实体企业发展提供市场空间；②完善减税降费政策，有效降低实体企业运营成本；③深化多领域综合改革，营造公平竞争的市场环境；④强化科技赋能，培育实体经济增长新动能；⑤激发实体经济主体的创新活力与能力，有效缓解实体经济发展的技术约束。

三是构建高效的金融体系是引导金融资源"脱虚向实"的重要条件。为此需要：①牢固确立金融服务于实体经济的功能定位；②构建为实体经济提供高效服务的金融体系；③深化金融供给侧结构性改革以营造良好的金融环境。

四是强化金融治理与监管是构建堵住金融资源"脱实向虚"漏洞长效机制的重要举措。为此需要：①完善并落实监管制度；②加强各监管部门之间的协调；③深化金融领域的相关改革。

五是完善资本市场监管制度以堵住金融资源"脱实向虚"的漏洞。为此需要：①对资本市场的功能定位进行纠偏，将其从过分重视融资功能转向融资与投资并重；②充分发挥监管机构对公司发行定价的指导与监督作用，对上市公司的过高溢价发行进行约束；③严格限定重要股东减持行为，将其减持与公司经营业绩、投资者现金分红及股价市场表现相挂钩；④严格上市公司退市制度，并建立退市公司对投资者的赔偿机制；⑤加大对上市公司违法违规行为的处罚力度，并建立对投资者的赔偿机制，提高上市公司违法违规成本；⑥在具体交易机制上，建立广大个人投资者与机构投资者之间的公平环境，取消对机构投资者在交易环节的一切优惠。

六是强化对骨干行业与重点企业投资动向的监控，及时掌握实体企业的投资动向及发展态势，为制定抑制企业投资"脱实向虚"的相关政策提供依据。

七是转换对地方政府的绩效考核方式，有效弱化其热衷于发展虚拟经济的内在冲动。

在金融资源"脱实向虚"治理政策制定与实施中，还要重点注意三个方面的问题：一是需要根据经济环境的变化选择合适的政策执行窗口期；二是要注意政策间的协调联动，包括产业政策与货币政策间的协调联动、货币政策与金融监管政策间的协调联动、货币政策与财政政策间的协调联动、资本市场发展政策与财政货币政策间的协调联动；三是要注意政策执行绩效评估，适时对治理政策做出调整，提高治理效果。

参考文献

一　中文文献

《习近平：决胜全面建成小康社会　夺取新时代中国特色社会主义伟大胜利——在中国共产党第十九次全国代表大会上的报告》，中国政府网，2017年10月27日，https://www.gov.cn/zhuanti/2017-10/27/content_5234876.htm。

安强身、姜占英：《金融资源配置效率、TFP变动与经济增长——来自中国的证据（2003~2013）》，《金融经济学研究》2015年第3期。

安勇：《地方政府土地资源配置的策略互动行为》，《中国土地科学》2022年第3期。

傲日格乐：《中国工业部门的要素错配——效率损失、影响机制与修正路径》，博士学位论文，东北财经大学，2019。

白钦先、杨涤：《21世纪新资源理论——关于国民财富源泉的最新研究》，中国金融出版社，2006。

白钦先等：《金融可持续发展研究导论》，中国金融出版社，2001。

包兴安：《财政部回应央行上缴近年结存利润：用于大幅增加地方转移支付》，《证券日报》2022年3月9日。

蔡卫星、倪骁然、赵盼、杨亭亭：《企业集团对创新产出的影响：来自制造业上市公司的经验证据》，《中国工业经济》2019年第1期。

蔡则祥、武学强：《金融资源与实体经济优化配置研究》，《经济问题》2016年第5期。

曹丰、谷孝颖：《非国有股东治理能够抑制国有企业金融化吗?》，《经济管理》2021年第1期。

柴茂：《银行资金空转的几种"表情"》，《人民日报》2017年2月

13 日。

陈彦斌、陈小亮、刘凯、郭豫媚、刘哲希：《宏观经济政策研究报告 2019》，科学出版社，2019。

戴小河、叶昊鸣、高亢：《加快建设以实体经济为支撑的现代化产业体系》，《新华每日电讯》2023 年 5 月 2 日。

戴赜、彭俞超、马思超：《从微观视角理解经济"脱实向虚"——企业金融化相关研究述评》，《外国经济与管理》2018 年第 11 期。

邓超、夏文珂、陈升萌：《非金融企业金融化："股价稳定器"还是"崩盘助推器"》，《金融经济学研究》2019 年第 3 期。

邓超、许志勇：《民营企业金融化发展路径与风险防范》，《理论探讨》2017 年第 5 期。

邓慧慧、赵家羚：《地方政府经济决策中的"同群效应"》，《中国工业经济》2018 年第 4 期。

丁伟国、安添金、何宁：《量化宽松货币政策的影响与应对策略》，《山东社会科学》2013 年第 12 期。

杜勇、谢瑾、陈建英：《CEO 金融背景与实体企业金融化》，《中国工业经济》2019 年第 5 期。

杜勇、张欢、陈建英：《金融化对实体企业未来主业发展的影响：促进还是抑制》，《中国工业经济》2017 年第 12 期。

高蓓、金健、何德旭、张明：《资管新规背景下的中国影子银行体系：特征事实、风险演变与潜在影响》，《当代经济科学》2023 年第 5 期。

〔美〕戈德史密斯：《资本形成与经济增长》，国家经济研究局，1955。

巩娜：《企业金融化、股权激励与公司绩效》，《经济管理》2021 年第 1 期。

苟文均、袁鹰、漆鑫：《债务杠杆与系统性风险传染机制——基于 CCA 模型的分析》，《金融研究》2016 年第 3 期。

郭峰、胡军：《地区金融扩张的竞争效应和溢出效应——基于空间面板模型的分析》，《经济学报》2016 年第 2 期。

郭丽丽、徐珊：《金融化、融资约束与企业经营绩效——基于中国非金融企业的实证研究》，《管理评论》2021 年第 6 期。

郭丽婷：《制造型企业金融化抑制了技术创新吗？——基于我国制造业上市公司的经验研究》，《金融理论与实践》2018年第4期。

国家发展改革委宏观经济研究院课题组：《实体经济发展困境解析及对策》，《经济日报》2017年2月27日。

韩珣、李建军、彭俞超：《政策不连续性、非金融企业影子银行化与企业创新》，《世界经济》2022年第4期。

韩珣、田光宁、李建军：《非金融企业影子银行化与融资结构——中国上市公司的经验证据》，《国际金融研究》2017年第10期。

何风隽：《中国转型经济中的金融资源配置研究》，博士学位论文，西北大学，2005。

胡海峰、窦斌、王爱萍：《企业金融化与生产效率》，《世界经济》2020年第1期。

胡奕明、王雪婷、张瑾：《金融资产配置动机："蓄水池"或"替代"？——来自中国上市公司的证据》，《经济研究》2017年第1期。

黄宪、黄彤彤：《论中国的"金融超发展"》，《金融研究》2017年第2期。

纪志宏、周黎安、王鹏、赵鹰妍：《地方官员晋升激励与银行信贷——来自中国城市商业银行的经验证据》，《金融研究》2014年第1期。

简泽、徐扬、吕大国、卢任、李晓萍：《中国跨企业的资本配置扭曲：金融摩擦还是信贷配置的制度偏向》，《中国工业经济》2018年第11期。

金祥荣、李旭超、鲁建坤：《僵尸企业的负外部性：税负竞争与正常企业逃税》，《经济研究》2019年第12期。

鞠晓生、卢荻、虞义华：《融资约束、营运资本管理与企业创新可持续性》，《经济研究》2013年第1期。

黎贵才、赵峰、卢荻：《金融化对经济增长的影响：作用机理与中国经验》，《中国人民大学学报》2021年第4期。

李标、宋长旭、吴贾：《创新驱动下金融集聚与区域经济增长》，《财经科学》2016年第1期。

李赐犁：《资本虚实结构形成机理及其"阈值效应"研究》，博士学位论文，中共中央党校，2020。

李建军、韩珣：《非金融企业影子银行化与经营风险》，《经济研究》2019 年第 8 期。

李强、徐康宁：《金融发展、实体经济与经济增长——基于省级面板数据的经验分析》，《上海经济研究》2013 年第 9 期。

李顺彬：《我国经济"脱实向虚"的表现、成因与对策》，《新经济》2020 年第 Z2 期。

李欣泽、陈言：《金融摩擦与资源错配研究新进展》，《经济学动态》2018 年第 9 期。

李旭超、罗德明、金祥荣：《资源错置与中国企业规模分布特征》，《中国社会科学》2017 年第 2 期。

李艳、汪德华、史宇鹏：《大规模减税降费政策的效果评估——基于企业满意度调查的研究》，《学习与探索》2022 年第 6 期。

李扬：《"金融服务实体经济"辨》，《经济研究》2017 年第 6 期。

李子秦：《中国行业内要素错配：测算、成因及对策研究——基于市场化程度差异视角》，博士学位论文，华东师范大学，2019。

林毅夫：《潮涌现象与发展中国家宏观经济理论的重新构建》，《经济研究》2007 年第 1 期。

林毅夫、章奇、刘明兴：《金融结构与经济增长：以制造业为例》，《世界经济》2003 年第 1 期。

刘成杰、范闯：《中国资本配置效率行业差异及其影响因素研究——基于金融危机前后数据的实证》，《中央财经大学学报》2015 年第 12 期。

刘方瑶：《二十世纪八十年代日本的泡沫经济与失去的二十年》，硕士学位论文，山东财经大学，2018。

刘贯春：《金融资产配置与企业研发创新："挤出"还是"挤入"》，《统计研究》2017 年第 7 期。

刘贯春、张晓云、邓光耀：《要素重置、经济增长与区域非平衡发展》，《数量经济技术经济研究》2017 年第 7 期。

刘君：《保险发展、金融深化与经济增长关系研究——基于时变面板平滑转换回归模型 TV-PSTR》，《当代经济科学》2017 年第 4 期。

刘骏民：《虚拟经济的经济学》，《开放导报》2008 年第 6 期。

刘晓昳、梁大鹏：《北京市属国有企业创新发展现状、问题与对策》，《新视野》2019 年第 3 期。

刘晓欣：《个别风险系统化与金融危机——来自虚拟经济学的解释》，《政治经济学评论》2011 年第 4 期。

刘晓欣：《虚拟经济运行的行为基础——资本化定价》，《南开经济研究》2003 年第 4 期。

刘晓欣、刘骏民：《虚拟经济的运行方式、本质及其理论的政策含义——马克思逻辑的历史延伸》，《学术月刊》2020 年第 12 期。

刘晓欣、熊丽：《从虚拟经济视角看 GDP 创造的逻辑、路径及隐患》，《经济学家》2021 年第 9 期。

刘晓欣、张艺鹏：《虚拟经济的自我循环及其与实体经济的关联的理论分析和实证检验——基于美国 1947—2015 年投入产出数据》，《政治经济学评论》2018 年第 6 期。

刘旭妍、邹玮含、姚荣兵：《资管新规下银行监管套利及系统性风险抑制》，《现代金融》2023 年第 7 期。

刘哲希、陈小亮、陈彦斌：《宏观经济政策评价报告 2021》，科学出版社，2021。

卢奇、顾培亮、郝海：《经济系统的演化与政策作用》，《北京林业大学学报》（社会科学版）2003 年第 2 期。

鲁春义：《垄断、金融化与中国行业收入分配差距》，《管理评论》2014 年第 11 期。

鲁海涛：《资管新规对中小商业银行非标业务的影响研究——以兴业银行和渤海银行为例》，硕士学位论文，山东大学，2021。

鲁育宗：《虚拟经济"双刃剑"》，《上海经济》2008 年第 5 期。

陆家骝：《金融资源积累与金融可持续发展》，《华南金融研究》2000 年第 4 期。

陆岷峰、杨亮：《我国经济金融化的形成逻辑、风险问题与治理路径》，

《华侨大学学报》（哲学社会科学版）2019 年第 2 期。

陆娅楠：《处置"僵尸企业"要戒拖延症》，《人民日报》2018 年 12 月 17 日。

马翠莲：《监管重拳促资金脱虚向实》，《上海金融报》2017 年 5 月 5 日。

马红、侯贵生、王元月：《产融结合与我国企业投融资期限错配——基于上市公司经验数据的实证研究》，《南开管理评论》2018 年第 3 期。

马锦生：《美国资本积累金融化实现机制及发展趋势》，《政治经济学评论》2014 年第 4 期。

马玲：《企业融资成本依然偏高》，《金融时报》2018 年 2 月 2 日。

马勇、杨栋、陈雨露：《信贷扩张、监管错配与金融危机：跨国实证》，《经济研究》2009 年第 12 期。

孟祥娟、龚芳：《2009 年以来的资金空转演变路线图》，申万宏源研究，2017 年 6 月 3 日。

潘海英、周敏：《金融化对实体经济增长的非线性效应及阶段特征》，《金融经济学研究》2019 年第 1 期。

彭俞超、韩珣、李建军：《经济政策不确定性与企业金融化》，《中国工业经济》2018 年第 1 期。

彭俞超、何山：《资管新规、影子银行与经济高质量发展》，《世界经济》2020 年第 1 期。

戚聿东、张任之：《金融资产配置对企业价值影响的实证研究》，《财贸经济》2018 年第 5 期。

漆志平：《政治经济学视阈下的经济金融化趋向及其解释——以美国经验资料为研究对象》，《求索》2009 年第 12 期。

钱林浩：《货币政策助推经济加快恢复正常循环》，《金融时报》2020 年 6 月 22 日。

〔法〕热拉尔·迪蒙、多米尼克·莱维：《新自由主义与第二个金融霸权时期》，丁为民、王熙译，《国外理论动态》2005 年第 10 期。

申广军：《比较优势与僵尸企业：基于新结构经济学视角的研究》，《管理世界》2016 年第 12 期。

宋博：《经济金融化与新自由主义及其悖论初探》，《国外理论动态》
2019 年第 9 期。

宋超英、王宁：《论虚拟经济与实体经济的关系——由冰岛破产与迪拜
债务危机引发的思考》，《金融经济》2010 年第 6 期。

苏建军：《金融发展、分工与经济增长——理论分析及中国的实证研
究》，博士学位论文，西北大学，2014。

苏治、方彤、尹力博：《中国虚拟经济与实体经济的关联性——基于规
模和周期视角的实证研究》，《中国社会科学》2017 年第 8 期。

谈儒勇：《中国金融发展和经济增长关系的实证研究》，《经济研究》
1999 年第 10 期。

谭语嫣、谭之博、黄益平、胡永泰：《僵尸企业的投资挤出效应：基于
中国工业企业的证据》，《经济研究》2017 年第 5 期。

唐松：《中国金融资源配置与区域经济增长差异——基于东、中、西部
空间溢出效应的实证研究》，《中国软科学》2014 年第 8 期。

唐志军、苏丽：《资源错配与我国经济发展研究述评》，《湖北经济学院
学报》2019 年第 2 期。

田新民、武晓婷：《我国金融与实体经济的协调发展研究——基于经济
金融化视角》，《学习与探索》2019 年第 2 期。

田新民、武晓婷：《中国经济金融化的测度及路径选择》，《商业研究》
2018 年第 8 期。

田艳芬、邵志高：《金融资源的内涵与配置效率》，《长春大学学报》
2013 年第 7 期。

万良勇、梁婵娟、饶静：《上市公司并购决策的行业同群效应研究》，
《南开管理评论》2016 年第 3 期。

万晓莉、郑棣、郑建华、严予若：《中国影子银行监管套利演变路径及
动因研究》，《经济学家》2016 年第 8 期。

王定祥、李伶俐、冉光和：《金融资本形成与经济增长》，《经济研究》
2009 年第 9 期。

王国刚:《金融脱实向虚的内在机理和供给侧结构性改革的深化》,《中国工业经济》2018 年第 7 期。

王劲屹:《农村金融发展、资本存量提升与农村经济增长》,《数量经济技术经济研究》2018 年第 2 期。

王玉泽、罗能生、刘文彬:《什么样的杠杆率有利于企业创新》,《中国工业经济》2019 年第 3 期。

王媛:《谁动了债市的"奶酪"》,《上海证券报》2013 年 11 月 22 日。

温涛、冉光和、熊德平:《中国金融发展与农民收入增长》,《经济研究》2005 年第 9 期。

文春晖、李思龙、郭丽虹、余晶晶:《过度融资、挤出效应与资本脱实向虚——中国实体上市公司 2007—2015 年的证据》,《经济管理》2018 年第 7 期。

文春晖、任国良:《虚拟经济与实体经济分离发展研究——来自中国上市公司 2006-2013 年的证据》,《中国工业经济》2015 年第 12 期。

文东伟:《资源错配、全要素生产率与中国制造业的增长潜力》,《经济学》(季刊)2019 年第 2 期。

吴蒙:《非标债权业务与商业银行稳健经营》,博士学位论文,西南财经大学,2022。

武宵旭:《资本错配对中国上市企业行为的影响研究》,博士学位论文,西北大学,2020。

武宵旭、任保平、葛鹏飞:《资本要素市场化与制造业企业僵尸化》,《财贸研究》2023 年第 5 期。

武晓婷:《中国经济金融化对宏观经济影响的计量研究》,博士学位论文,首都经济贸易大学,2018。

谢家智、王文涛、江源:《制造业金融化、政府控制与技术创新》,《经济学动态》2014 年第 11 期。

徐丹丹、郑林曼:《虚拟经济与实体经济关系:一个文献综述》,《经济研究参考》2020 年第 13 期。

徐珊:《金融资产持有对非金融企业经营绩效的影响》,《山西财经大学学报》2019 年第 11 期。

徐璋勇：《金融发展质量及其评价指标体系构建研究》，《武汉科技大学学报》（社会科学版）2018 年第 5 期。

徐璋勇：《我国实体经济发展面临的现实约束及应对建议》，《国家治理》2021 年第 29 期。

徐璋勇：《虚拟资本积累与经济增长——理论分析及中国的实证研究》，中国经济出版社，2006。

徐璋勇、张春鹏：《我国金融资源"脱实向虚"的治理路径——基于主体行为动机的分析》，《贵州省党校学报》2021 年第 4 期。

徐璋勇等：《丝绸之路经济带建设背景下西部地区金融资源配置效率提升研究》，社会科学文献出版社，2020。

许昆林：《积极扩大合理有效投资　发挥投资在经济增长中的关键作用》，《建筑时报》2016 年 2 月 4 日。

杨昌安：《货币政策对企业金融资产投资的影响机制及经济后果研究》，博士学位论文，西南财经大学，2020。

杨贺、马微、徐璋勇：《新发展格局下如何协调推进稳增长和稳杠杆——基于金融供给侧结构性改革的视角》，《经济学家》2022 年第 7 期。

杨文溥：《过度金融化及其资源错配效应研究》，《西南金融》2019 年第 11 期。

杨筝：《实体企业金融化与全要素生产率：资源优化还是资源错配？》，《贵州社会科学》2019 年第 8 期。

杨筝、刘放、王红建：《企业交易性金融资产配置：资金储备还是投机行为？》，《管理评论》2017 年第 2 期。

姚洋、张牧扬：《官员绩效与晋升锦标赛——来自城市数据的证据》，《经济研究》2013 年第 1 期。

叶祥松、晏宗新：《当代虚拟经济与实体经济的互动——基于国际产业转移的视角》，《中国社会科学》2012 年第 9 期。

易行健、周利：《数字普惠金融发展是否显著影响了居民消费——来自中国家庭的微观证据》，《金融研究》2018 年第 11 期。

殷德生:《我国金融组织空间结构:路径、效率与改革》,《当代财经》2000 年第 8 期。

袁胜军、俞立平、钟昌标、陈钰芬:《创新政策促进了创新数量还是创新质量?——以高技术产业为例》,《中国软科学》2020 年第 3 期。

袁云峰、贾康、徐向东:《金融竞争、相对资本深化与地区经济效率》,《统计研究》2012 年第 3 期。

〔美〕约翰·道恩斯、乔丹·艾略特·古特曼:《金融与投资辞典》(第 6 版),于研、郑英豪译,上海财经大学出版社,2008。

〔英〕约翰·希克斯:《经济史理论》,厉以平译,商务印书馆,1987。

曾刚:《打好"三大攻坚战"/"'脱实向虚'风险防范"系列笔谈之二:"脱实向虚"风险防范与金融助力实体经济发展》,《改革》2017 年第 10 期。

张伯超、靳来群、胡善成:《我国制造业行业间资源错配、行业要素投入效率与全要素生产率》,《南京财经大学学报》2019 年第 1 期。

张成思、刘贯春:《经济增长进程中金融结构的边际效应演化分析》,《经济研究》2015 年第 12 期。

张成思、张步昙:《再论金融与实体经济:经济金融化视角》,《经济学动态》2015 年第 6 期。

张成思、张步昙:《中国实业投资率下降之谜:经济金融化视角》,《经济研究》2016 年第 12 期。

张成思、郑宁:《中国实业部门金融化的异质性》,《金融研究》2019 年第 7 期。

张春鹏:《公司金融化行为的制度逻辑与微观效应研究》,博士学位论文,西北大学,2022。

张璟、沈坤荣:《地方政府干预、区域金融发展与中国经济增长方式转型——基于财政分权背景的实证研究》,《南开经济研究》2008 年第 6 期。

张佩:《中国工业部门的行业间资源错配研究》,《投资研究》2013 年第 6 期。

张庆君、李萌:《金融错配、企业资本结构与非效率投资》,《金融论坛》2018 年第 12 期。

张甜迪：《金融化对中国金融、非金融行业收入差距的影响》，《经济问题》2015 年第 11 期。

张同功、刘江薇：《新时期中国金融支持实体经济发展的区域差异》，《区域经济评论》2018 年第 3 期。

张璇、刘贝贝、汪婷、李春涛：《信贷寻租、融资约束与企业创新》，《经济研究》2017 年第 5 期。

张勋、万广华、张佳佳、何宗樾：《数字经济、普惠金融与包容性增长》，《经济研究》2019 年第 8 期。

张勋、杨桐、汪晨、万广华：《数字金融发展与居民消费增长：理论与中国实践》，《管理世界》2020 年第 11 期。

张亦春、王国强：《金融发展与实体经济增长非均衡关系研究——基于双门槛回归实证分析》，《当代财经》2015 年第 6 期。

张昭、朱峻萱、李安渝：《企业金融化是否降低了投资效率》，《金融经济学研究》2018 年第 1 期。

赵玉龙、祝树金：《融资约束与资源错配：基于中国工业企业数据的实证研究》，《商业研究》2017 年第 7 期。

赵志君：《金融资产总量、结构与经济增长》，《管理世界》2000 年第 3 期。

郑江淮、袁国良、胡志乾：《中国转型期股票市场发展与经济增长关系的实证研究》，《管理世界》2000 年第 6 期。

郑千千：《马克思虚拟资本理论视阈下当代资本主义的新发展》，《黑河学刊》2014 年第 7 期。

周黎安：《晋升博弈中政府官员的激励与合作——兼论我国地方保护主义和重复建设问题长期存在的原因》，《经济研究》2004 年第 6 期。

周立：《中国各地区金融发展与经济增长（1978—2000）》，清华大学出版社，2004。

朱东波、任力：《"金融化"的马克思主义经济学研究》，《经济学家》2017 年第 12 期。

朱富强：《企业家精神能否带来有效市场——基于奥地利学派企业家才

能观的考察》,《社会科学研究》2017年第2期。

朱杰:《企业金融化的阴暗面——来自上市公司信息披露违规的证据》,《金融经济学研究》2020年第1期。

朱立轩、白振华:《发挥央企国企主力军作用 在扩大使用中加快推进人民币国际化进程》,《金融时报》2023年3月7日。

朱乃平、朱丽、孔玉生、沈阳:《技术创新投入、社会责任承担对财务绩效的协同影响研究》,《会计研究》2014年第2期。

朱睿:《非金融企业金融化的同群效应研究》,硕士学位论文,西北大学,2020。

朱淑珍:《金融创新与金融风险——发展中的两难》,复旦大学出版社,2002。

朱喜安、李文静:《金融发展与实体经济区域差异研究——基于夏普利值分解模型》,《经济问题探索》2019年第2期。

二 外文文献

Ahern, K. R., Duchin, R., Shumway, T., "Peer Effects in Risk Aversion and Trust," *Review of Financial Studies*, 2014, 27 (11): 3213-3240.

Aivazian, V. A., Ge, Y., Qiu, J., "The Impact of Leverage on Firm Investment: Canadian Evidence," *Journal of Corporate Finance*, 2005, 11 (1): 277-291.

Allen, F., Gale, D., *Comparing Financial Systems* (MIT Press, 2000).

Almeida, H., Campello, M., Cunha, I., Weisbach, M. S., "Corporate Liquidity Management: A Conceptual Framework and Survey," *Annual Review of Financial Economics*, 2014, 6 (1): 135-162.

Almeida, H., Campello, M., Weisbach, M. S., "The Cash Flow Sensitivity of Cash," *The Journal of Finance*, 2004, 59 (4): 1777-1804.

Arcand, J. L., Berkes, E., Panizza, U., "Too Much Finance?" *Journal of Economic Growth*, 2015, 20 (2): 105-148.

Arrighi, G., *The Long Twentieth Century: Money, Power, and the Origins of Our Times* (London: Verso Press, 1994).

Banerjee, A. V., Moll, B., "Why Does Misallocation Persist?" *American Economic Journal Macroeconomics*, 2010, 2 (1): 189−206.

Banerjee, A. V., "A Simple Model of Herd Behavior," *The Quarterly Journal of Economics*, 1992, 107 (3): 797−817.

Bikhchandani, S., Hirshleifer, D., Welch, I., "Learning from the Behavior of Others: Conformity, Fads, and Informational Cascades," *Journal of Economic Perspectives*, 1998, 12 (3): 151−170.

Cecchetti, S., Kharroubi, E., "Reassessing the Impact of Finance on Growth," BIS Working Paper, No. 381, 2012.

Chang, X., Chen, Y., Zolotoy, L., "Stock Liquidity and Stock Price Crash Risk," *Journal of Financial & Quantitative Analysis*, 2017, 52 (4): 1605−1637.

Chen, K., Irarrazabal, A., "The Role of Allocative Efficiency in a Decade of Recovery," *Review of Economic Dynamics*, 2015, 18 (3): 523−550.

Chick, V., "The Evolution of the Banking System and the Theory of Monetary Policy," In S. F. Frowen (ed.), *Monetary Theory and Monetary Policy* (London: Palgrave Macmillan, 1993), pp. 79−92.

Crotty, J., "The Neoliberal Paradox: The Impact of Destructive Product Market Competition and 'Modern' Financial Markets on Nonfinancial Corporation Performance in the Neoliberal Era," In G. A. Epstein (ed.), *Financialization and the World Economy* (Edward Elgar Publishing, 2005), pp. 77−110.

Dai, X. Y., Cheng, L. W., "Aggregate Productivity Losses from Factor Misallocation Across Chinese Manufacturing Firms," *Economic Systems*, 2018, (8): 1−12.

Demir, F., "Capital Market Imperfections and Financialization of Real Sectors in Emerging Markets: Private Investment and Cash Flow Relationship Revisited," *World Development*, 2009, 37 (5): 953−964.

Demir, F., "Financial Liberalization, Private Investment and Portfolio Choice:

Financialization of Real Sectors in Emerging Markets," *Journal of Development Economics*, 2009, 88 (2): 314-324.

Ductor, L., Grechyna, D., "Financial Development, Real Sector, and Economic Growth," *International Review of Economics & Finance*, 2015, 37: 393-405.

Foster, J. B., "The Financialization of Accumulation," *Monthly Review*, 2010, 62 (5): 1-17.

Foster, J. B., "The Financialization of Capitalism," *Monthly Review*, 2007, 58 (11): 1-12.

Froud, J., Haslam, C., Johal, S., Williams, K., "Shareholder Value and Financialization: Consultancy Promises, Management Moves," *Economy & Society*, 2000, 29 (1): 80-110.

Gehringer, A., "Growth, Productivity and Capital Accumulation: The Effects of Financial Liberalization in the Case of European Integration, International," *Review of Economics and Finance*, 2013, 25: 291-309.

Gennaioli, N., Shleifer, A., Vishny, R., "Neglected Risks, Financial Innovation, and Financial Fragility," *Journal of Financial Economics*, 2012, 104 (3): 452-468.

Gorton, G., Metrick, A., "Securitized Banking and the Runonrepo," *Journal of Financial Economics*, 2012, 104 (3): 425-451.

Greenwood, J., Jovanovic, B., "Financial Development, Growth, and the Distribution of Income," *Journal of Political Economy*, 1990, 98 (5): 1076-1107.

Hansen, P. H., "From Finance Capitalism to Financialization: A Cultural and Narrative Perspective on 150 Years of Financial History," *Enterprise and Society*, 2014, 15 (4): 605-642.

Hassan, M. K., Sanchez, B., Yu, J. S., "Financial Development and Economic Growth: New Evidence from Panel Data," *Quarterly Review of Economics & Finance*, 2011, 51 (1): 88-104.

Haunschild, P. R., Miner, A. S., "Modes of Interorganizational Imitation:

The Effects of Outcome Salience and Uncertainty," *Administrative Science Quarterly*, 1997, 42: 472-500.

Hosono, K., Takizawa, M., "Misallocation and Establishment Dynamics," Discussion Papers 15011, Research Institute of Economy, Trade and Industry, 2015.

Hsieh, C. T., Klenow, P. J., "Misallocation and Manufacturing TFP in China and India," *The Quarterly Journal of Economics*, 2009, 124 (4): 1403-1448.

Hung, S., "Inflation, Financial Development and Economic Growth," *International Review of Economics and Finance*, 2003, 12 (1): 45-67.

Johansson, A. C., Feng, X., "The State Advances, the Private Sector Retreats? Firm Effects of China's Great Stimulus Programme," *Cambridge Journal of Economics*, 2016, 40 (6): 1635-1668.

King, R. G., Levine, R., "Finance and Growth: Schumpeter Might Be Right," *Quarterly Journal of Economics*, 1993, 108 (3): 717-737.

Kotz, D. M., "The Financial and Economic Crisis of 2008: A Systemic Crisis of Neoliberal Capitalism," *Review of Radical Political Economics*, 2009, 41 (3): 205-317.

Krippner, G. R., "The Financialization of the American Economy," *Socio-Economic Review*, 2005, 3 (2): 173-208.

Law, S. H., Singh, N., "Does too Much Finance Harm Economic Growth?" *Journal of Banking & Finance*, 2014 (41): 36-44.

Levine, R., Zervos, S., "Stock Markets, Banks, and Economic Growth," *American Economic Review*, 1998, 88 (3): 537-558.

Levine, R., "Finance and Growth: Theory and Evidence," In P. Aghion and S. Durlauf (eds.), *Handbook of Economic Growth* (Amsterdam: Elsevier, 2005), pp. 865-934.

Levine, R., "Financial Development and Economic Growth: Views and Agenda," *Journal of Economic Literature*, 1997, 35 (2): 688-726.

Levine, R., "Foreign Banks, Financial Development, and Economic Growth," In C. Barfield (ed.), *International Financial Markets: Harmonization versus Competition* (Washington: AEI Press, 1996), pp. 224-254.

Levine, R., "Law, Finance, and Economic Growth," *Journal of Financial Intermediation*, 1999, 8 (1-2): 8-35.

Lucas, R., "On the Mechanism of Economic Development," *Journal of Monetary Economics*, 1988, 22: 3-42.

Manski, C. F., "Identification of Endogenous Social Effects: The Reflection Problem," *The Review of Economic Studies*, 1993, 60 (3): 531-542.

Merton, R. C., Bodie, Z., "A Conceptual Framework for Analyzing the Financial Environment," In D. B. Crane, et al. (eds.), *The Global Financial System: A Functional Perspective* (Harvard Business School Press, 1995), pp. 3-31.

Modigliani, F., Miller, M., "The Cost of Capital, Corporation Finance and the Theory of Investment," *American Economic Review*, 1958, 48: 261-297.

Morales, M. F., "Financial Intermediation in a Model of Growth through Creative Destruction," *Macroeconomic Dynamics*, 2003, 7 (3): 363-393.

Murphy, K. M., Shleifer, A., Vishny, R. W., "The Allocation of Talent: Implication for Growth," *Quarterly Journal of Economics*, 1991, 106 (2): 503-530.

Newman, S., "Financialization and Changes in the Social Relations along Commodity Chains: The Case of Coffee," *Review of Radical Political Economics*, 2009, 41 (4): 539-559.

Orhangazi, O., "Financialization and Capital Accumulation in the Non-Financial Corporate Sector: A Theoretical and Empirical Investigation on the US Economy: 1973 - 2003," *Cambridge Journal of Economics*, 2008, 32 (6): 863-886.

Palley, T. I., "Financialization: What It Is and Why It Matters?" The Levy Economics Institute of Bard College Working Paper, No. 525, 2007.

Rajan, R. G. , Zingales, L. , "Financial Dependence and Growth," *Social Science Electronic Publishing*, 1998, 88 (3): 559-586.

Rajan, R. G. , "Has Finance Made the World Riskier?" *European Financial Management*, 2006, 12 (4): 499-533.

Rolnik, R. , "Late Neoliberalism: The Financialization of Homeownership and Housing Rights," *International Journal of Urban & Regional Research*, 2013, 37 (3): 1058-1066.

Scharfstein, D. , Stein, J. , "Herd Behavior and Investment," *The American Economic Review*, 1990, 80 (3): 465-479.

Schulmeister, S. , "Currency Speculation and Dollar Fluctuations," *Banca Nazionale Dellavoro Quarterly Review*, 1988, 41 (167): 343-365.

Schumpeter, J. , *The Theory of Economic Development* (Published by Harvard University Press, 1912).

Smith, C. W. , Stulz, R. M. , "The Determinants of Firms' Hedging Policies," *Journal of Financial and Quantitative Analysis*, 1985, 20 (4): 391-405.

Stottner, R. , *Zur angeblichen Abkoppelung Zwischen Finanzmarkten and Realwirtschaft* (Hengsbach, Friedhelm and Bernhard Emunds, 1997), pp. 8-23.

Strange, S. , *Casino Capitalism* (Oxford, New York: Basil Blackwell, 1986).

Stulz, R. M. , "Rethinking Risk Management," *Journal of Applied Corporate Finance*, 1996, 9 (3): 8-25.

Telser, L. G. , "Cutthroat Competition and the Long Purse," *The Journal of Law and Economics*, 1966, 9: 259-277.

Theurillat, T. , Corpataux, J. , Crevoisier, O. , "Property Sector Financialization: The Case of Swiss Pension Fund (1992-2005)," *European Planning Studies*, 2010, 18 (2): 189-212.

Tori, D. , Onaran, O. , "The Effects of Financialization on Investment: Evidence from Firm-Level Data for the UK," *Cambridge Journal of Economics*, 2018, 42 (5): 1393-1416.

后 记

金融资源"脱实向虚"是一个世界性的普遍现象,且近年来有加速与强化的趋势。这一趋势的形成固然有经济发展规律决定的客观性,也与经济制度演变及经济政策有关,因此,金融资源"脱实向虚"在不同国家及同一国家不同发展阶段的形成机理具有差异性。但对于所有国家来说,金融资源"脱实向虚"过度,给经济增长、资源配置及企业财务绩效、生产率及市场价值等所带来的负效应都是显著的。在建设中国式现代化及金融强国的背景下,探究我国金融资源"脱实向虚"的形成机理及引起的经济效应,测定金融资源"脱实向虚"的程度、实现虚拟经济部门与实体经济部门协调发展目标所需要的金融资源在两部门的适度配置比例,从而提出治理金融资源"脱实向虚"的有效路径与政策,无疑具有重大的理论与现实意义。

本书是我主持的国家社会科学基金重点项目"我国金融'脱实向虚'的形成机理、资源错配效应及其治理研究"(19AJL010)的结项成果。该项目于2019年7月批准立项,2023年12月底完成,2024年8月经全国哲学社会科学工作办公室验收结项。评审专家对于项目研究报告的创新性给予了高度肯定,同时也提出了需要进一步完善修改的建设性意见。本书就是在结项报告的基础上,充分吸收评审专家所提修改意见后完成的。

需要指出的是,根据"我国金融'脱实向虚'的形成机理、资源错配效应及其治理研究"项目的设计,研究内容紧紧围绕五个问题递进展开:一是金融资源"脱实向虚"的内在机理是什么?二是要实现虚拟经济部门与实体经济部门之间的协调发展应该具备什么条件?三是金融资源"脱实向虚"及其过度发展会带来什么经济效应?四是我国金融资源"脱实向虚"的程度如何?五是如何对近年来我国金融资源"脱实向虚"日益加剧的问题进行有效治理?对于其中的第一、第二及第三个问题,本书分别采用系统动态演化方法、产业协同方法、逻辑推理与模型推理相结合的方法，给出了回答与理论阐释。对于第四个问题，本书通过构建金融资源"脱实向虚"指数，并依据2003~2022年相关数据资料，分别从国家层面、金融体系层面、商业银行层面以及企业层面对我国金融资源"脱实向虚"程度进行了测算，但由于学术界对金融资源"脱实向虚"程度的测算不仅在测算口径上不统一，而且在测算方法上也不成熟。因此，本书依据我国国家资产负债表的核算口径对金融资源进行分类并采用其中的测算方法，仅仅是一种抛砖引玉式的创新性尝试，未来还需要进一步改进与完善。对于第五个问题，本书基于对我国金融资源"脱实向虚"中经济主体的行为分析、相关政策的梳理及效应评价，提出了治理金融资源"脱实向虚"的有效路径与政策建议。

本书的研究思路、研究方案以及写作提纲由我提出，书稿由课题组成员集体完成。各章初稿撰写者如下：第一章、第二章、第三章由徐璋勇撰写；第四章由刘蕾蕾、武宵旭、张春鹏撰写；第五章由刘蕾蕾、徐璋勇、张春鹏撰写；第六章由徐璋勇、张春鹏、朱睿撰写；第七章由刘蕾蕾、武宵旭撰写；第八章由张春鹏、朱睿撰写；第九章由徐璋勇撰写；第十章由刘蕾蕾、徐璋勇撰写。另外，杨贺博士在文献收集方面、葛鹏飞博士在模型构建方面也提供了诸多帮助。我对整个书稿初稿的文字进行了修改。

在书稿出版之际，感谢全国哲学社会科学工作办公室的资金支持！感谢西北大学社科处、西北大学中国西部经济发展研究院、西北大学经济管理学院给予的大力支持！感谢项目研究过程中认真填写调研问卷的金融机构、企业及相关人员！感谢项目结项评审专家给出的建设性修改意见！也感谢社会科学文献出版社任文武、丁凡、张丽丽、陈丽丽等在本书出版过程中的辛勤付出！

在书稿写作过程中我们参考了许多前人的研究成果，在参考文献中进行了罗列，但难免存在遗漏。在此，对本书参考引用的所有研究成果的作者表示衷心感谢！

徐璋勇

2024 年 12 月 10 日于西北大学长安校区

图书在版编目(CIP)数据

金融资源"脱实向虚"的形成机理、经济效应及其治
理研究 / 徐璋勇等著 . --北京：社会科学文献出版社，
2025.6. --ISBN 978-7-5228-5539-4

Ⅰ. F832

中国国家版本馆 CIP 数据核字第 20251RH148 号

金融资源"脱实向虚"的形成机理、经济效应及其治理研究

著　　者 / 徐璋勇　刘蕾蕾　张春鹏　武宵旭　朱　睿

出 版 人 / 冀祥德
组稿编辑 / 任文武
责任编辑 / 张丽丽
文稿编辑 / 陈丽丽
责任印制 / 岳　阳

出　　版 / 社会科学文献出版社·生态文明分社 (010) 59367143
　　　　　 地址：北京市北三环中路甲 29 号院华龙大厦　邮编：100029
　　　　　 网址：www.ssap.com.cn
发　　行 / 社会科学文献出版社 (010) 59367028
印　　装 / 三河市尚艺印装有限公司

规　　格 / 开本：787mm × 1092mm　1/16
　　　　　 印 张：23.25　字 数：358 千字
版　　次 / 2025 年 6 月第 1 版　2025 年 6 月第 1 次印刷
书　　号 / ISBN 978-7-5228-5539-4
定　　价 / 88.00 元

读者服务电话：4008918866
▲ 版权所有 翻印必究